CÓMO DIBUJAR DE MANERA FOTORREALISTA

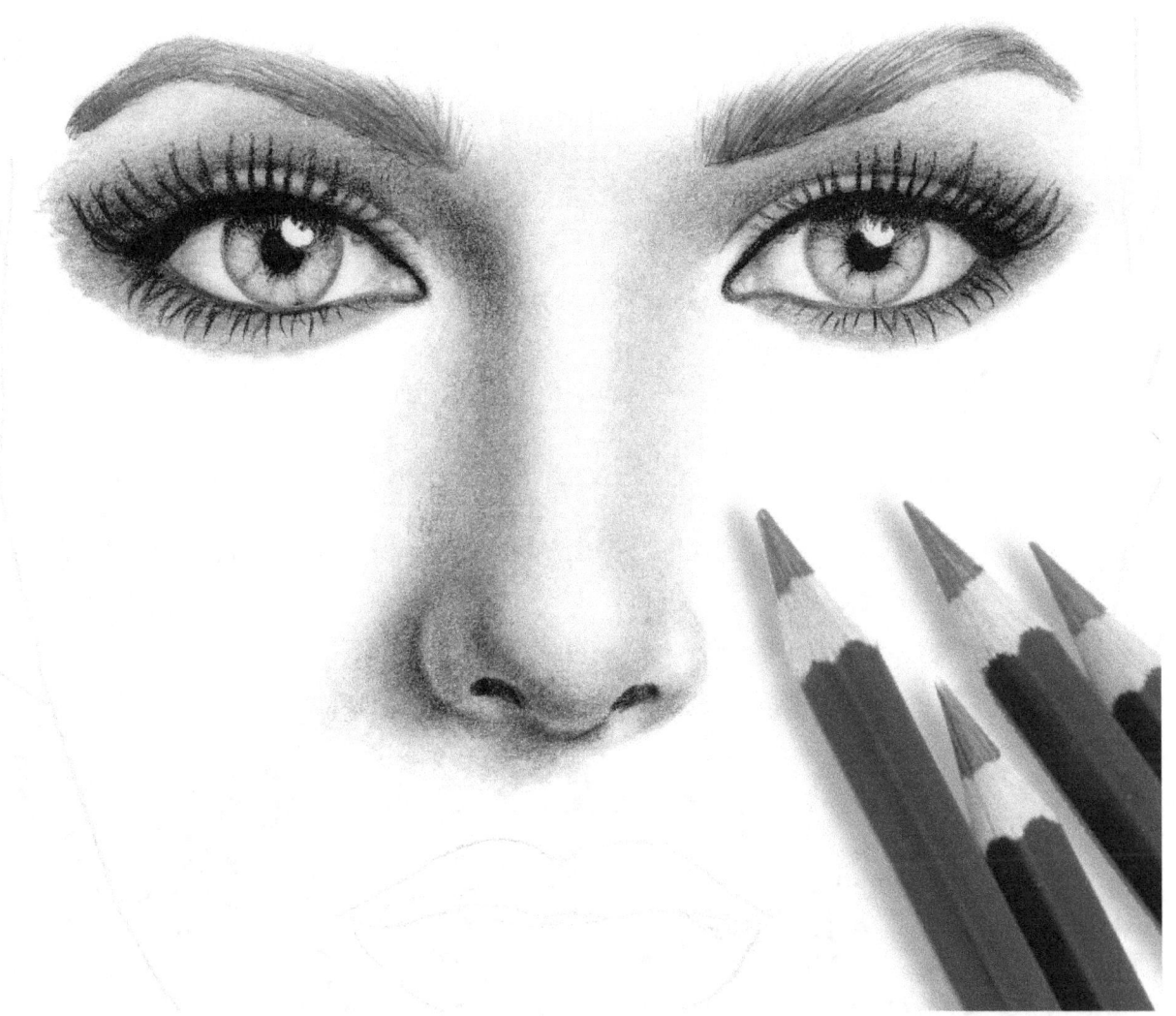

I0462260

TÉCNICAS DE DIBUJO Y SOMBREADO – DE PRINCIPIANTE A AVANZADO

por Jasmina Susak

Copyright © 2019 por Jasmina Susak

www.jasminasusak.com

Texto e ilustraciones © Jasmina Susak.

Diseño de página y diseño de portada por Jasmina Susak

Todos los derechos reservados. Ninguna parte de esta publicación puede reproducirse, distribuirse o transmitirse de ninguna forma ni por ningún medio, incluyendo el fotocopiado, grabación u otros métodos electrónicos o mecánicos, sin el permiso previo por escrito de la autora. Para solicitudes de permiso, contacte a la autora por correo electrónico: jasminasusak00@gmail.com

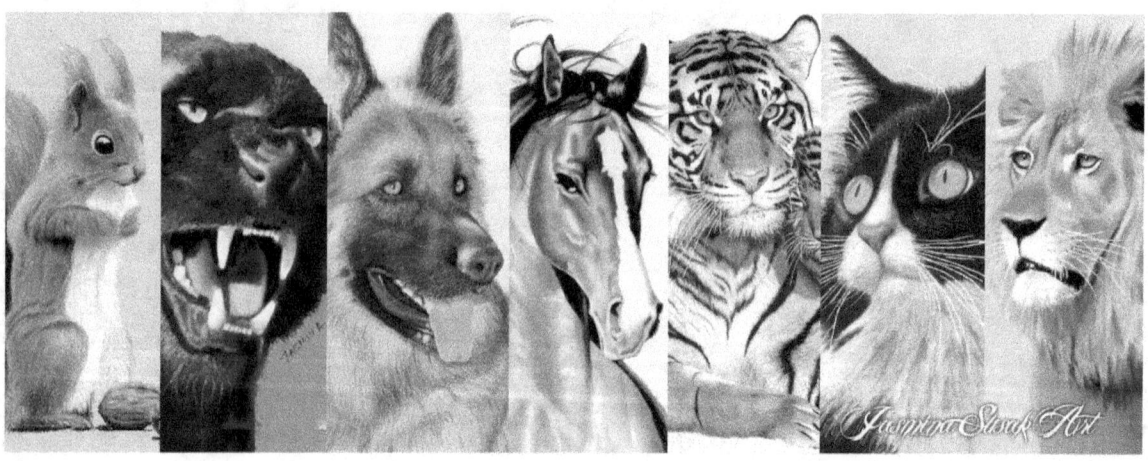

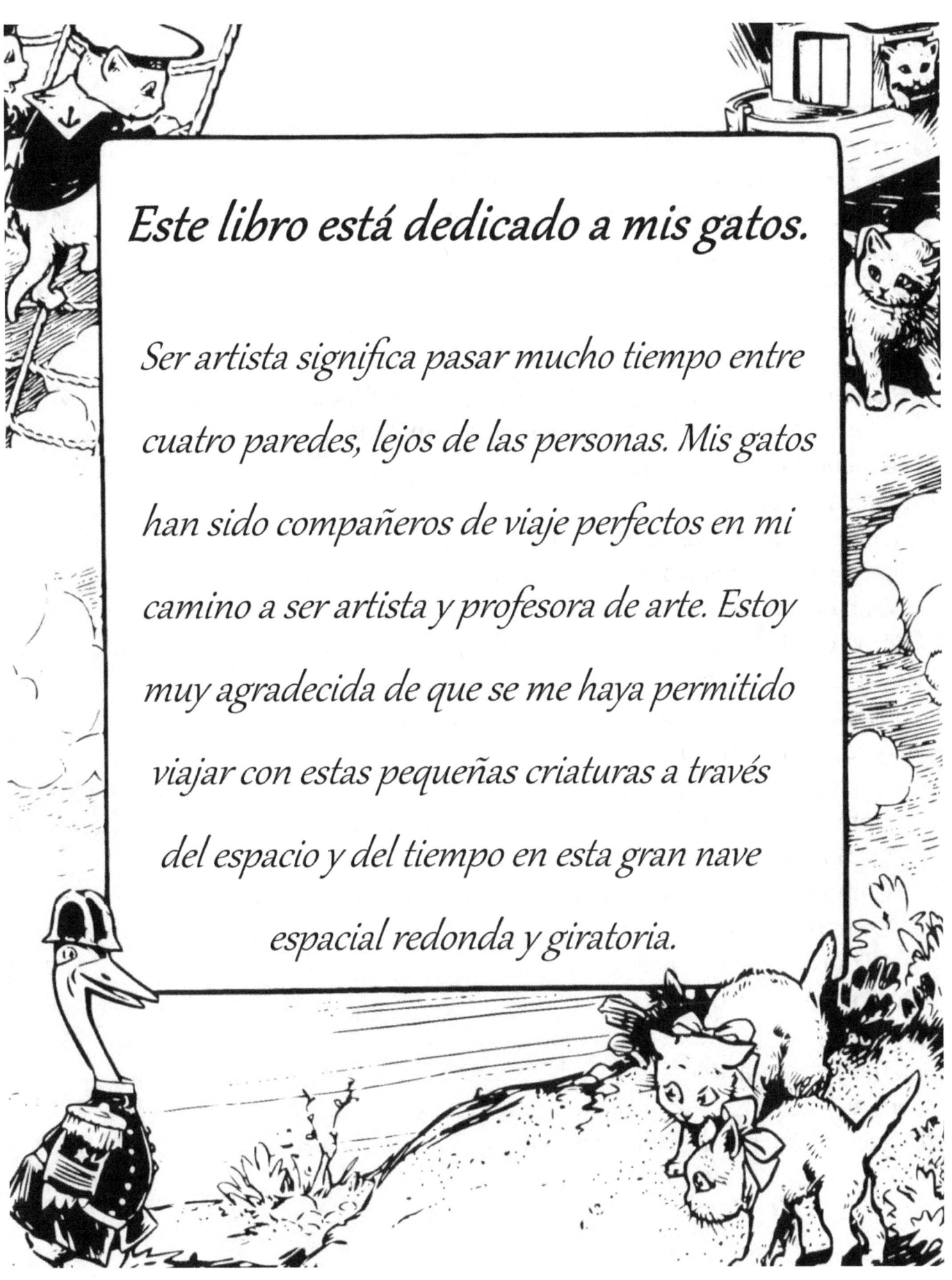

Este libro está dedicado a mis gatos.

Ser artista significa pasar mucho tiempo entre cuatro paredes, lejos de las personas. Mis gatos han sido compañeros de viaje perfectos en mi camino a ser artista y profesora de arte. Estoy muy agradecida de que se me haya permitido viajar con estas pequeñas criaturas a través del espacio y del tiempo en esta gran nave espacial redonda y giratoria.

Tabla de contenido

PREFACIO

"¿Por qué mis dibujos se ven tan planos?"

Me han hecho esta pregunta una y otra vez. Muchos artistas principiantes pueden quitar los contornos de las fotos de referencia, pero cuando se trata de colorear y sombrear, simplemente no pueden hacer que se vea realista. Después de muchos meses y años de práctica, los artistas pueden ver las formas y los tonos que los no pueden ver aquellos que no son artistas. Y cuando somos capaces de notar algo, podemos dibujarlo, con más o menos éxito. Con tiempo, práctica y paciencia, el sombreado y el color se hacen cada vez mejores. Los tutoriales de este libro te ayudarán a ver las formas y los tonos de una forma en que no los pudiste ver antes.

El boceto se puede crear fácilmente utilizando el método de cuadrícula, transfiriendo los contornos, el trazado, etc., pero el boceto no lo es todo. Es importante, pero a la vez también no lo es. Puedes tener un boceto proporcional perfecto y terminar con un dibujo que no se parece en nada a tu foto de referencia. Además, puedes tener un boceto no tan preciso y crear un dibujo realista sobre él. Solo piensa en los maquilladores y en cómo hacen que la nariz se vea más delgada, las mejillas más prominentes y la cara más estrecha. Se trata de sombrear. Se trata de crear la transición de gradiente entre los tonos y los colores. Y todo se trata de mezclar y resaltar. Y acabo de responder qué es lo que necesitas para convertir tu dibujo plano en uno realista. En este libro, te mostraré cómo lograrlos al proporcionarte muchas tareas para que puedas realizar y adquirir estas técnicas. Dibujaremos todo desde cero, porque quiero que se centre en el sombreado y en la creación de las texturas que podrás aplicar al dibujar con fotos de referencia en el futuro.

Siempre he estado convencida de que todos pueden dibujar. Algunas personas necesitan más tiempo para aprender esta habilidad, otras personas aprenden más rápido. Todo el mundo es capaz de dibujar, pero el dibujo no es para todos. He escuchado a personas decir: "Me ponen nervioso". "No puedo sentarme en un lugar durante tanto tiempo". "Ojalá tuviera más tiempo para dibujar". Al igual que con cada habilidad, se necesita devoción y persistencia para adquirir esta habilidad Y todo el mundo comienza con una figura de palo. No te avergüences de tus fracasos y errores. Te harán aprender y crecer. El único secreto que tienen quienes dibujan bien es que no se dieron por vencidos cuando las cosas no iban como se esperaban y que han dedicado su tiempo y energía a esto.

Me siento muy honrada de ser una inspiración para muchas personas que han tomado los lápices y han comenzado a dibujar, o han retomado el dibujar después de haber visto algunos de mis dibujos. Otros encuentran mis tutoriales de dibujo como un trampolín para convertirse en mejores artistas. Cuando me informaron sobre esto, me inspiraron a seguir dibujando y compartiendo mi experiencia. Pero, no puedo dibujar para ti. Tienes que sentarte y practicar, pasar innumerables horas a solas con tus lápices para mejorar tus habilidades. Esto no es un trabajo en equipo y todo depende de ti. ¿Estás listo para esto? Uno de mis seguidores dejó este comentario bajo uno de mis dibujos en las redes sociales: "Si pudiera dibujar como tú, dibujaría todo el día y la noche". Otro seguidor respondió a este comentario con: "Si dibujaras todo el día y la noche, podrías dibujar así".

En este libro, aprenderás a dibujar cabellos realistas

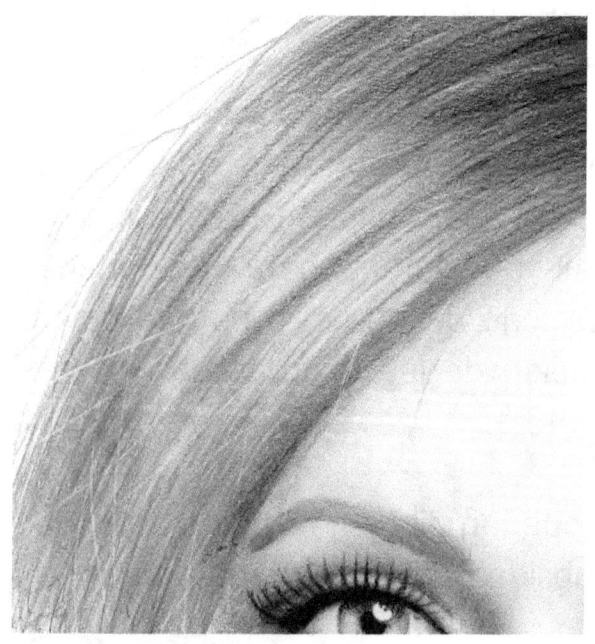

cómo dar profundidad y tercera dimensión a tus dibujos

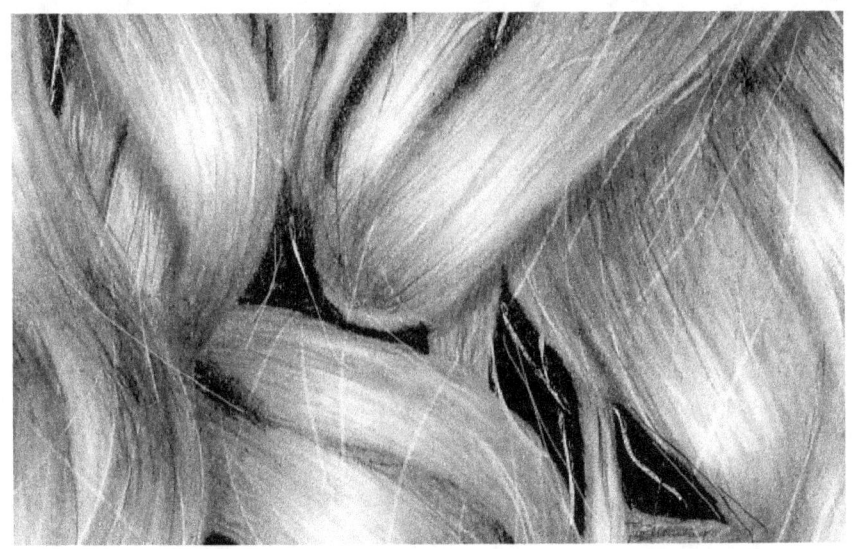

para crear objetos brillantes

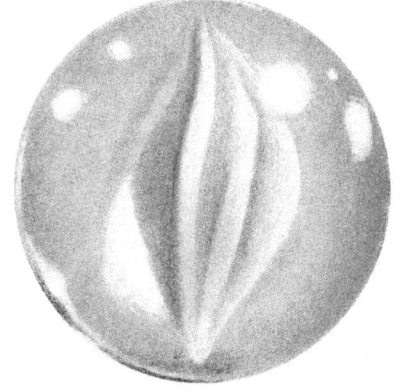

para dibujar texturas realistas

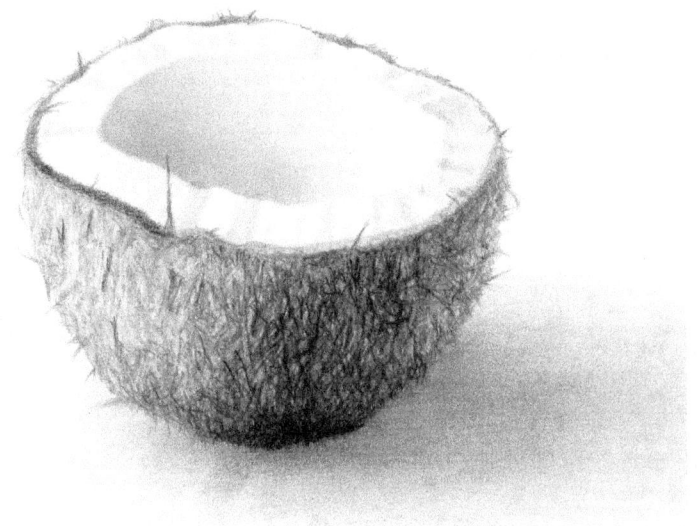

para hacer brillar los objetos

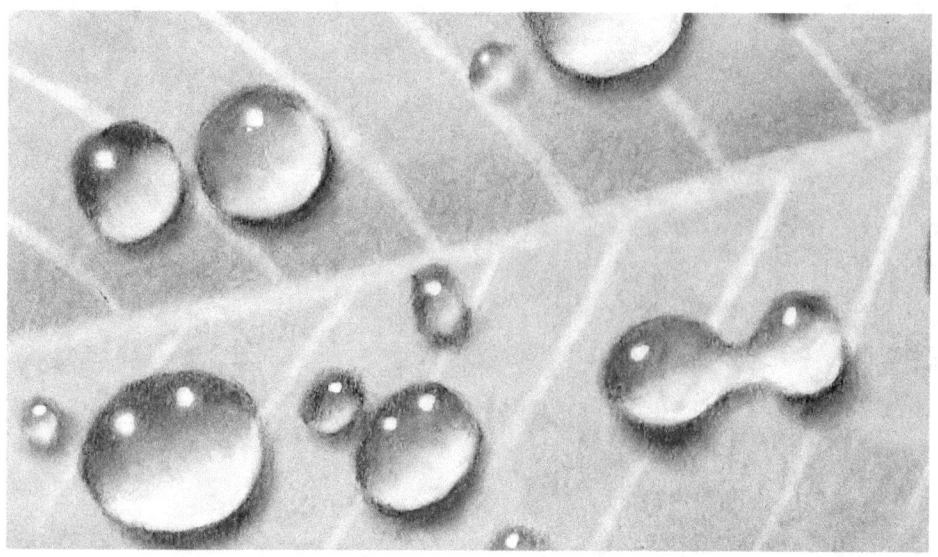

para crear texturas aterciopeladas

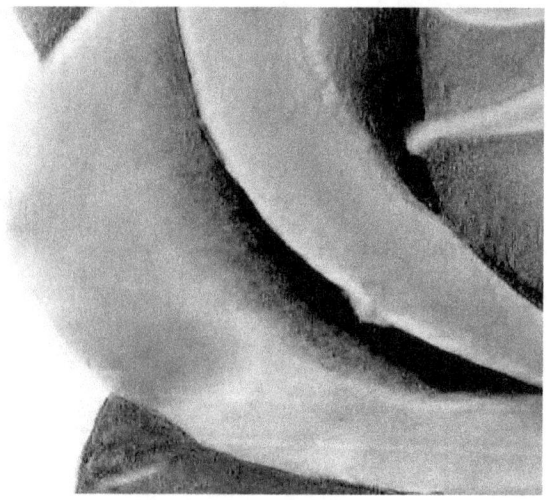

cómo hacer que los objetos aparezcan redondos

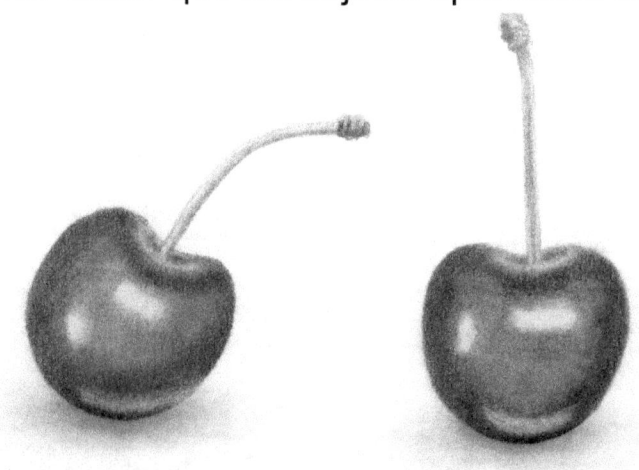

dibujar rasgos faciales como los ojos

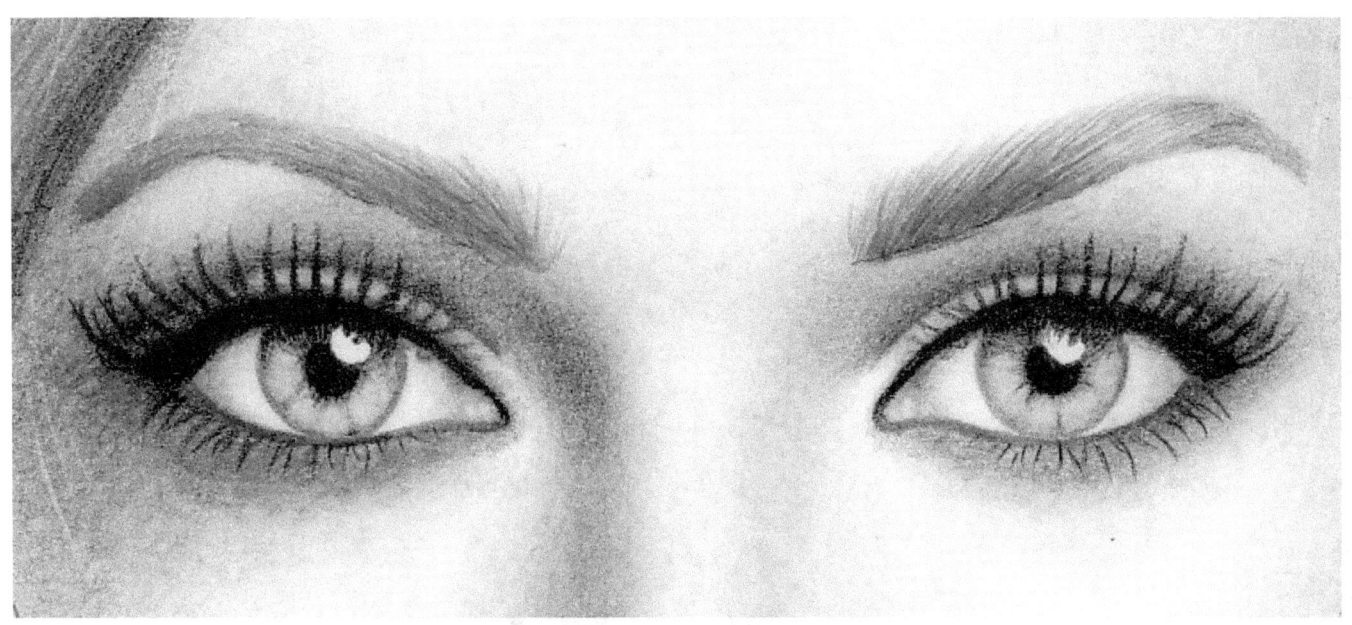

labios

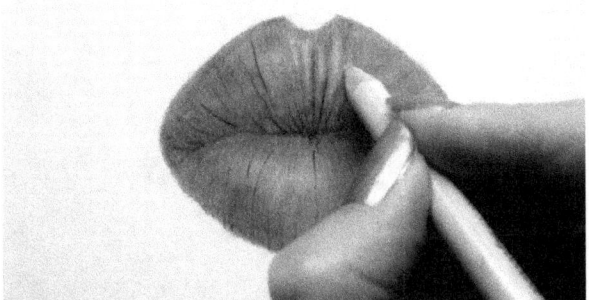

nariz

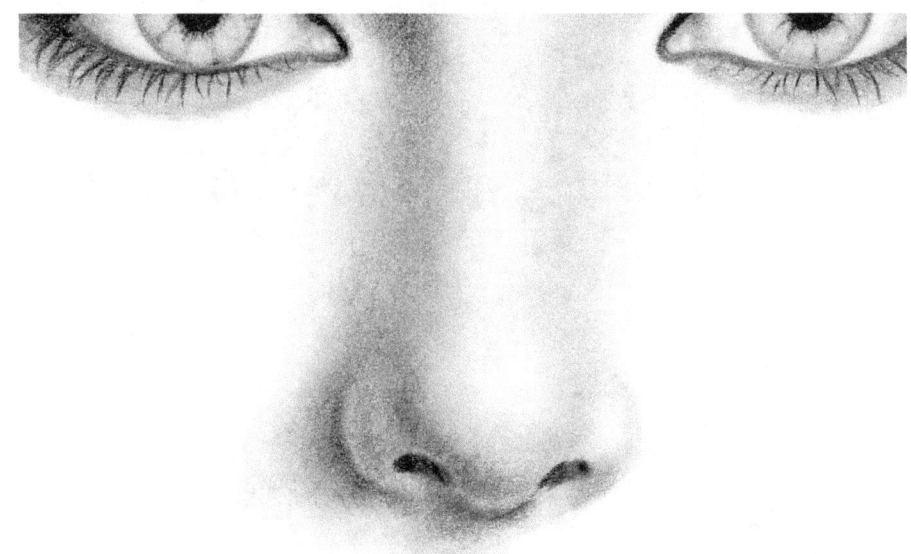

y aprenderás a dibujar la suave textura de la piel

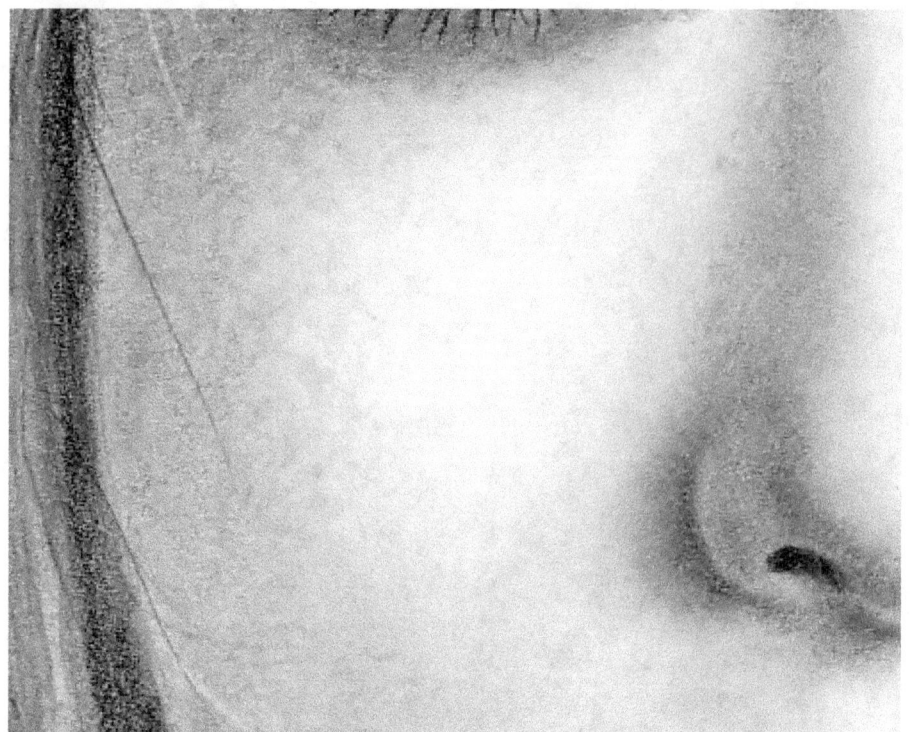

En la siguiente imagen puedes ver:

Izquierda: Lo que no aprenderás en este libro.

Derecha: Lo que aprenderás en este libro.

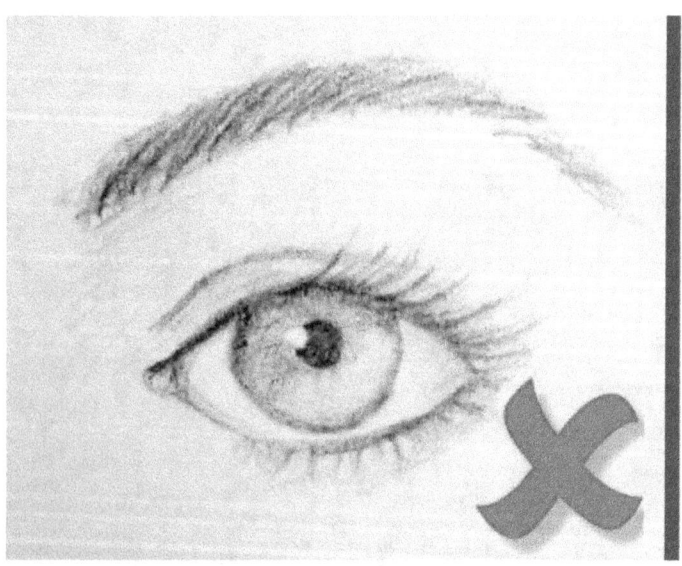
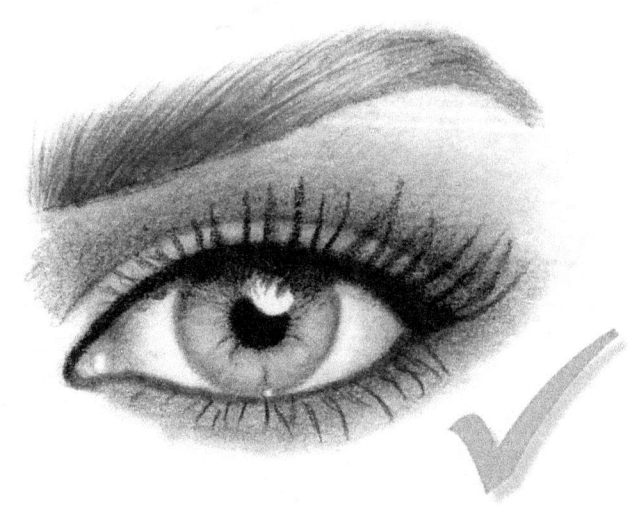

Si estás listo para esto, ¡comencemos!

HERRAMIENTAS

El uso de herramientas de calidad facilita enormemente la creación y hace que el progreso del trabajo sea más agradable. A menudo tendemos a sentirnos decepcionados cuando pensamos que si pagamos más por algo, obtendremos una mejor calidad. Sin embargo, creo que los productos de arte son la excepción. El precio de los productos de calidad es realmente más alto, pero en este caso también significa una mejora en la calidad, y no solo el nombre de la marca. Por lo tanto, las herramientas para dibujar no son tan caras como las pinturas al óleo, los aerógrafos y herramientas similares, incluso si compras las herramientas de mejor calidad. Por suerte, puedes elegir entre muchos productos excelentes para dibujar, según el gusto individual, el producto y el motivo. No hay una verdad general de que solo un lápiz de la otra marca sea bueno, pero si elegimos entre las mejores marcas, no podemos decepcionarnos. Si tienes una cierta cantidad de dinero que deseas/puedes gastar en suministros de arte, te recomiendo que compres dos lápices de alta calidad en lugar de 10 lápices baratos.

Solo puedo recomendar los productos que uso y con los que tengo experiencia, y no puedo decir nada sobre los materiales que aún no he probado. Siempre recomiendo las herramientas que uso a diario, tanto para los dibujos de lápiz de color como de grafito, pero eso no significa que las herramientas que recomiendo sean del agrado de todos. Si puedes costearlo, deberías comprar más marcas de lápices, papeles, gomas de borrar, etc., y ver cuáles te funcionan mejor.

Lápices

Los lápices de grafito son una herramienta de dibujo muy popular y barata. Todos los tienen en sus hogares. Incluso los lápices de las marcas más populares son asequibles para todos los que quieran participar seriamente en el dibujo. El lápiz de baja calidad puede rayar el papel y producir tonos impredecibles. Por eso siempre recomiendo comprar los lápices de calidad de artista "verificados" por las marcas más populares.

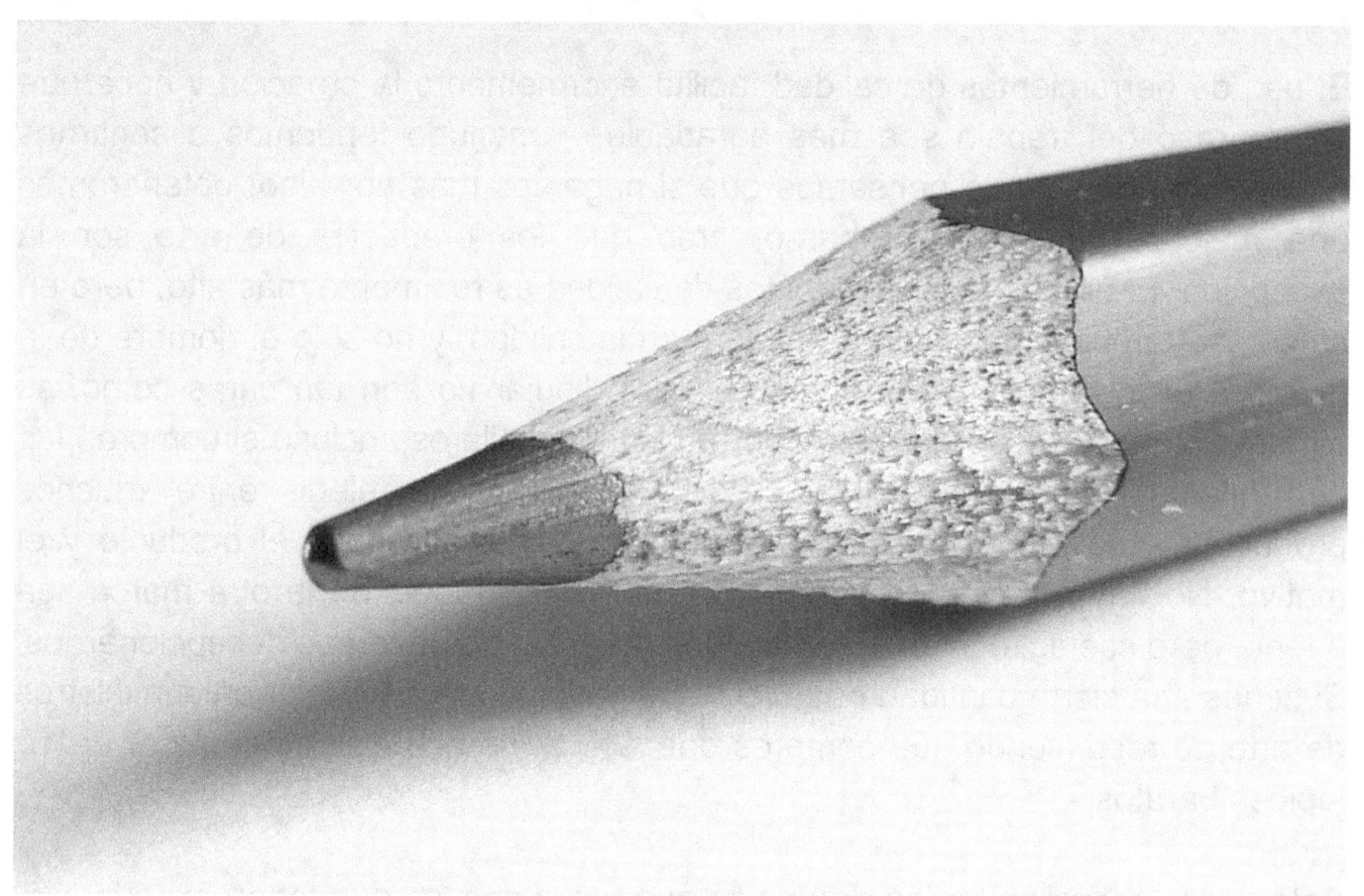

Algunos de los lápices de grafito de alta calidad más populares:
- Castell 9000 de Faber-Castell (yo lo uso)
- Tombow Mono Profesional
- Staedtler Mars Lumograph
- Derwent Graphic
- Prismacolor Premier Graphite Drawing Pencils
- Caran D'ache Graphite Line
- Faber-Castell Pitt
- Koh-I-Noor Hardtmooth
- Lyra Rembrandt Art Design

Rango de valores de los lápices de grafito

Pero los lápices no son todos iguales. Hay una gran diferencia entre los tonos (dureza) del grafito. Hay diferentes números y letras al final de los lápices de grafito, que indican la dureza. Los lápices H son lápices duros. Cuanto mayor sea el número al lado de ellos, más duro será el lápiz. Los lápices B son suaves; cuanto mayor sea el número, más suave será el lápiz. El lápiz F se encuentra entre las dos durezas.

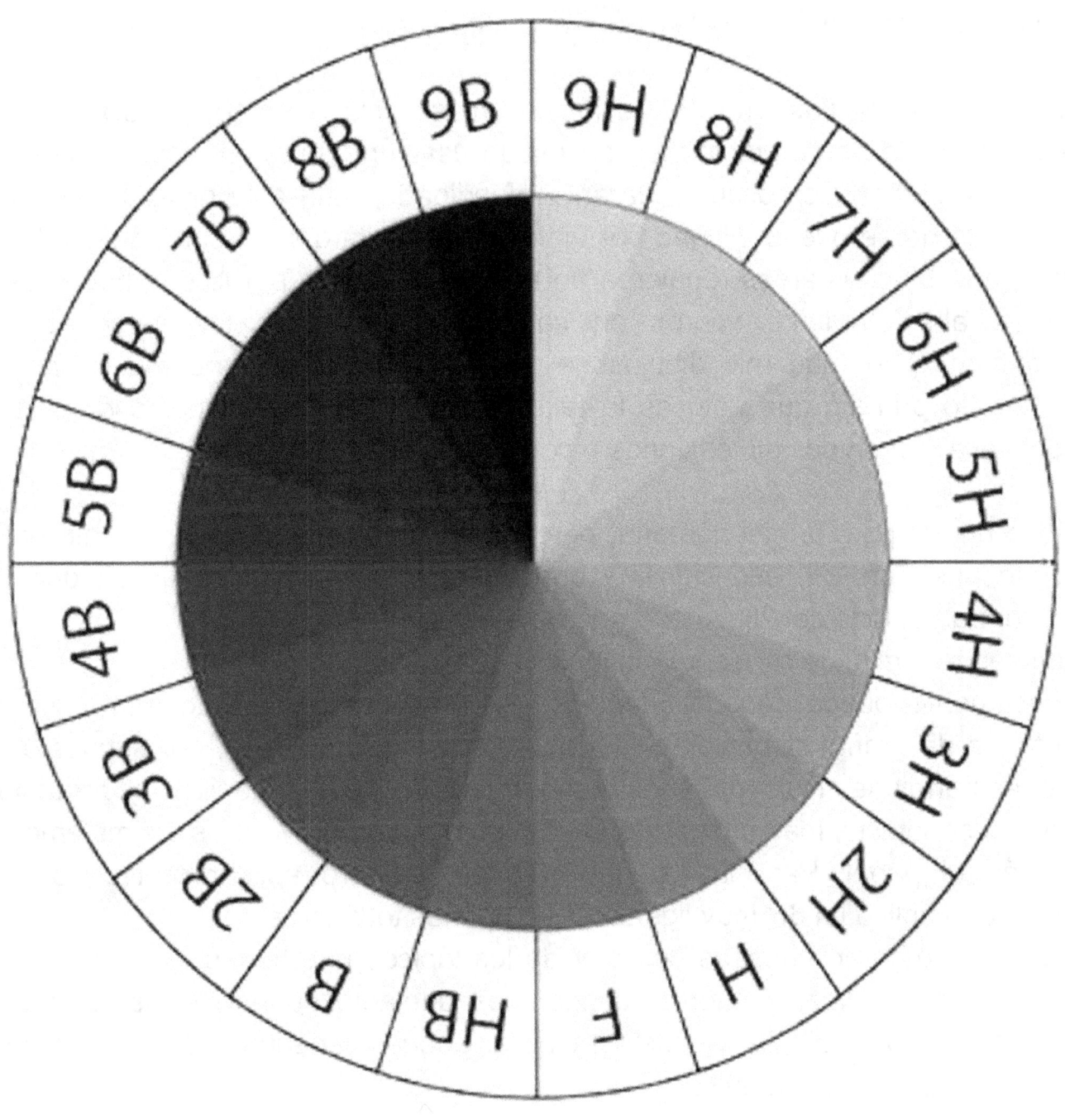

El material básico del lápiz es el grafito, al que se mezclan varios aditivos durante su fabricación para controlar su dureza.

¿Qué lápices necesitarás para comenzar?

Hay 20 grados de grafito disponibles. En mi opinión, el lápiz más importante es un HB. Al aplicar las diferentes presiones con un HB, puedes crear las sombras de 5H a 2B. Este lápiz también es muy bueno para colocar los bocetos básicos. No rayará tu papel (como un 5H o más duro), y es lo bastante oscuro como para que puedas verlo debajo de la capa del grafito que vas a aplicar sobre él.

Recomiendo comprar uno de los lápices más oscuros como 7B, 8B o 9B. A muchos artistas principiantes les da miedo usar un lápiz muy oscuro, pero no deberías. Los lápices oscuros darán profundidad y vida a tu dibujo. Entonces, realmente no se puede dibujar, por ejemplo, la pupila del ojo con un lápiz 2H o más duro. Muchas áreas requieren un tono muy oscuro, por lo que debes usar lápices absolutamente negros en cada dibujo. Cuando las personas me preguntan "¿por qué mis dibujos se ven tan planos?", y me muestran sus dibujos, lo primero que noto es la falta de tonos negros. Es por eso que los dibujos se ven en dos dimensiones o como dibujos animados.

Usaré un 2H para la piel humana, pero no tienes que tener exactamente este. Cuando uso un 2H, eso significa que puedes usar un 3H o un H, que se encuentran al lado del 2H en el rango de escalas.
También recomiendo conseguir un lápiz B
Básicamente, puedes tener 4-5 lápices. No tienes que comprar toda la gama de 20 tonos de grafito disponibles. No los necesitas todos. Pero, por supuesto, si puedes permitirte el lujo, deberías comprarlos todos; esto te facilitaría tu trabajo. Nunca uso lápices más duros que un 6H, porque son muy duros y simplemente rayarán el papel. Para las áreas brillantes, prefiero aplicar grafito con un pañuelo, o aplico un 6H muy ligeramente, apenas tocando el papel.
Recomiendo crear muestras de color de los lápices que tienes. Solo necesitas hacer esto una vez, y puedes usarlo más adelante cuando elijas los tonos correctos para tu dibujo. De esta manera, puedes tenerlos todos en un solo lugar y compararlos entre sí.

Papel

Otra cosa muy importante es el **papel**.

Utilizo el papel de Fabriano Bristol para cada dibujo de este libro y también para mis dibujos a lápiz de color, por lo que puedo recomendar este papel. 20 hojas cuestan aproximadamente $10 y pesan 250 g/m2 (145 lb). Este papel es resistente a los marcadores a base de solventes y soporta borrados repetidos. Es ideal para tinta, acuarela, aerógrafo, bolígrafo y lápices.

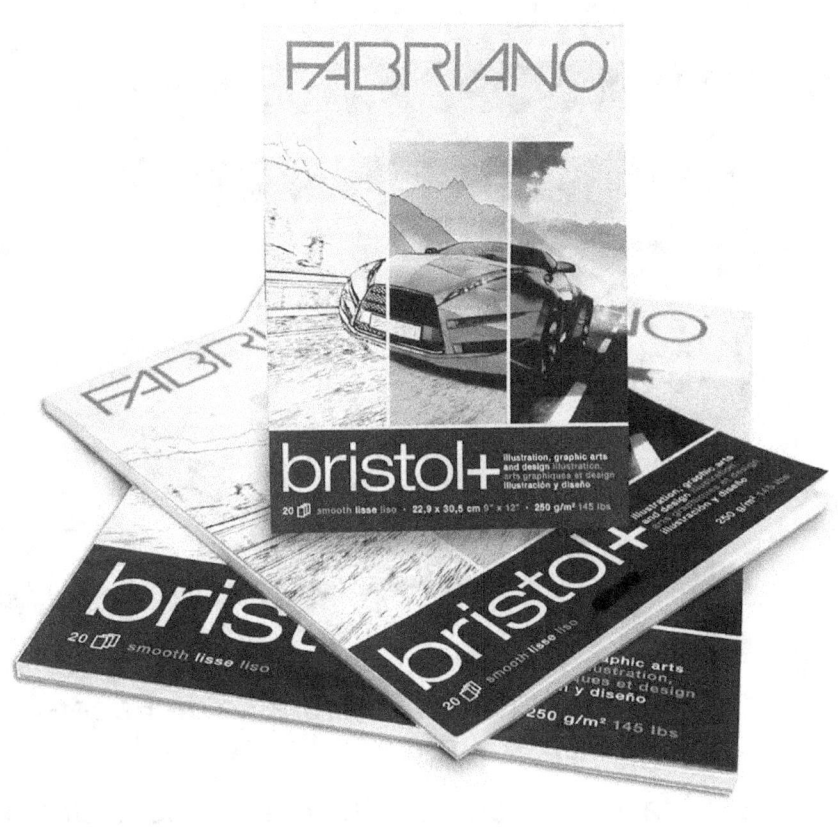

Este papel es tan grueso y duradero que puedes presionarlo y crear muchas capas y no se arrugará.

El papel también es muy brillante. He probado otras marcas y no me han gustado. Algunos de los papeles que probé tienen un tono amarillento y azulado, y yo estaba buscando papel absolutamente blanco, de ese que no puede ser más brillante, y me sentí muy feliz cuando compré Fabriano Bristol cuando estaba buscando el papel adecuado para mis dibujos.

También debes experimentar con los papeles y probar diferentes marcas para encontrar tu favorito. Solo por favor no uses el papel de impresión común. Es muy delgado, se arrugará y se rasgará incluso bajo ligera presión, lo que hará que tu proceso de dibujo sea molesto y frustrante.

También necesitarás un borrador, un sacapuntas y algo para mezclar. Las otras herramientas que uso son opcionales.

Pero permíteme mostrarte lo que tengo y lo que usaré en estos tutoriales

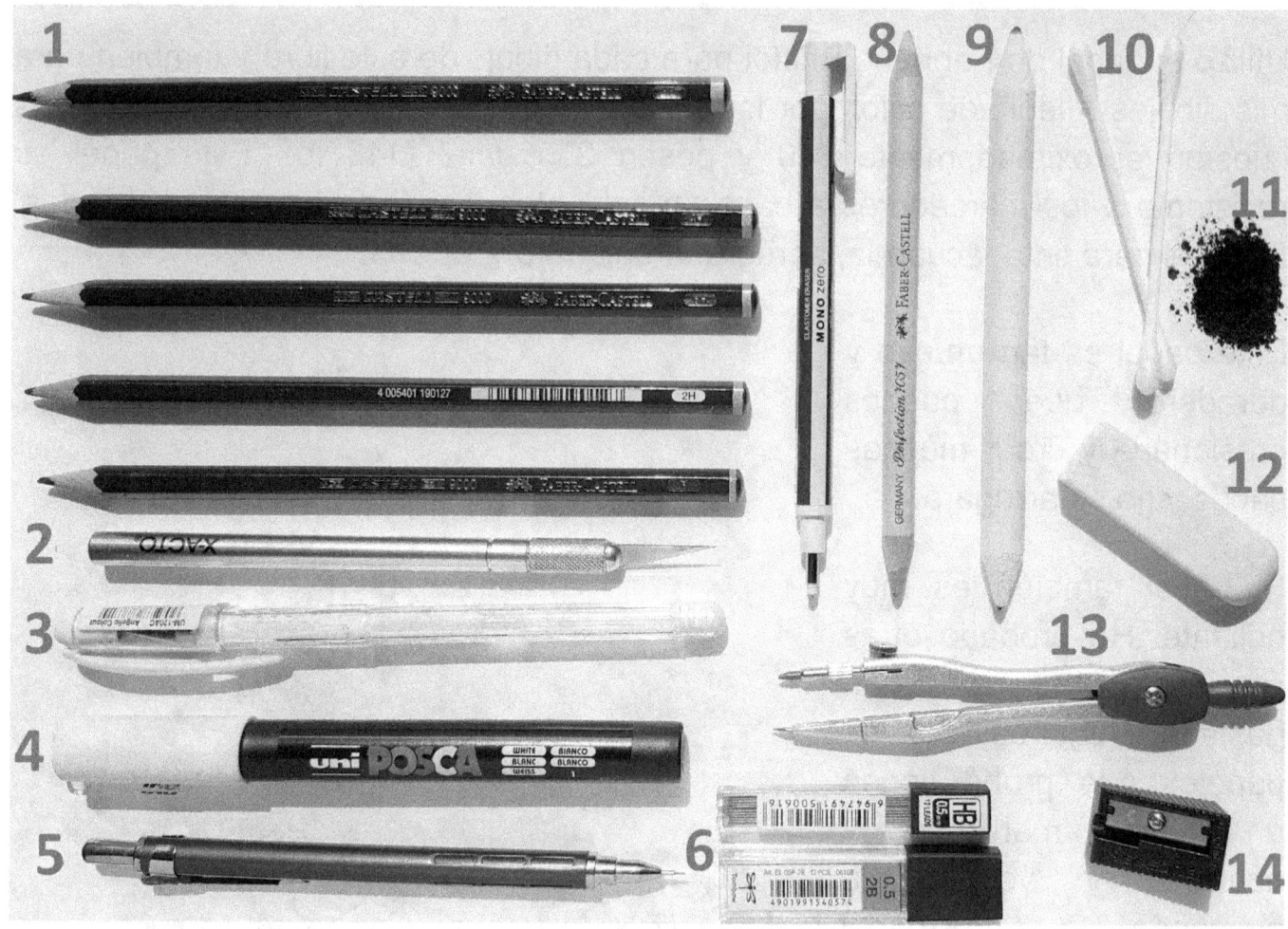

1. Castell 9000 lápices de grafito de Faber-Castel.
2. Un cuchillo X-Acto.
3. Una pluma de gel de tinta blanca. Una muy buena herramienta para aplicar pequeños resaltes sobre el dibujo terminado.
4. Un marcador blanco, opaco por Uni Posca. Una gran ayuda para crear destacados sobre el grafito, lápices de colores y otros medios.
5. Un lápiz mecánico, de espesor 0,5mm.
6. Plomo HB y 2B para el lápiz mecánico, espesor 0,5mm.
7. Un borrador mecánico Mono Zero de Tombow.
8. Un borrador de lápiz de Faber-Castell.
9. Un tocón de mezcla.
10. Hisopos para mezclar.

11. Grafito en polvo.

12. Un borrador de plástico.

13. Una herramienta divisora (compás).

14. Un afilador de mano.

 Pero en realidad no se trata de tener muchas herramientas. Debes aprender a usarlas adecuadamente y sacar lo mejor de ellas.

Además, una vez que compres una H y lápices más suaves, los tendrás por años. Rara vez afilo estos lápices. Ya que son duros, no puedes usar mucho de ellos. Por supuesto, este no es el caso con un 4B y más suave. Son muy suaves, cremosos y se agotan más rápido. Pero como no los aplicamos mucho en nuestros dibujos, también pueden durar meses o años, especialmente si tienes la escala completa de 2B a 9B. Por lo tanto, recomiendo comprar Castell 9000 de Faber-Castell o lápices de grafito de calidad similar.

Hablaré mucho sobre dónde, cuándo y cómo usar todas estas herramientas en los tutoriales y es por eso que no quiero hablar más sobre ellas en este capítulo.

Entonces, ¡vamos a trabajar!

TÉCNICAS DE SOMBREADO

El sombreado es lo más importante en un dibujo realista. El sombreado le dará el volumen y tercera dimensión a tus dibujos para que no parezcan planos. Como ya mencioné en el prólogo, en mi opinión, el sombreado es mucho más importante que dibujar.

Las dos técnicas de sombreado que aplicaré en los siguientes tutoriales son el gradiente suave y el método de circulismo.

Entonces, practiquemos estas técnicas primero.

TRANSICIÓN GRADIENTE

En resumen: la transición de gradiente, o el gradiente suave entre los tonos grises, significa que los diferentes tonos no solo saltan de uno a otro con un borde limpio entre ellos, sino que también existe una transición suave entre ellos.

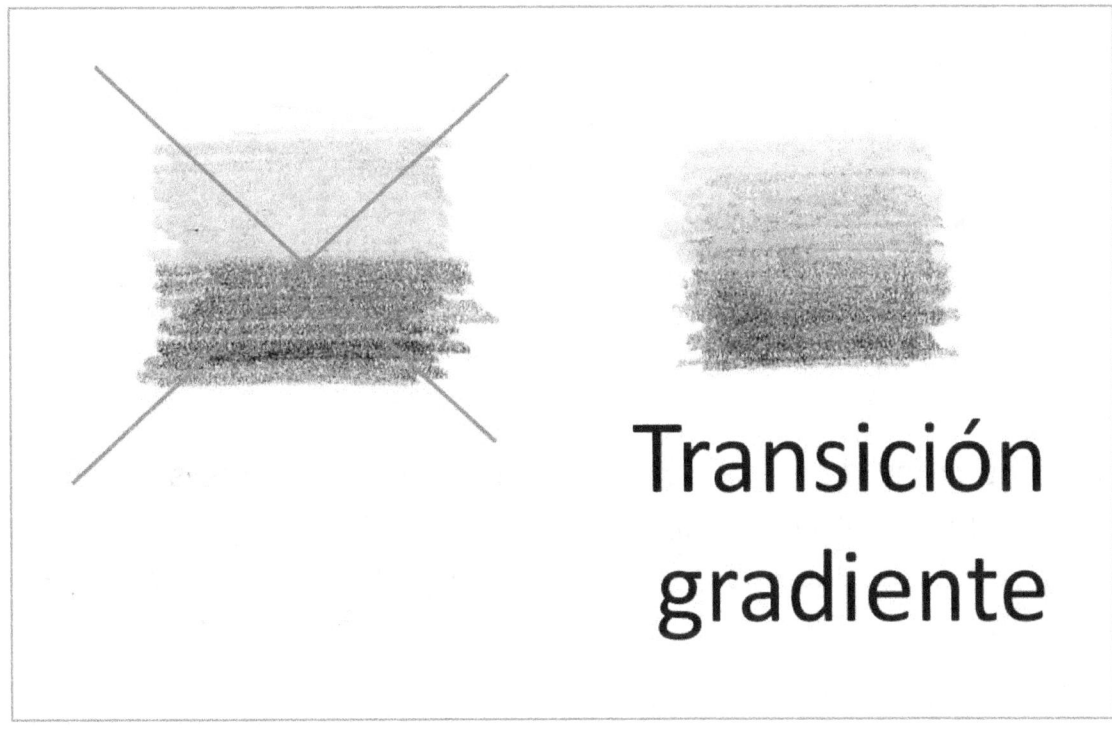

En los siguientes tres ejercicios, mostraré cómo construir las capas gradualmente y cómo crear una transición suave con la combinación de tres formas diferentes.

Creando la transición gradiente - primer método

Entonces, vamos a crear un objeto simple, como un cilindro. Una vez que entiendas cómo sombrear un cilindro, podrás crear la transición de gradiente fácilmente. Quiero que practiques tres tipos de sombreado, formados por la fuente de luz que afecta la forma en que los objetos están sombreados y resaltados.
En la siguiente imagen puedes ver cómo comencé a dibujar tres cilindros: una luz lateral, una luz de dos lados y una luz delantera. Empecé con líneas verticales paralelas.

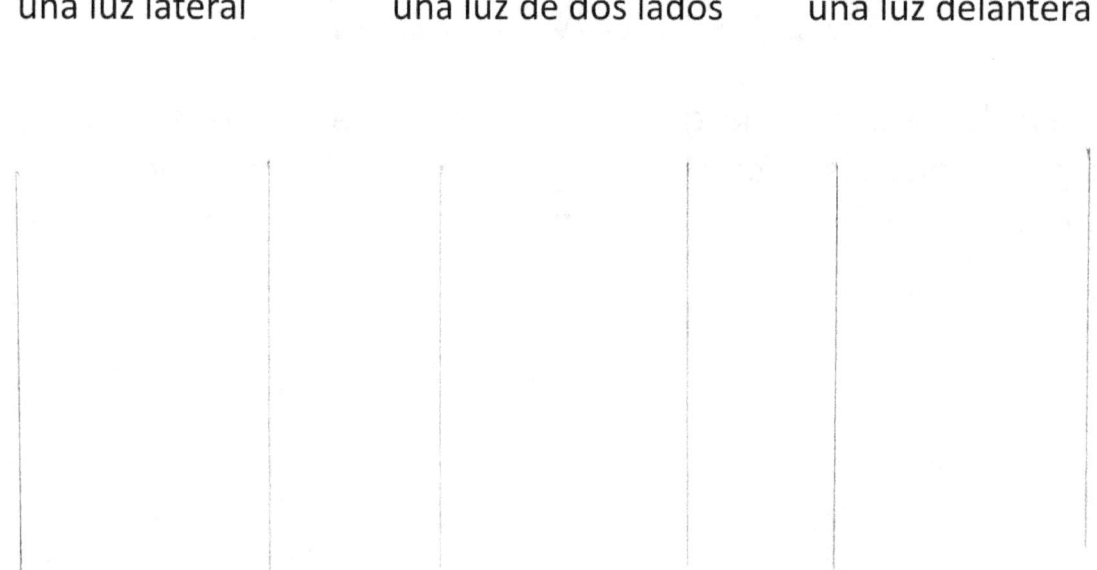

una luz lateral   una luz de dos lados   una luz delantera

Lo siguiente es crear las áreas superiores e inferiores, lo que significa que solo tienes que dibujar un contorno elíptico en la parte superior y una línea curva en sus fondos. Estos esquemas no tienen que ser perfectos, ya que no son importantes aquí.

una luz lateral   una luz de dos lados   una luz delantera

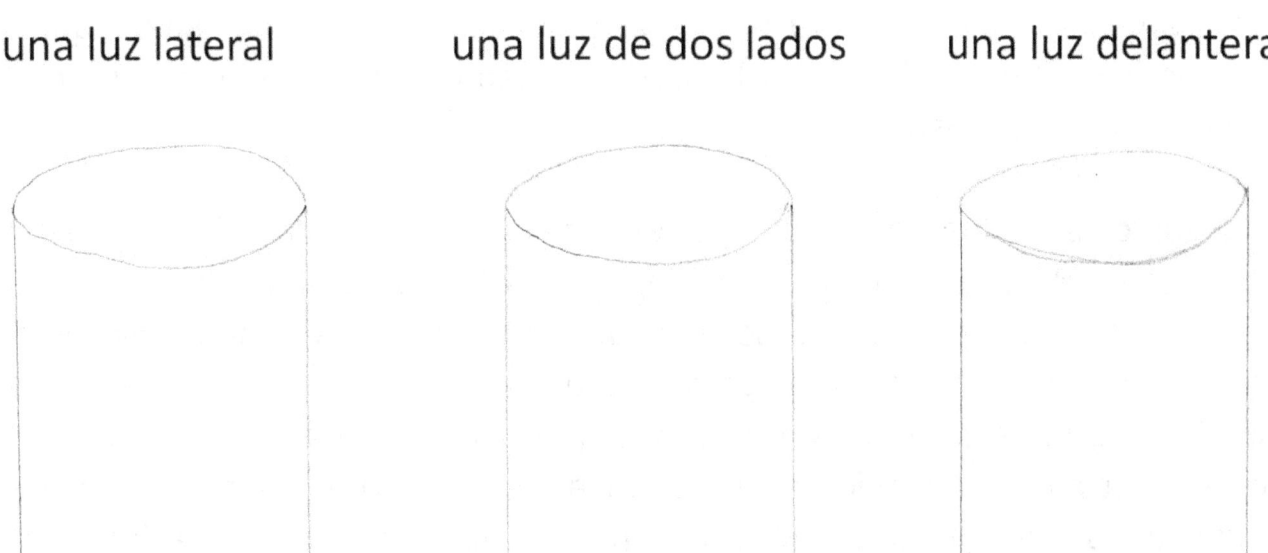

No vamos a crear los cilindros que demostrarían las luces superior e inferior porque no habría ninguna diferencia en nuestras transiciones de gradiente. Solo la parte superior del cilindro sería diferente; se iluminaría cuando se viera afectado por una luz superior, y estaría oscuro si la luz viniera desde el área inferior. Solo quería sombrear sus tapas con un HB para sugerir la forma redonda de los cilindros.

una luz lateral   una luz de dos lados   una luz delantera

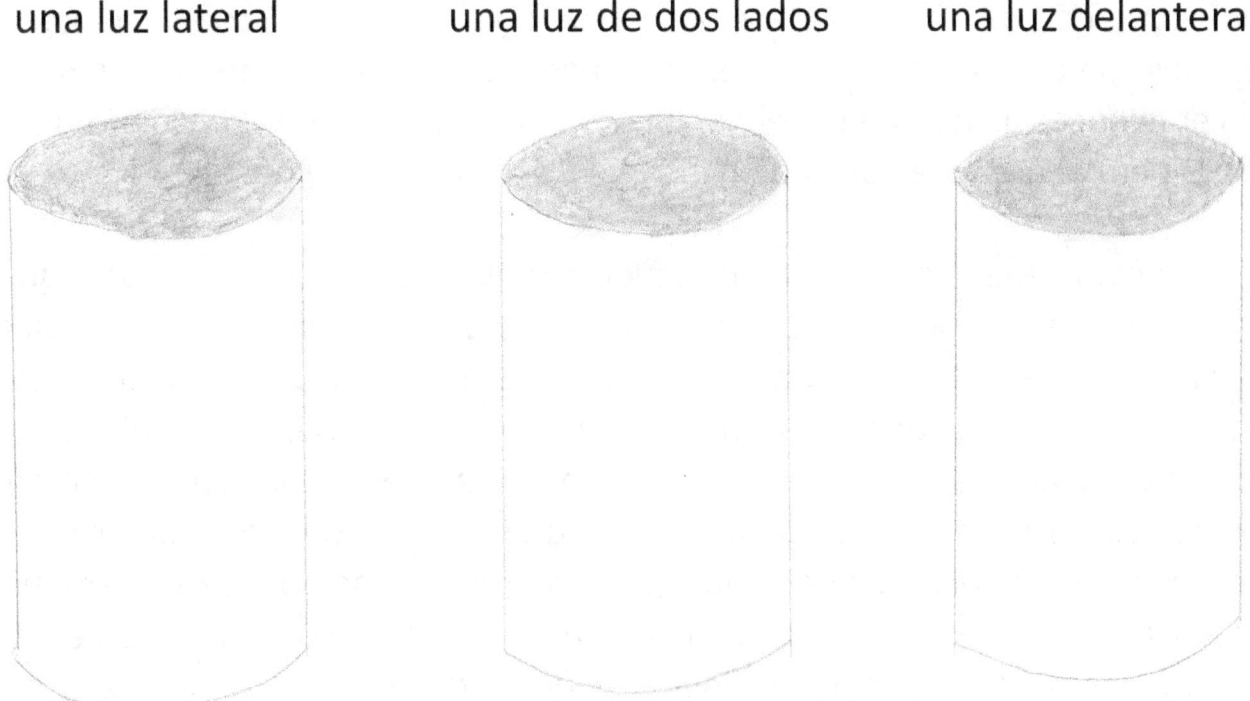

Ahora vamos a darles sombra a todos. En el primer ejemplo, quiero que mi fuente de luz venga de la izquierda, pero puedes decidir por el lado derecho y sombrear el lado opuesto al mío.

Por lo tanto, si la fuente de luz proviene del lado izquierdo, el lado derecho estará oscuro. Entonces, estoy empezando en el lado derecho con un lápiz B. Estoy sombreando el área que se muestra en la siguiente imagen. He dejado fuera el borde de un milímetro de grosor para la luz reflejada, porque debería ser bastante más brillante que este tono, y voy a usar un lápiz más brillante para esto. Voy hacia el lado izquierdo, liberando la presión sobre mi lápiz y continuaré usando tonos más brillantes, más brillantes y más brillantes para lograr esa transición de gradiente o gradiente suave. Entonces, si mi fuente de luz venía del lado izquierdo, el lado derecho no tendría mucha luz, por eso lo estoy sombreando con un lápiz oscuro. A continuación, puedes comenzar a usar el siguiente tono para un B, es decir, un HB, o puedes liberar la presión sobre el mismo lápiz y usarlo todo el tiempo. Hago esto a menudo, pero requiere una mano más experimentada, lo que también podrás hacer después de mucho practicar.

Quiero dibujar los tres cilindros a la vez, pero tú deberías trabajar en un cilindro a la vez. Todo el tiempo estoy aplicando solo líneas verticales en los tres ejemplos, pero el sombreado se puede hacer con el método de circulismo, que me verás hacer al sombrear piel humana en el tutorial de retrato. Quiero usar mi lápiz B para el área más oscura en los tres cilindros en este paso.

En el segundo ejemplo, tenemos una fuente de luz de dos lados, lo que significa que la fuente de luz proviene de los lados izquierdo y derecho. Esto significa que el área más oscura se encontrará en el medio. Los lados izquierdo y derecho del cilindro estarán iluminados. Es por eso que comenzamos en el medio, usando un lápiz B y tenemos que liberar la presión mientras trabajamos lejos del centro. El tercer cilindro tiene una luz delantera, lo que significa que los lados izquierdo y derecho al lado del borde serán los más oscuros, y la sombra se volverá más y más brillante a medida que nos dirigimos hacia el centro, porque la fuente de luz proviene de nuestro punto de vista. Presiona fuerte al lado de los bordes, usando un lápiz B. Luego presiona cada vez menos a medida que te diriges hacia dentro. En la siguiente imagen, puedes ver la cantidad de cilindros que he sombreado con un lápiz B.

una luz lateral   una luz de dos lados   una luz delantera

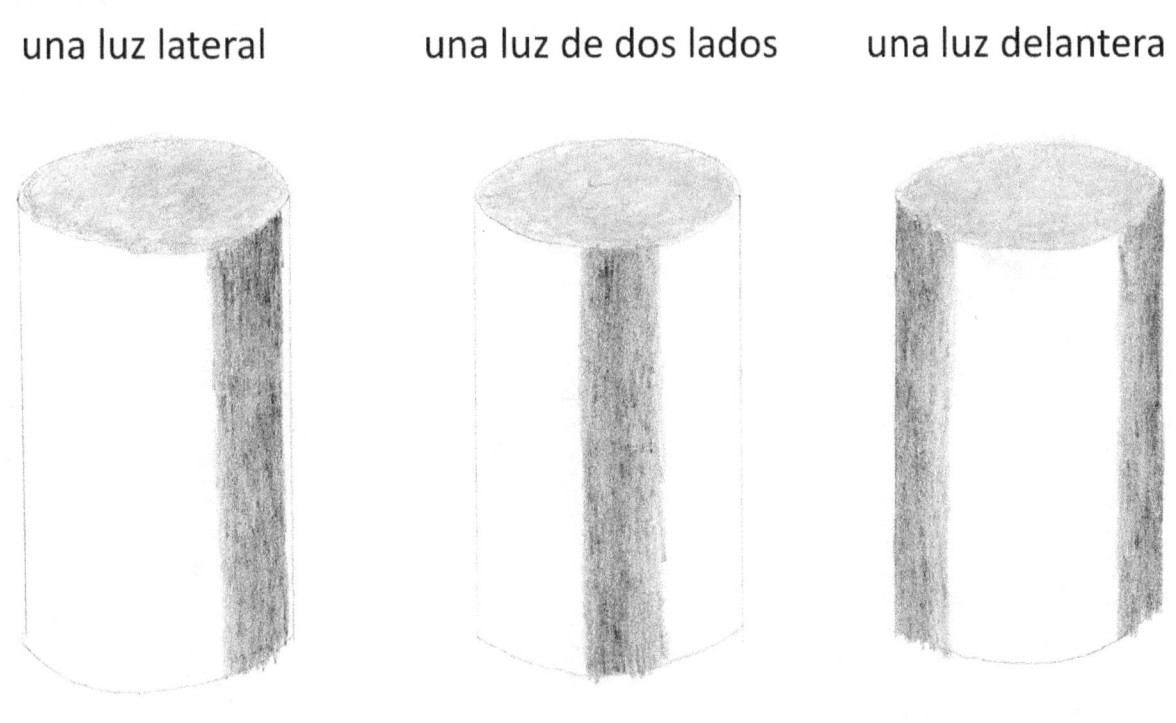

El lápiz que vamos a aplicar al lado, debe ser más brillante que un lápiz B. Por lo tanto, puedes utilizar un HB o un lápiz F. Voy a usar un HB al lado del tono B como una continuación.

En cada ejemplo, debes comenzar a sombrear sobre el borde del área B, y luego libera la presión a medida que la sombra se aleja de ella para hacer que la sombra sea más y más brillante. No te preocupes si no se ve suave por ahora. Vamos a mezclarlo todo y se verás más suave. Por ahora, nos estamos enfocando en crear tonos más brillantes y claros. Incluso puedes comenzar a usar un lápiz H, o presionar ligeramente con un HB. Siempre puedes volver y sombrear más si es necesario. Es mejor agregar los tonos en capas que exagerar, ya que es difícil de borrar.

Trata de hacer que las mitades verticales de los dos cilindros de "luz lateral" y "luz delantera" sean simétricas.

una luz lateral   una luz de dos lados   una luz delantera

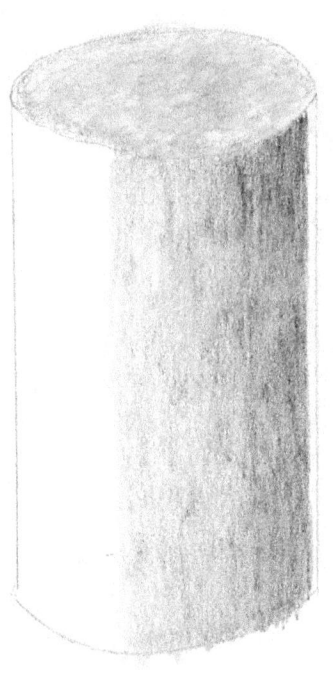 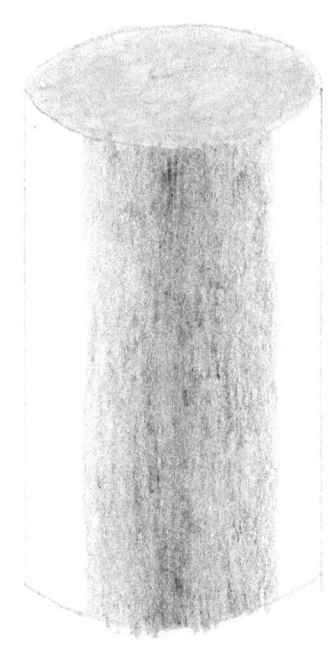 

Como continuación de HB, puedes usar lápices H, 2H o 3H. Estoy usando un 2H. Presiona un poco más al lado del HB y libera la presión a medida que se aleja de él. He llenado el resto de cada cilindro con este lápiz porque no quiero dejar ninguna zona blanca.

En el primer ejemplo, de "luz lateral", presiono cada vez menos a medida que alcanzo el borde del lado izquierdo. También quiero cubrir la luz reflejada en el lado derecho que dejé sin tocar, todavía usando 2H. También puedes crear las luces reflejadas en el tercer ejemplo, pero en estos ejemplos la luz reflejada no es muy visible. La luz reflejada es muy útil cuando se encuentra una sombra más oscura al lado. Entonces, si sombreaste todo el fondo con un lápiz muy oscuro, la luz reflejada se volvería más prominente. Como mencioné antes, cuando usas lápices H, me refiero a un H y más brillante, no debes afilarlos, porque pueden rayar tu papel ya que son muy duros. Incluso si los afilas, simplemente vuelvasvuelve a hacer una punta plana con la ayuda de un papel de lija.

Sombrea el cilindro en el medio, en ambos lados izquierdo y derecho, también con un lápiz 2H. En el tercer ejemplo, de "luz delantera", solo tendrás que conectar el tono más brillante en el medio a medida que sombreas los lados izquierdo y derecho, usando 2H.

una luz lateral   una luz de dos lados   una luz delantera

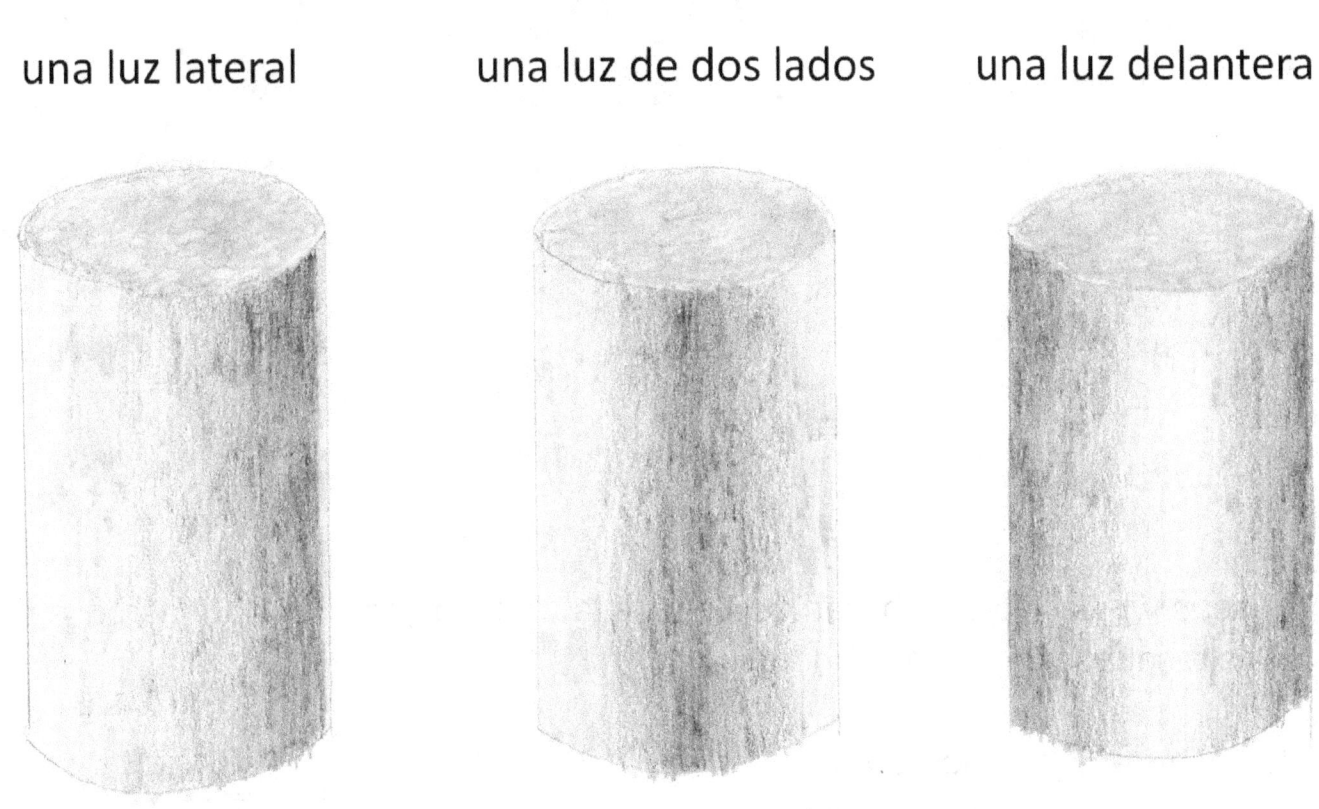

Ahora podemos combinarlos todos con un pañuelo. Comienza sobre las áreas resaltadas y usa un movimiento circular, presionando con fuerza con tu pañuelo. Cuando mezclas sobre las áreas oscuras, no uses esa parte del pañuelo para mezclar áreas más brillantes, ya que puedes aplicar demasiado grafito en las áreas resaltadas.

Los tonos suelen cambiar por la mezcla. Entonces, los tonos oscuros se vuelven un poco más brillantes, porque eliminamos un poco de grafito con el pañuelo, y los tonos más claros se vuelven más oscuros, porque imprimimos el grafito en el diente del papel.

una luz lateral una luz de dos lados una luz delantera

 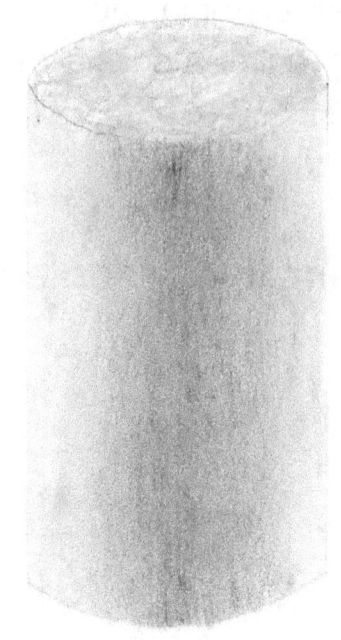 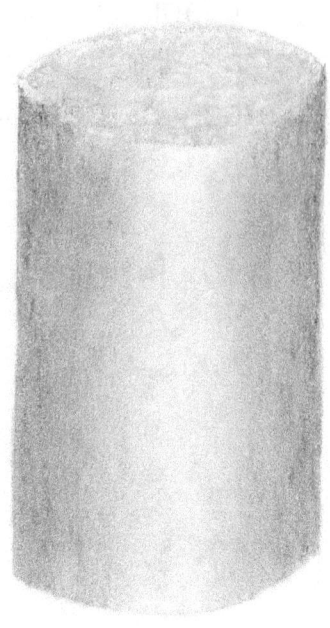

Si deseas dibujar objetos brillantes, tu resaltado debes ser mucho más brillante que los resaltados en estos cilindros.

Si todavía tiene algunos bordes visibles entre los tonos después de la fusión, es normal. Solo tienes que repasar las áreas más brillantes con el mismo lápiz que usaste allí, y presionar con más fuerza si es necesario, o incluso puedes puntear, lo que significa que puedes hacer numerosos puntos para rellenar las pequeñas partes del papel.

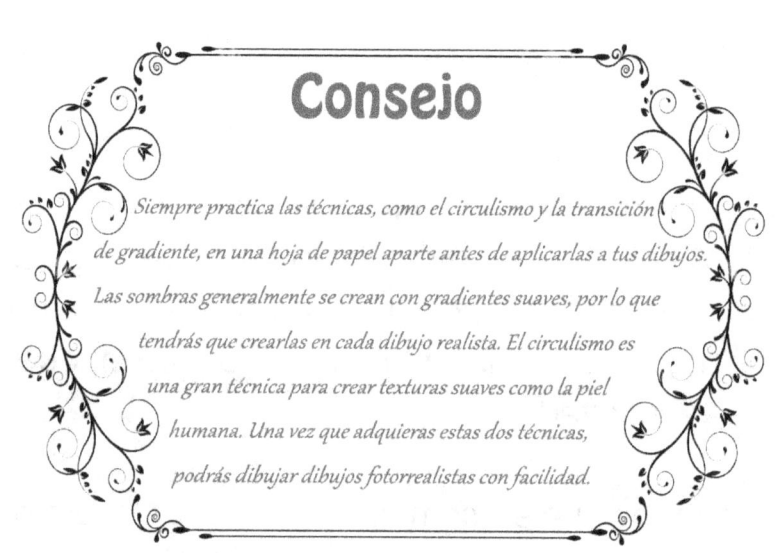

Consejo

Siempre practica las técnicas, como el circulismo y la transición de gradiente, en una hoja de papel aparte antes de aplicarlas a tus dibujos. Las sombras generalmente se crean con gradientes suaves, por lo que tendrás que crearlas en cada dibujo realista. El circulismo es una gran técnica para crear texturas suaves como la piel humana. Una vez que adquieras estas dos técnicas, podrás dibujar dibujos fotorrealistas con facilidad.

De esta manera tu transición de gradiente será impecable. Pero no tiene que ser perfecto por ahora. Esto es solo una práctica. Cuanto más practiques, mejor se volverá. Cada vez que lo hazs, será mejor y mejor.

Creando la transición gradiente - segundo método

Déjame mostrarte otra manera de crear una transición de gradiente.

Primero, dibuja el contorno de la flor, como se muestra en la siguiente imagen, pero no tiene que ser una flor perfecta. Algunos de los pétalos pueden ser más grandes, otros más pequeños, no importa.

Quiero crear un degradado suave de manera diferente al comenzar a dibujar los trazos en la parte superior de los pétalos. Estoy usando un lápiz HB y presiono con fuerza sobre la parte superior, libero la presión y levanto lentamente la punta de mi lápiz para crear extremos más brillantes en la mitad de la longitud del pedal. Incluso puedes crear algunas líneas más cortas junto a la parte superior, lo que hará que esta área sea aún más oscura. Pero luego usaremos un lápiz más oscuro después de la mezcla. Haz lo mismo con cada pétalo.

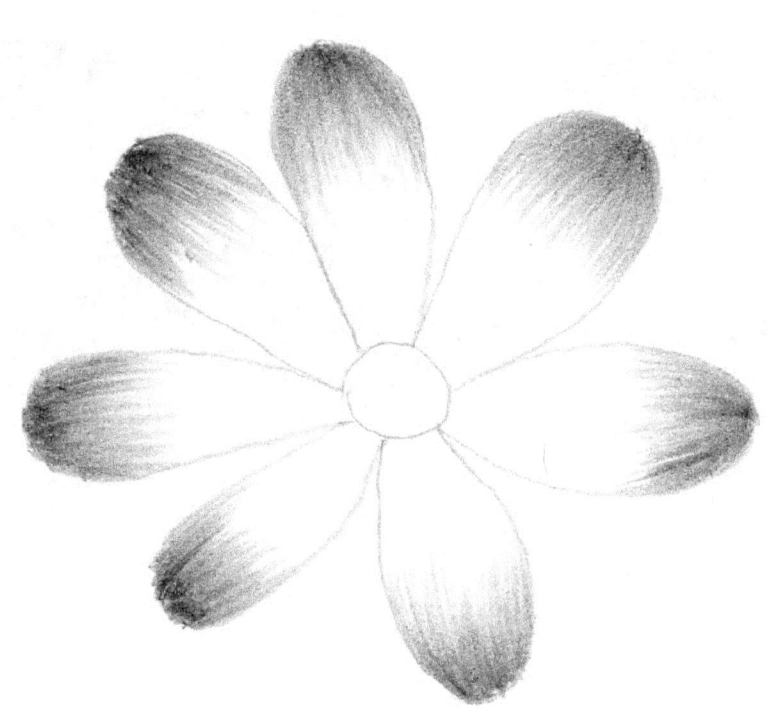

Así que, de nuevo, presiona más fuerte en la parte superior y levanta la punta cuando termines las líneas y al acercarte a la mitad del pétalo. Estudia las siguientes imágenes para ver lo que he dibujado exactamente.

En la siguiente imagen, puedes ver cómo estaba dibujando los trazos desde un ángulo diferente. En la imagen superior, puedes verme dibujar la parte superior del pétalo y presionar la punta sobre el papel, y en la imagen inferior, puedes ver que levanté la punta de mi lápiz cuando terminé la línea.

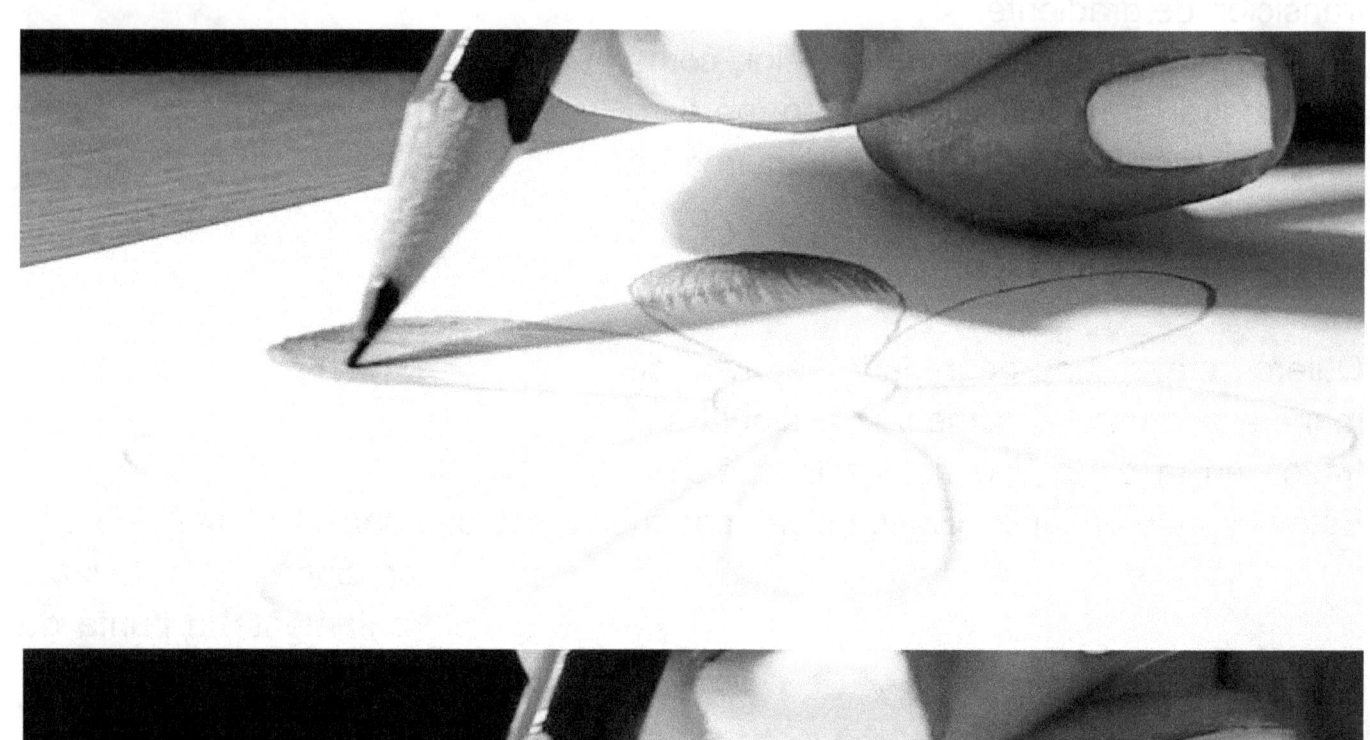

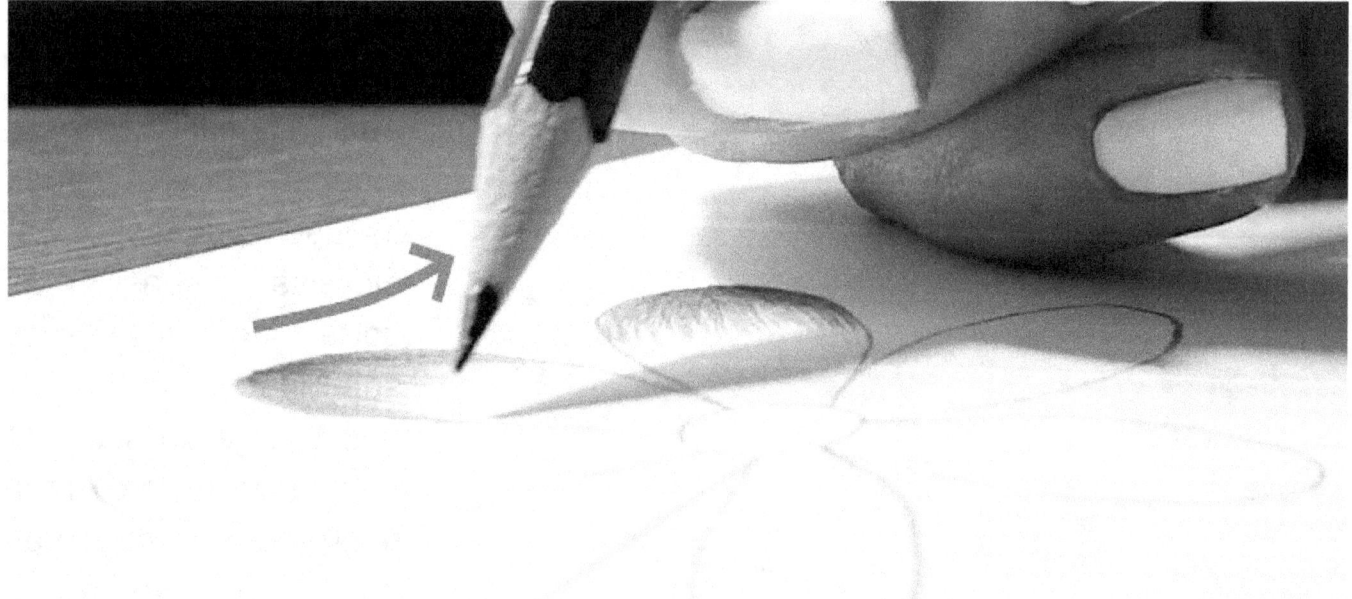

Ahora haz lo mismo pero a partir de la dirección opuesta, desde el área interior de la flor. Lo mismo: presiona con fuerza cuando comiences a dibujar los trazos y levanta la punta del lápiz. En la siguiente imagen, puedes ver cómo quiero que dibujes los trazos. También puedes ver que los pétalos parecen brillantes después ya que no he tocado el área intermedia y porque los trazos son más brillantes junto en el punto culminante. En realidad, los trazos están desapareciendo gradualmente en el punto culminante, pero todavía no lo suficiente. Además, los pétalos de las flores generalmente no son brillantes, pero algunas de las texturas (por ejemplo, el metal) pueden requerir este tipo de gradiente suave. Los pétalos generalmente tienen una textura aterciopelada y, por supuesto, tu flor no tiene que ser perfecta, porque la estamos sombreando solo por practicar estas técnicas de sombreado. Sin embargo, debes tratar de hacer que tu flor sea lo más realista posible, incluso si solo practicas, porque la forma en que practicas la usarás para dibujar.

Como no queremos dejar los reflejos en blanco y queremos crear una textura aterciopelada, vamos a sombrear los pétalos enteros. Estoy usando un 2H como una continuación del HB y comienzo las líneas sobre el HB. Puedes usar un 2H, un 3H o un H. O si no usaste un HB en el paso anterior, sino un tono más brillante, ahora tienes que usar un color aún más brillante que el anterior. Así que, independientemente de lo que hayas usado en el paso anterior, en este paso usa un lápiz de 2 a 3 tonos más brillante.

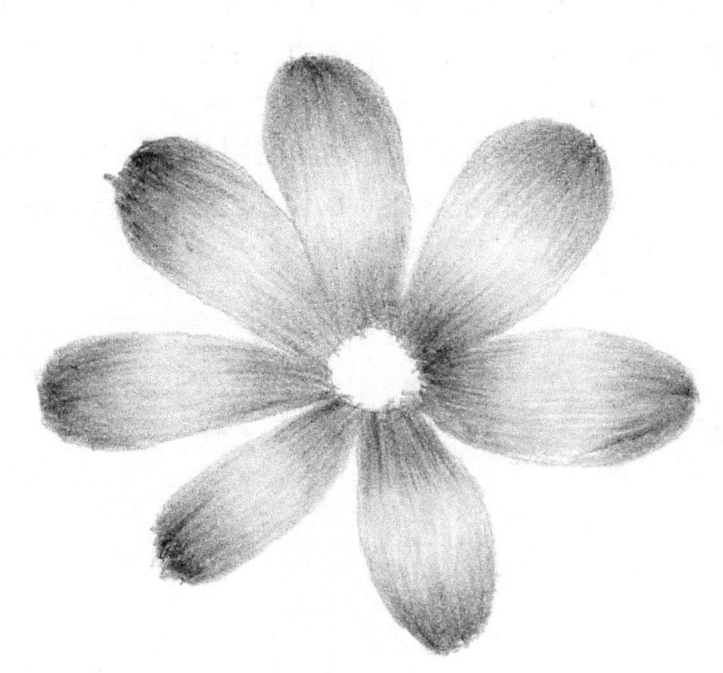

Aquí también ve hacia el punto culminante, pero esta vez dibuja sobre los aspectos más destacados, y también levanta la punta del lápiz cuando termines los trazos. Haz lo mismo desde ambas direcciones, comenzando sobre las áreas de HB, usando el mismo lápiz 2H. A medida que pasas el HB para cubrir el borde entre el HB y 2H, en realidad estás empujando (bruñido) el grafito HB en la fibra del papel.
Como se puede ver en la siguiente imagen, todavía son muy brillantes, pero ahora ya no son blancas y comienza a formarse una transición gradual.

Este es básicamente el mismo método que he usado en el tutorial sobre "Cómo dibujar el cabello rizado", y recomiendo practicar esta flor antes de comenzar a dibujar el cabello rizado siguiendo los pasos de ese tutorial. Después de terminar esta práctica, usa la misma forma de la flor (o una similar) y el mismo método, pero intenta con diferentes tonos. Por ejemplo, en lugar de un HB, usa un 4B, y en lugar de un 2H (que solo usamos para sombrear las partes resaltadas), usa un B. Obtendrás una flor mucho más oscura, pero también podrás visualizar cómo se vería si usas estos lápices para el cabello rizado.

Vamos a mezclar todo con un hisopo. Siempre usa la punta limpia del hisopo cuando mezcles los reflejos si no quieres que se vean más oscuros. De todos modos, los reflejos se harán más oscuros al combinarlos, por lo que no querrás oscurecerlos aún más con un hisopo lleno de grafito. Estos aspectos destacados son difíciles de aclarar porque queremos que se mantengan suaves. No uso un pañuelo para mezclar estos pétalos porque mi dedo envuelto en un pañuelo no me permite sombrear un área pequeña, y la punta de un tocón de mezclado es demasiado pequeña para esto. Entonces, un hisopo es perfecto para este tamaño de dibujo. Mezcla las zonas oscuras también.

A veces, cuando estamos mezclando, podemos arruinar la planitud de nuestra transición de gradiente, pero la mezcla es importante, y después de la mezcla siempre puedes mejorar sombreando más. También es importante evitar tocar el papel con los dedos. Es posible que no puedas ver tus huellas dactilares sobre el papel blanco, pero cuando aplicas grafito o polvo de grafito sobre las huellas dactilares, aparecerán y no podrás eliminarlas.

Siempre sostén la mano en una hoja de papel (o un pañuelo) por separado y usa un cepillo grande para quitar el polvo del papel. Nunca hagas eso con tus manos, no importa lo limpias que estén.

Ahora puedes borrar el grafito que podrías haber aplicado alrededor del borde de los pétalos para limpiar el borde entre la flor y el fondo.

Como ya mencioné, siempre iluminaremos las áreas con la mezcla, así que aplica un lápiz B sobre la parte superior y la parte inferior de los pétalos.
Debes practicar este método siempre que puedas, ya que esto te ayudará a crear una transición de gradiente que es muy importante en un estilo realista de dibujo. También te ayudará a aprender cómo controlar la presión sobre tu lápiz, lo que también es muy importante, especialmente si trabajas solo con 2-3 lápices. Puedes probar diferentes formas de flores, o cualquier otro objeto.

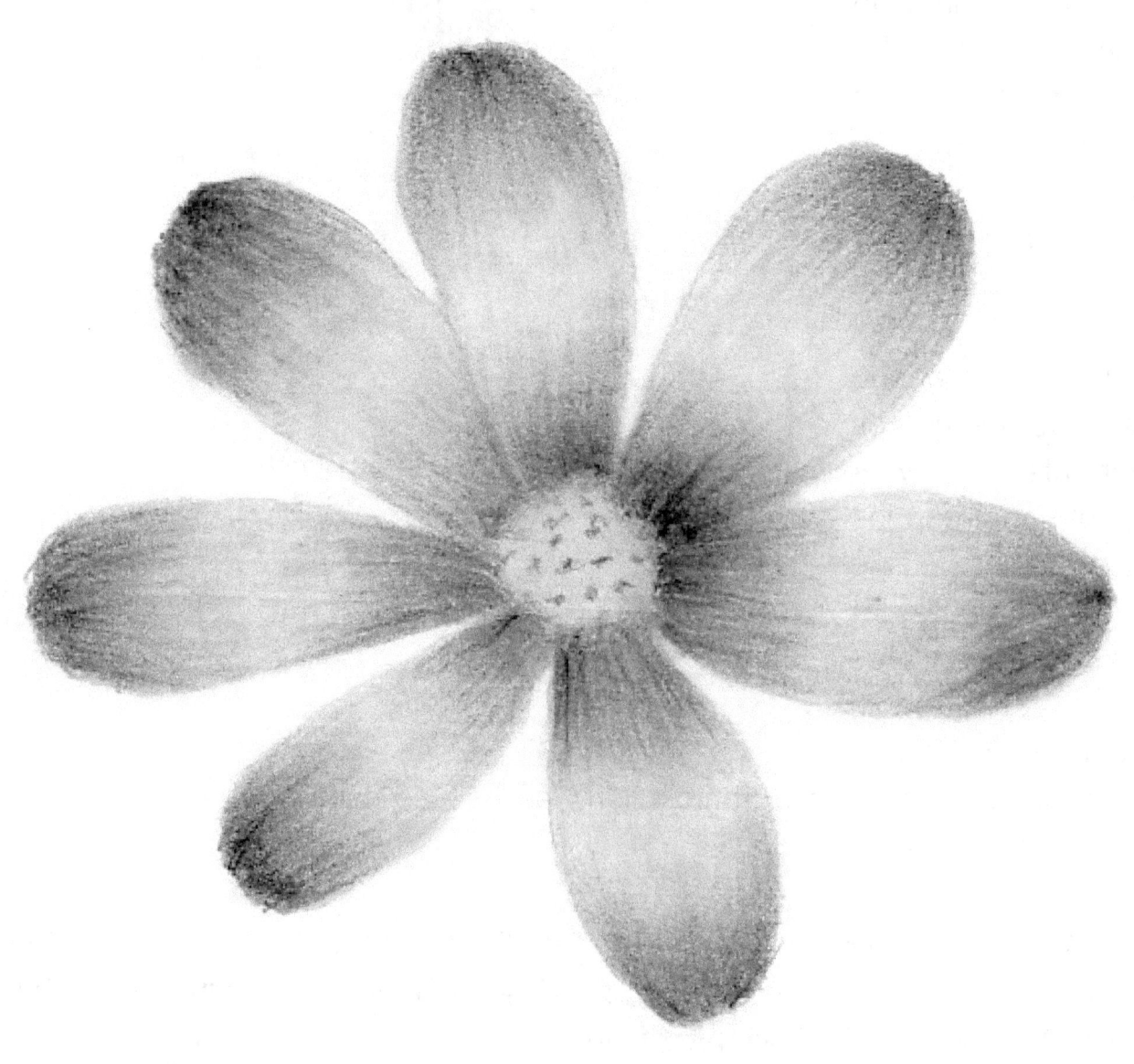

Creando la transición gradiente - tercer método

Permíteme mostrarte mi forma única de sombreado que descubrí hace unos 15-20 años cuando comencé a dibujar por primera vez y experimenté con las técnicas de dibujo y sombreado. El punto es usar una hoja de papel separada para aislar el área que no deseas sombrear. Y cuando sombrees ambos, ese pedazo de papel y tu hoja de papel, se creará una transición de gradiente. Pero déjame mostrarte cómo puedes hacerlo, paso a paso con las imágenes.

Lo primero que debes hacer es dibujar un círculo en una hoja de papel separada.

A continuación, corta este círculo con unas tijeras. Tu área interna no es importante, se puedes cortar a través de ella, como hice en la siguiente imagen. Hazlo con cuidado para preservar la forma perfectamente redonda del círculo. No tires este pedazo de papel circular porque lo necesitaremos más tarde.

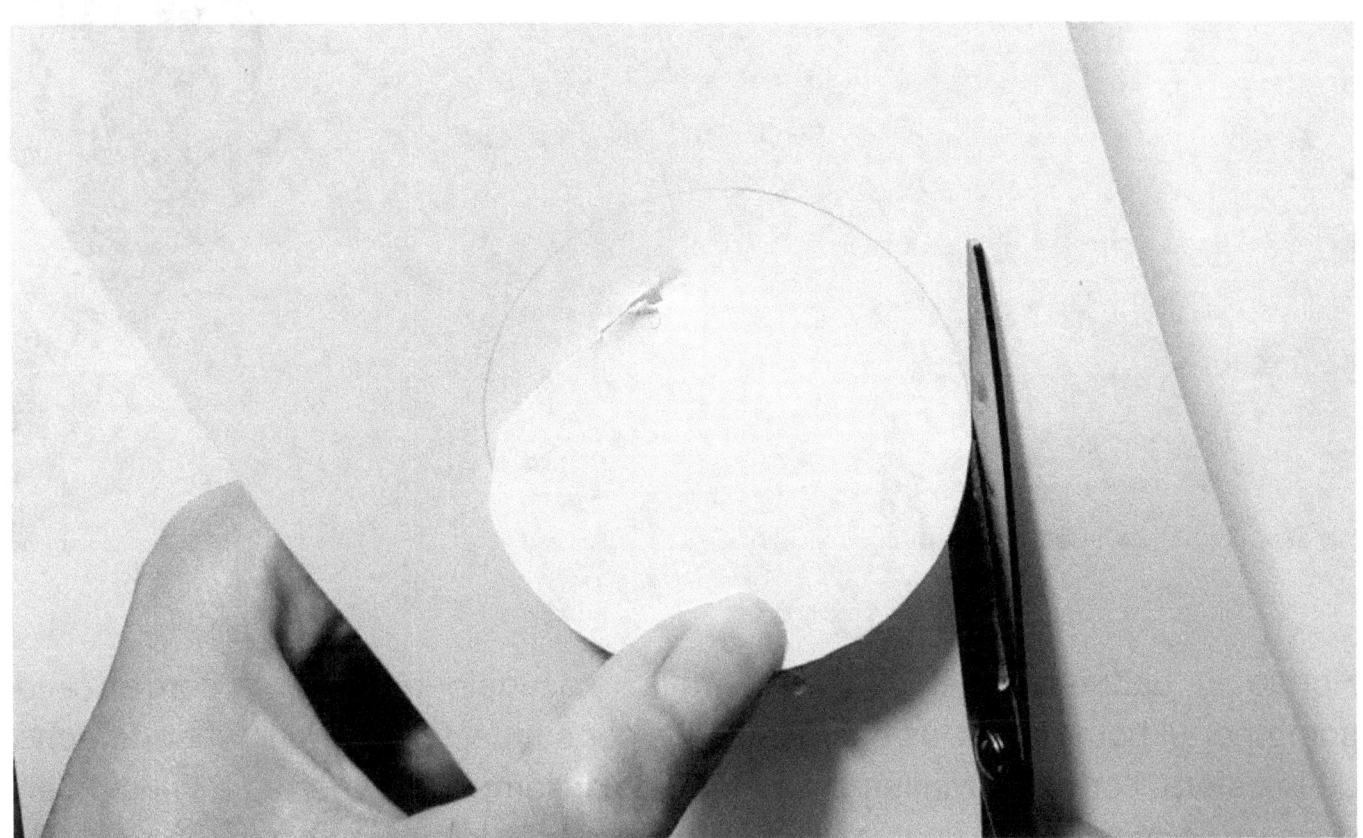

Prepara tu polvo de grafito y un pañuelo. Puedes hacer el polvo de grafito tú mismo triturando tus lápices, o puedes comprarlo. Tengo un frasco de 30 ml, que cuesta menos de 2 euros. Una vez que compres un frasco, te durará por siempre. Por lo tanto, puedes ahorrar mucho tiempo e incluso dinero si compras el polvo de grafito, sin mencionar que el polvo fabricado es muy fino, lo que sería muy difícil de lograr al triturar los lápices.

A continuación, quiero que coloques el pedazo de papel donde recortaste el círculo sobre tu hoja de papel. Decide de dónde quieres que venga tu fuente de luz. Quiero que la mía venga de la esquina superior izquierda y voy a sombrear de acuerdo con esto. Te sugiero que hagas lo mismo por primera vez. Más adelante, puedes experimentar con la(s) fuente(s) de luz que vienen de diferentes direcciones.

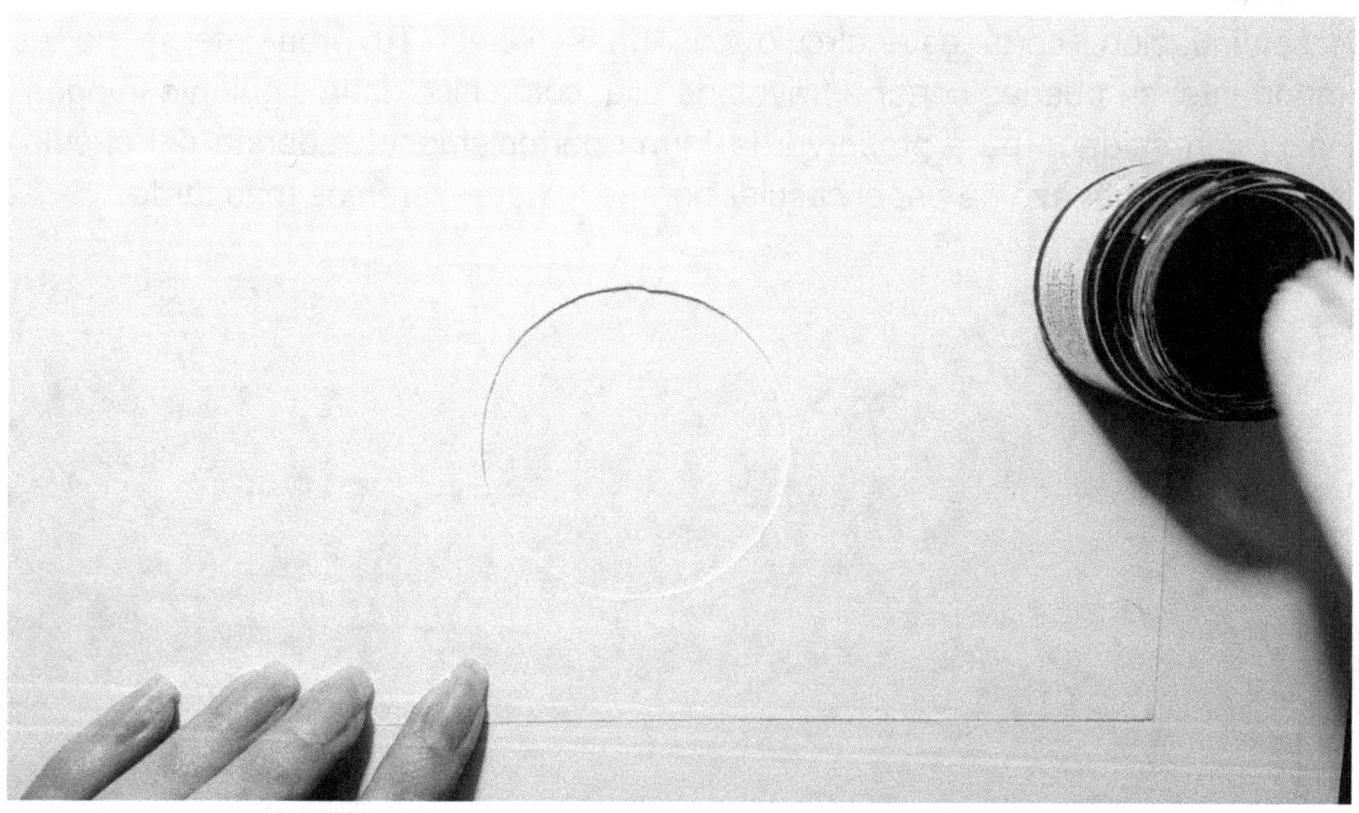

Hunde tu pañuelo en el polvo de grafito, sacúdelo un poco y comienza a sombrear el borde entre los dos papeles y, por supuesto, el lado inferior derecho de la esfera, con un movimiento circular todo el tiempo. No vuelvas a hundirlo en el polvo de grafito, solo una vez al principio. Estudia la siguiente imagen para ver cómo lo estoy haciendo y dónde he sombreado hasta ahora. Espero que estas fotos te ayuden a comparar tus resultados con los míos.

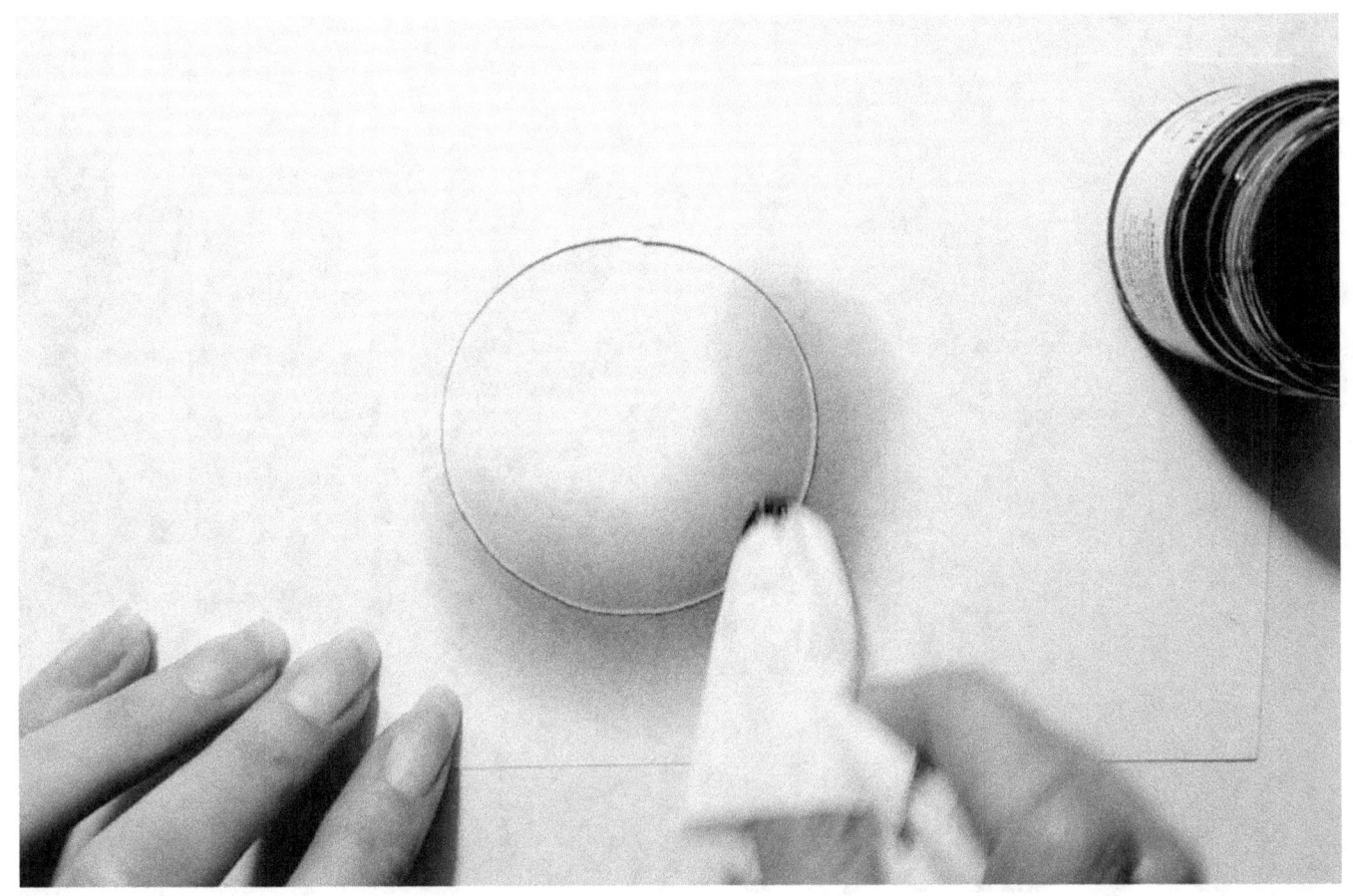

A medida que usas el grafito y tu pañuelo tiene menos, poco a poco comienza a sombrear hacia el lado superior izquierdo de la esfera, aún con movimiento circular. Puedes ver en mi imagen cómo el lado superior izquierdo de la esfera parece mucho más brillante porque no puse más polvo de grafito en mi pañuelo, pero solo apliqué la cantidad que quedaba en este después de sombrear la zona más oscura. Si nuestra fuente de luz venía de la esquina superior izquierda, la esquina inferior derecha sería la más oscura. No presiones con fuerza porque no quieres hacer un progreso repentino y sombrear demasiado. Siempre puedes sombrear más. Presiona ligeramente cuando sombrees las áreas por primera vez. Recorre todo el borde del círculo presionando muy ligeramente para aumentar el tono brillante de la esfera.

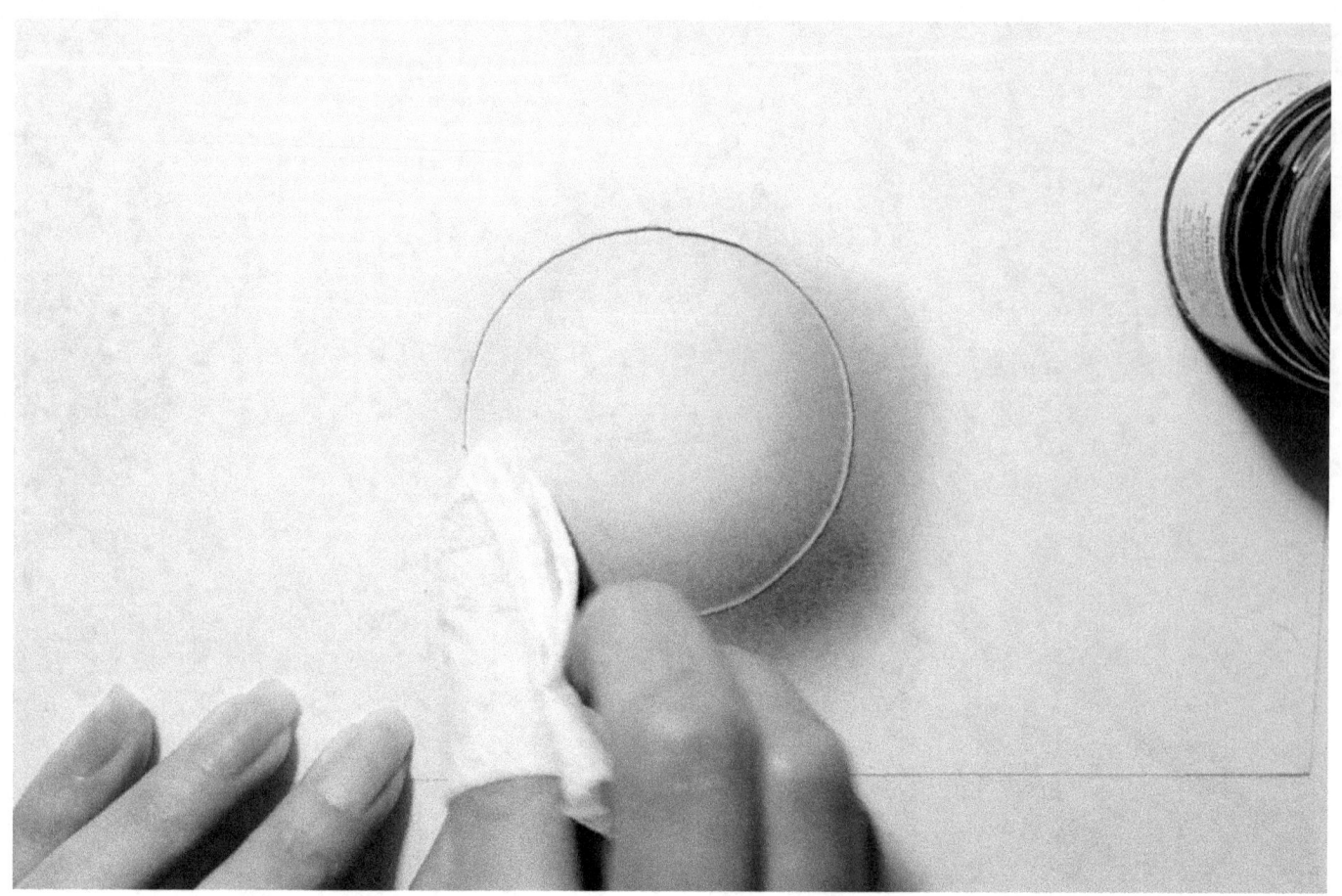

Ahora podemos dar vuelta una y otra vez, aplicando cada vez más presión para construir los tonos cada vez más.

Tenemos que dejar un punto, por así decirlo, para que se vea brillante. En la siguiente imagen, puedes ver que he marcado esa parte con un círculo punteado. A medida que avanzas hacia este punto, libera la presión sobre tu pañuelo e intenta no pasar por esta parte. Obtendrás algo de grafito de todos modos, sin importar cuán cuidadosamente lo sombrees, y será suficiente.

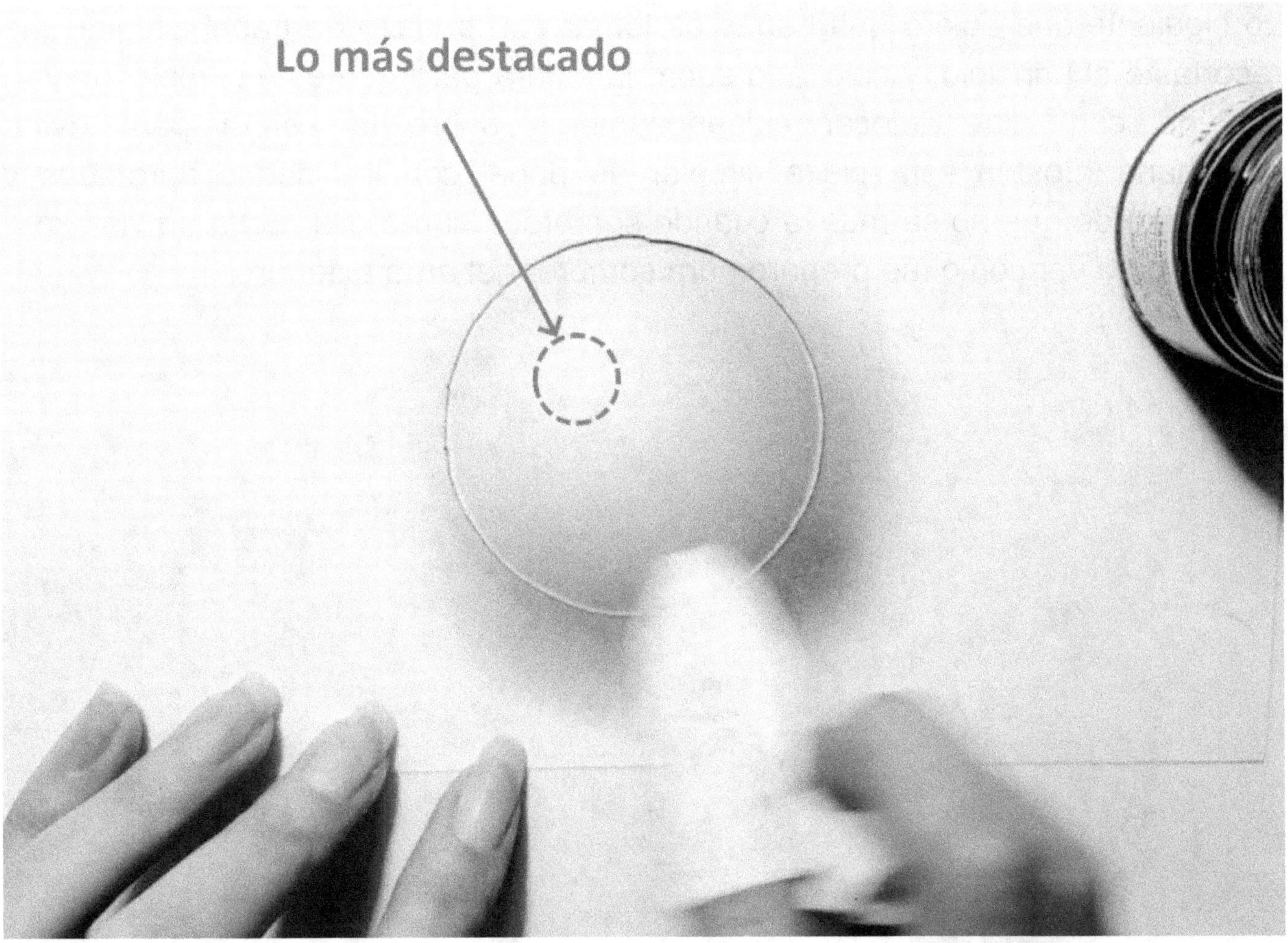

Lo más destacado

Entonces, aquí no tienes que usar trazos de lápiz, ni siquiera el método de circulismo que siempre recomiendo para crear las texturas suaves, solo el polvo de grafito, el pañuelo y aprender a controlar la presión sobre él. Esta es una muy buena forma de sombrear, por ejemplo, la piel humana. Además, es mejor cubrir las áreas que no deseas sombrear que borrar el grafito de ellas más adelante.

Cuando retires tu pedazo de papel, deberías obtener algo como el mío, y he escaneado esa imagen para que puedas ver mejor los detalles.

Lo siguiente que quiero que hagas es tomar ese pedazo de papel circular que recortaste al principio, y colocarlo sobre la esfera para que esté completamente cubierto con ella. Colocar cuidadosamente sobre la esfera para evitar mancharla. Sostén esta pieza circular de papel con los dedos apretados y asegúrate de que no se mueva cuando sombrees sobre ella. Echa un vistazo a mi foto para ver cómo me preparo para sombrear el área exterior.

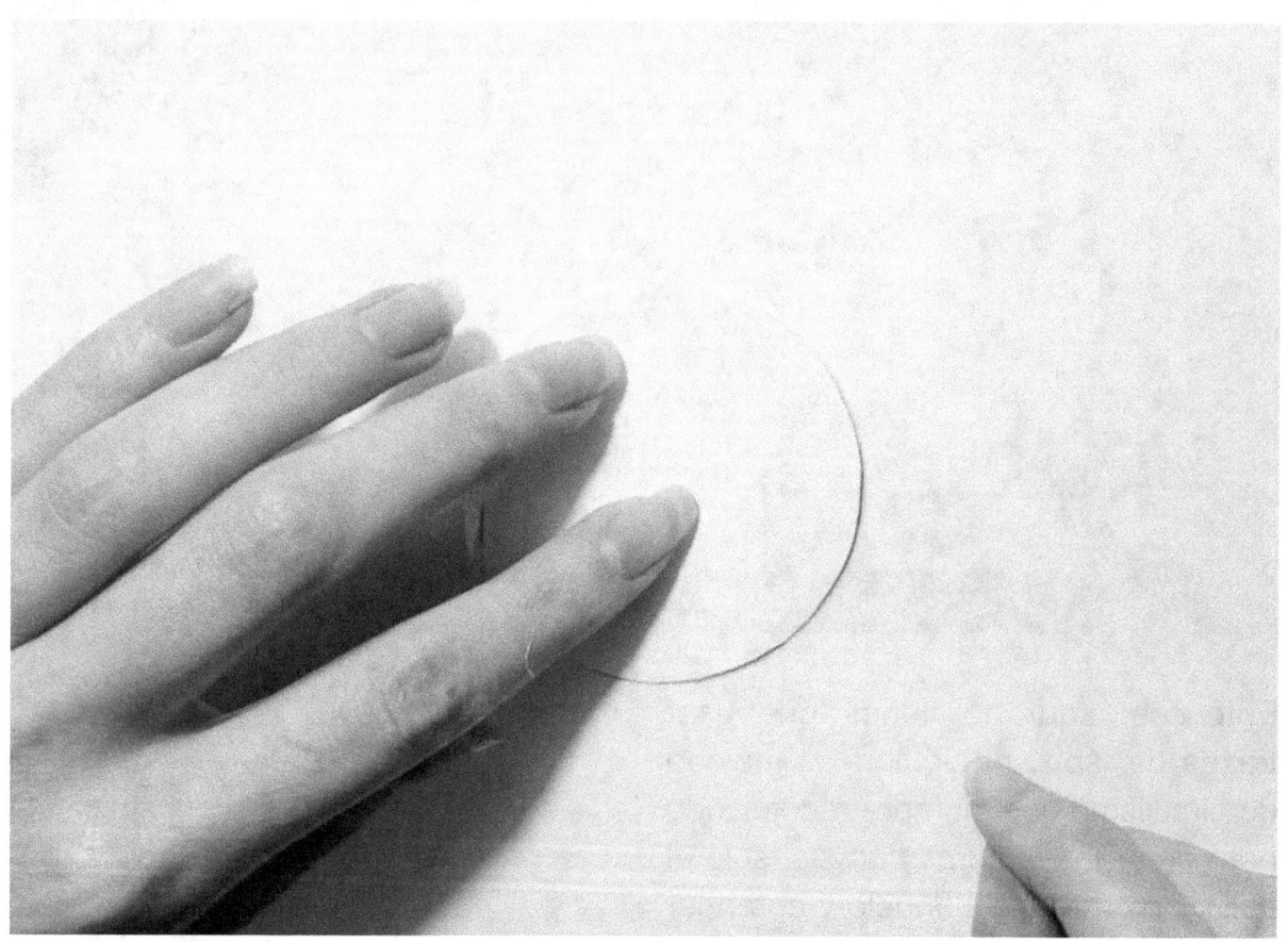

Toma otro pedazo de pañuelo y sumérgelo en el polvo de grafito. Pásalo por el borde entre el papel circular y el área exterior de la esfera.

Básicamente, estamos creando la sombra proyectada de esta manera, que también tiene que ser un degradado suave y debe desaparecer gradualmente en el fondo.

Si nuestra fuente de luz venía de la esquina superior izquierda, nuestra esfera proyectaría la sombra debajo de su borde inferior derecho, si se colocara sobre una mesa o cualquier otra superficie.

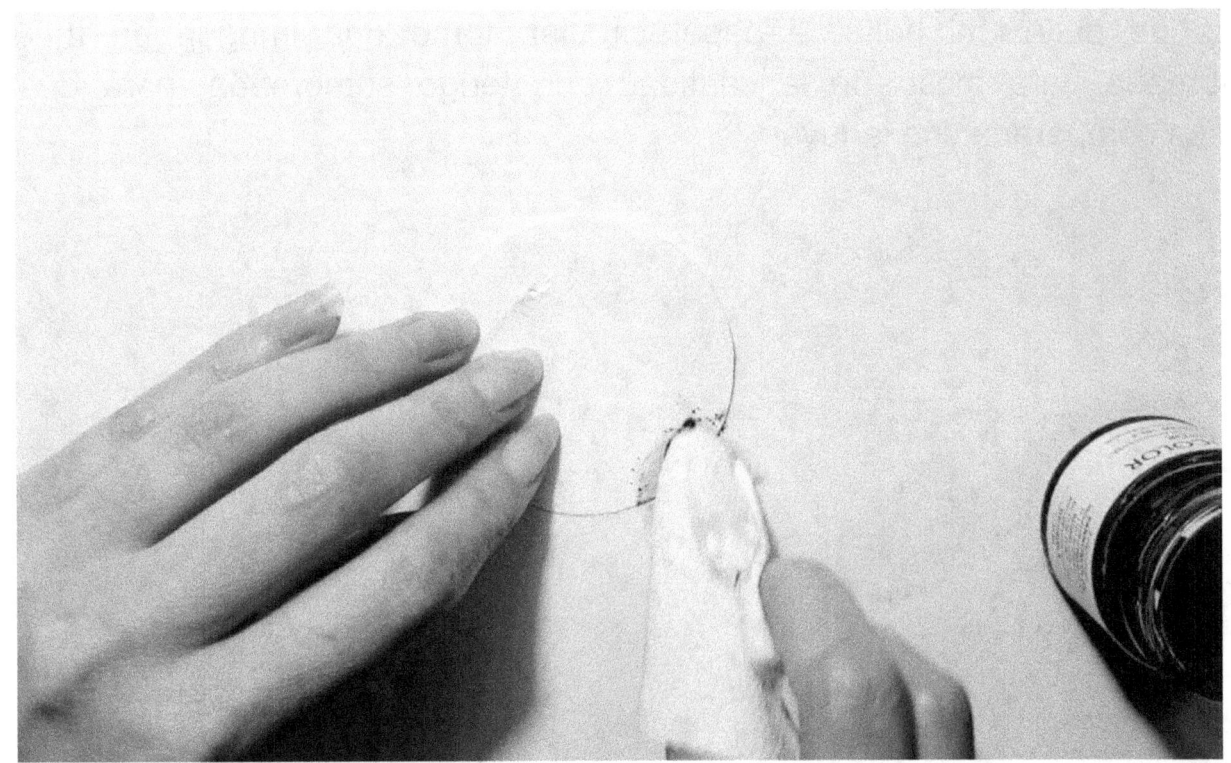

Entonces, aquí lo mismo. Empieza a sombrear el papel circular, y luego, poco a poco, recorre el fondo para que la sombra proyectada sea más oscura junto a la esfera.

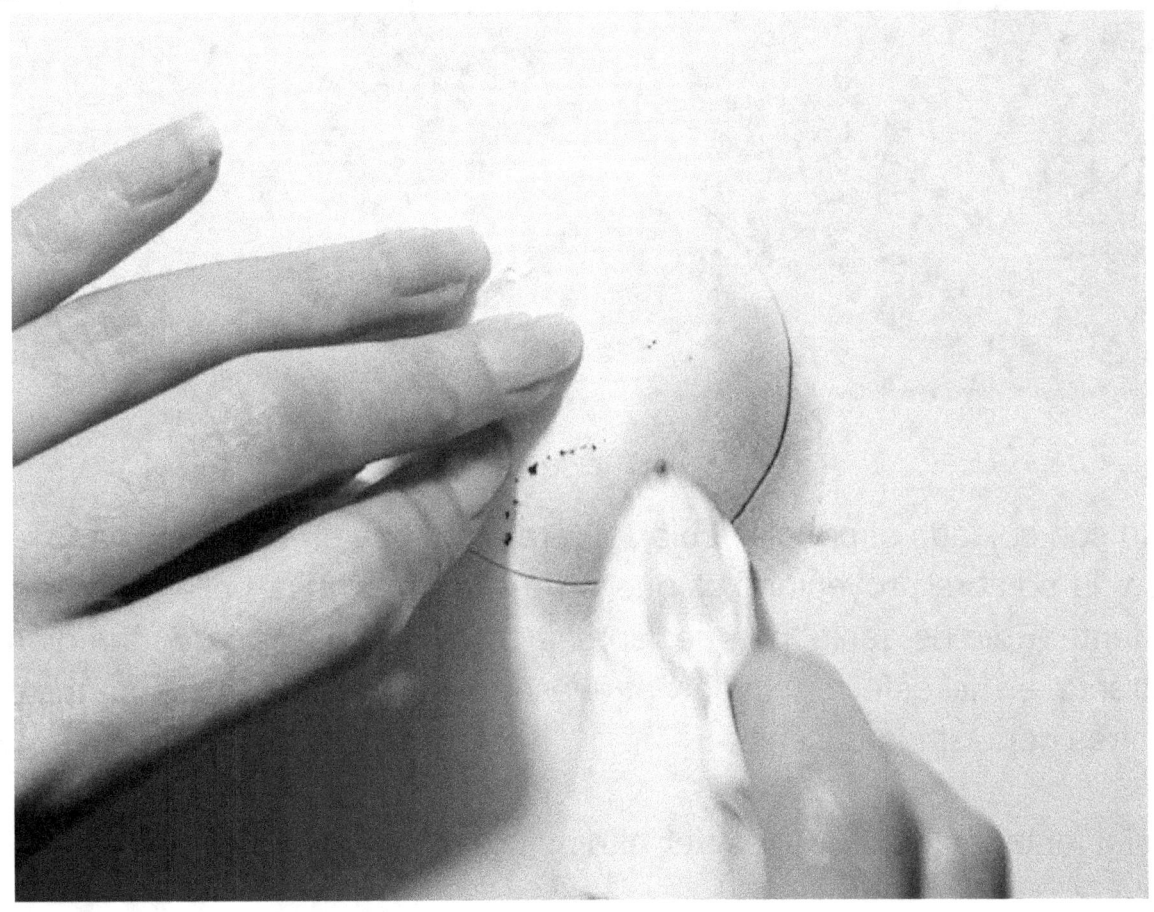

Antes de quitar mi hoja de papel circular, tomé una imagen de mi área sombreada para mostrarte la cantidad que tengo sombreada, para que así puedas compararla con la tuya.

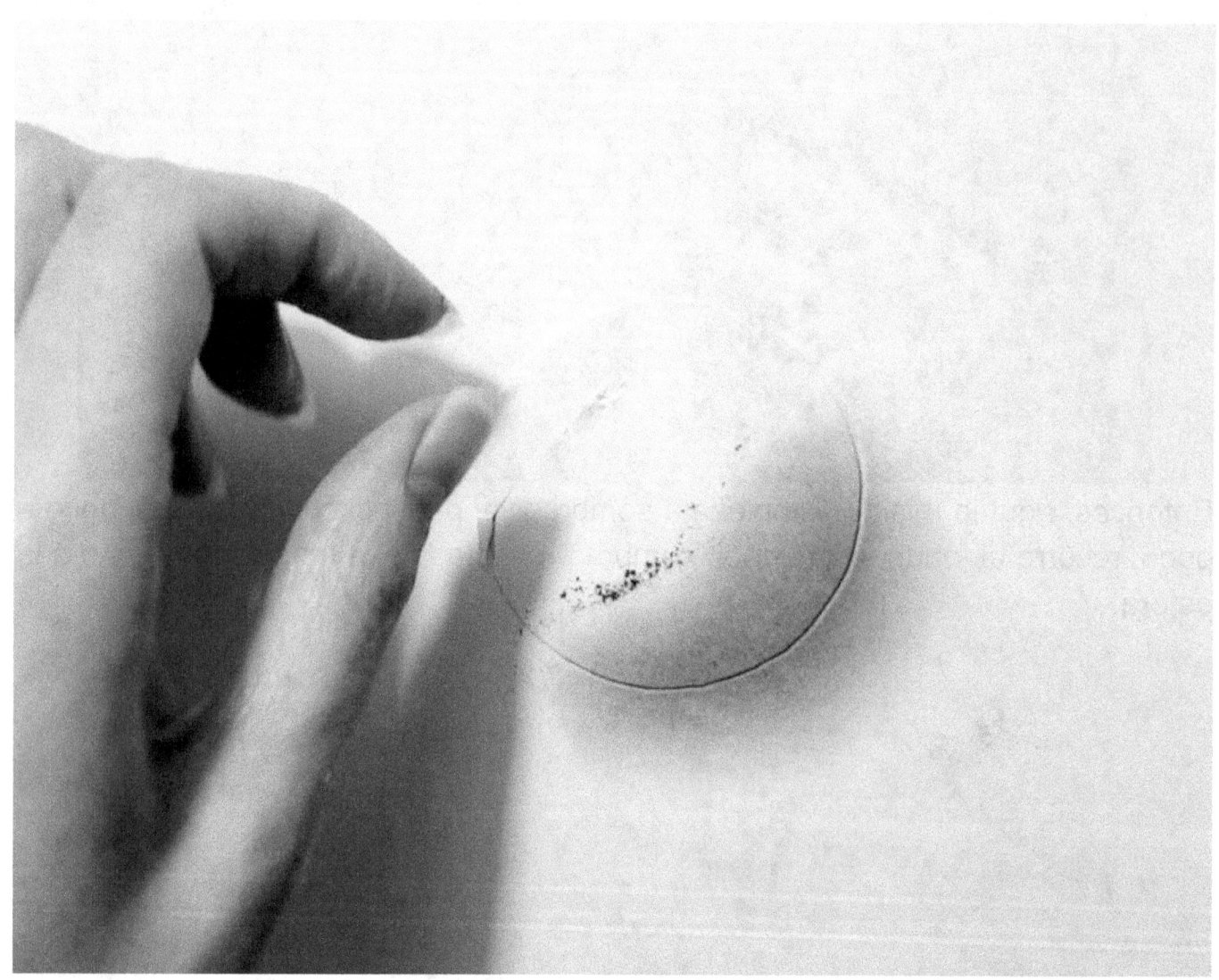

Levanta con cuidado el papel circular, y verás que hay un borde formado entre la esfera y la sombra proyectada, y que en realidad es más brillante que el área circundante. Esto es genial porque representa la luz reflejada que también debe encontrarse en la esfera. Puedes atravesar este borde con un pañuelo si lo encuentras demasiado brillante.

En la siguiente imagen, puedes ver el dibujo escaneado de mi esfera. No estoy segura de que podamos llamarlo dibujo, ya que no hemos dibujado una sola línea.

LA TÉCNICA DEL CIRCULISMO

El circulismo básicamente significa aplicar pequeños círculos superpuestos.

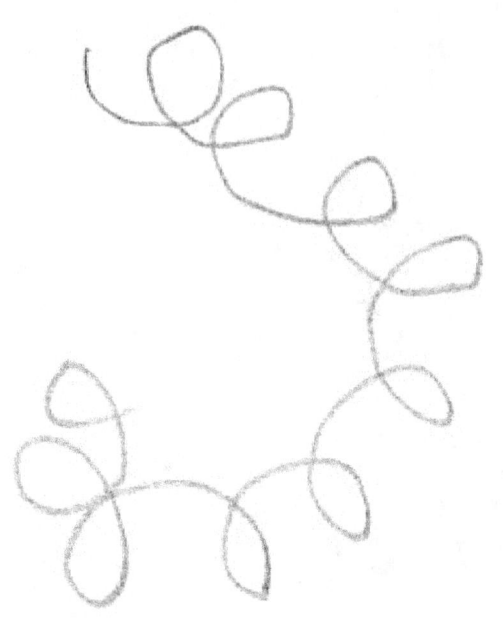

En esta imagen, puedes ver un ejemplo simplificado, solo para que puedas comprender mejor cómo se deben crear los círculos. Entonces, practica esto primero.

Ahora, haz lo mismo, pero haz que circulen un poco más densamente, para que se repitan mucho más que en el primer ejemplo simplificado.

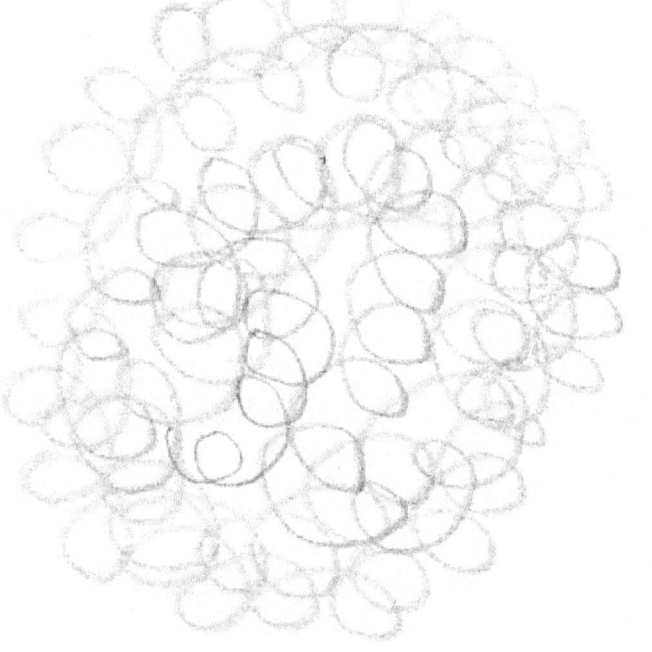

Practica esto hasta que te sientas cómodo con los movimientos. Intenta aplicar la misma presión todo el tiempo.

Después de practicar esto, comienza a dibujar círculos superpuestos muy pequeños, uno sobre otro, hasta que cubra el papel por completo y desaparezcan los puntos blancos del papel. Usa una punta de lápiz redondeada o la parte plana de una punta tipo cincel. Un punto bien afilado no es bueno para crear una textura suave, especialmente si usas un lápiz H o más brillante. Puedes hacer la punta redondeada o tipo cincel con un papel de lija. Para crear una punta de cincel, frótala sobre un papel de lija sin girar el lápiz entre los dedos. La punta redonda y la punta del cincel no solo te permitirán crear una textura más suave, sino que también podrás cubrir el área más rápido.

Aplica la misma presión todo el tiempo, a menos que desees crear una transición de gradiente con el circulismo, que también es posible. Solo debes comenzar presionando con fuerza y luego presionar cada vez menos, aplicando un movimiento circular continuamente.

En la siguiente imagen, puedes ver mis ejemplos del circulismo. He creado cuatro muestras, usando una B, una HB, una 2H y una 6H. Puedes usar cualquier otro lápiz. Usa tantos grados como te sea posible, para ver los tonos que pueden crear, y luego puedes usar tu paleta con franjas al elegir los tonos para tu dibujo.

Ahora simplemente mezcla estas muestras con un pañuelo de papel. Solo repásalo y presiona muy fuerte y también usa un movimiento circular. Ahora puedes ver cómo se ven las muestras lisas. Presiona con fuerza para colocar el grafito en el papel.

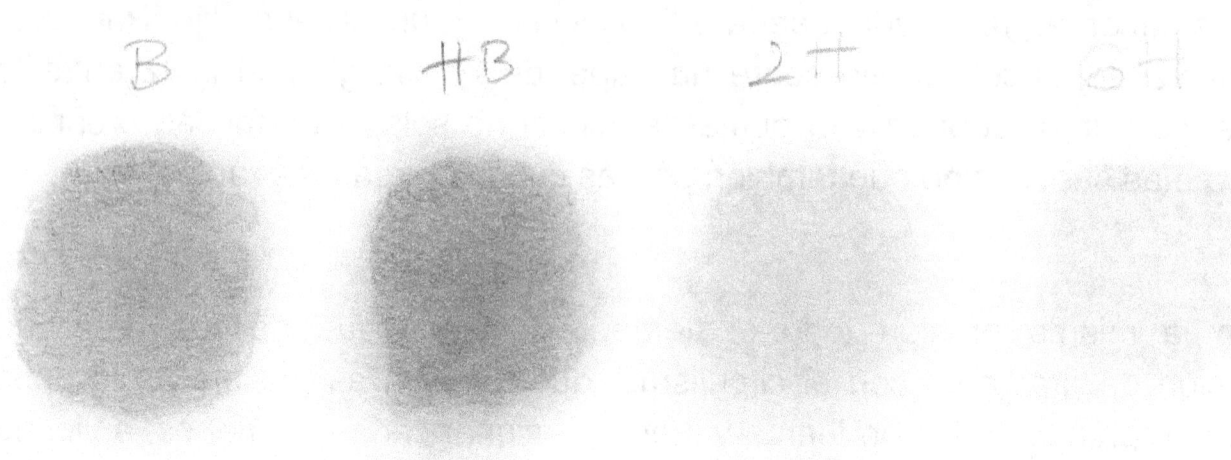

TUTORIALES DE DIBUJO

CÓMO DIBUJAR EL MÁRMOL DE UNA CANICA

En este tutorial, quiero mostrarte cómo dibujar una canica de ojo de gato. La dibujo en papel A5 (148 x 210 mm - 5,8 "x 8,3").

Primero, tenemos que cubrir el papel completamente con polvo de grafito. Estoy sumergiendo una almohadilla de algodón en el polvo de grafito y comienzo a sombrear el papel con un movimiento horizontal (como se muestra en la siguiente imagen con flechas).

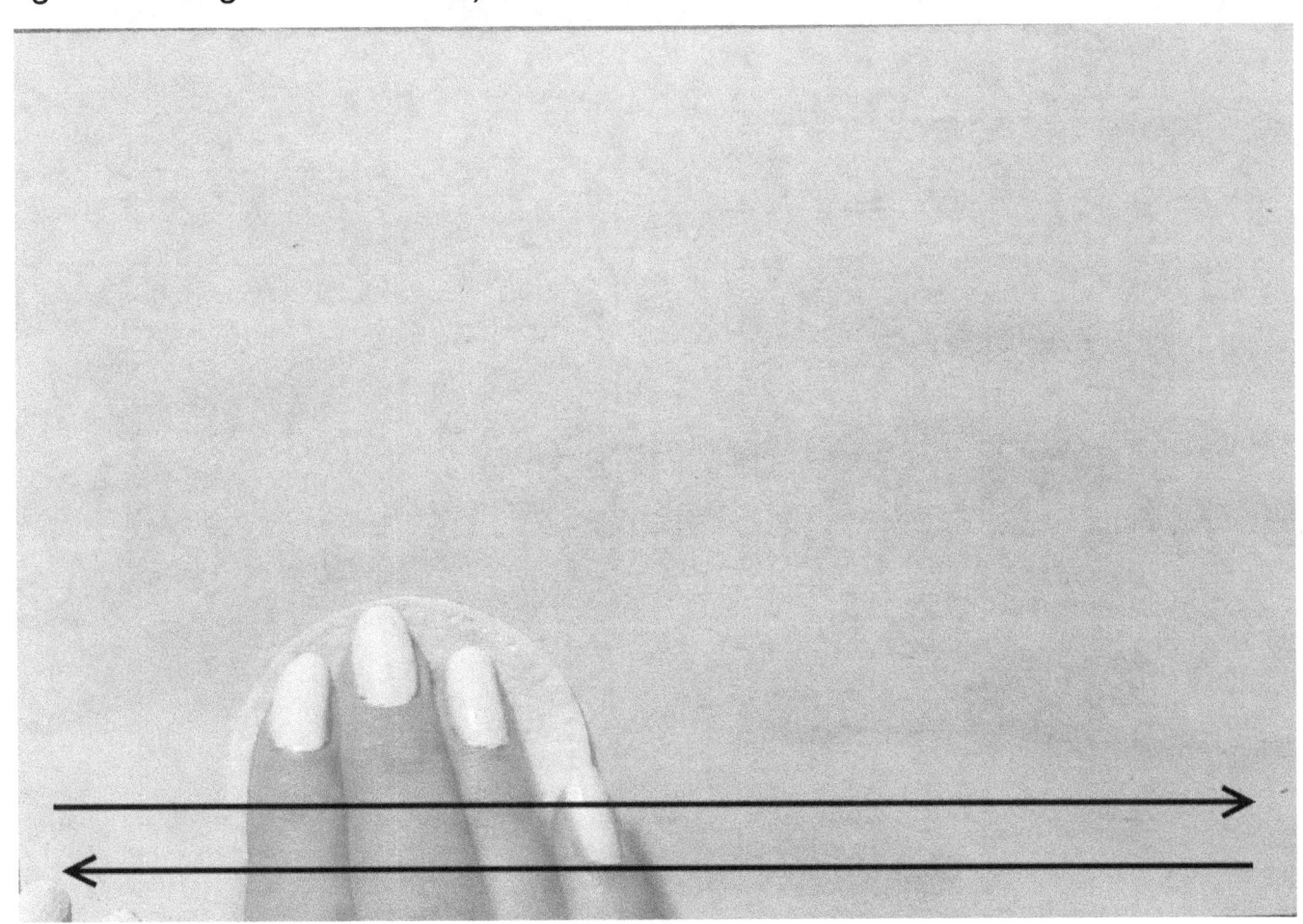

El objetivo es oscurecer completamente el papel con el polvo de grafito, de modo que se realzen los reflejos. Si tienes papel gris, eso también es muy bueno. También puedes dibujarlo en papel blanco sin sombrear el fondo. Solo quiero hacer más destacados mis aspectos más destacados de esta manera. Puedes sombrear este papel ligeramente como yo o mucho más fuerte para hacerlo mucho más oscuro, depende de ti. Cuanto más oscuro sea el papel, más destacados serán los aspectos más destacados.

En la siguiente imagen, puedes ver cómo se ve mi papel sombreado cuando se escanea.

Lo siguiente es crear el contorno principal de nuestra canica. Puedes usar una regla con círculos, como esta:

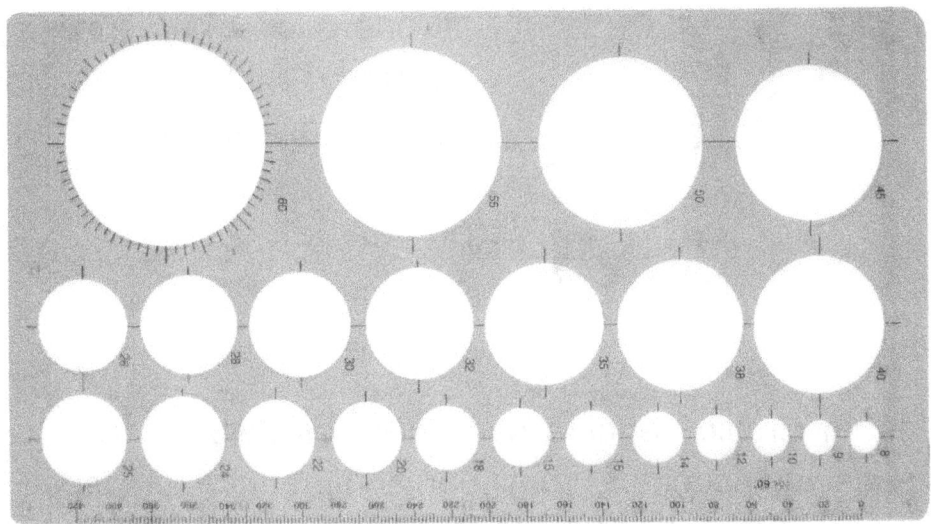

Encuentro estos agujeros demasiado pequeños para mi canica, así que usaré una herramienta divisoria (compás). Pero no dibujaré directamente en este papel sombreado. Voy a dibujar un círculo en otra hoja de papel. El diámetro de mi canica es de unos 7 centímetros.

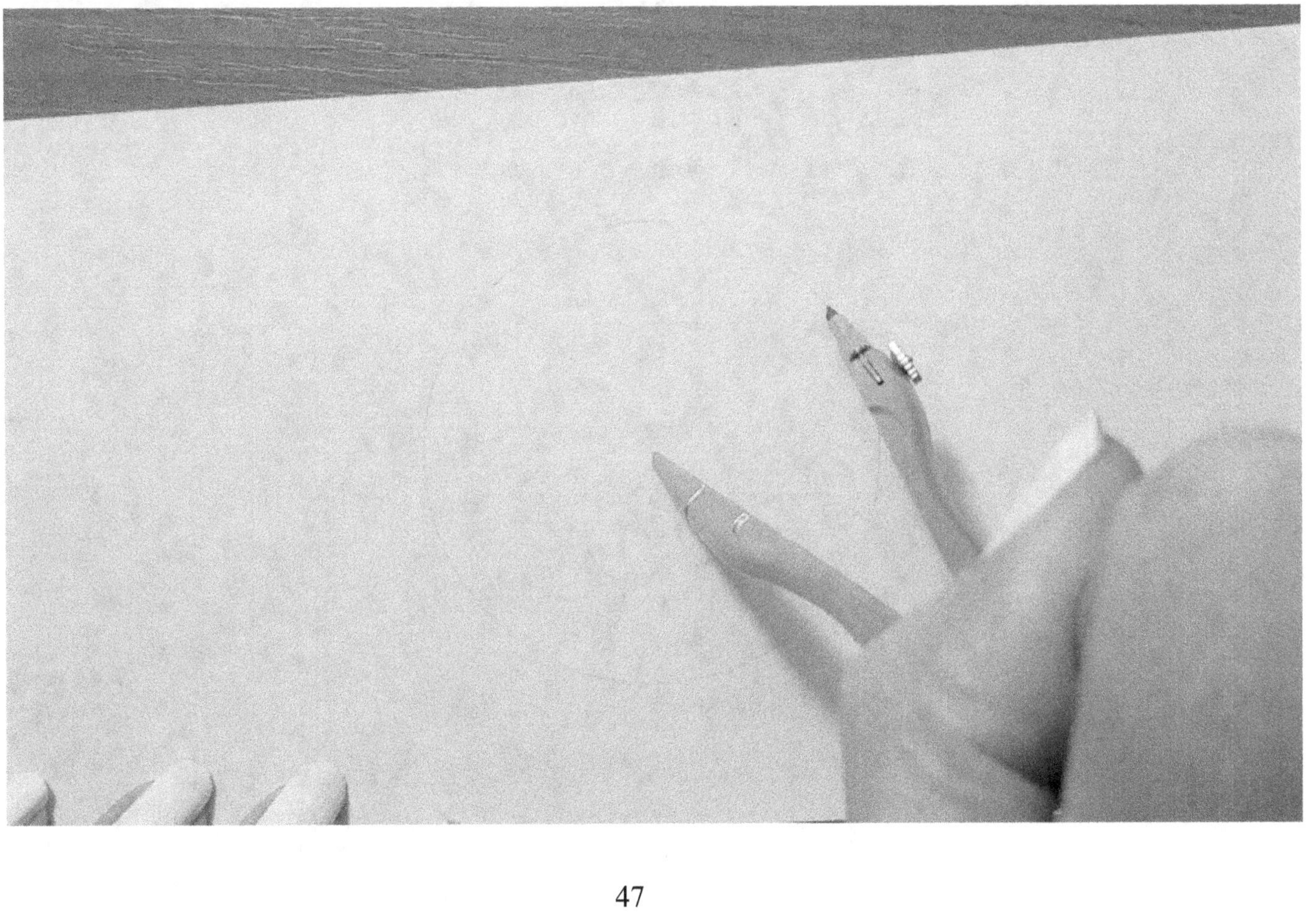

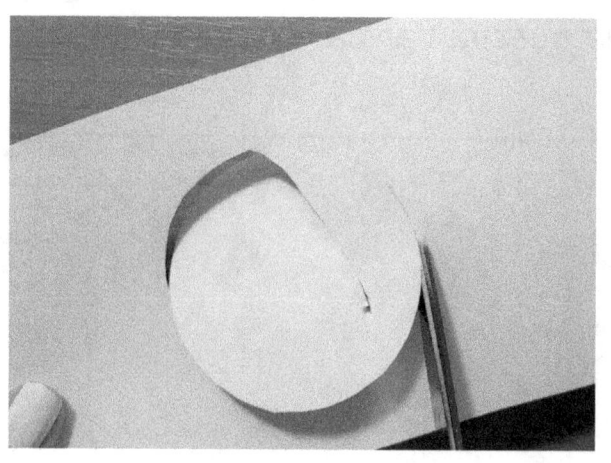

Corté el círculo con mis tijeras. Debes cortarlo con mucho cuidado para preservar la forma perfecta de tu círculo.

Ahora tenemos un círculo perfecto que podemos colocar sobre el papel. Con este círculo perfecto, podemos continuar sombreando el papel, presionando sobre el borde de este papel cortado, como se muestra en la siguiente imagen.

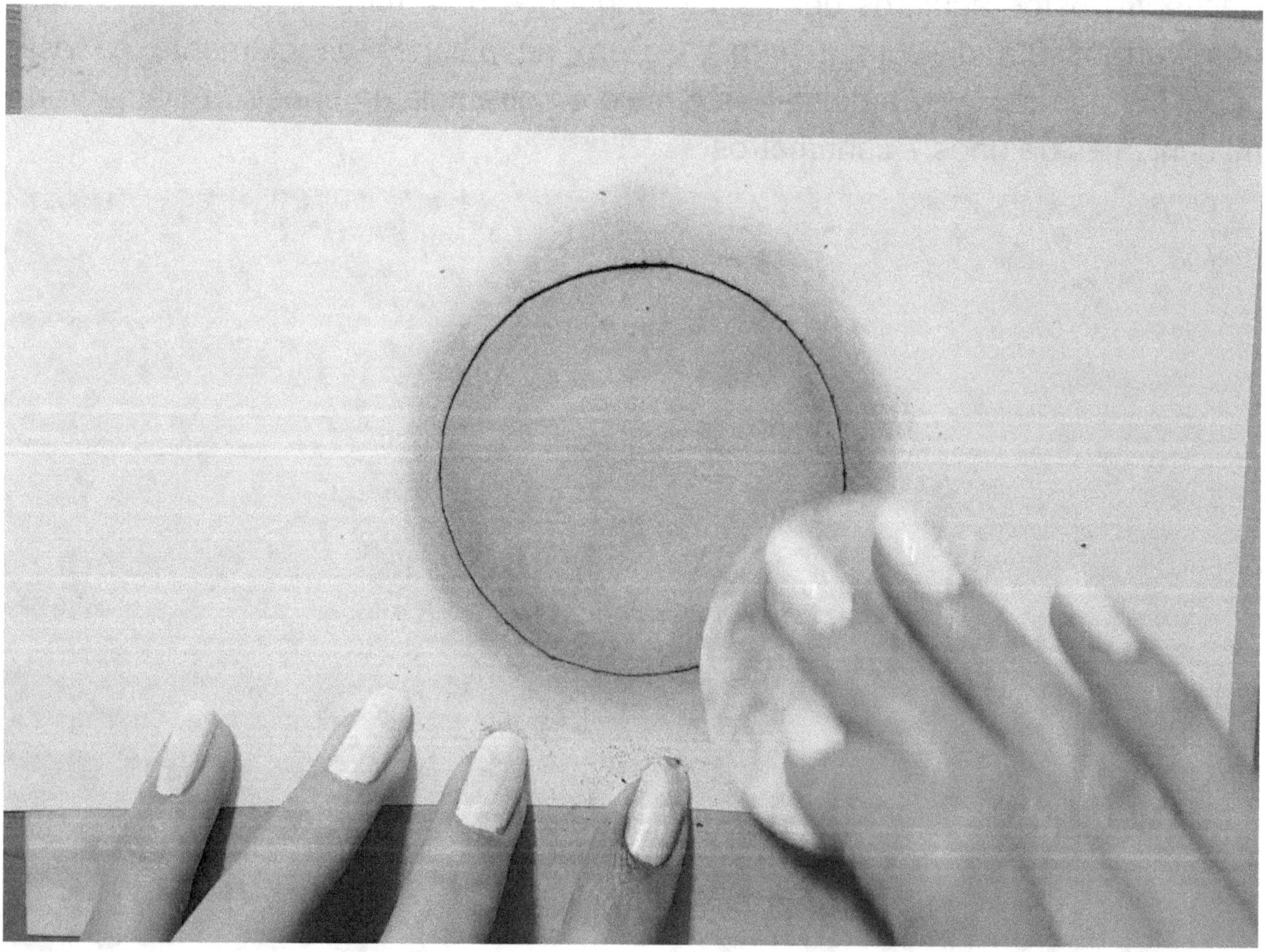

Presiono muy fuerte cuando hago sombra sobre los bordes. Aligero la presión mientras trabajo lejos del borde. El objetivo aquí es crear una transición de gradiente. Este tipo de sombreado ayudará a dar la ilusión de una canica redonda. Por lo tanto, usa más presión sobre el borde de un trozo de papel cortado, y libera suavemente la presión a medida que vas hacia el centro de la canica.

Cuando levantes este pedazo de papel, debes obtener algo como esta bola sombreada que puedes ver en la siguiente imagen. Esto es suficiente por ahora. No tenemos líneas fuertes y esta es una buena base para dibujar nuestra canica. Los objetos como este no deberían contener muchas líneas, y deberían estar compuestos principalmente de sombras.

Ahora podemos comenzar a dibujar los patrones dentro de la canica de ojo de gato, que están dentro del vidrio. Puedes buscar algunas fotos de referencia o puedes usar la mía. Durante el primer paso usa un HB, porque este lápiz es suficientemente más oscuro que el fondo. Sin embargo, no presiones demasiado fuerte. Trabajando lentamente te das tiempo suficiente para evitar errores.

El área que estamos dibujando en este paso debe ser lo más suave posible. Dibuja patrones verticales similares, como se muestra en la siguiente imagen. Pueden ser más gruesas o más delgadas, una pequeña diferencia no importa. Algunos de ellos deben ser un poco más oscuros para evitar la planitud de las partes más oscuras del patrón. Incluso puedes dibujar patrones colocados horizontal o diagonalmente. Todo depende de qué posición quieres que aparezca tu canica. Puedes buscar fotos de referencia y estudiarlas si no puedes imaginar cómo se ven.

Ahora realmente se ve similar a un ojo de gato. Es por eso que esta canica tiene este nombre.

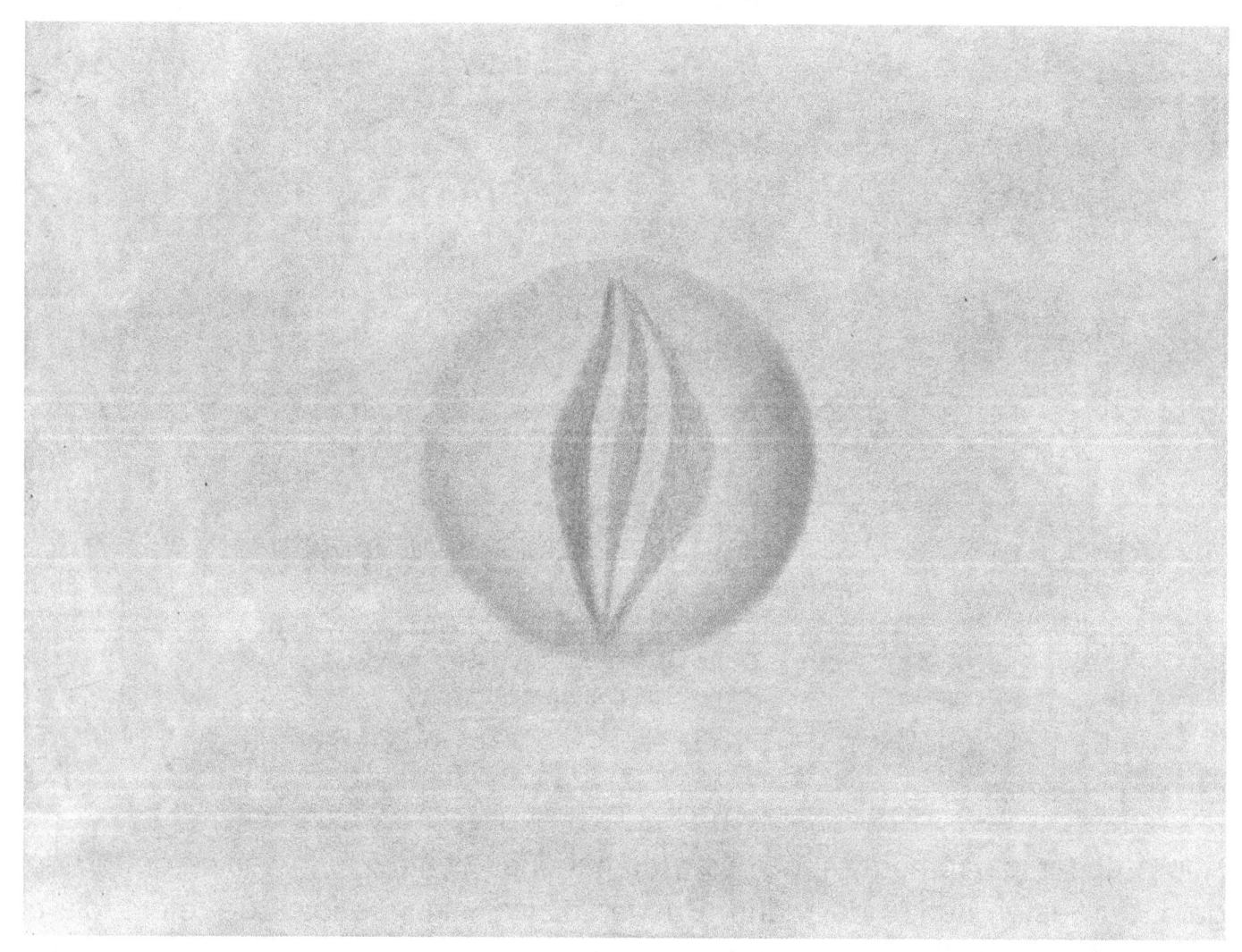

El siguiente paso es bastante interesante, porque tenemos que borrar las partes que sombreamos al principio. Para esto, puedes usar un borrador amasado, o cualquier otro con el que te guste trabajar. Yo uso un lápiz de borrador suave para esto. Borra las áreas entre los patrones dibujados previamente para crear resaltes. El área superior puede ser mucho más brillante que el área inferior. Un lápiz de borrador suave es una herramienta muy buena. Solo tienes que usar el mismo movimiento que cuando dibujas con un lápiz normal. En la siguiente imagen puedes ver cómo las partes resaltadas de los patrones son muy prominentes ahora. Puedes hacer este paso como quieras. No tiene que ser igual al mío. Combina los bordes entre los resaltes y las áreas dibujadas con un HB usando un tocón de fusión o un hisopo.

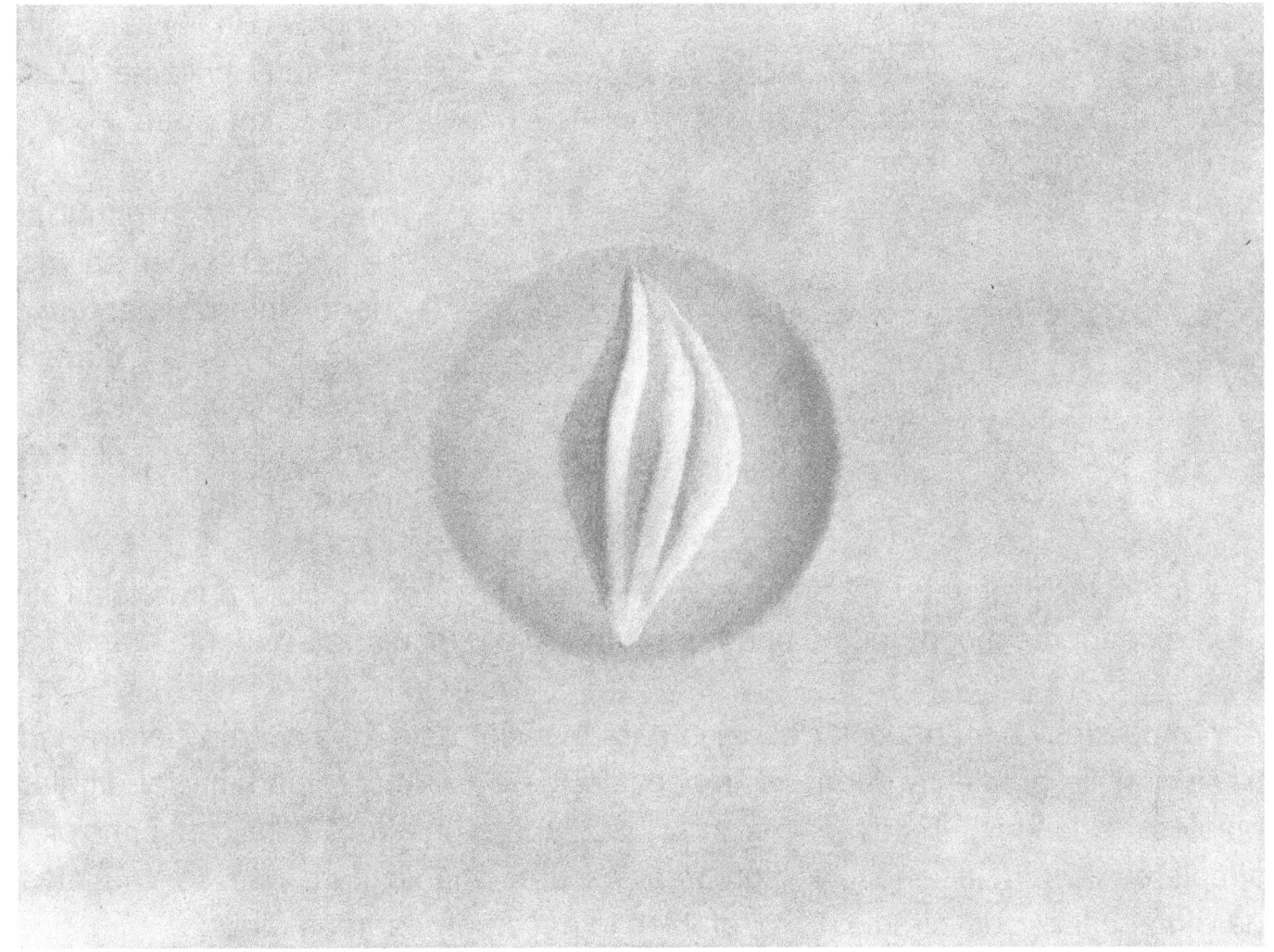

Ahora podemos oscurecer un poco el borde de la canica para hacer que se salga más del papel. Como se mencionó, siempre se puede agregar más sombra. Esto es más fácil que borrarlo si accidentalmente has exagerado el sombreado. Es por eso que tu progreso siempre debe ser lento. Agrega una pequeña cantidad de polvo de grafito o presiona ligeramente si dibujas con un lápiz y agrega más si es necesario. A menudo, solo podemos ver si necesitamos sombras más fuertes o más brillantes después de que se realizan los resaltes. Siempre debes comparar los tonos.

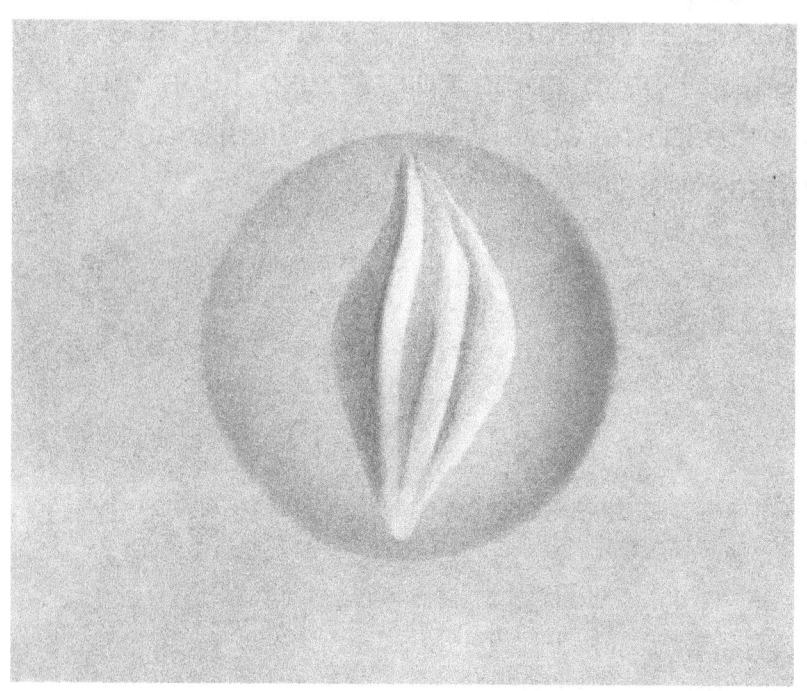

Usa un lápiz 5H para oscurecer el borde de la canica y presiona suavemente para evitar que quede demasiado oscuro. Un 5H es un lápiz muy brillante, pero también muy duro.

Puede rayar el papel si se presiona demasiado fuerte. Intenta mantener el borde del círculo perfectamente redondo sombreando solo el área interior.

Puedes colocar el trozo de papel cortado que usaste al principio para aislar un área exterior, de modo que no puedas sombrearla o dibujarla accidentalmente.

Ahora puedes usar un tocón de fusión para mezclar esta área. Como siempre, la transición de gradiente debe ser impecable. Esto es muy importante al dibujar objetos redondos. Estoy mejorando las sombras que hice al principio, simplemente fortaleciendo las sombras; oscureciéndolo para que se vea más parejo alrededor del círculo. Esto también lo hace parecer más realista.

Ahora vamos a crear los aspectos más destacados. Utilizo mi borrador eléctrico, Helix, para crear pequeños reflejos. Puedes usar cualquier otro borrador, pero este borra más con menos esfuerzo.

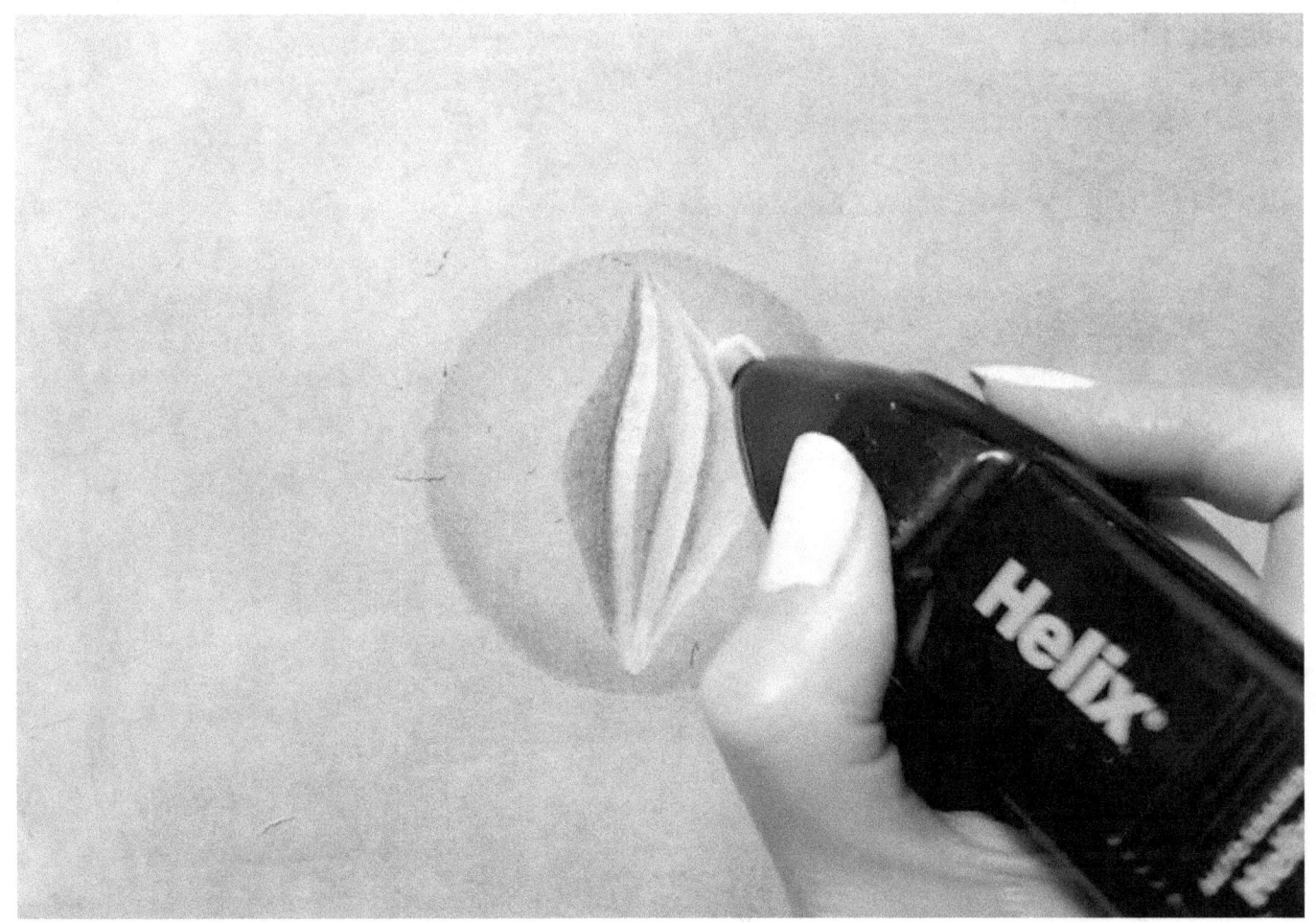

No tienes que borrar solo una pequeña área. Puedes borrar muchas áreas diminutas para hacer que la canica brille más. La canica puede tener uno o más reflejos, dependiendo del número de fuentes de luz. Si tienes tres bombillas en tu habitación, las tres aparecerán en la canica. Si tienes algunas canicas en casa, sería una muy buena idea estudiarlas, ver cómo las fuentes de luz la afectan y cómo se ven bajo ciertos tipos de fuentes de luz. Si lo colocas bajo la luz directa del sol, solo tendrías un punto culminante grande, que sería muy brillante. Por lo tanto, debes experimentar y crearlo de la manera que más te guste.

Usa un borrador de lápiz suave o cualquier otro tipo de borrador para mezclar alrededor de los aspectos más destacados. Esto hará que los reflejos sean más brillantes. Además, intenta hacer una transición de gradiente entre los resaltes y el tono de fondo. Para mejorar estos puntos destacados, podemos oscurecer las áreas circundantes. En la siguiente imagen puedes ver todos los aspectos destacados que he creado en este paso y cómo hace que la canica se vea más brillante ahora.

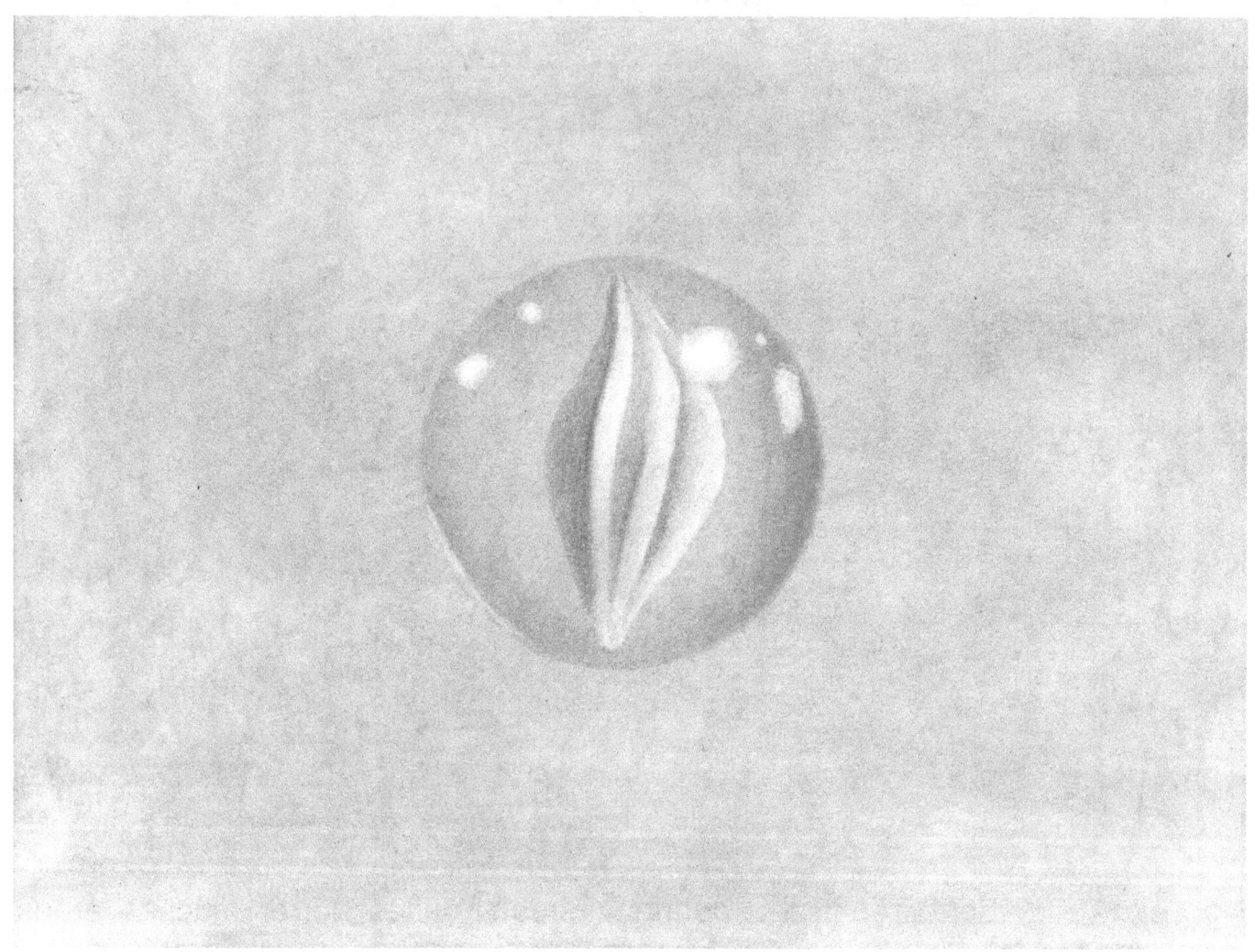

Es hora de una sombra proyectada. Imagina que nuestra fuente de luz proviene de la esquina superior derecha. Por lo tanto, la fuente de luz proyectará una sombra que caerá en el área inferior izquierda. Usa un 2B para este paso y comienza a dibujar la sombra proyectada junto a la canica, como se muestra en la siguiente imagen. Al igual que en la siguiente imagen, deje el área en el centro de la sombra para resaltar. Este punto destacado es la fuente de luz sin obstrucciones que se muestra sobre la superficie, que debería ser muy brillante, pero dejémosla para el siguiente par de pasos.

Entonces, por ahora solo salta esta pequeña área y dibuja alrededor de ella. Cuando termines de sombrear una pequeña área, combínala con un tocón de mezcla.

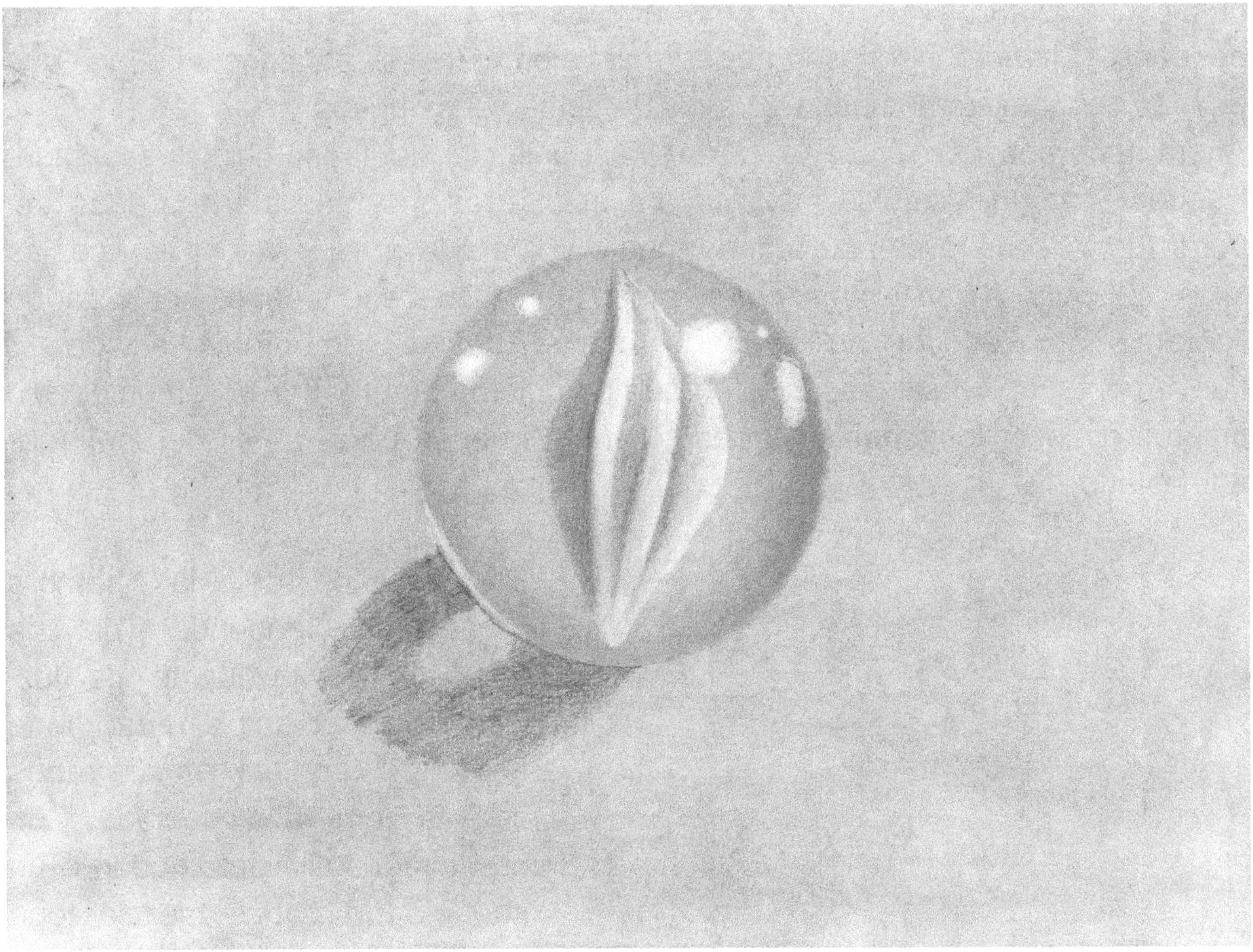

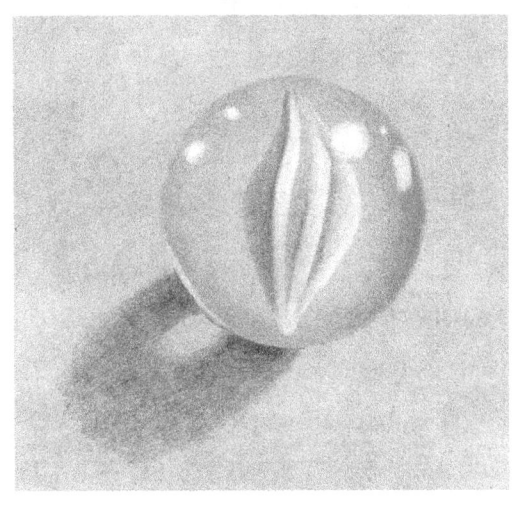

El área al lado de la canica debe ser la parte más oscura de la sombra proyectada. Así que puedes presionar más fuerte con un 2B. En esta imagen puedes ver cómo lo he oscurecido y cómo he agregado más sombra proyectada a lo largo de la sombra proyectada previamente. Usa un 2B a lo largo de este paso y combínalo con un tocón de mezcla. Habrá áreas muy pequeñas que aún son brillantes. Trata de cubrirlas con más grafito para hacer que la superficie sea uniforme.

La sombra proyectada en sí misma es muy importante porque sugiere la forma de la canica (o cualquier otro objeto que dibujes). Entonces, nuevamente, para hacer una sombra de proyección adecuada, comienza con un área más pequeña. Siempre puedes agregar más elementos si es necesario, ya que puedes ver cómo lo he hecho a través de estos pocos pasos.

Ahora tenemos que crear la parte más brillante de la sombra proyectada. Puedes usar un tocón de mezcla para esto. Presiona más fuerte al lado del borde de la sombra creada anteriormente y libera la presión mientras trabajas lejos de ella. Crea una sombra más larga y redondeada sombreando ligeramente alrededor de la parte oscura de la sombra proyectada. Y nuevamente, no presiones fuerte porque no quieres progresar rápidamente, solo quieres avanzar lentamente. De esa manera puedes parar antes de sombrear demasiado.

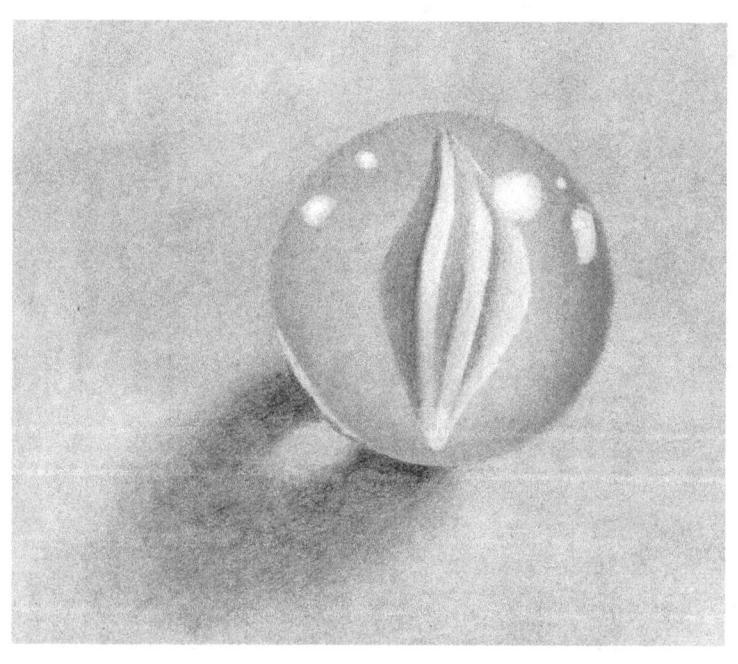

El tamaño de la sombra proyectada depende de la distancia de la fuente de luz. Cuanto más cerca esté la fuente de luz del objeto, más grande será la sombra proyectada. Con una almohadilla de algodón o un pañuelo de papel, mezcla todo esto para hacerlo parejo sobre toda la sombra proyectada con pequeños movimientos circulares. El objetivo es hacer que el borde de la sombra proyectada desaparezca gradualmente en el fondo.

Ahora puedes ver cómo esta sombra proyectada realmente hizo saltar la canica del papel y cómo sugiere aún más la forma redonda la canica. Las sombras proyectadas son realmente importantes en la creación de dibujos donde queremos crear una ilusión tridimensional (3D).

Ahora podemos crear el punto culminante que mencioné cuando comenzamos a dibujar la sombra proyectada, una pequeña área sin sombrear en medio de la sombra proyectada.

Entonces, la mitad de esto, es en realidad una luz que viene a través del cristal y golpea la mesa. Esta luz da la impresión de que este mármol está hecho de vidrio. La luz sin obstrucciones que se muestra en la superficie puede tener formas absolutamente diferentes y puede estar en cualquier otro lugar. Todo depende de los patrones dentro de la canica y de cómo transmite la luz. Elegí hacer la fuente de luz en el medio porque cuando estudiaba canicas y objetos similares, vi cómo la luz se refractaba a través de los objetos de vidrio. Para imitar ese estilo natural, mantengo la fuente en el medio.

Entonces, en este paso, solo tenemos que borrar el área diminuta en el medio y mezclar el borde entre este resaltado muy fuerte y la sombra del molde circundante, utilizando un tocón de fusión. Utilicé un borrador eléctrico, que me permite borrar más y crear un resaltado más brillante.

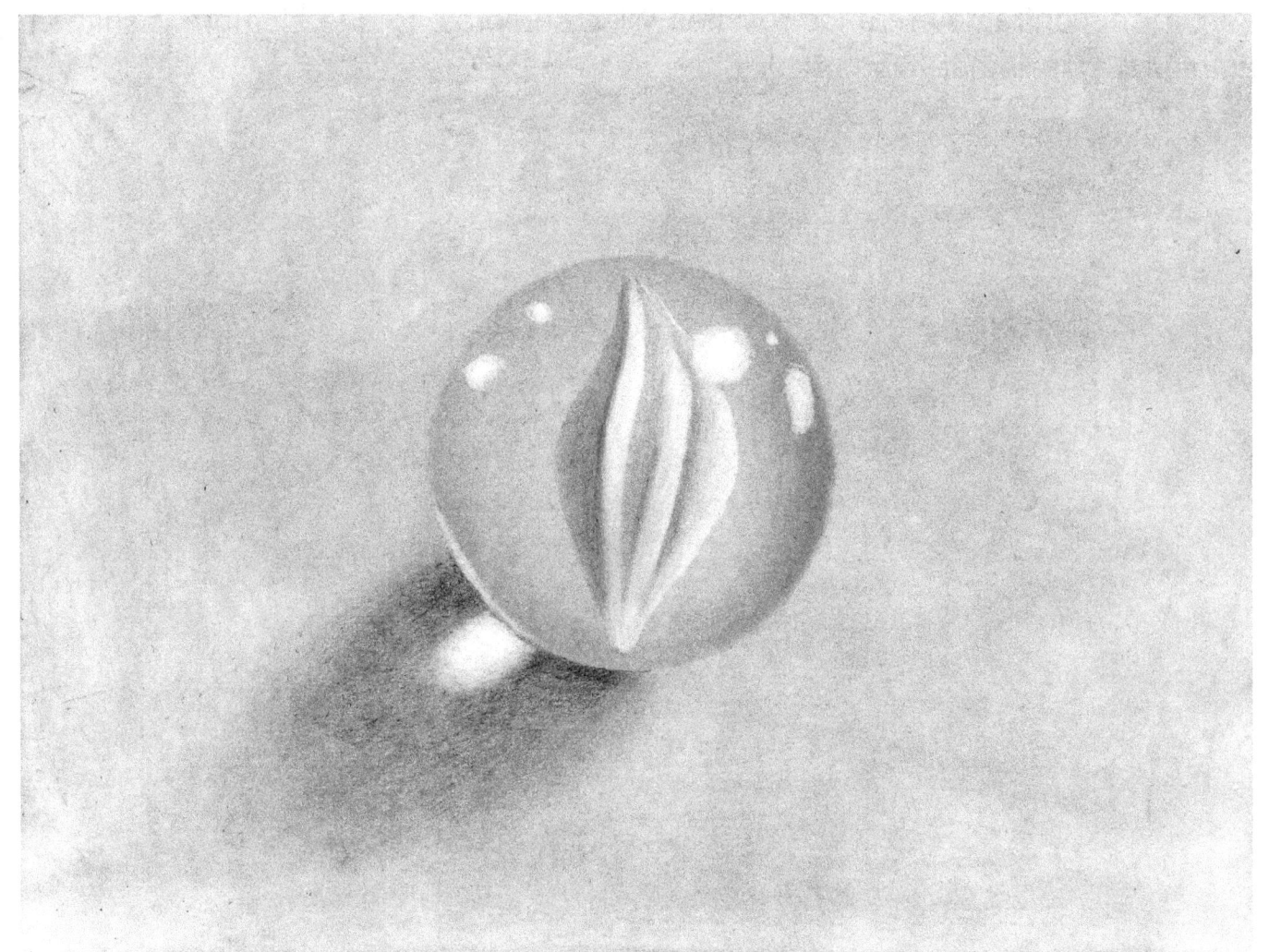

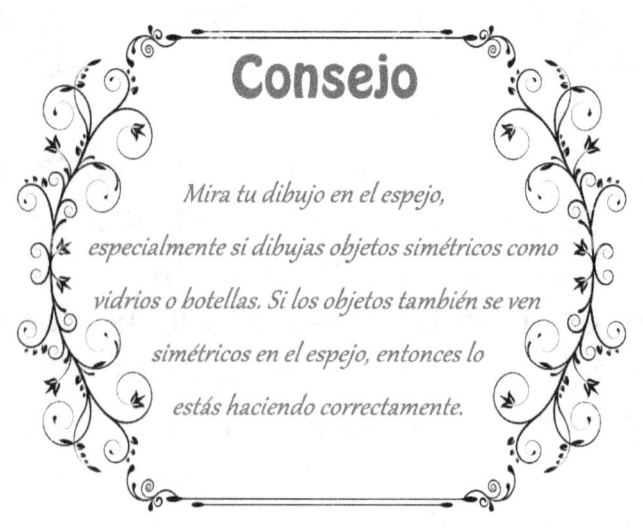

Consejo

Mira tu dibujo en el espejo, especialmente si dibujas objetos simétricos como vidrios o botellas. Si los objetos también se ven simétricos en el espejo, entonces lo estás haciendo correctamente.

Si dibujas esta canica en papel gris, solo puedes usar un marcador blanco para dibujar este punto culminante, gouache o cualquier otro medio opaco similar.

Ahora puedes añadir más detalles. Por ejemplo, puedes crear más resaltados más allá de este patrón. Solo asegúrate de mezclar el borde, como siempre. Por lo tanto, puedes crear más elementos destacados para ilustrar el brillo de la canica. Puedes dibujarla como quieras. Tu trabajo no tiene que ser igual al mío.

En este paso final, podemos oscurecer aún más las sombras. Esto nos permite mejorar el contraste entre los resaltes y las sombras, lo que siempre resulta en un dibujo más llamativo y notable.

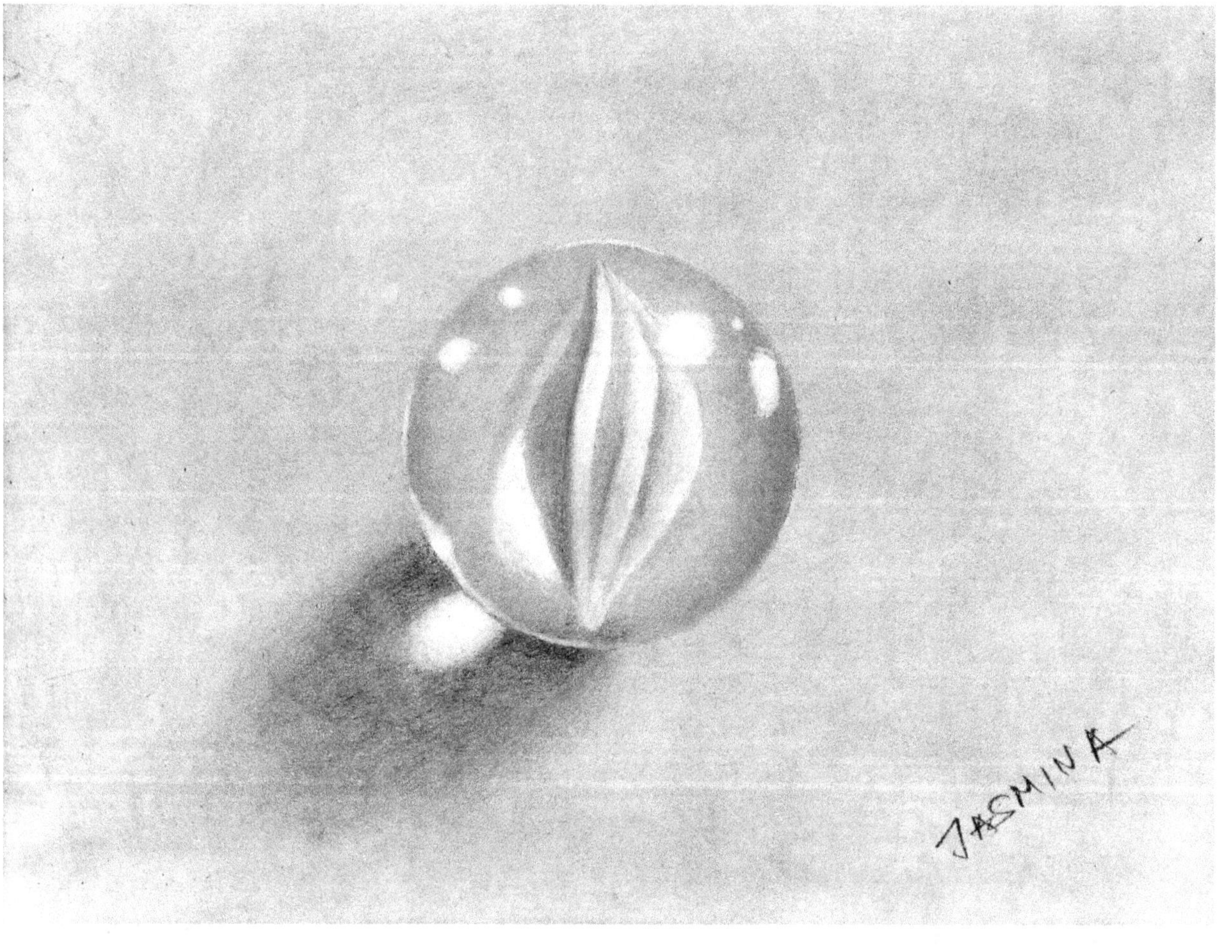

CÓMO DIBUJAR LABIOS BESANDO

Dibujemos unos labios que estén besando. Para este dibujo, puedes utilizar un papel más pequeño, como un A5 148 x 210 mm - 5,8 "x 8,3".

Usa una herramienta de división (compás) para crear un círculo en el centro de la hoja de papel. La distancia en mi herramienta divisora entre la aguja y el lápiz es de 1 pulgada, o 2 y 1/2 centímetros. Coloca la aguja en el centro del papel y dibuja un círculo. No tiene que ser un círculo perfecto. Solo estamos usando esto para propósitos de orientación.

Luego, como se muestra en esta imagen, agrega líneas curvas en los lados izquierdo y derecho de tu círculo. Esto creará las esquinas de los labios. Entonces, esta forma de los labios que se besan es un poco más como una elipse que un círculo. Ahora, delinea el arco de Cupido justo debajo de la línea curva superior en el centro. Solo dibuja una línea pequeña y curva. Puedes mirar la foto de referencia o mirar en el espejo para ver cómo se ven tus labios en una posición de beso.

Luego, borra el círculo, dejándote con el contorno necesario.

Puedes cambiar lo que quieras ahora, antes de comenzar a dibujar el área interna de los labios.

Lo siguiente es determinar el borde entre los labios. Asegúrate de consultar la imagen de abajo.

Comienza sobre el punto donde colocaste la aguja con la herramienta de división y dibuja una línea horizontal hacia las esquinas. Hazlo un poco curvo junto a las esquinas.

Al acercarse a las esquinas, primero dibuja un poco hacia abajo.

Luego dibuja líneas horizontales muy cortas, y gira hacia arriba hacia la esquina. Piensa en la letra "S", pero estirada y recostada de lado.

Vamos a marcar las arrugas con un lápiz B. Las arrugas deben irradiarse desde el centro de los labios. Comienza con las arrugas verticales en el medio. En la siguiente imagen, puedes ver las arrugas que he creado. Estudia esta imagen y trata de crear la misma. Dibuja las arrugas hacia la esquina de los labios. Sus extremos iniciales deben colocarse cada vez más lejos unos de otros. También intenta crear una distancia aún mayor entre los extremos en el contorno de los labios. Además, no todas las arrugas se irradian desde el centro, solo las arrugas verticales. A medida que avanzas hacia las esquinas, dibuja el comienzo de las arrugas un poco más lejos de las arrugas dibujadas previamente.

Las arrugas no deberían ser las mismas, siempre intenta crear algo de aleatoriedad. Algunas arrugas deben extenderse al contorno, y algunas deben ser más cortas. Otras arrugas deben tocar el contorno, pero no la línea entre los labios.

A medida que las dibujes hacia la esquina, hazlas más curvas. En las esquinas, crea menos arrugas, casi sin arrugas, o menos visibles y arrugas muy pequeñas.

La aleatoriedad es muy importante para lograr una apariencia realista. Puedes ver en esta imagen cómo los labios ya parecen redondos.

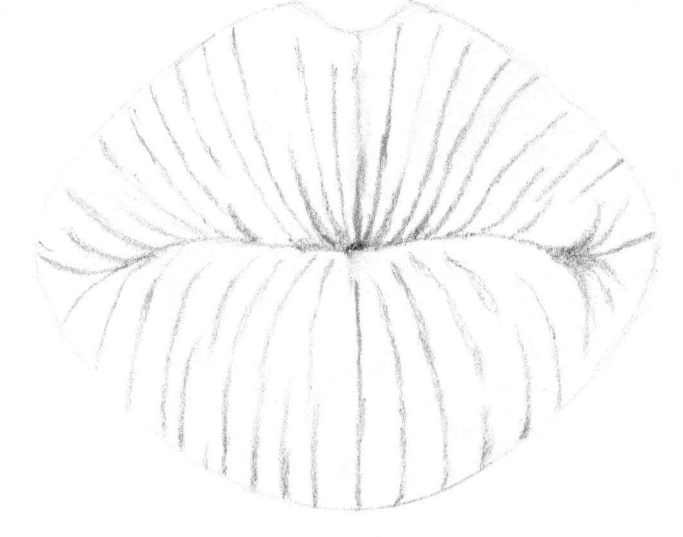

Esto se debe a las líneas curvas en los lados izquierdo y derecho de los labios, así como a las líneas horizontales en el centro. Ahora, con este paso, estamos agregando a la tercera dimensión de nuestro dibujo.

Si estás satisfecho con la posición de las arrugas, puedes oscurecerlas con un lápiz 4B o más suave, porque eventualmente sombrearemos toda el área, pero queremos que estas líneas sean visibles debajo de la capa del grafito.

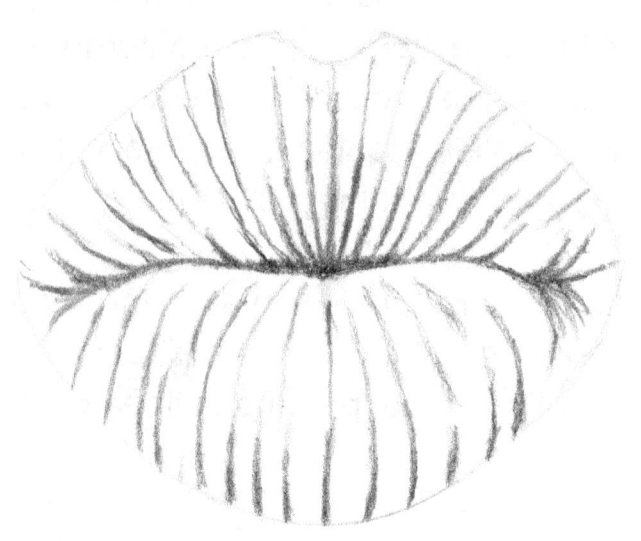

La mitad inferior de ambos labios debe tener arrugas más oscuras, ya que las arrugas son más brillantes cuando se ven en áreas iluminadas.

Por eso tenemos que variar la presión que aplicamos al dibujar estas líneas. Como puedes ver, esto también se ha sumado a la ilusión de la redondez de los labios.

Siguiendo la dirección de estas arrugas, vamos a sombrear toda el área con un lápiz HB. Presiona ligeramente y dibuja los trazos sobre ambos labios. Estudia

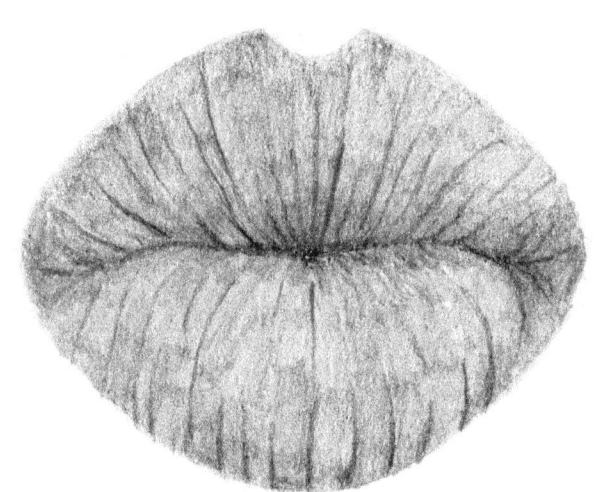

esta imagen para ver lo que estoy tratando de explicar. Un HB es un lápiz muy bueno para esto porque puedes crear líneas bastante oscuras, pero no demasiado oscuras. En la parte inferior del labio superior, podemos presionar más fuerte porque esta área siempre está más sombreada que la parte superior. Al igual que en el caso de los labios normales, estas áreas reciben menos luz. Así que incluso las arrugas serán más

oscuras aquí. Presiona muy fuerte en las esquinas y entre los labios para sugerir la sombra proyectada por la carne que sobresale del labio superior. Sigue la dirección de las arrugas y rellena ambos labios.

Bien, ahora podemos combinarlo todo con un hisopo. Combina los trazos que hiciste en el paso anterior haciendo movimientos circulares alrededor de los labios. Presiona con fuerza para rellenar los puntos blancos del papel y para empujar el grafito en el diente del papel. De esta manera, la textura de los labios se verá suave.

Por eso es muy importante utilizar un papel de buena calidad que pueda soportar mucha presión y no se arrugue.

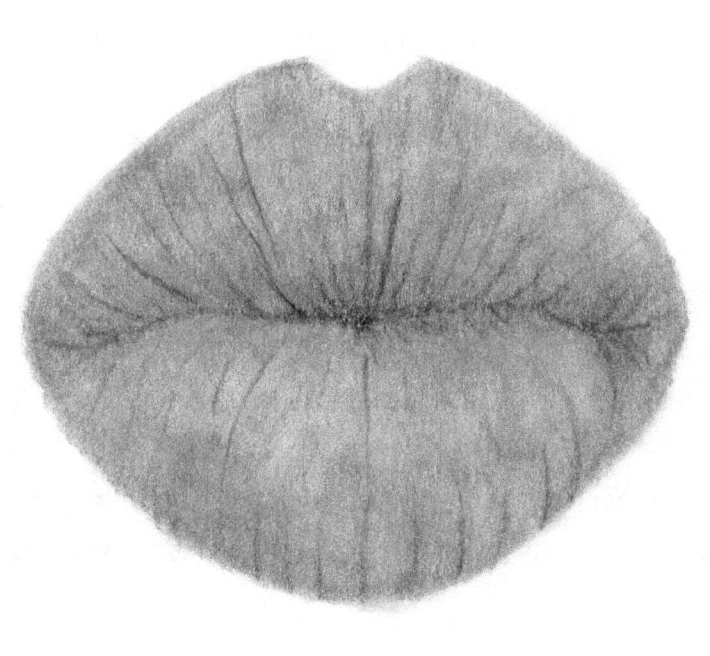

Presiona más fuerte sobre las áreas sombreadas, es decir, las partes inferiores de los labios, y presiona aún más fuerte en las esquinas. Usa un tocón de fusión para mezclar los bordes exteriores.

Esto te permitirá una mezcla más precisa, ya que no deseas sombrear fuera de los labios.

Puedes ver aquí lo bueno que fue que usemos ese círculo para crear una forma proporcional y realista para los labios que se besan. Experimenté con muchos métodos y descubrí que este es el más fácil para los principiantes. Entonces, no necesitas ningún tipo de rejilla o algo similar. Solo prolonga un poco los lados izquierdo y derecho del círculo.

Vamos a empezar con los aspectos más destacados primero. Entonces, todo lo que tenemos que hacer es agregar algo de sombreado para crear más dimensión. Siempre puedes dar la vuelta a este paso y agregar tu sombreado antes de resaltar. Realmente es lo que mejor te funcione.

Para crear un punto culminante, utilizo un borrador simple en lápiz. Puedes sustituir este borrador por lo que tengas alrededor, como un borrador amasado. Centrándote en la mitad horizontal superior del labio superior, elimina suavemente el grafito. Borra entre las arrugas para realzar las partes sobresalientes de los labios. Entonces, entre estas líneas negras que creaste al principio, aún deberías poder verlas bajo el abrigo de un HB. En la parte inferior del labio superior, evita crear puntos destacados entre las arrugas. Ni siquiera en las comisuras de los labios. Estas áreas no requieren ningún tipo de resaltado. Recomiendo mirar en un espejo o en una foto de referencia para ver cómo se ven los labios y dónde se encuentran los reflejos y las sombras.

Ahora, centrándote en el labio inferior, aplica más presión hacia el centro del labio inferior. Pon énfasis especial en el área media de la parte superior del labio inferior, ya que esta área recibe la mayor cantidad de luz.

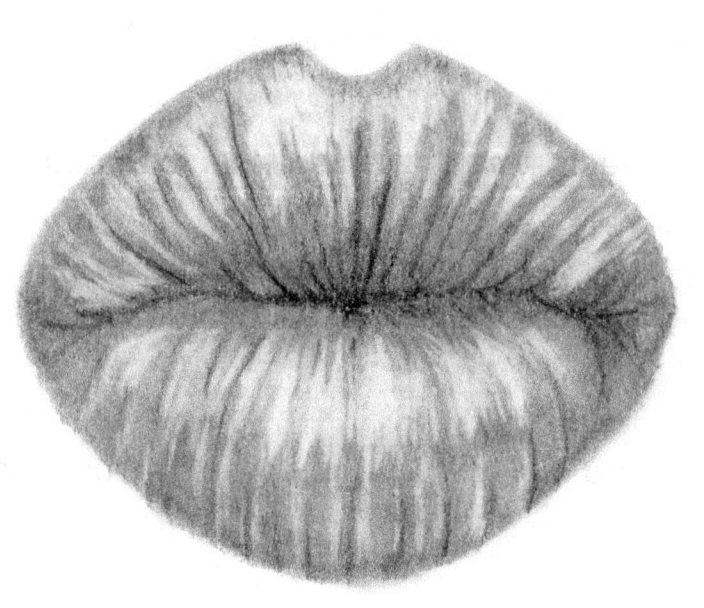

Hay muchos tipos de aspectos destacados, y los aspectos más destacados necesarios dependen de lo que se está tratando de lograr. Por ejemplo, puedes tener resaltados que oscilan entre oscuro y blanco. El tamaño de los reflejos también puede variar entre los que se encuentran en las arrugas de los labios. Es importante variar los tipos y estilos de resalte para que tu imagen se vea realista.

Aquí, incluso puedes utilizar un tipo de gel de tinta blanca, pastel blanco o gouache sobre las partes más iluminadas. Si cometes un error y agregas demasiado resaltado, simplemente recorre el área con un tocón de fusión y el resaltado desaparecerá. Muy fácil de arreglar. En las zonas inferiores de ambos labios, no apliques demasiada presión. Es suficiente con solo tocar suavemente el papel con un borrador. Eso creará fácilmente los reflejos sin ser demasiado brillante.

Ahora, mezcla los bordes de los reflejos con un tocón de fusión. Si los labios están mojados o si una persona está usando un lápiz labial brillante, los labios parecerán más brillantes. En ese caso no deberías tener una transición de gradiente entre los resaltes y el tono básico de los labios. Pero si los labios deben lucir normales o sin ningún producto, tenemos que mezclar los bordes de los resaltados.

El siguiente paso es agregar sombreado. Usa un lápiz B y sombrea toda el área entre los labios. Este tono debe desaparecer gradualmente en el color básico de los labios. Añadir este tono hará que los labios aparezcan redondos. Trata de no sombrear demasiado cerca de los aspectos más destacados. aplica más presión al sombrear las arrugas o simplemente usa un lápiz más oscuro que un B.

Sombrea un poco más en las esquinas, también haciendo movimientos circulares con un lápiz B. Recorre las sombras con un tocón de mezcla, presionando el grafito en el papel. Es posible que debas sombrear el área nuevamente, ya que un tocón de mezcla puede eliminar un poco del grafito.

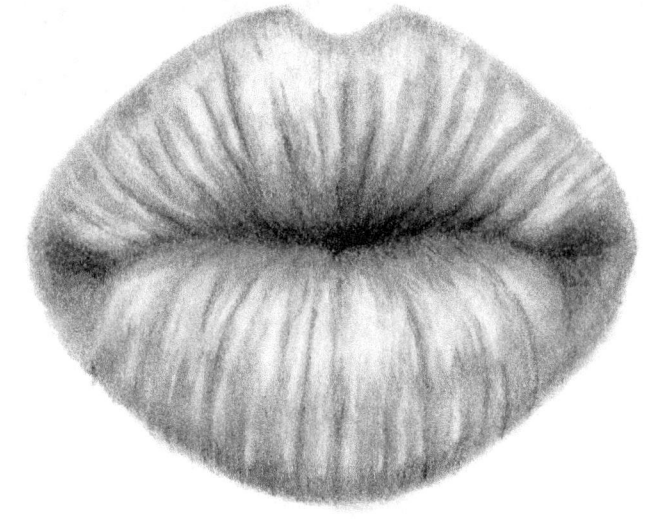

Además, sombrea la línea inferior del labio inferior. No debería haber ningún punto culminante en esta área, especialmente en el medio, ya que la parte inferior está curvada hacia adentro. Fortalece tus arrugas, especialmente en el medio de los labios. Recuerda mantenerlos lo más aleatorios posible y combinarlos a medida que avanzas en los pasos. Siempre siéntete libre de hacer cambios a medida que avanzas.

Now, using a Q-tip we can add a cast shadow under the lower lip.

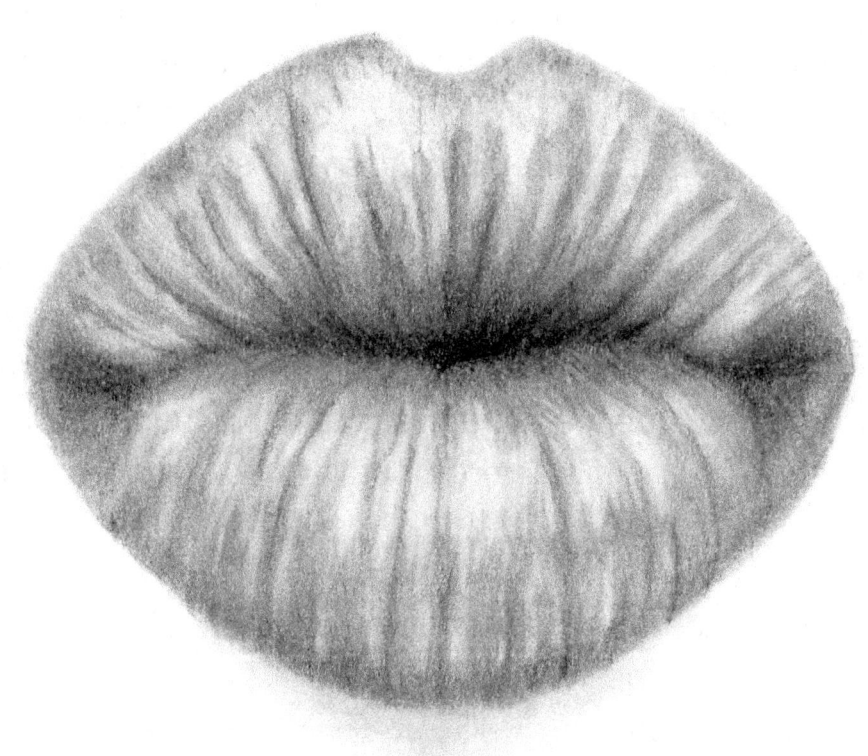

CÓMO DIBUJAR CEREZAS REALISTAS

Como siempre, vamos a empezar por delinear. Lo primero es dibujar dos círculos. Quiero dibujar dos cerezas, pero puedes dibujar solo una si quieres. La distancia entre la aguja y la punta del lápiz en mi herramienta divisora (compás) es de aproximadamente dos centímetros. Así que el diámetro de mi cereza es de casi cuatro centímetros, o una pulgada y media, si quieres dibujar el mismo tamaño que yo.

Dado que la forma de la cereza no es un círculo perfecto, su área superior tiene que cambiarse un poco, y la forma dependerá de dónde quieras que esté el tallo. Quiero mis tallos en la parte superior de la imagen, así que haz una línea debajo de la parte superior del círculo para curvar un poco hacia adentro. En ambos lados, dibuja un poco fuera del círculo, la misma línea curva que dibujaste dentro. El área inferior del círculo puede permanecer redonda. Dibuja fuera del círculo, como una continuación a la parte inferior del círculo, y ve hacia arriba y conéctalo al final de la línea curva interior, como se muestra en la siguiente imagen.

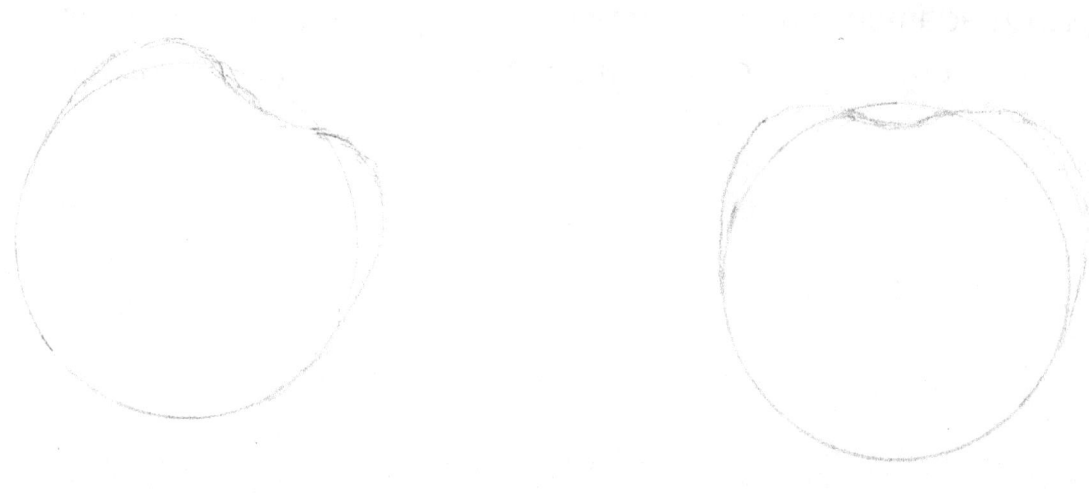

Borra la parte del círculo que ya no necesitarás. Aún puedes cambiar la forma de las cerezas ahora mientras dibujas, si lo deseas. Así es como se ve el contorno de mis cerezas.

Ahora podemos sombrear las zonas sombreadas. Utilizo un 8B para dibujar la sombra de las partes más oscuras alrededor del borde, con un movimiento circular. Usa el lápiz con cuidado al lado del borde para mantener el borde exterior bien delineado y claro.

Las partes sombreadas darán cierta profundidad a nuestro dibujo, así que no tengas miedo de usar lápices oscuros; esto les dará a nuestras cerezas una forma 3D. Los movimientos circulares te ayudarán a crear una textura suave.

Sombrea ambas cerezas de la misma manera.

La posición de este sombreado dependerá de la fuente de luz, pero ahora estamos creando una con luz normal que viene del frente, desde nuestro punto de vista.

En esta imagen, puedes ver las áreas que he sombreado en este paso.

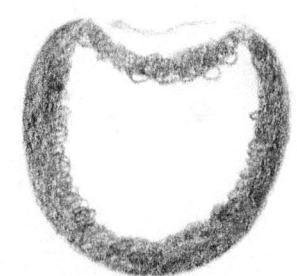

Vamos a cubrir el resto con un HB, pero no presiones muy fuerte. Este es solo el color básico que estamos colocando en este paso, lo vamos a sombrear más. Imagina que tienes la luz reflejada en algún lugar en el medio en forma de rectángulo, y una más pequeña en el lado izquierdo y simplemente déjalos fuera por ahora y dibuja alrededor de ellos. Haz que los puntos destacados de ambas cerezas sean iguales, porque sugerirá que están en la misma habitación y en las mismas circunstancias. La luz se reflejará en las cerezas porque son brillantes. Incluso puedes haber múltiples fuentes de luz, por lo que puedes ser una variedad de sombreados y destacados. Sigue haciendo movimientos circulares para crear una textura suave en la piel de la cereza. Por lo tanto, esta debe ser un área mucho más brillante que la que previamente sombreamos con un 8B. Al usar estos dos tonos, como se puede ver en la siguiente imagen, ya da un poco la ilusión de una forma redonda; puedes ver cómo se ve más redondo ahora. No creo que debas usar líneas o cruces aquí, ya que esos trazos serían visibles y no los necesitamos. Se puede ver cómo se ven un poco brillantes debido a las luces reflejadas.

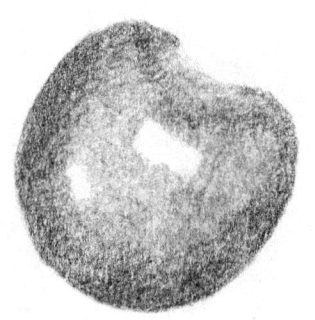 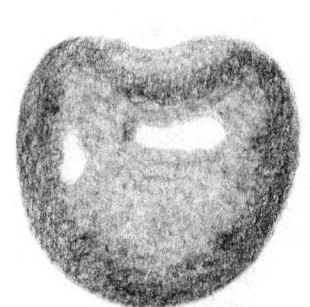

Después de esto, tienes que mezclar los bordes entre estos dos tonos, para crear una transición gradiente.

Tienes que cambiar entre presionar más fuerte en las áreas oscuras y presionar más levemente en las áreas más claras para crear esa transición de gradiente.

Mezcla todo esto con un hisopo. Usa movimientos circulares y da la vuelta. Debería volverse muy suave a medida que presionas el grafito en el diente del papel. Mezcla los bordes, utilizando un tocón de fusión, porque su punta es más pequeña y no sombrea mucho las cerezas. Borra algo del grafito que aplicaste alrededor de las cerezas para limpiar tus bordes. También debes intentar eliminar el borde entre el HB y 8B. Si algo está demasiado oscuro, repásalo con un hisopo limpio. Vas a eliminar mucho grafito de esa manera.

También mezcla en el área superior, donde el tallo está creciendo. Crea esa parte más profunda y crea un resaltado en la parte superior, presionando muy ligeramente con la punta de un borrador, elimina un poco del grafito. Es suficiente cuando solo tocamos el área con la punta de un borrador, se eliminará suficiente grafito, pero no muevas el borrador sobre el papel porque se borraría demasiado.

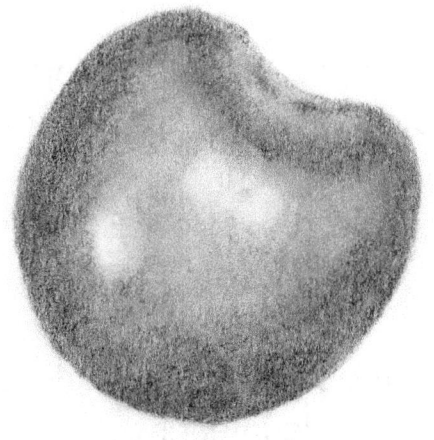 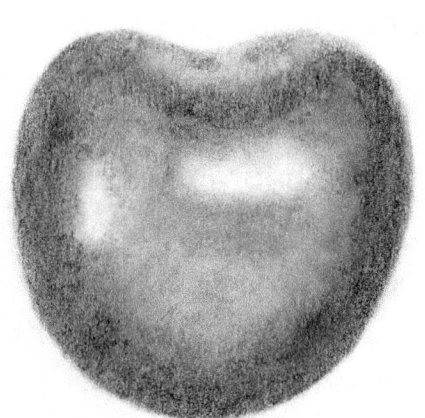

Vamos a crear la sombra debajo de las cerezas en este paso. Usa el hisopo que usaste antes para tener algo de grafito, y crea una sombra proyectada. No presiones con fuerza sobre la cereza, solo alrededor. Las sombras más fuertes se encontrarán en el centro, justo al lado de la cereza, así que presiona más fuerte en el área media. Libera la presión a medida que la sombra se aleja de la cereza. La sombra también debe subir más arriba para sugerir la forma redonda de las cerezas. Usa movimientos horizontales todo el tiempo. Si no puedes oscurecer lo suficiente tu sombra proyectada, simplemente sumerge un hisopo en el polvo de grafito, sacude el exceso y aplícalo justo debajo de la cereza.

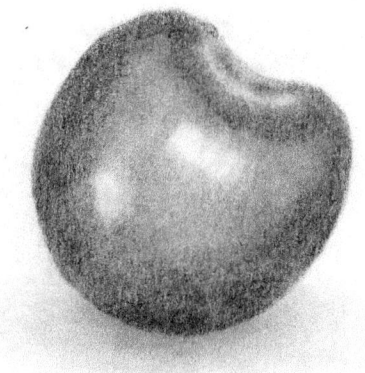 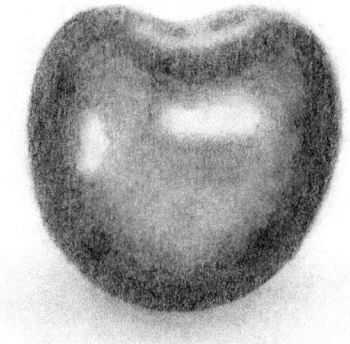

Como la mesa es blanca, debe reflejarse un poco sobre el área inferior de las cerezas. Entonces, para crear una luz reflejada, recorre el área inferior con un borrador, pero no sobre el borde inferior, sino justo por encima del borde; así que deja un poco del borde, 2-3 milímetros. Puedes ver dónde he borrado las áreas de los resaltados en la siguiente imagen. Por lo tanto, crea algún tipo de línea gruesa o curva, o arquee y no presiones con fuerza. Esta luz reflejada en realidad siempre agregará mucho a la forma tridimensional y los objetos se verán mucho más redondos y brillantes. Si la mesa es negra o marrón muy oscuro, no habrá mucha luz reflejada. Si dibujas con colores, solo aplica el color de la tabla sobre el objeto y también la sombra proyectada sobre la tabla tendrá un poco de color rojo de las cerezas.

Si has eliminado parte del grafito de las cerezas mezclando debajo de ellas, simplemente oscurece la sombra muy fuerte sobre el borde inferior de la cereza, utilizando un 8B. Dibuja justo debajo de la luz reflejada porque probablemente también eliminaste una gran cantidad de grafito mientras estabas mezclando, y podemos aplicarla nuevamente. Pero no presiones con fuerza al lado del punto culminante y usa un lápiz bien afilado. Este 8B es muy suave, por lo que no tienes que presionar fuerte para obtener un tono bastante oscuro. Algunas de estas áreas deben ser mucho más oscuras que las otras para crear aleatoriedad. Cuantos más tonos se encuentren en la imagen, mejor, más realista será si tiene solo dos o tres tonos.

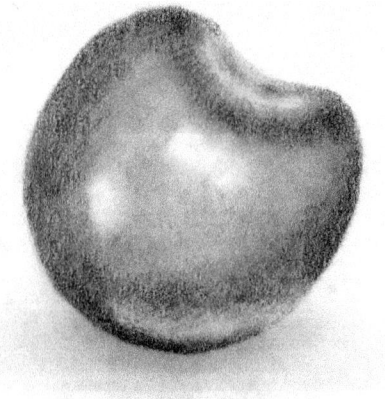
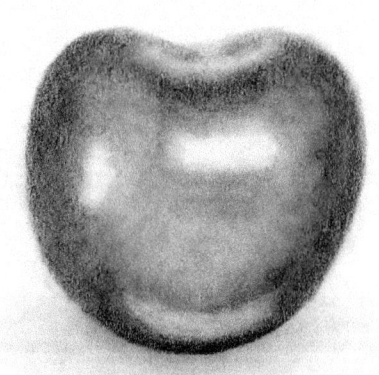

Consejo

Echa un vistazo a tu dibujo desde una distancia mayor.

Solo entonces podrás ver si los tonos son lo suficientemente oscuros,

los reflejos son lo suficientemente brillantes, la transición del degradado

es lo suficientemente impecable. Esto te dará una visión

diferente de las cosas. Además, si algo se ve mal desde

una gran distancia, debes cambiarlo agregando,

quitando o reubicando los resaltes y las sombras.

Ahora podemos añadir los tallos. Los tallos pueden ser con curvas, o rectos. Quiero dibujar el de la cereza de la izquierda curvado y, a la derecha, quiero que quede recto. Los tallos pueden ser más largos o más cortos, dibújalos de la forma que desees.

Yo uso un HB para dibujar. En la parte superior de los tallos, tenemos una parte más grande, que conecta el tallo con la rama, así que cuídalos también. Estudia esta imagen para ver cómo los he delineado.

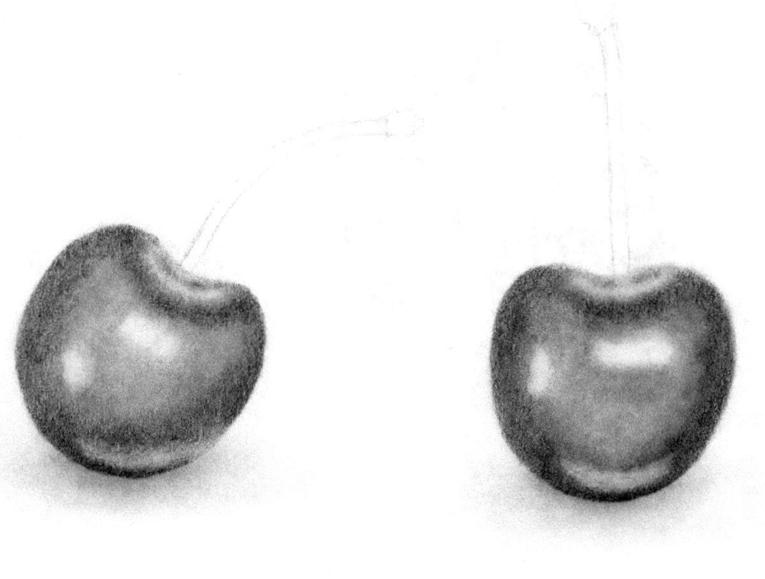

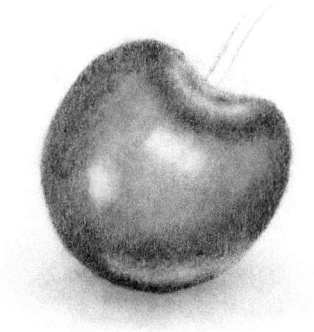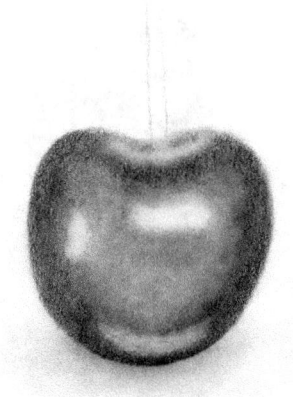

Estos tallos suelen ser muy brillantes, así que usa una 2H para sombrearlos. Presiona más fuerte en el área inferior del tallo en la cereza izquierda porque esta área está menos iluminada, y tenemos que hacerla un poco más oscura. La parte más grande en la parte superior de los tallos, puedes ser sombreada en su totalidad. Presiona ligeramente en el área superior y realiza una transición de gradiente entre estos dos tonos. Libera la presión a medida que avanzas hacia arriba, hacia la parte iluminada. Le dará una forma redonda y no tienes que mezclar los tallos. Dado que los tallos son mucho más brillantes que las cerezas, simplemente borra la parte inferior de las mismas para que sobresalgan sobre las cerezas, para que parezcan que salen de las cerezas y no se esconden detrás. El tallo de la cereza derecha tiene fuentes de luz que provienen de ambos lados, izquierdo y derecho, y por supuesto depende de la fuente de luz, pero podemos sombrearla más fuerte en el medio y presionar ligeramente mientras sombreamos los lados izquierdo y derecho. Esto sugerirá la redondez del tallo.

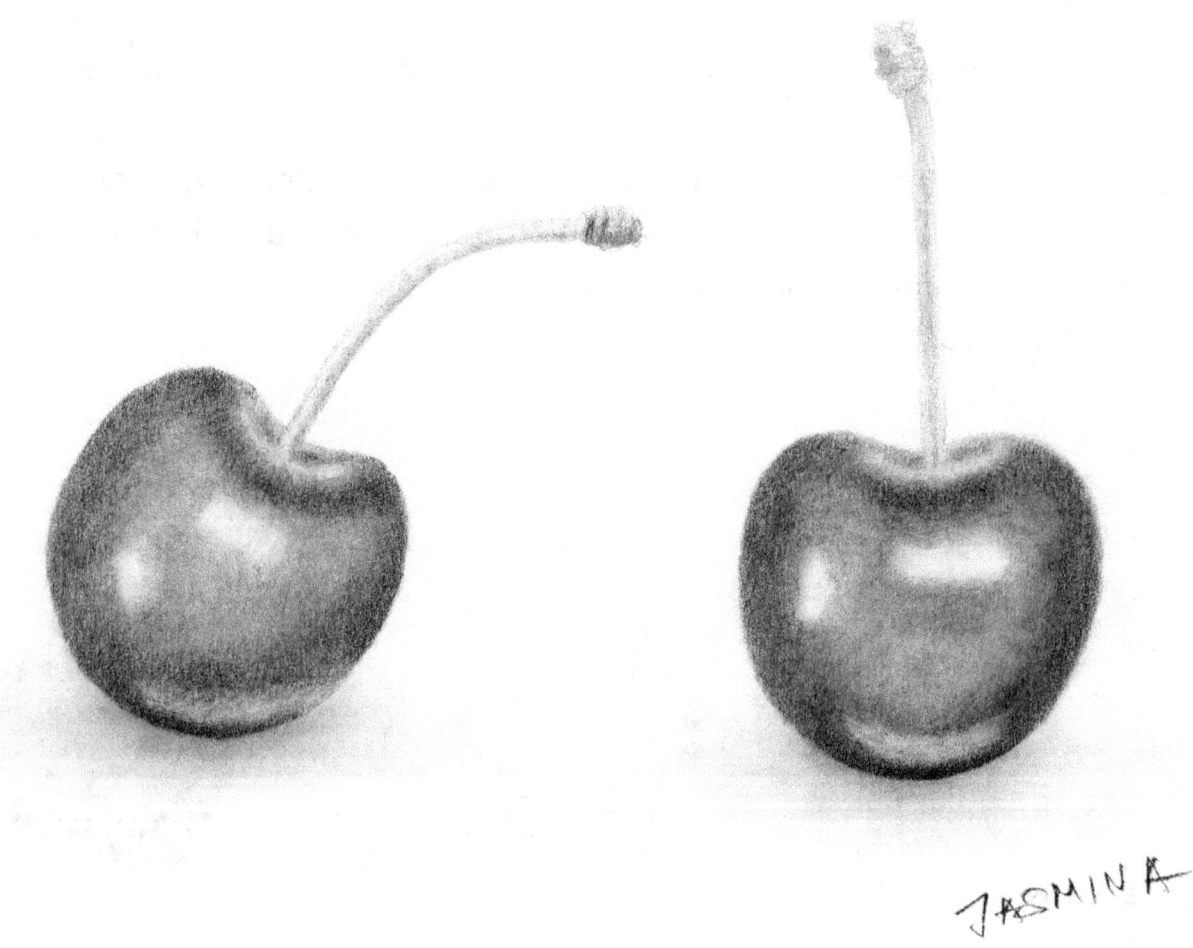

CÓMO DIBUJAR GOTAS DE AGUA EN UNA HOJA

Vamos a dibujar una hoja primero. Puede ser de cualquier forma. Quiero decir, no puedes realmente arruinar nada aquí. He dibujado una hoja de forma típica, pero tu hoja puede ser redonda, puedes ser muy gruesa, o incluso delgada y estrecha. Puedes dibujar algún tallo, si quieres. Siéntete libre de copiar mi esquema de la imagen de abajo.

Lo siguiente es sombrear esta hoja con un lápiz de grafito HB. Quieres rellenar toda el área con este lápiz. No presiones muy fuerte porque puedes crear áreas muy oscuras, solo presiona ligeramente y cubre toda el área con este lápiz.

Puedes mantenerlo en el llamado "sobre agarre", para cubrir el área más grande más rápido. No tiene que ser suave, ya que vamos a mezclarlo, pero trata de hacerlo lo más suave posible y de aplicar la misma presión en todas partes.

Siéntete libre de utilizar técnicas como movimientos circulares o sombreado.

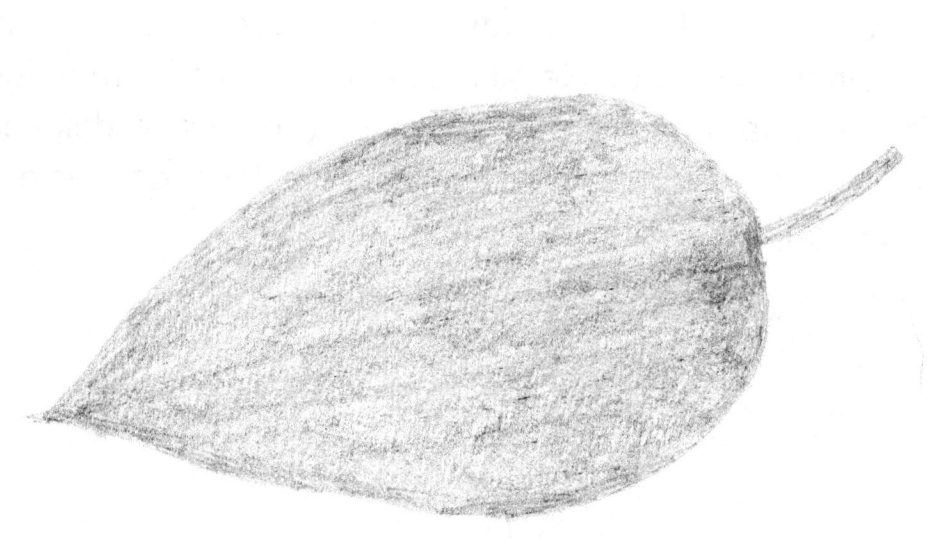

Solo asegúrate de mantener un ojo en los bordes. Deseas que sean claros y bien delineados, junto con el tallo. Si accidentalmente dibujas fuera del borde, simplemente puedes borrarlo. Usé líneas horizontales y en esta imagen puedes ver cómo resultó.

A continuación, mezcla todo esto con un pañuelo. Usa movimientos circulares y presiona fuerte. Verás cómo todo se suaviza cuando combinas las líneas ásperas.

Presiona muy fuerte hasta que hayas impreso el grafito en el diente del papel. Haz desaparecer todos los diminutos puntos blancos del papel. No tiene que ser completamente liso, ya que siempre hay algunas imperfecciones sobre las hojas. Si tu hoja no es lo suficientemente oscura, siempre puedes agregar más sombreado con un HB. Trata de mezclar siempre sobre los bordes con un tocón de fusión. Te permitirá mezclar con precisión y mantener los bordes muy limpios y demarcados.

Ahora, podemos dividir la hoja en dos partes iguales, agregando más sombra al centro de la hoja, como se muestra en la siguiente imagen. Sombrea más en el área inferior de la mitad superior, ya que está doblada hacia adentro; y porque tiene una sombra propia.

Supongamos que nuestra fuente de luz proviene de la esquina superior izquierda. Como viene de ese rincón, tenemos que sombrear la hoja de una manera que refleje eso. El autosombreado crea esa ilusión y ayuda a que la hoja salga de la página. Es bueno evitar que la hoja se vea plana porque, en realidad, nunca es plana. Utiliza un HB para sombrear esta área. Luego, combínalo con un pañuelo de papel o un hisopo. Guarda el pañuelo o el hisopo por si acaso. Haz lo mismo en la mitad inferior de la hoja, ya que también está un poco doblada. El foco de este dibujo son las gotas de agua, pero el resultado será mucho mejor si la hoja también es lo más realista posible. Así que solo tenemos que tomarnos nuestro tiempo para que se vea bien antes de comenzar a dibujar las gotas.

No hay forma de cometer ningún error aquí, incluso si dibujas una hoja redonda (que es simple) con una herramienta de división, solo tienes que prolongarla un poco para que se vea bien.

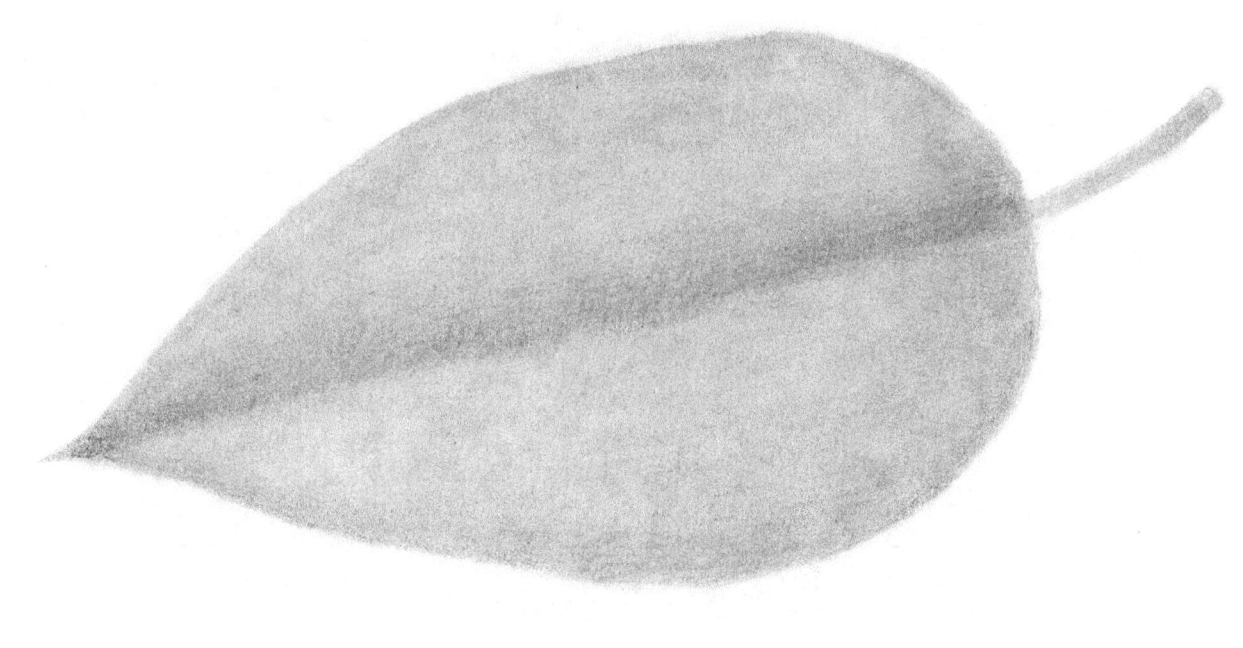

Ahora, vamos a crear las venas borrando las áreas. En primer lugar, crea la vena principal en el medio, justo debajo de la sombra que acabas de crear. Usando un borrador, cuidadosamente aplica mucha presión. Esta vena principal debe ser más gruesa y brillante que las otras venas más pequeñas que vienen de esta en toda la hoja. Si tienes un borrador amasado, simplemente amásalo nuevamente para asegurar una punta limpia. Simplemente no la hagas demasiado brillante, porque no es blanca en absoluto. Si borras demasiado, y las venas se ven brillantes, simplemente mezcla un poco con un pañuelo de papel o un hisopo que aún tenga algo de grafito.

Para crear las venas más pequeñas, presiona ligeramente con el borrador. Intenta hacer que estas venas más pequeñas se adelgacen cada vez más cuando se aproximan al borde de la hoja. En general, son mucho más delgadas que la vena principal. Estudia la siguiente imagen para ver el grosor y las posiciones de las venas en mi hoja. Las partes iniciales de las venas más pequeñas pueden ser un poco más gruesas junto a la vena principal. A medida que las creas hacia la parte superior de la hoja, presiona ligeramente, ya que las venas son muy pequeñas y delgadas aquí. Recomiendo buscar algunas hojas o fotos de referencia para referencia. El comienzo de estas venas debe ser más oscuro en el área sombreada.

Esto también incluye el área doblada, justo arriba de la vena principal. Por lo tanto, los aspectos más destacados también serán más oscuros.

Incluso las áreas resaltadas que se encuentran en las sombras son más oscuras, así que trata de tener esto en cuenta. Si cometes algunos errores, recuerda que puedes cubrirlos con un tocón de mezcla. Además, podemos crear venas aún más pequeñas que surgen de la vena principal. No voy a entrar en muchos detalles porque se explica por sí mismo. ¡Solo deja volar tu imaginación! Recuerda que si dibujas una hoja más grande, puedes irte mucho más en los detalles.

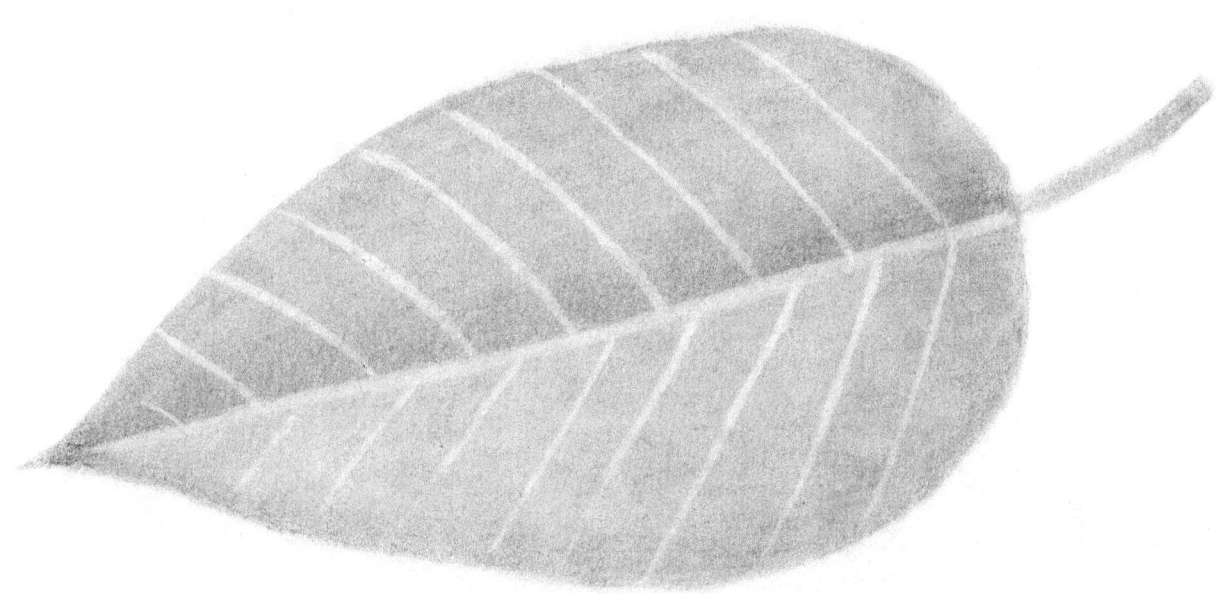

Por fin es hora de crear las gotitas. Como mencioné antes, imagina una fuente de luz proveniente de la esquina superior izquierda. Ya hemos sombreado nuestra hoja de acuerdo a esto. Entonces, vamos a crear pequeños semicírculos en la parte superior de las gotas usando un lápiz HB. Decide el tamaño de la gota y sombrea solo la mitad superior izquierda de la gota. Luego, mezcla con un tocón de mezcla. Cuanto más oscura sea la sombra, mejor, porque vamos a colocar puntos blancos sobre ella. Para que esto funcione, debes haber un gran contraste entre la sombra y el resalte. Intenta crear gotas de todos los tamaños y formas. No tienen que ser perfectamente redondas, pero generalmente las gotas tienen una forma redonda. Créalas también sobre las venas e intenta crear una transición de gradiente entre la sombra y el tono de la hoja; exactamente en el medio de la gota. Trata de crear tantas gotas como sean necesarias. Si dibujas solo una o dos gotas, no parecerá tan interesante. Sin mencionar que crear más gotas te permite practicar más y ganar experiencia.

Haz que estas sombras sean las más oscuras en la parte superior y sobre el borde. A medida que vayas sombreando hacia el centro de la gota, presiona gradualmente el encendedor y mezcla. Intenta conectar algunos de ellos como puedes ver en la siguiente imagen. La aleatoriedad es muy importante, y para que sean impredecibles en cuanto a su tamaño y forma.

Por ahora, se ven bastante extrañas.

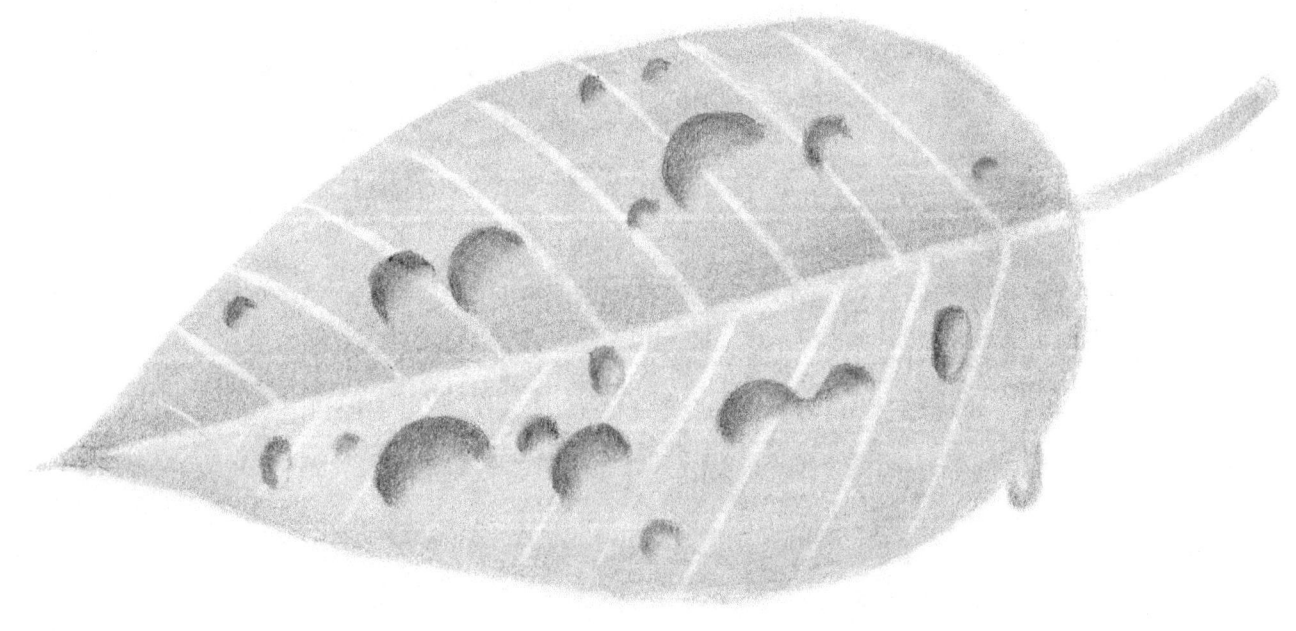

Vamos a crear la luz que pasa a través de las gotas. Por lo tanto, la mitad inferior derecha de la gota debe borrarse con suavidad y cuidado. Presiona más fuerte con un borrador sobre la parte inferior de la gota para borrar gradualmente el grafito. Aplica cada vez menos presión a medida que borras hacia el centro. Si borras demasiado de las áreas sombreadas, puedes agregar un poco de grafito nuevamente con un tocón de fusión o un hisopo con grafito. Las pequeñas gotas son más difíciles de hacer; pero tienen que ser creadas también por el bien de la aleatoriedad. Puedes usar un borrador eléctrico, si tienes uno.

Con eso puedes borrar mucho más y crear un resaltado más brillante. Elimina mucho más que un borrador manual. Por supuesto, no lo uses sobre las áreas que no quieres que se vean demasiado brillantes, porque este tipo de borrador se borra mucho una vez que toca el papel. No puedes controlarlo tanto como los manuales, pero es bueno para muchas cosas. Como se puede ver en la siguiente imagen, estas gotas ya parecen más reales.

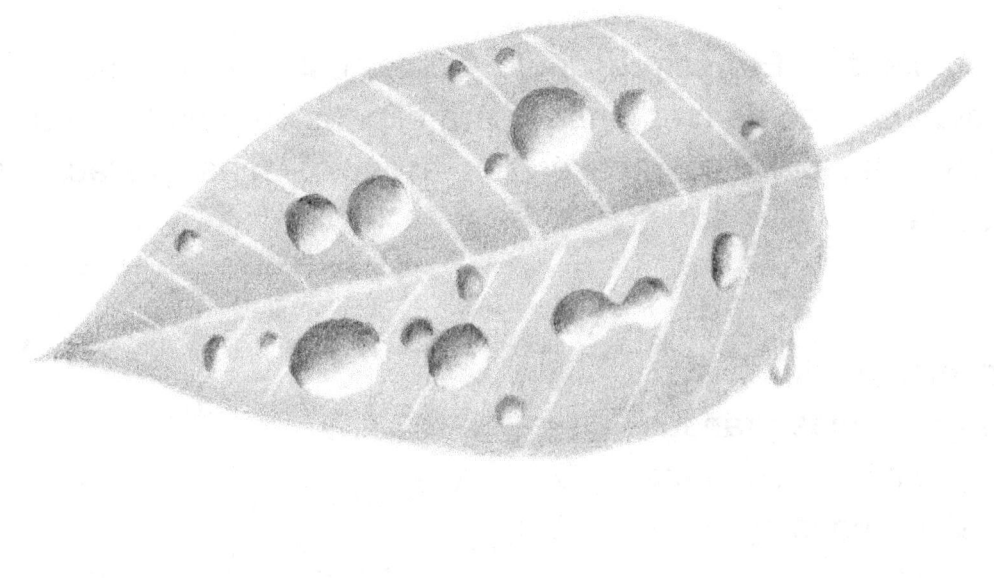

Ahora, creemos las sombras proyectadas justo debajo de estos resaltes, debajo de las gotas. Por lo tanto, si la fuente de luz proviene de la esquina superior izquierda, esta sombra proyectada se mostrará en la parte inferior derecha, debajo de las gotas. Aquí una transición de gradiente también es importante. Aplica mucha presión con un HB cuando dibujes al lado de las gotas, debajo de la parte resaltada. Presiona más y más ligeramente a medida que te diriges hacia abajo, hacia la esquina inferior derecha del papel. Usa un tocón de fusión para mezclar los bordes entre las sombras proyectadas y el tono general de la hoja.

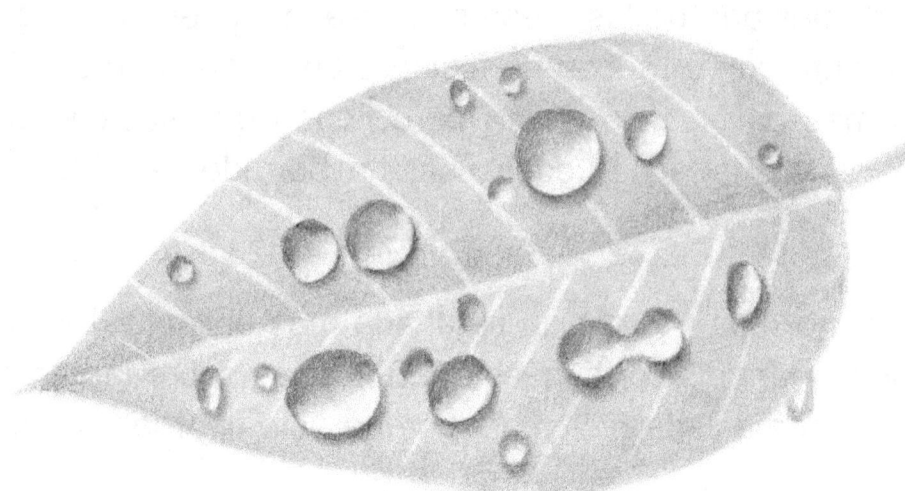

En esta imagen puedes ver cómo estas gotas finalmente se desprenden de la hoja debido a esta sombra proyectada; cómo ahora están divididas de la superficie de la hoja con estas sombras proyectadas. Es sorprendente cómo esto puede hacer que tu dibujo se destaque, y cómo crea una tercera dimensión y profundidad. Haz lo mismo con cada gota, pero no repases los aspectos más destacados con el tocón de mezcla.

Además, no lo olvides, las gotas más grandes proyectan sombras más grandes y más oscuras.

El tamaño y el tono de la sombra proyectada ilustrarán la tercera dimensión de la gota.

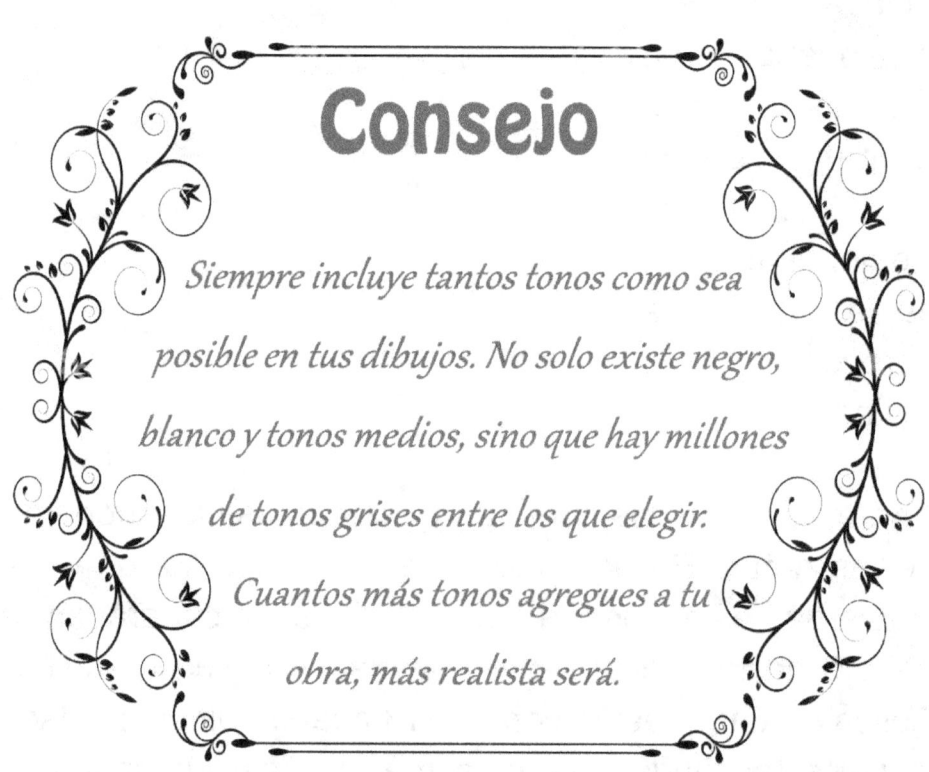

Consejo

Siempre incluye tantos tonos como sea posible en tus dibujos. No solo existe negro, blanco y tonos medios, sino que hay millones de tonos grises entre los que elegir. Cuantos más tonos agregues a tu obra, más realista será.

Ahora solo tenemos resaltes para agregar.

Debido a que nuestra fuente de luz proviene de la esquina superior izquierda, debemos crear las luces en el área superior izquierda de las gotas; sobre las sombras Esto es muy difícil de hacer con un borrador manual, por lo que debes usar uno eléctrico o un marcador blanco. Por supuesto, puedes hacer esto con un borrador manual, pero no podrás hacerlo completamente blanco.

Por lo tanto, con un marcador blanco, coloca uno o dos puntos sobre el área sombreada de las gotas. Como puedes ver en la siguiente, la imagen final ahora las gotas parecen brillantes. El blanco sugiere el brillo de las gotitas. Este marcador es opaco, lo cual es muy bueno para crear estos destacados. No tengas miedo de usar este marcador. Puedes corregir cualquier error que puedas cometer. Porque una vez que este marcador de Uni Posca se seca en tu papel, puedes eliminar cualquier error con la uña o con un cuchillo. Entonces, no tengas miedo de probar este método.

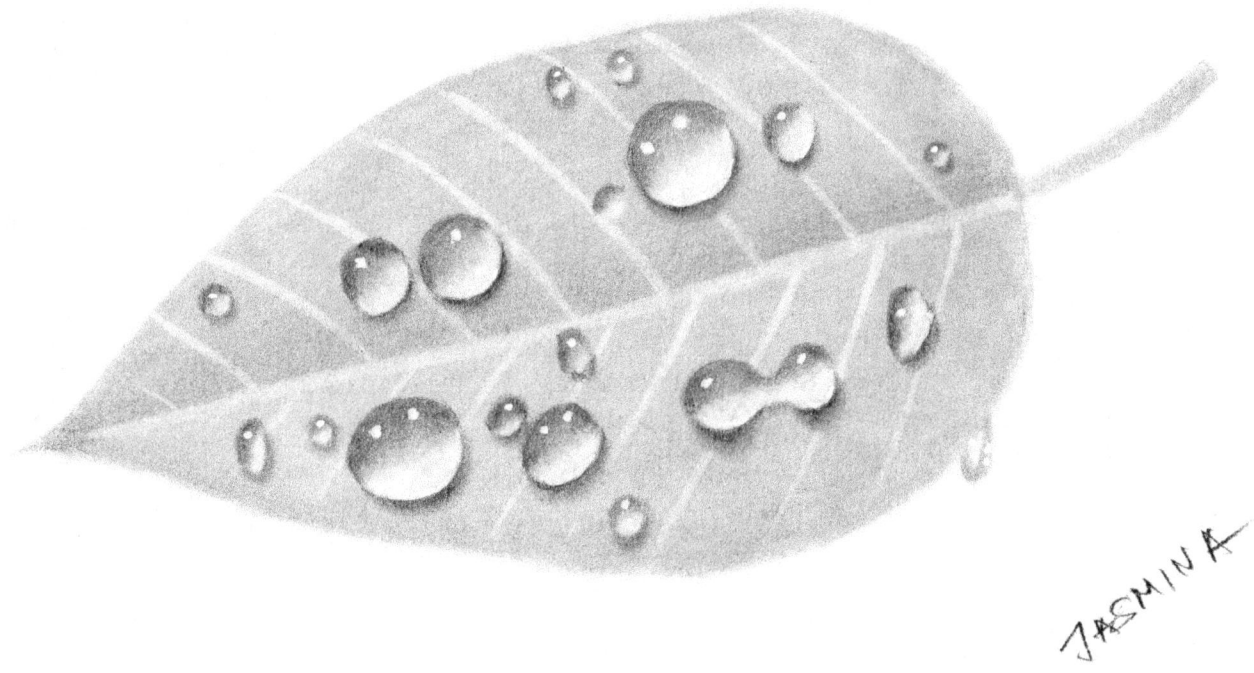

CÓMO DIBUJAR UN COCO

Quiero dibujar un coco que se corta por la mitad, y quiero que el área de la sección transversal sea visible.

Vamos a usar un círculo simple como guía.

Estoy usando una herramienta divisora (compás) para crear mi círculo, y la distancia entre la aguja y el lápiz es de unos 6 centímetros o 2 y 3/4 de pulgada. Puedes usar esto como una guía si quieres dibujar el mismo tamaño. Entonces, el diámetro de mi círculo es de 4 pulgadas y media, o 12 centímetros.

Crea un círculo en el centro de tu hoja de papel.

Ahora tenemos que decidir dónde queremos que nuestro coco se corte por la mitad y dibujar el borde de la cáscara.

En esta imagen, puedes ver dónde creé el borde de la cubierta dentro de un círculo. Estoy usando un lápiz HB para dibujar.

Ahora solo podemos borrar la parte superior del círculo porque ya no la necesitamos.

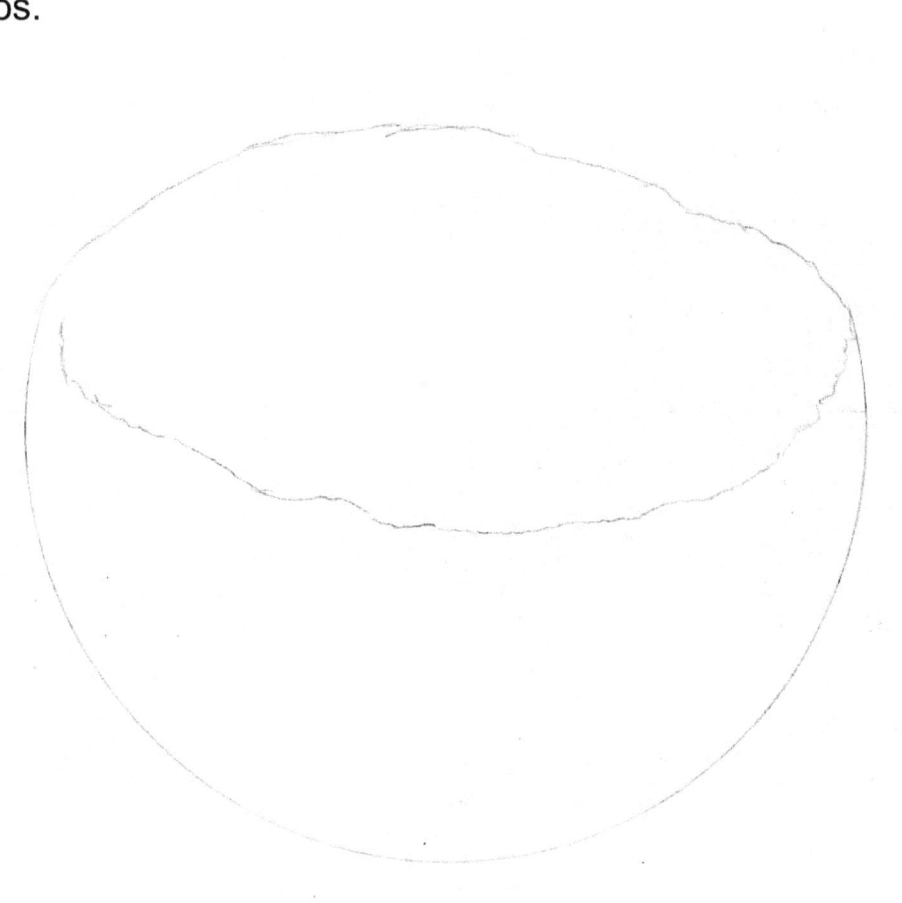

Ahora vamos a crear el grosor de la concha. Vaya al lado del contorno que acaba de crear y trace una línea paralela de 2 a 3 milímetros junto a él.

Puedes comenzar donde quieras, solo asegúrate de ir por todos lados. Haz que el grosor de la cubierta sea un poco más grueso a medida que se acerca al ojo del espectador.

Como última parte del proceso de esbozo, creemos el borde entre la carne del coco y la capa más externa. El grosor de la carne es, como sabemos, mucho más grueso que el de la cáscara. Además, dibuja algunas líneas diminutas sobre el ancho de la carne que irradia desde el centro del coco. Estas líneas sugerirán fibra.

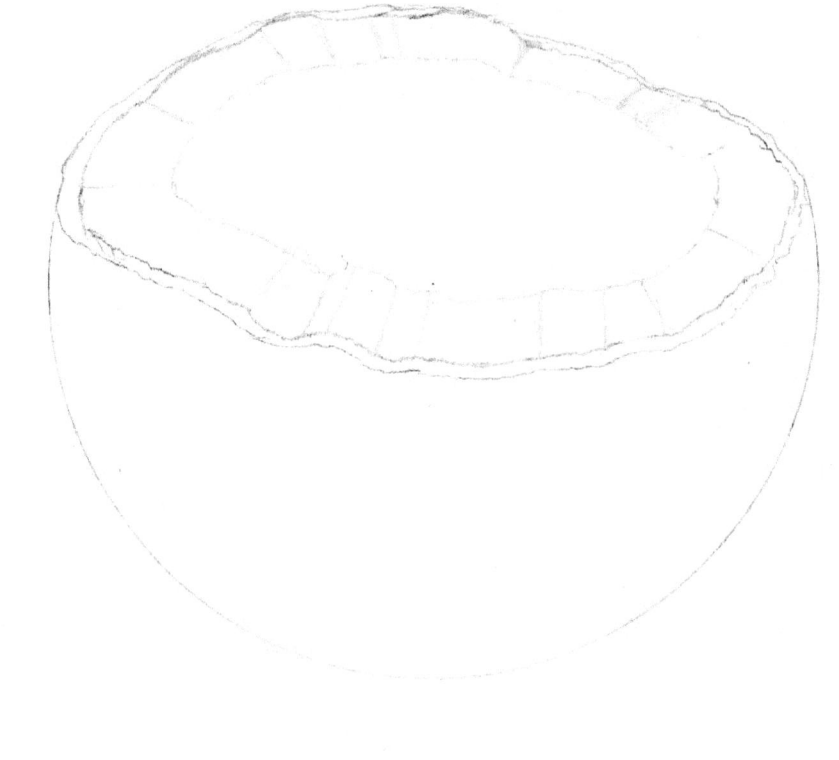

Lo siguiente es sombrear el área interior del coco, la concha donde se encuentra el agua de coco, utilizando el tercer método que he demostrado en el capítulo "Técnicas de sombreado", donde he sombreado una esfera de esta manera.

Como sabemos, la carne de coco es absolutamente blanca, pero si nuestra fuente de luz proviene del lado izquierdo, debemos sombrear el lado izquierdo de la cáscara. Este es un trabajo muy delicado, y puedes hacerlo usando el método del circulismo y un lápiz muy brillante. Sin embargo, quiero mostrarte el método que siempre uso cuando sombreado áreas tan brillantes.

Entonces, lo que quiero que hagas es delinear la carne de coco y la cáscara en una hoja de papel por separado. Incluso puedes rastrearlo si puedes ver a través de ese pedazo de papel. Entonces, crea la misma forma que el borde interior y córtala con unas tijeras.

Luego, sombrea un poco sobre este papel al lado del borde, como se muestra en la siguiente imagen, pero no pases por encima de tu papel de dibujo. Estoy usando un lápiz B para sombrear.

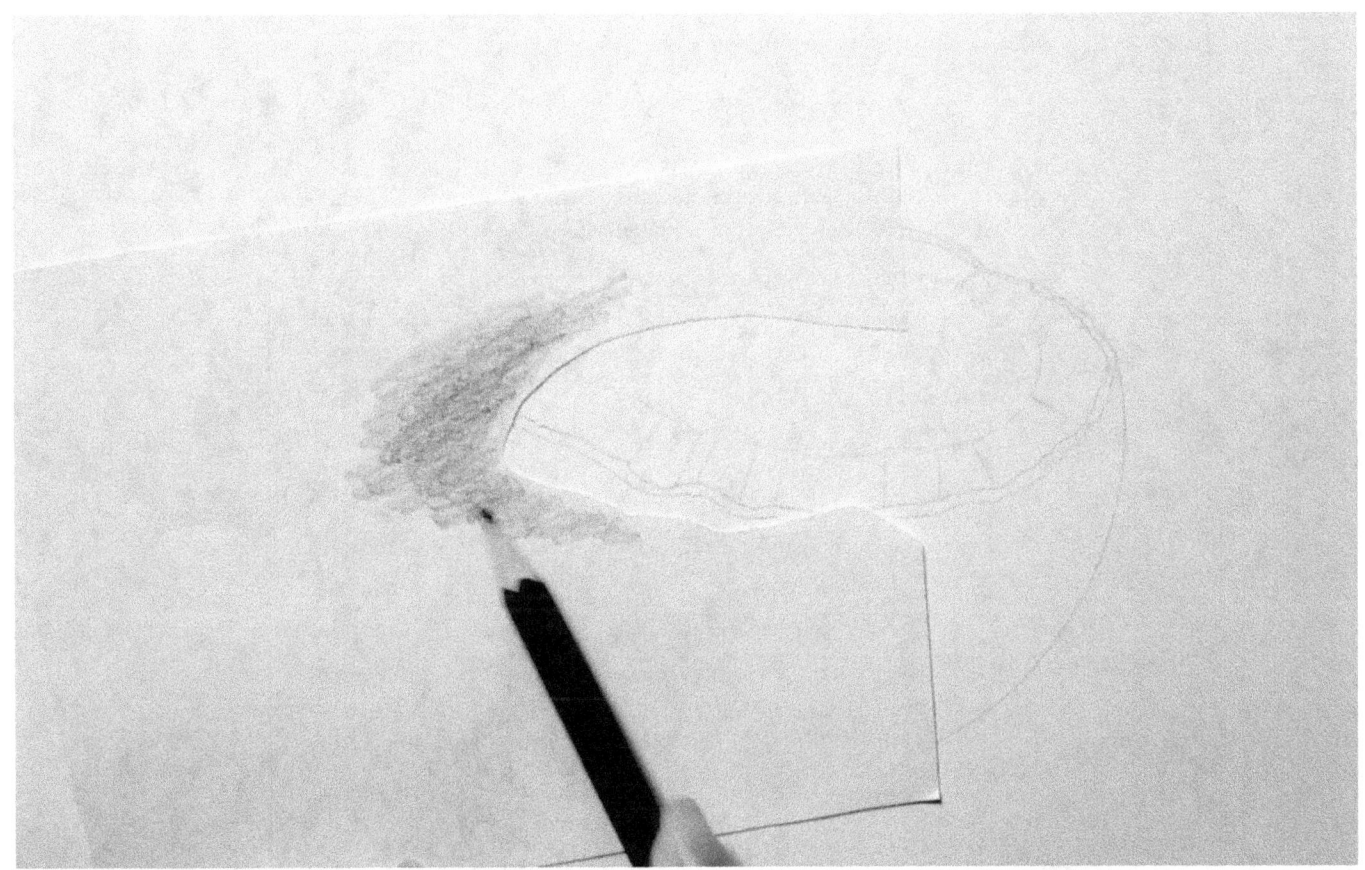

Coloca esta hoja de papel exactamente sobre el borde para el que hemos creado esta forma. Comienza a sombrear sobre esta hoja de papel, especialmente sobre el grafito que acaba de sombrear haciendo un movimiento circular. A medida que vayas sombreando, ve poco a poco sobre el área interior del coco para aplicar el grafito sobre el lado izquierdo de la concha del coco. Si no tienes suficiente grafito, dibuja de nuevo al lado del borde con un lápiz y sombréalo nuevamente. Trata de no hacer movimientos bruscos, ya que esta es un área muy sensible. Esta es una forma diferente de crear un gradiente suave de lo que hicimos con un cilindro, pero quiero que aprendas este método también porque es muy bueno para sombrear objetos blancos sombreados.

La sombra es la más fuerte en el lado izquierdo del área interior del coco, y es por eso que debes recorrer esta área con más frecuencia. No recomendaría usar el polvo de grafito para esto porque es posible que apliques demasiado, y es muy difícil borrarlo y hacerlo más brillante. Sin embargo, si solo tienes un poco de grafito en tu pañuelo, también puedes probar ese método y ver qué estilo funciona mejor para ti. No vayas hasta el lado derecho de la concha, porque esa sería la parte altamente iluminada, y debes permanecer blanca.

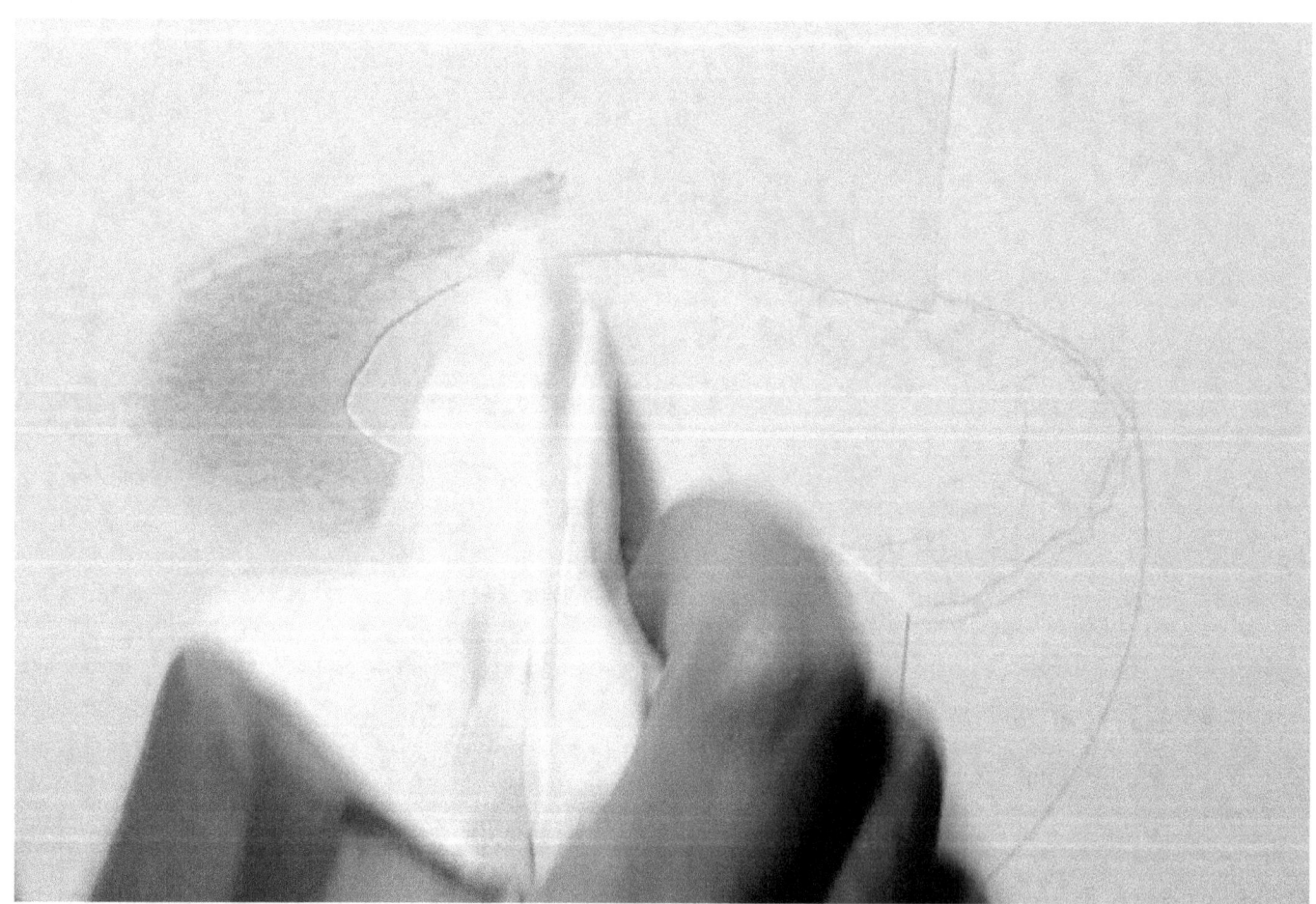

Cuando quites el papel de sombreado, deberías obtener algo como esto:

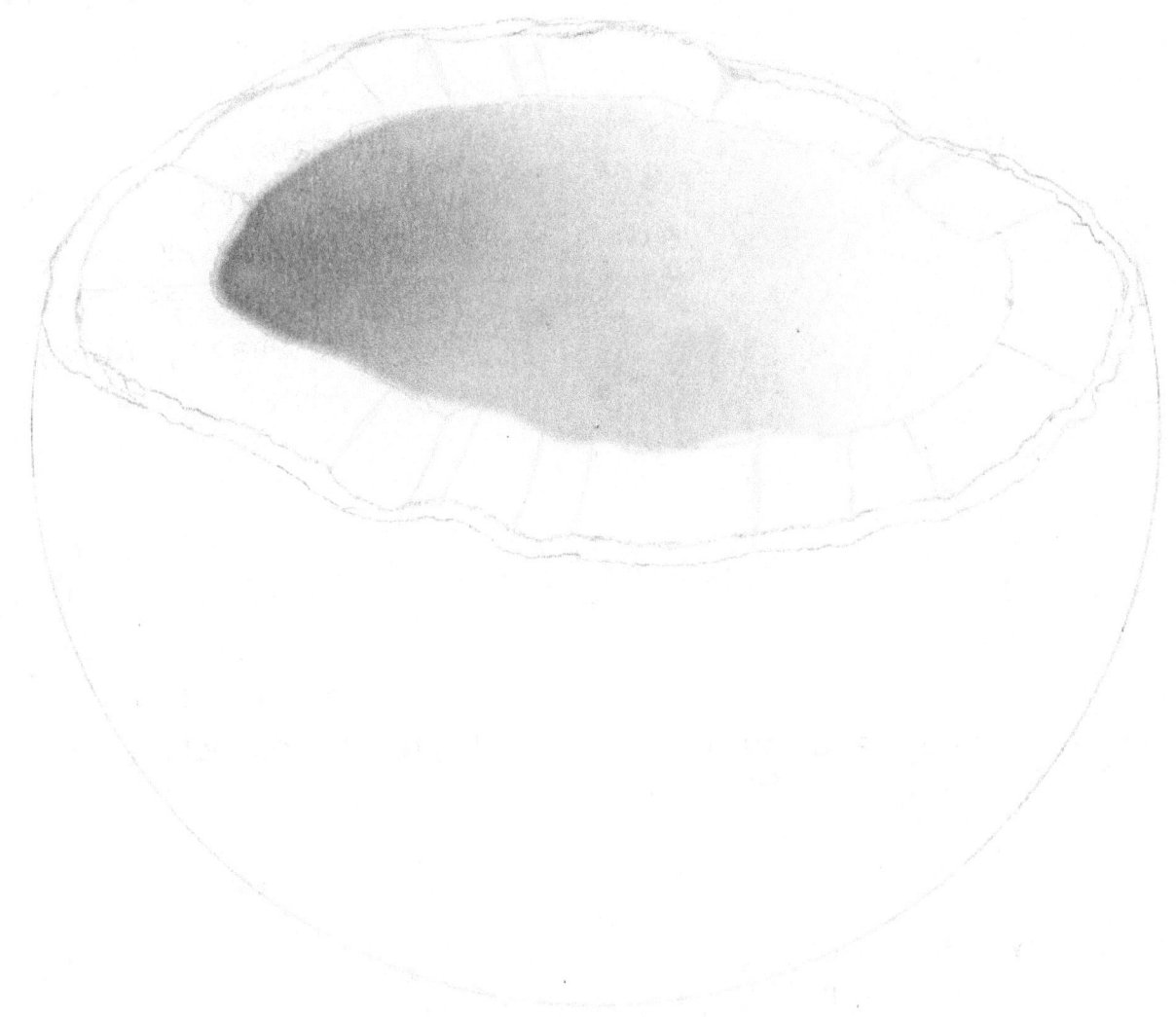

Ahora podemos sombrear las fibras visibles de la carne de coco. Usa un tocón de mezcla para sombrear algunas de estas fibras. Los otros pueden permanecer blancos, porque algunos de ellos siempre están más iluminados y expuestos a la luz. Puedes usar algunos lápices para esto, desde HB hasta 5H, y luego mezclarlo con un tocón de mezcla o un hisopo.

Al sombrear, algunas de las fibras parecerán ser más profundas y las áreas circundantes aparecerán. Cambia la presión sobre tu lápiz para crear diferentes tonos.

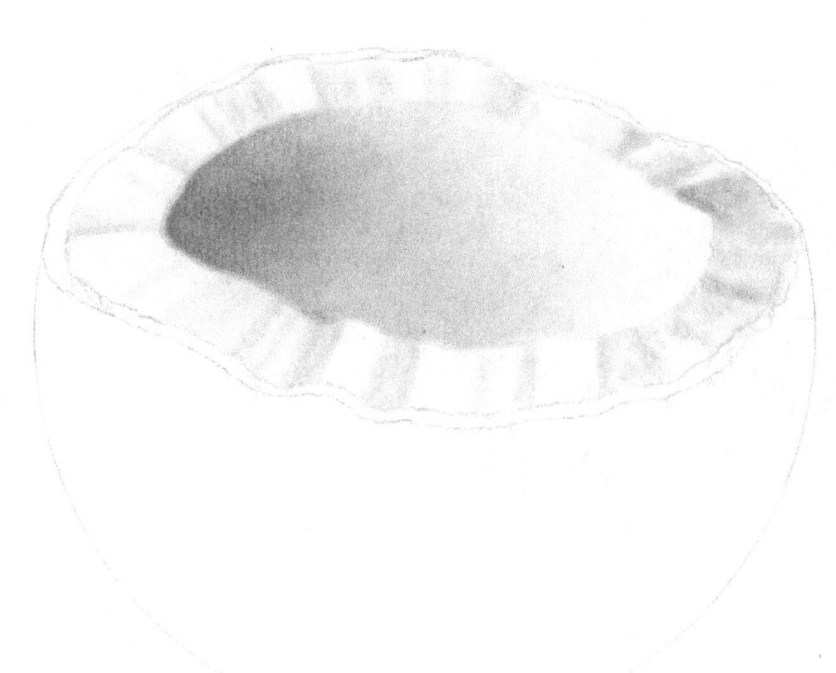

Sombrea más en el lado derecho para hacer que el lado interno de la cáscara (que hemos dejado absolutamente blanca) sea más prominente. Si deseas resaltar algo más, pero no puedes estar más resaltado porque ya está blanco, y de alguna manera sientes que debería ser más prominente, simplemente sombrea a su alrededor, y se verá más prominente.

El contraste juega un papel muy importante en la creación de dibujos realistas.

Ahora podemos sombrear todo el grosor de la concha. Estoy usando un lápiz B para esto, y aquí no debes tratar de lograr una textura suave, debido a cómo se encuentra la superficie de la cubierta. Si nuestra fuente de luz proviene del lado izquierdo, imagina dónde estaría la capa más oscura, ya que las fibras del coco no permitirían que la luz cayera sobre ellos.

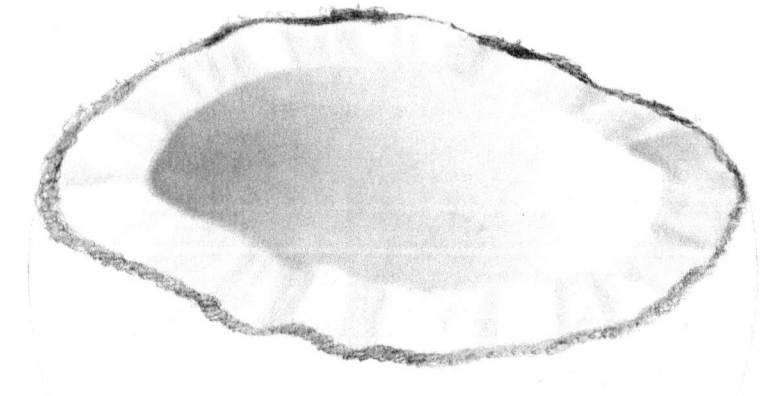

Por favor, echa un vistazo a esta imagen para ver cómo resolví eso.

Dibujemos la textura externa y los pequeños pelos sobre la superficie de la concha a continuación. En este paso, finalmente puedes relajarte, escarbar y garabatear de la forma que desees, sin ningún orden. Por lo tanto, aplica líneas, cruces, todo lo que quieras sobre la cáscara del coco, con un lápiz B. Lo único a lo que debes prestar atención es hacer que el lado izquierdo se vea más brillante debido a la fuente de luz que proviene del lado izquierdo. Esto significa que el coco será más oscuro en el lado derecho, y tú tienes que hacer la transición entre las áreas brillantes y oscuras aplicando más presión a medida que sombreas el lado derecho. La parte inferior del coco recibe incluso menos luz, por lo que debería ser la parte más oscura de la imagen. Utiliza un 6B o más oscuro para esto. También hará que el coco aparezca redondo. No te preocupes si algunas áreas pequeñas del papel permanecen blancas, porque te ayudarán a crear la textura áspera de la cáscara del coco.

Presiona un poco más fuerte debajo del borde entre el grosor de la cubierta y las cáscaras, para que parezcan como si estuvieran en diferentes dimensiones.

Puedes cambiar la forma del círculo que usamos como guía y dibujar un poco más profundo. Crea el perímetro del coco un poco más lejos del borde.

Este paso requiere bastante tiempo, especialmente si estás dibujando un coco grande, pero si dibujas uno grande, puedes ir mucho más en detalle. Por lo tanto, lleva mucho tiempo, pero el resultado siempre es mejor y con más detalles incluidos.

En el extremo derecho, tendríamos algo de luz reflejada. Incluso si no se encuentra una fuente de luz en el lado derecho, el borde derecho del coco se iluminará levemente con la luz que se refleja en las paredes o en cualquier otro objeto, o incluso en la mesa donde se coloca. Entonces, este borde en el lado derecho debe ser un poco más brillante que el área más oscura en el medio del exterior del coco.

Borra el círculo si también ha movido los lados izquierdo y derecho del coco un poco más profundo.

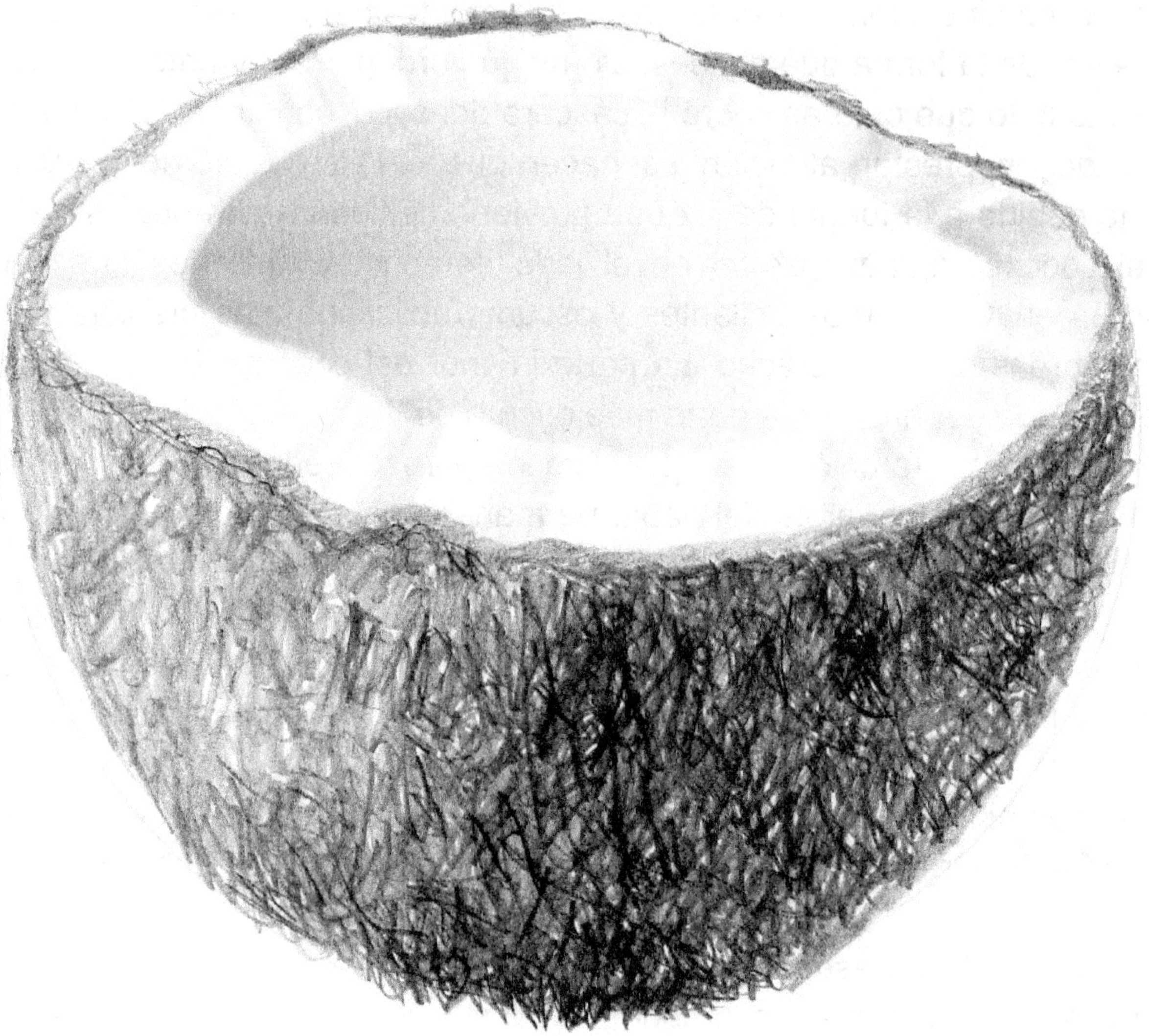

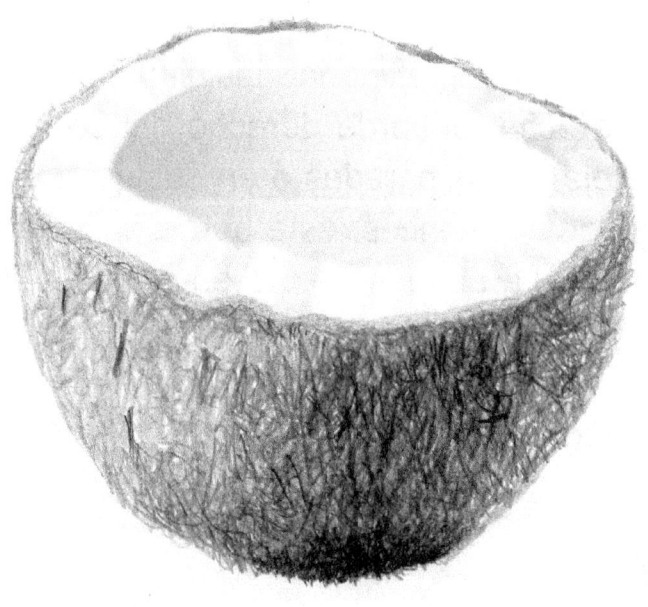

Como las cáscaras son duras, podemos dejarlo así, pero algunas de las áreas se pueden mezclar ligeramente con un hisopo. Simplemente ve alrededor y toca algunos puntos con un hisopo, puntos particulares, pero no mezcles todo como lo hemos hecho con las cerezas, por ejemplo.

Solo suaviza un poco las cáscaras.

Después, puedes oscurecer más el área del medio, utilizando un lápiz 6B o más suave. Siempre puedes regresar y agregar más sombra o más luces y cualquier otra cosa que desees.

En esta imagen, puedes ver que he oscurecido el grosor de la cubierta en el lado izquierdo usando un lápiz B y mucha presión, porque el ancho y los flecos tienen el mismo tono y quiero que adquieran una dimensión diferente.

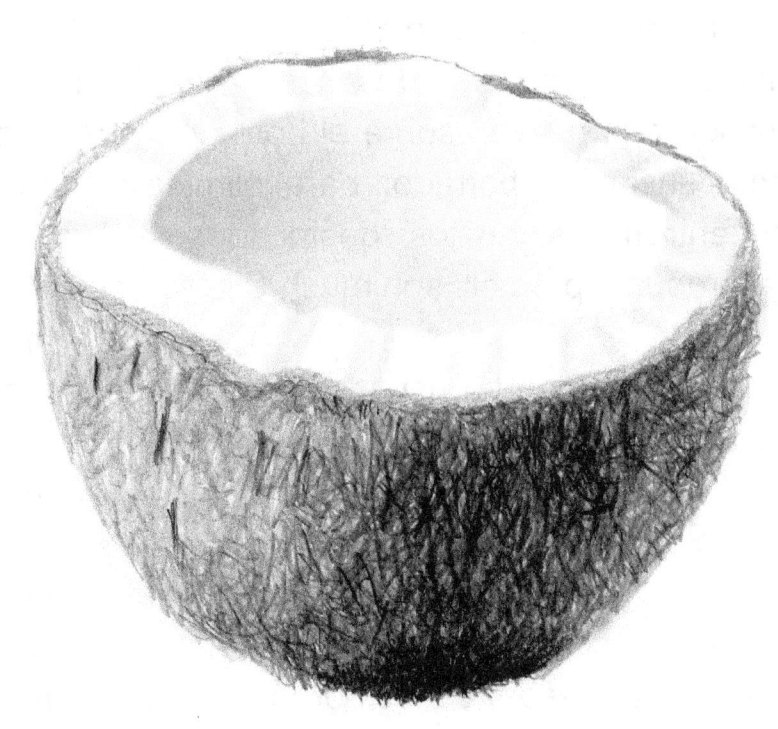

Justo como lo hicimos en el lado derecho, pero creamos lo contrario: la textura es más oscura que el grosor de la cáscara en el lado derecho. Eso hará que el ancho de la cubierta y el área exterior parezcan estar en un plano diferente. Entonces, aquí también, el contraste más fuerte ayuda a agregar profundidad y tercera dimensión al dibujo.

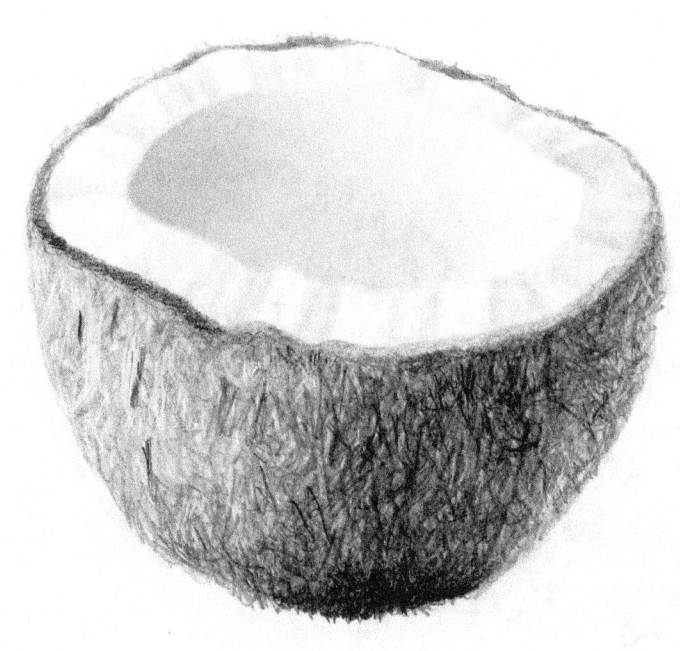

Ahora podemos crear algunos aspectos destacados sobre los flequillos de la cáscara, al azar, para hacer que algunos de ellos sobresalgan. Yo uso un borrador de lápiz mecánico para esto, pero puedes usar cualquier otro borrador. No presiones demasiado, ya que no queremos que sean blancos.

Sin embargo, si exageras y haces que algunos de ellos sean demasiado brillantes, simplemente repásalos con un tocón de mezcla para volver a aplicar el grafito.

A medida que creas los resaltes hacia el lado derecho, deseas oscurecerlos, así que libera la presión sobre el borrador o deja de limpiarlo (o amasarlo) y usa la punta sucia del borrador para eliminar menos grafito. No importa dónde se encuentren los puntos destacados, y los tenemos incluso en las áreas sombreadas, pero allí son mucho más oscuros.

Bueno, a continuación podemos crear algunas de los flequillos alrededor del coco, como se muestra en la siguiente imagen. Con un lápiz B, dibuja los flequillos que sobresalen, que no están pegados a la superficie de la cáscara. Algunos de ellos deben ser más cortos, otros más gruesos, algunos más oscuros y algunos más peludos. Puedes repasar la carne de coco, como hice yo, para hacerla más real. Solo al azar, colócalos alrededor del grosor de la cáscara y alrededor de los bordes exteriores del coco, donde sea apropiado.

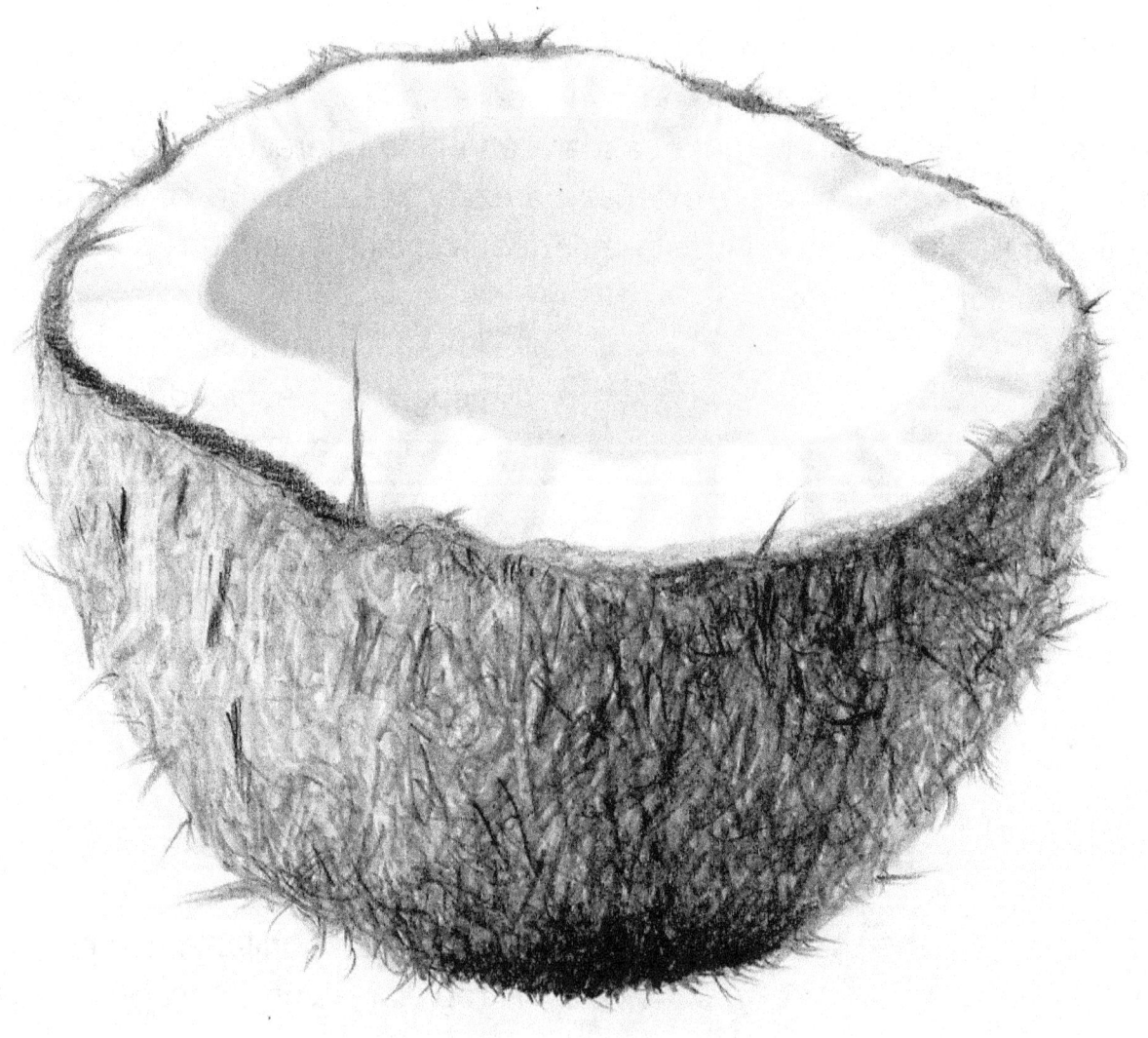

Si estás satisfecho con tu coco, puedes crear la sombra proyectada debajo del coco, que es la sombra proyectada por el coco que cae sobre el lado derecho porque tenemos nuestra fuente de luz que proviene del lado izquierdo. Crea los trazos horizontales, hacia adelante y hacia atrás con un lápiz B. En esta imagen, puedes ver cómo estas pocas líneas hacen que el coco se vea más tridimensional y redondo. Aplica presión al lado de

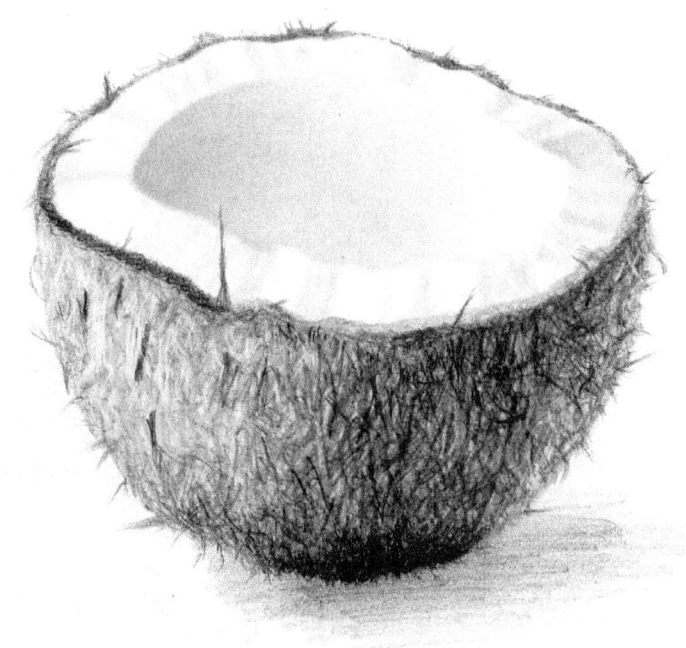

la parte inferior del coco. Esta parte de la sombra proyectada debes ser muy oscura, pero no tan oscura como la parte inferior del coco. Al crear las sombras proyectadas, la regla siempre es simple: crea la sombra más oscura justo debajo del objeto y hazla más y más brillante a medida que la sombra se aleja de ella. Entonces, aquí también, la transición de gradiente es muy importante.

Ahora, a medida que te alejas del coco, comienza a usar un lápiz más brillante, como un HB, aplicando solo trazos horizontales. En la siguiente imagen, puedes ver qué tan grande quiero que sea mi sombra proyectada. Deberías alejarte de tu dibujo para ver si tu sombra proyectada se ve como si tu coco la proyectara, porque cuando está constantemente cerca del dibujo, puedes perderte detalles en la imagen general. Alternativamente, échale un vistazo en el espejo, porque te mostrará las cosas que no puedes ver.

Incluso puedes usar mi forma de sombrear con el polvo de grafito que te mostré con la esfera. Simplemente coloca un pedazo de papel sobre el coco y haz lo mismo que hice cuando sombreaba la sombra proyectada por la esfera.

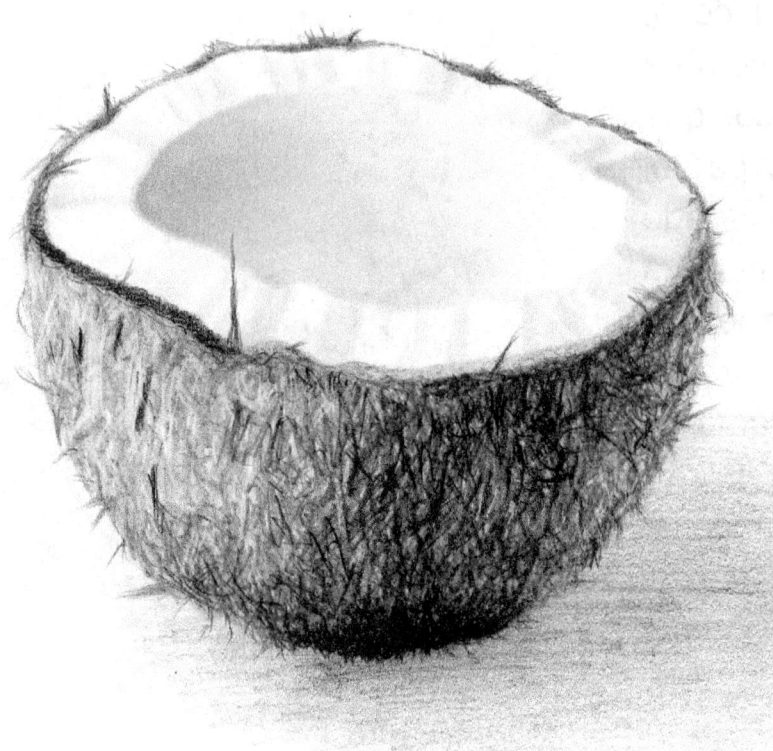

Ahora podemos combinar esta sombra proyectada usando un pedazo de pañuelo y movimientos horizontales. Puedes usar incluso un hisopo justo debajo del coco para evitar manchar la parte inferior del mismo.

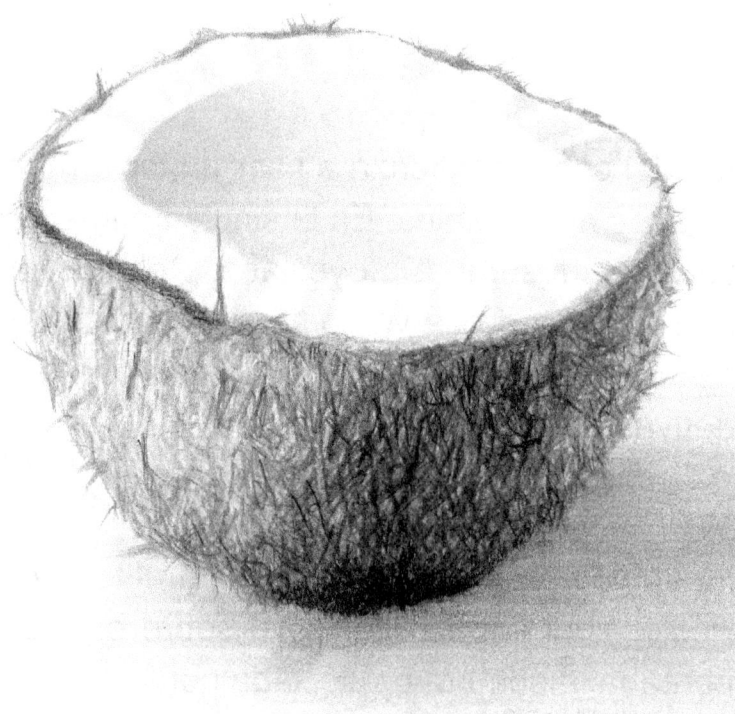

En el último paso, quería oscurecer aún más la concha del coco y crear la sombra más oscura justo debajo del coco. Entonces, apliqué un poco de un lápiz 8B y simplemente lo sombreé de nuevo. A menudo, solo al final del dibujo, cuando todo está terminado, puedes ver las cosas que tienes que cambiar, ya sea para iluminar algo o para hacer que algo sea más oscuro.

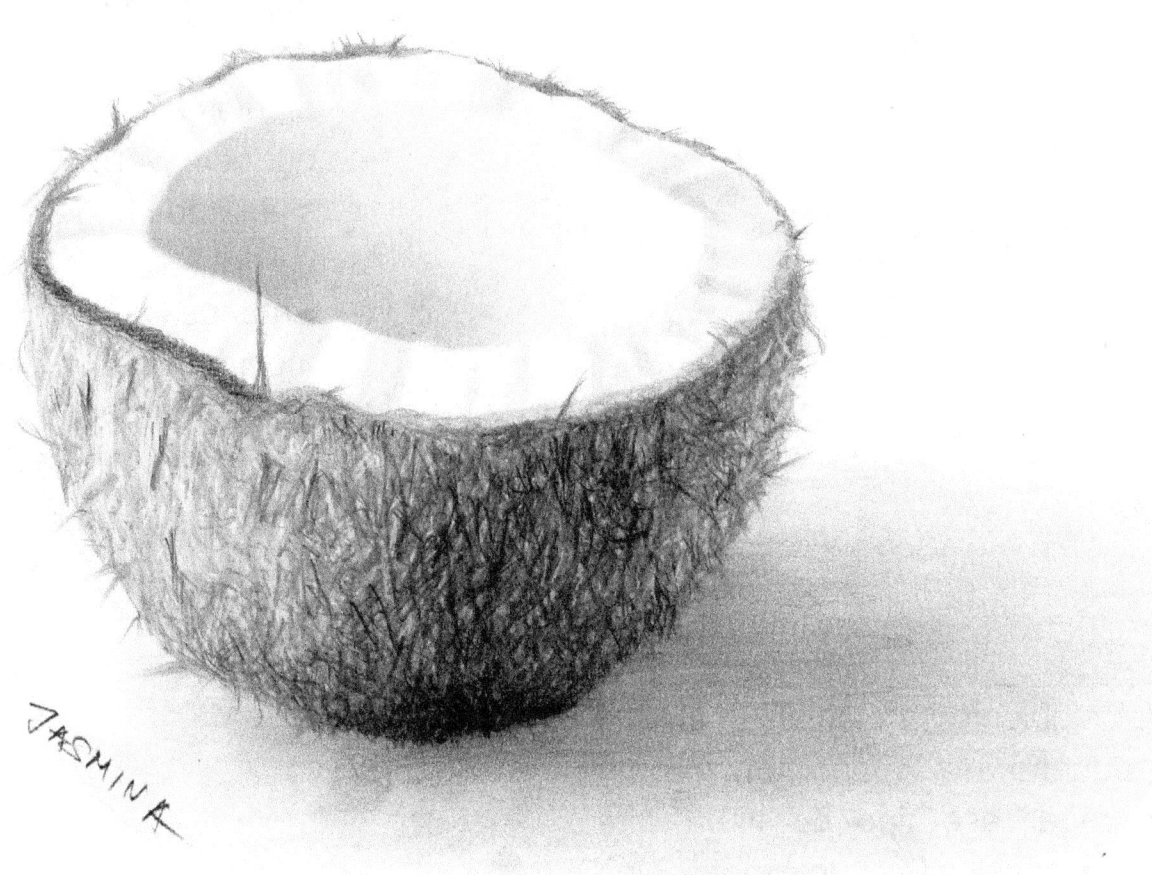

CÓMO DIBUJAR UNA ROSA

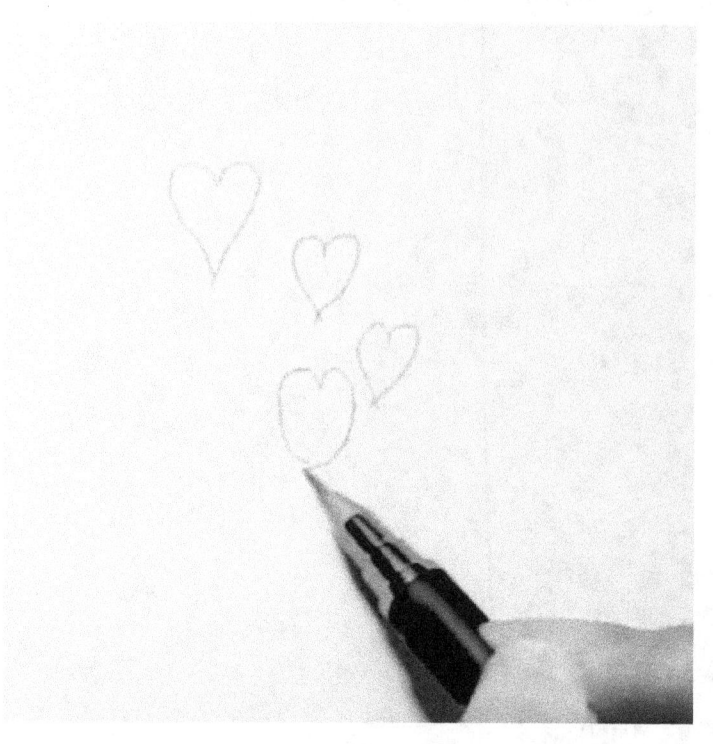

Antes de comenzar a dibujar, practica dibujar un corazón en una hoja de papel separada, de la misma manera que dibujas el corazón simple que puedes verme hacer en la siguiente imagen.

Entonces, practica este movimiento y luego comienza a hacer que el área inferior del corazón sea más redonda, y sigue practicando este tipo de línea.

Lo siguiente es dibujar un círculo pequeño (a mano alzada) y agregar ese tipo de línea que practicaste. Por lo tanto, los puntos de inicio y final de tu línea deben estar tocando el círculo pequeño.

De esta manera estás creando los pétalos diminutos. Luego, agrega más y más pétalos exteriores y hazlos más y más grandes. Estudia en esta imagen para ver cómo la he practicado en otra hoja de papel.

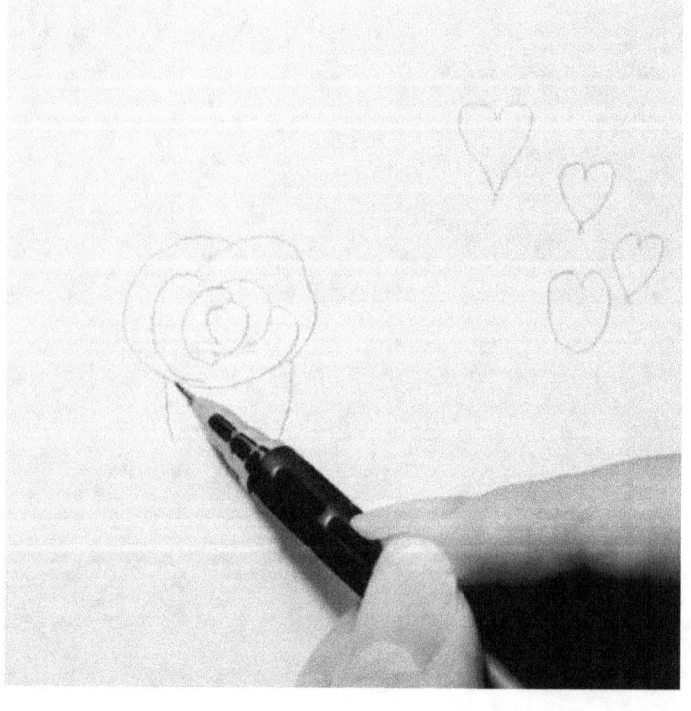

Ahora puedes hacer lo mismo en tu hoja de papel. Comienza con un círculo pequeño y agrega pétalos a él. Hazlos más y más grandes y trata de hacer diferentes formas. El borde exterior de los pétalos no debe ser redondo a medida que se dibujan más y más grandes, pero algunos de ellos deben tener formas diferentes. Puedes buscar fotos de referencia para ver qué tipo de formas pueden formar los pétalos. En la siguiente imagen puedes ver cómo se ve mi boceto.

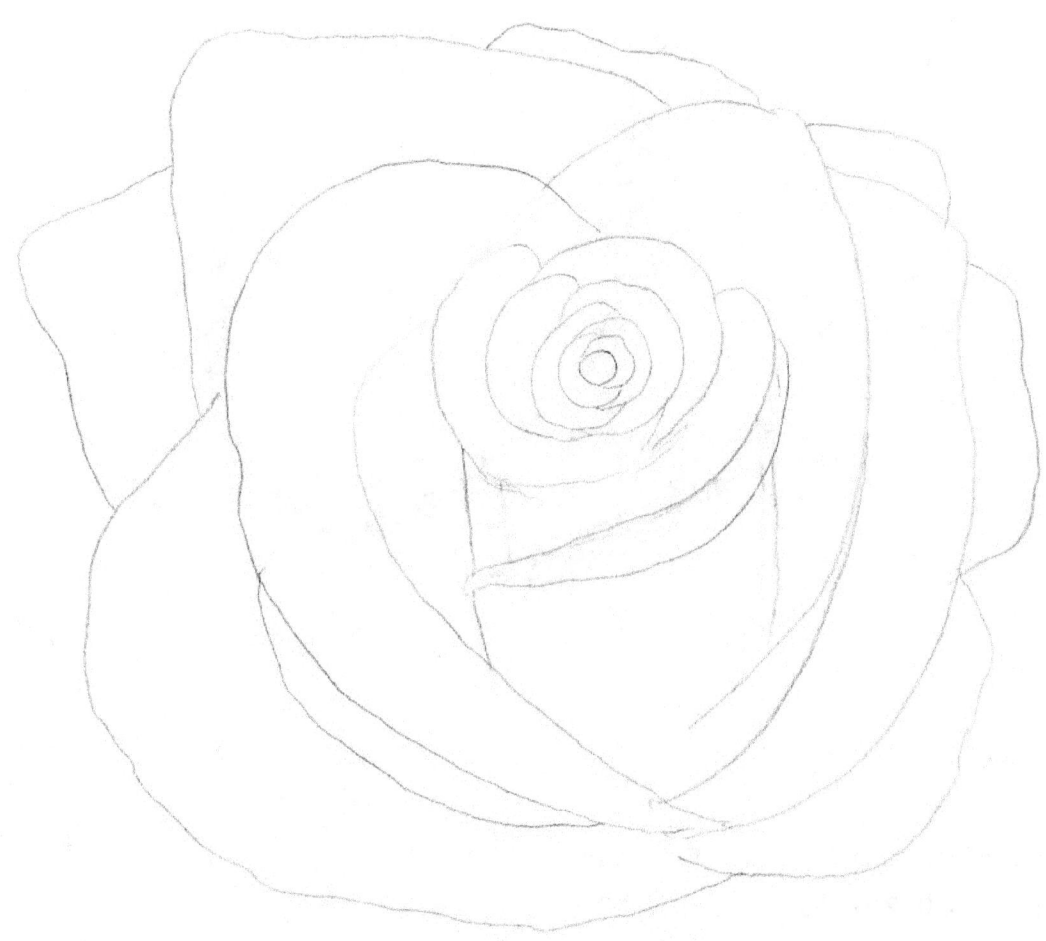

Sombrea el área más oscura donde haya menos luz, o no reciba luz alguna. En la siguiente imagen puedes ver qué áreas he marcado como las más oscuras, porque recibirían la menor cantidad de luz. Usé un 8B para llenar estas áreas, presionando muy fuerte. Incluso puedes hacer una copia de tu boceto si crees que vas a estropearlo con un tono tan oscuro. En ese caso no tengas miedo de usar lápices muy oscuros.

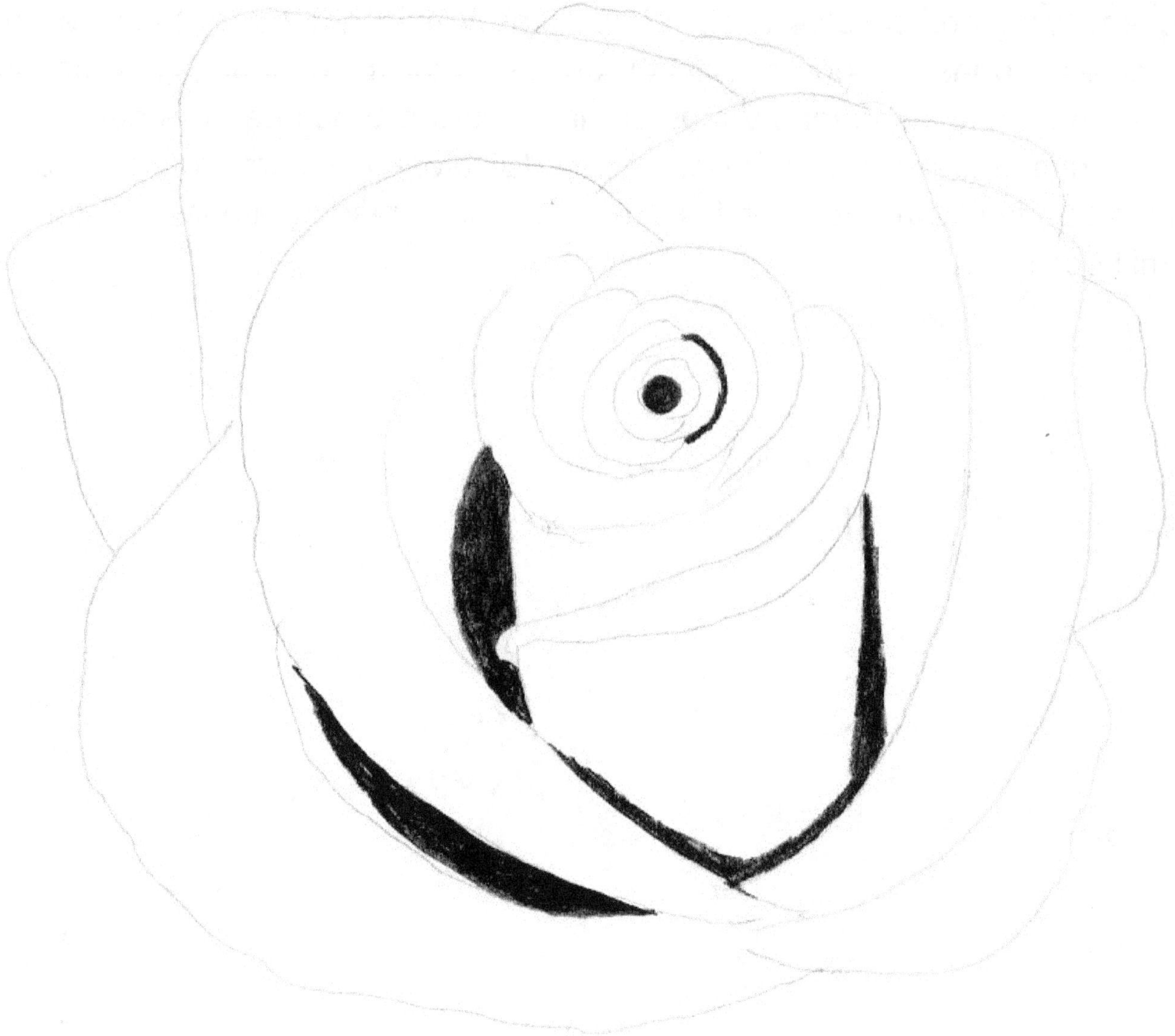

En el siguiente paso, refuerza el boceto inicial, utilizando un HB más intensamente solo para que puedas ver el contorno debajo de la capa del grafito que vamos a aplicar sobre toda la rosa.

Por supuesto, no tiene que hacerse con precisión, pero si tienes un buen boceto inicial, intenta ir exactamente sobre él.

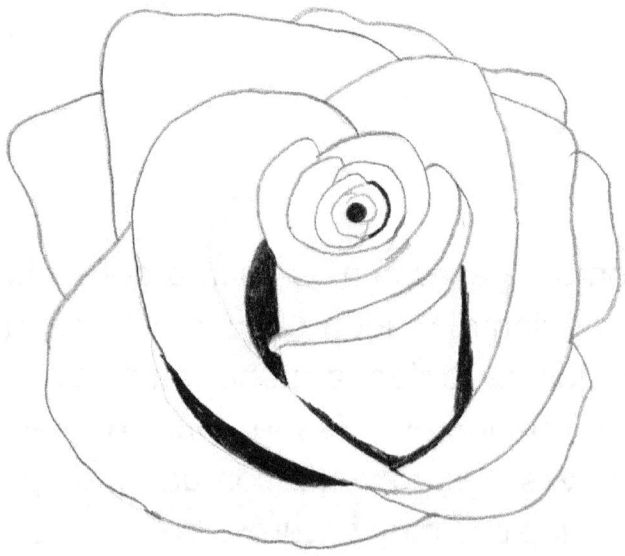

Vamos a sombrearlo todo con un lápiz B. Recomiendo aplicar movimientos circulares y no presionar demasiado. Solo cubre toda el área. Lleva bastante tiempo, pero solo estamos colocando el tono básico. Cuando pases por los contornos, aún podrás verlos debajo de la capa del lápiz B. Por supuesto, B es más oscuro que un HB, que usamos para crear contornos, pero es por eso que mencioné no presionar con fuerza al sombrear toda el área. Quiero usar un lápiz B porque le dará un tono oscuro a la rosa, ya que quiero dibujar una rosa roja, que es bastante oscura. Pero si quieres dibujar una rosa blanca

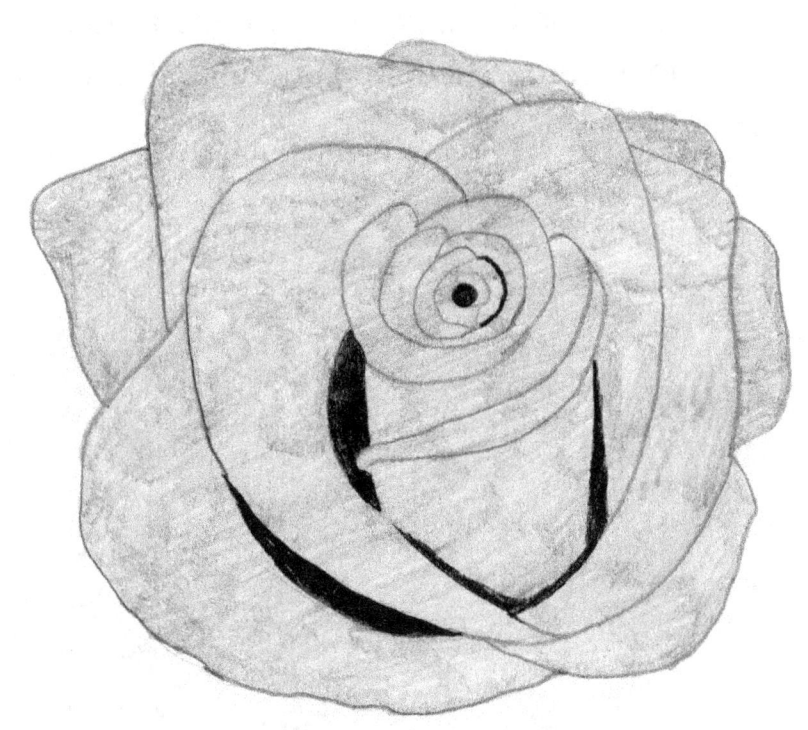

o una amarilla, sería una historia diferente. Siempre digo que los dibujos pálidos son más difíciles y más delicados de hacer, pero por supuesto que debes intentarlo. En este paso, no tienes que prestar atención a nada.

En esta imagen puedes ver cómo el área que he sombreado se ve bastante dura y las líneas son visibles, pero no te preocupes. Vamos a mezclarlo todo y se verá suave.

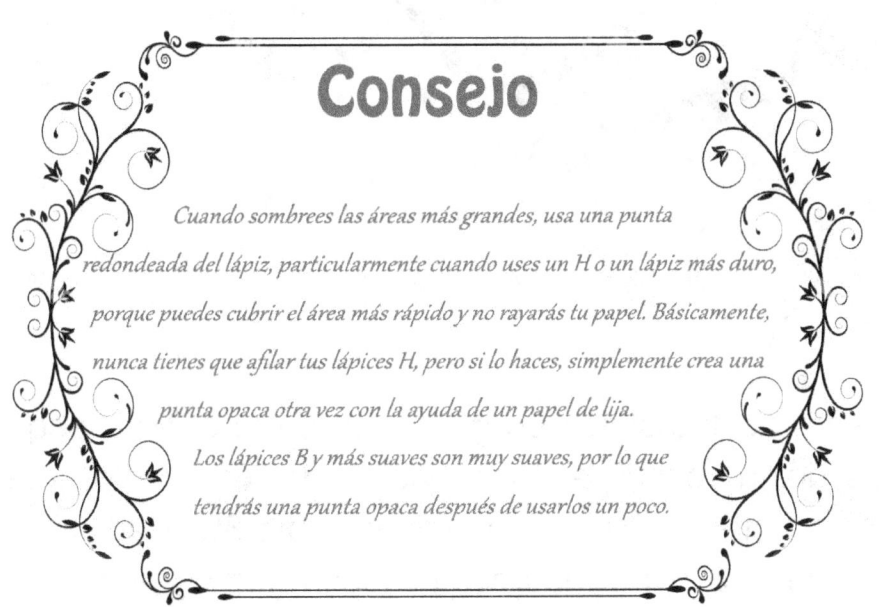

Consejo

Cuando sombrees las áreas más grandes, usa una punta redondeada del lápiz, particularmente cuando uses un H o un lápiz más duro, porque puedes cubrir el área más rápido y no rayarás tu papel. Básicamente, nunca tienes que afilar tus lápices H, pero si lo haces, simplemente crea una punta opaca otra vez con la ayuda de un papel de lija.

Los lápices B y más suaves son muy suaves, por lo que tendrás una punta opaca después de usarlos un poco.

A continuación, mezcla todo con un pañuelo. Recorre toda el área con un pañuelo de papel, presiona con fuerza y verás cómo se suaviza. Si aplicas un poco de grafito fuera del borde, no te preocupes, siempre puedes borrarlo. O puedes usar la punta de un tocón de fusión para mezclar los bordes. Es importante mezclarlo bien, porque la textura de los pétalos tiene que ser lo más suave posible, y para esto debes imprimir el grafito en el diente del papel.

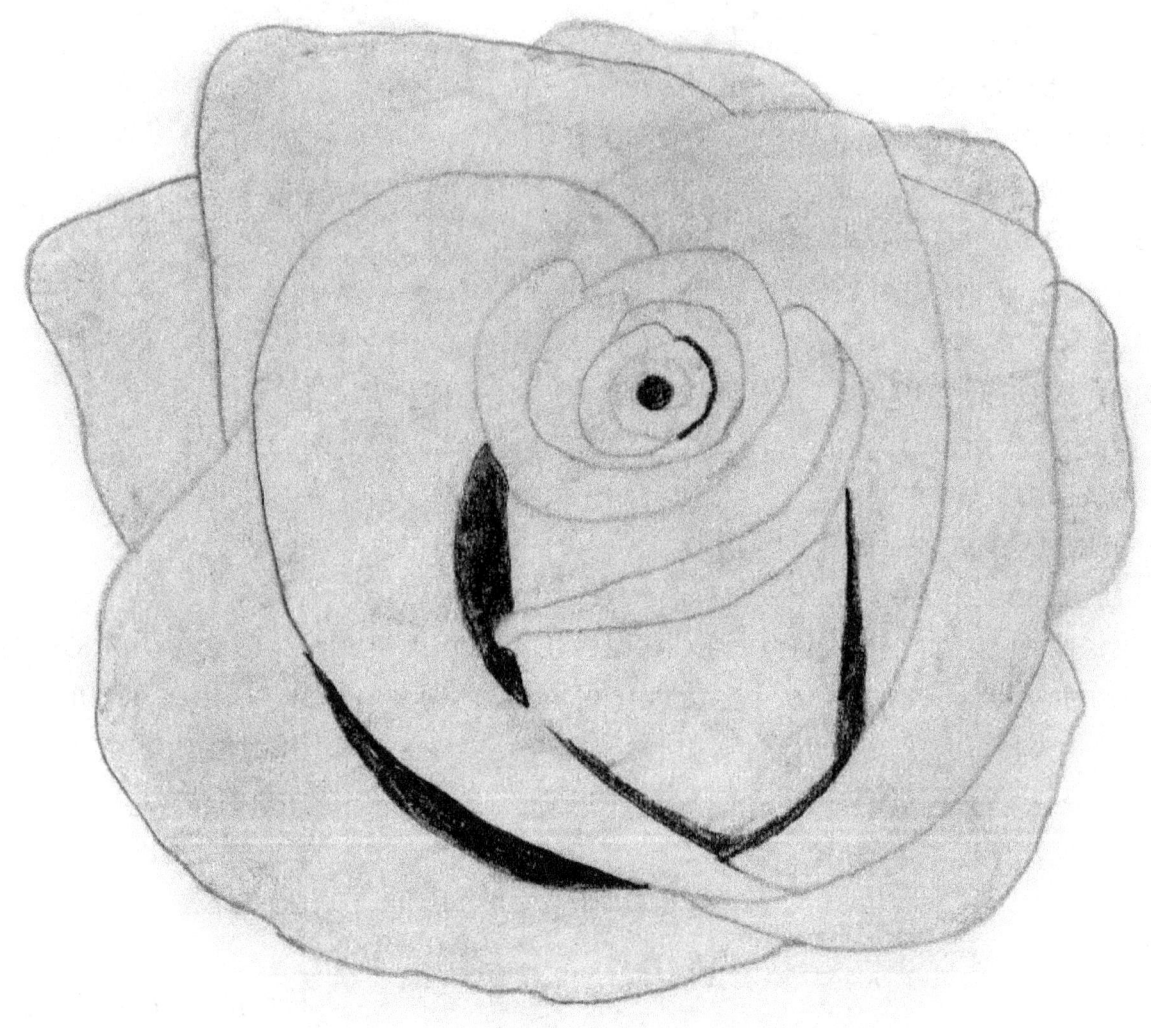

A continuación, debemos crear una transición de gradiente entre el tono negro en las áreas más profundas de la rosa y el tono básico de los pétalos que acabamos de crear en el paso anterior. Estoy usando un lápiz 8B y aplico un movimiento circular dirigiéndome a la parte más oscura con fuerza, y liberando la presión mientras trabajo lejos de las áreas más oscuras. En la siguiente imagen, puedes ver que he hecho lo mismo con cada pétalo.

Sombrea debajo de los bordes de los pétalos superpuestos, sobre los pétalos subyacentes para hacer que los pétalos se superpongan. De esta manera, los pétalos subyacentes aparecerán más lejos de los ojos del espectador. Aplica una más de presión cuando sombrees al lado del borde de los pétalos superpuestos y presiona más y más suavemente a medida que sombreas hacia afuera, hacia el borde de los pétalos sobre los que se sombrea.

Usa un lápiz B para sombrear la parte interior de la rosa, que tiene los pétalos unidos y tiene la forma de un cilindro.

Esta parte recibe menos luz, por lo que debería ser más oscura que las sombras de los pétalos exteriores. Aquí también el área en el medio debes ser más brillante y más oscura al lado de los bordes de los lados izquierdo y derecho, para crear la forma redonda. La misma forma de sombreado que aplicamos al cilindro con luz proveniente de ambos lados.

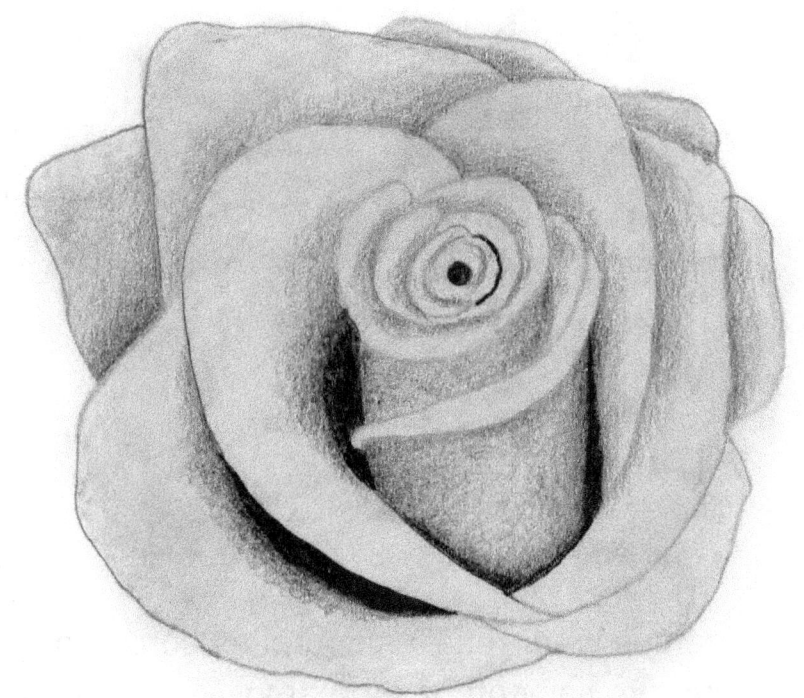

Ahora puedes combinarlo todo con un hisopo.

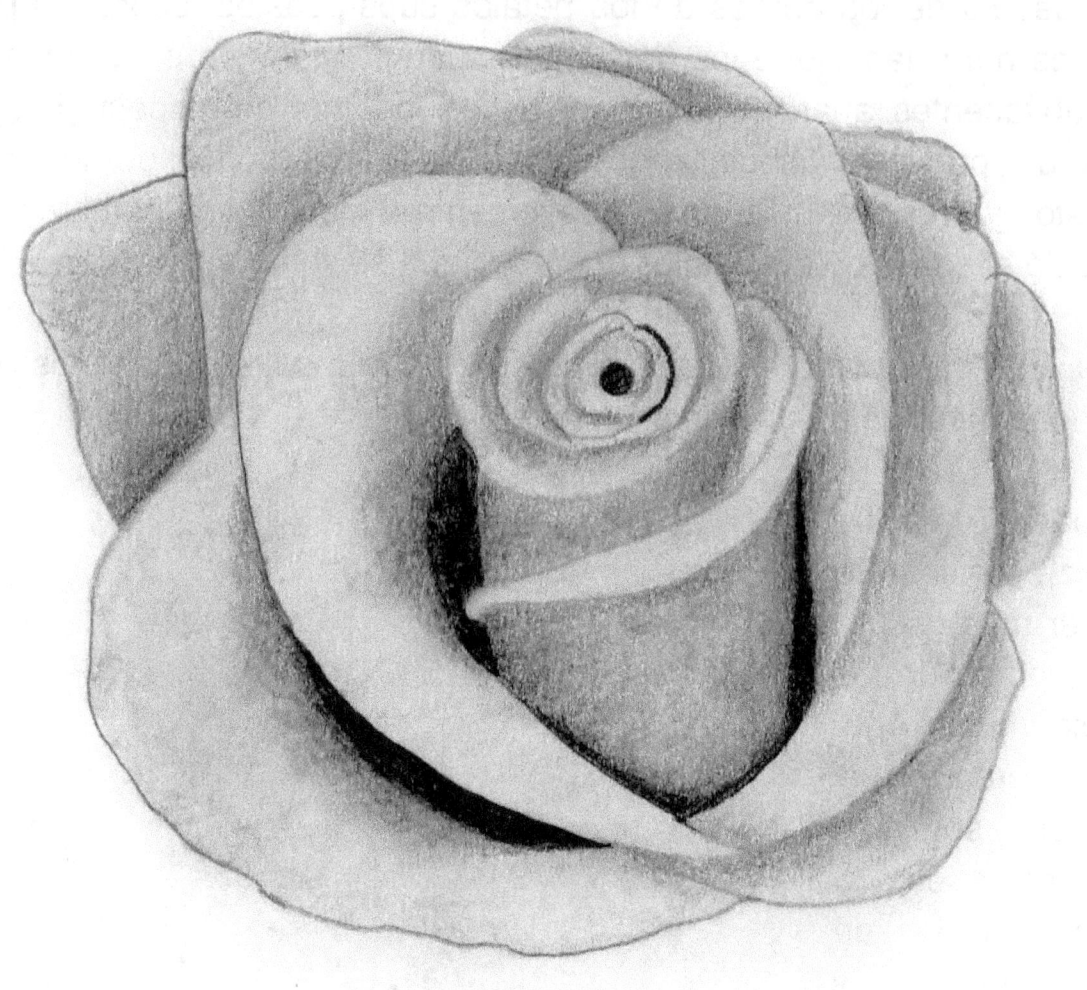

Ahora podemos crear resaltes sobre los bordes de los pétalos, junto a las áreas oscuras que previamente sombreamos. Para hacer esto, usa una punta afilada de tu borrador, y ve ligeramente sobre los bordes. Aquí también, la transición del gradiente es muy importante, por lo tanto, borra más sobre el borde y luego, cada vez menos a medida que borras el interior, hacia el centro de la rosa. Por lo tanto, estos aspectos más destacados también tienen que tener una transición de gradiente. Ahora puedes ver cómo los pétalos se superponen debido a sus bordes resaltados y la sombra que proyectan sobre los pétalos subyacentes.

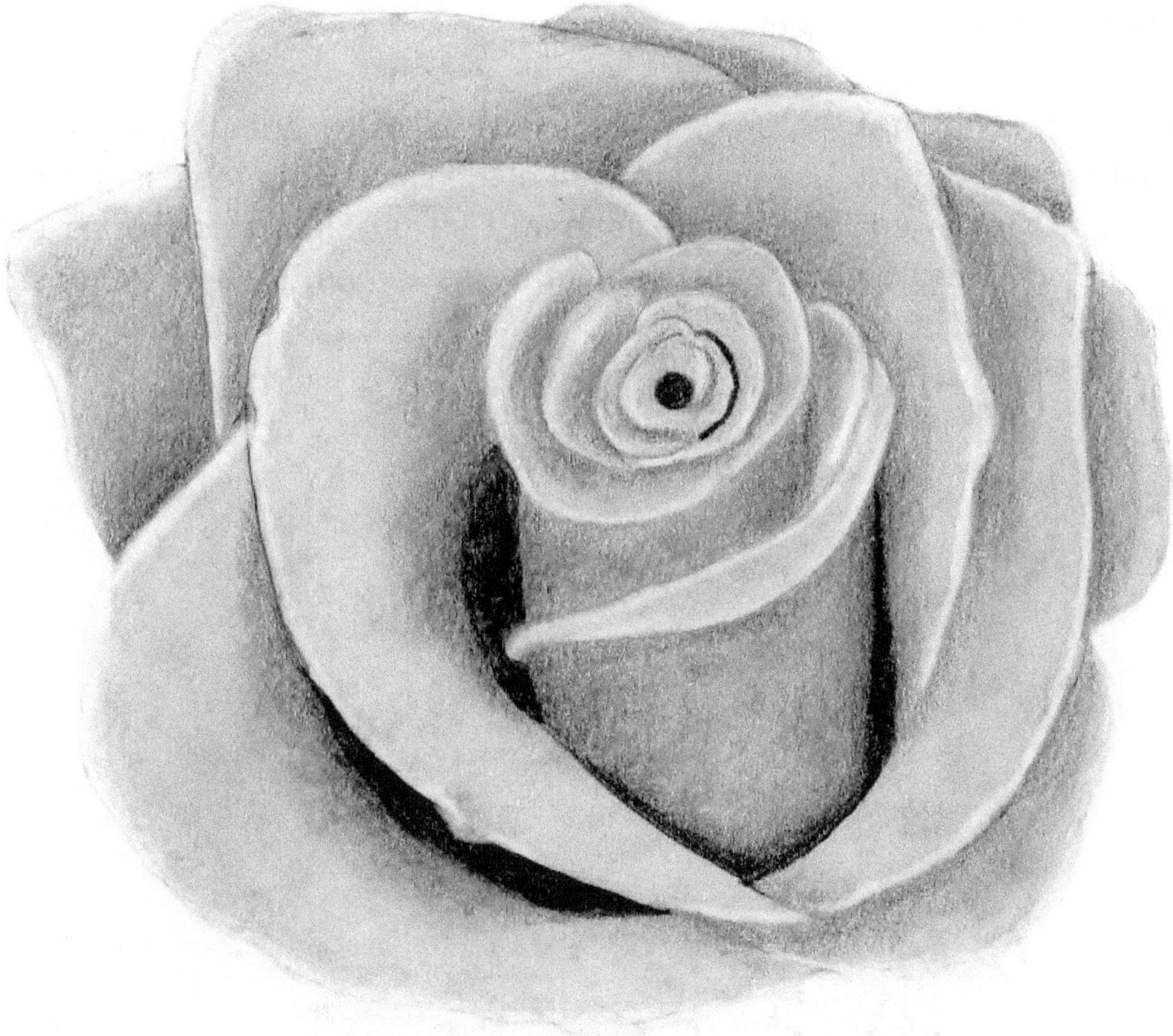

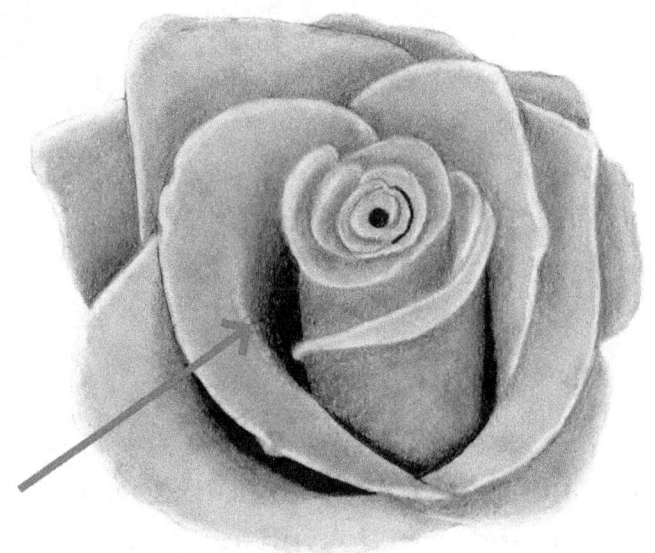

Pero, no solo los bordes de los pétalos tienen que ser resaltados. Tenemos que resaltar las áreas dobladas de los pétalos más grandes. Pero, en este caso, más bien, lo llamamos luz reflejada. Esta luz reflejada dará a los pétalos una textura aterciopelada. En esta imagen puedes ver la flecha apuntando la luz reflejada sobre el pétalo que he sombreado en este paso. Usé un lápiz B para sombrear toda el área entre el borde de la pétalo y esta luz reflejada. Mezcla todo con un hisopo, pero intenta evitar los bordes resaltados, estos deben mantenerse brillantes.

Creemos el tono más oscuro en medio de la rosa, que todavía no es lo suficientemente oscuro. Usa un lápiz B en el medio de dos áreas señaladas con líneas con flechas en la siguiente imagen. Usa un lápiz mucho más oscuro, como 6B o más oscuro para sombrear las áreas más profundas. Usa movimientos circulares y mezcla todo con un hisopo.

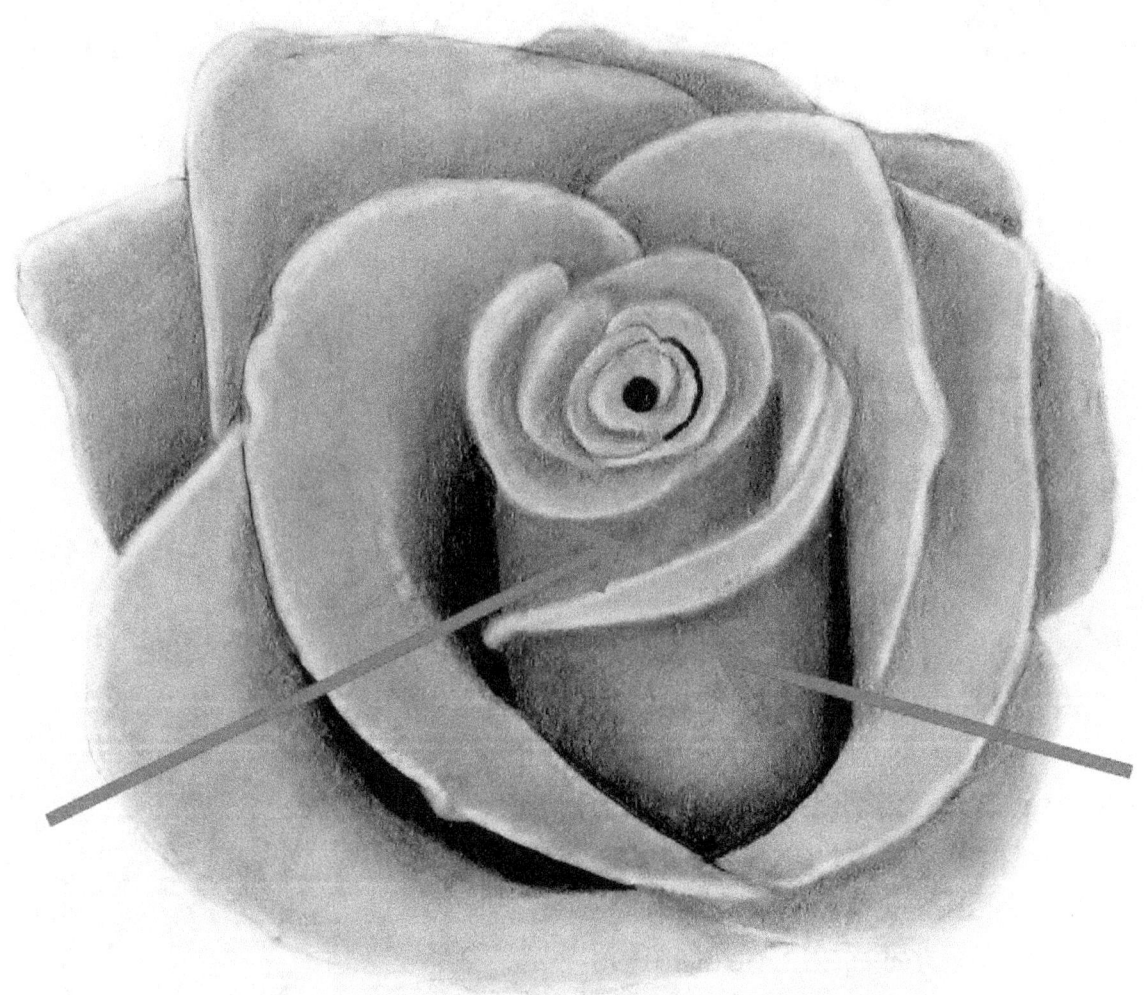

Continuemos sombreando pétalo por pétalo. He mostrado el pétalo que estoy describiendo en los pasos al agregar las líneas con flechas que señalan el pétalo que he sombreado.

Sombrea el pétalo, usando un lápiz B y un movimiento circular. No sombrees sobre las luces y trata de hacer un gradiente suave en cada pétalo.

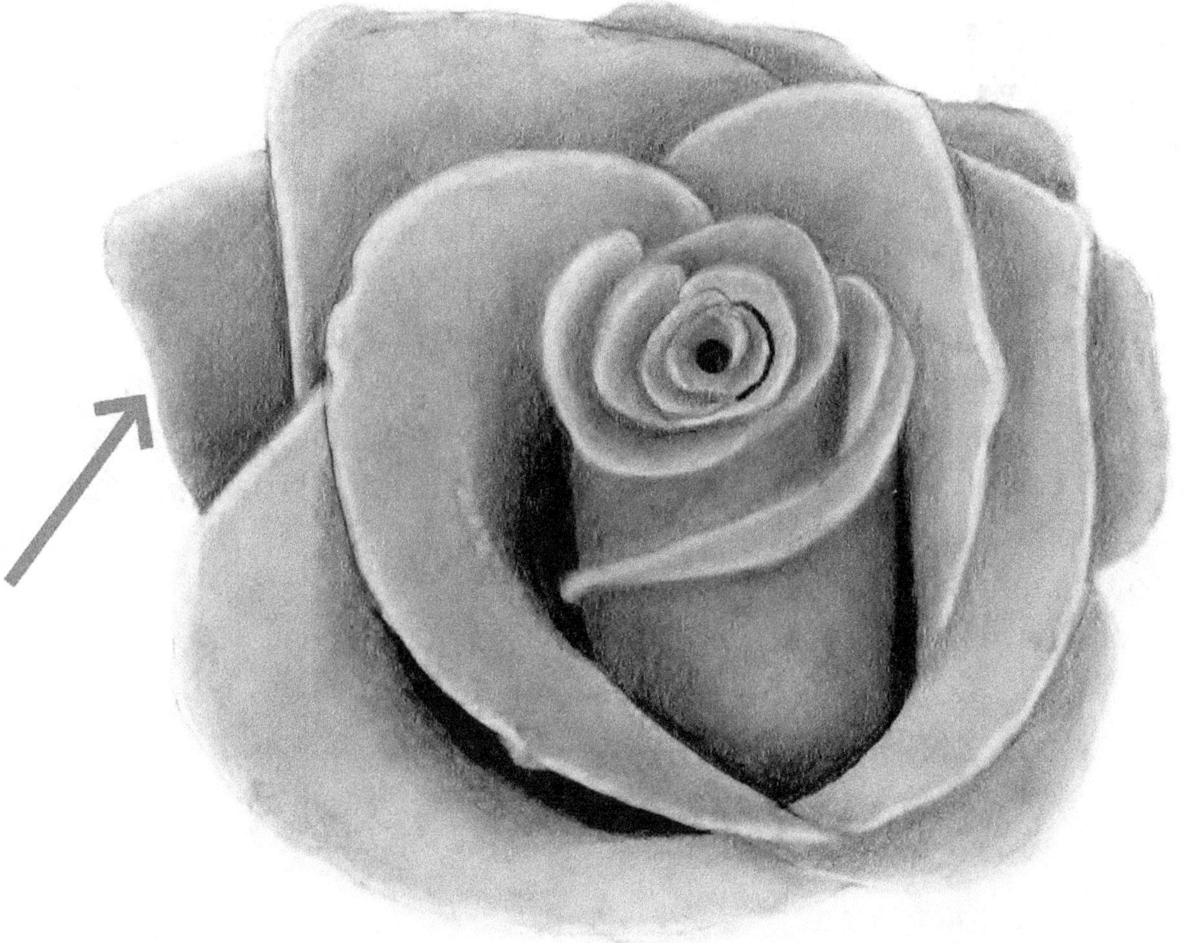

Concéntrate en un pétalo a la vez, porque este es el último paso para construir los tonos. En esta imagen puedes ver el pétalo que he sombreado y la diferencia entre los pétalos sombreados y no sombreados. Usa un lápiz B, un movimiento circular y combínalo todo con un hisopo. Se puede ver cómo los pétalos se ven más curvados y sedosos.

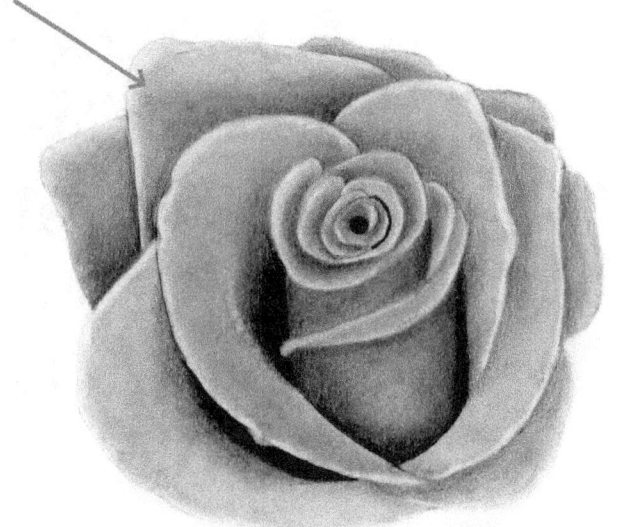

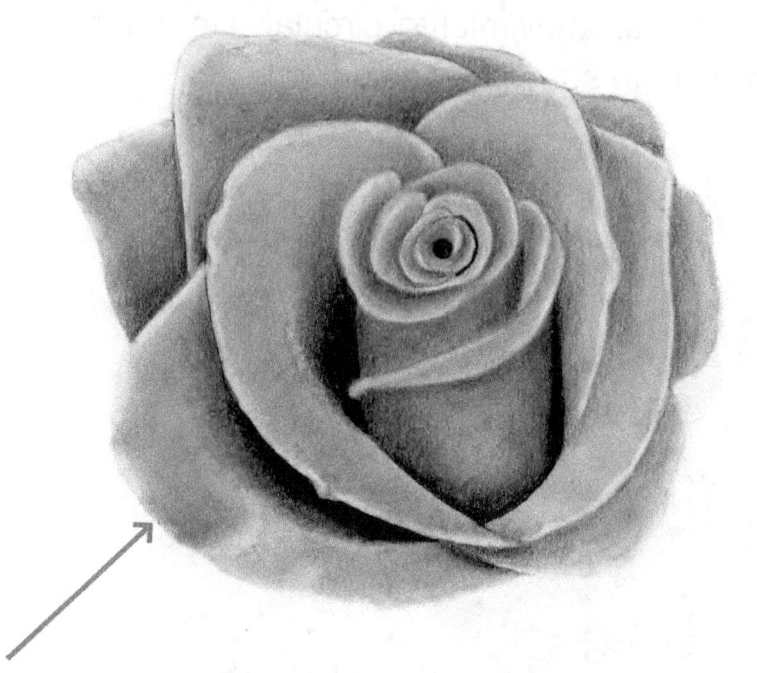

Ahora sombrea el siguiente pétalo que he señalado en esta imagen. Trata de hacer este pétalo exterior un poco ondulado. Para hacer eso, tienes que sombrear el pétalo con un lápiz B y mezclarlo primero con un hisopo. Después de eso, debes quitar el grafito de algunas de las partes del pedal con un borrador. No presiones demasiado, simplemente toca suavemente el papel con la punta de tu borrador. Incluso las partes resaltadas no deben ser demasiado oscuras.

Aún usando un lápiz B, sombrea los pétalos exteriores, que se encuentran en la parte superior y cuyos bordes solo son visibles.

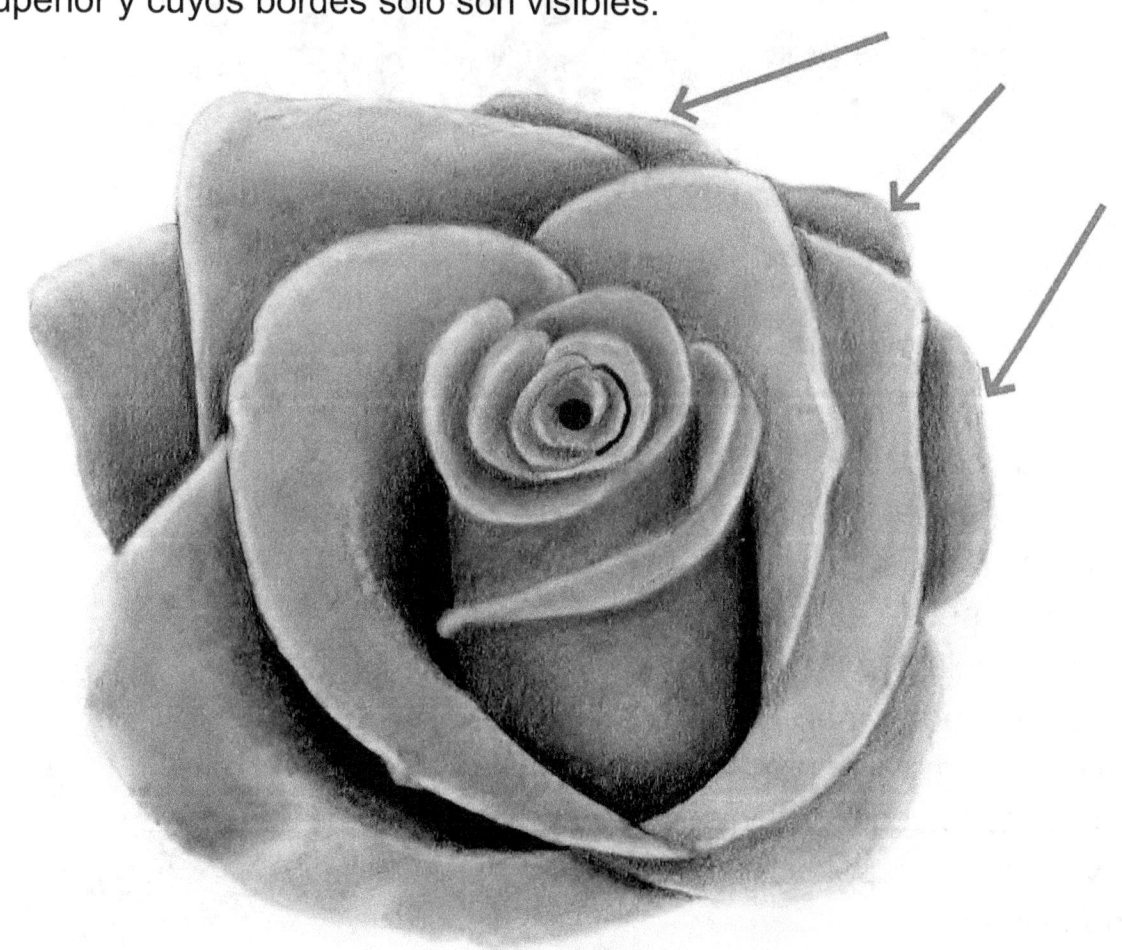

Ahora puedes sombrear el pétalo junto a ellos y también tratar de hacer este ondulado.

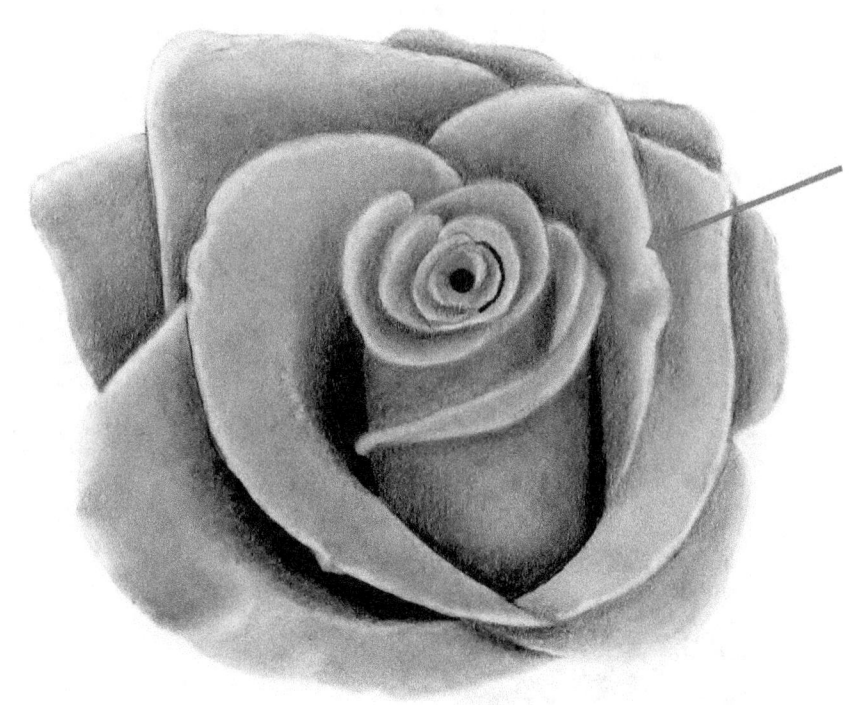

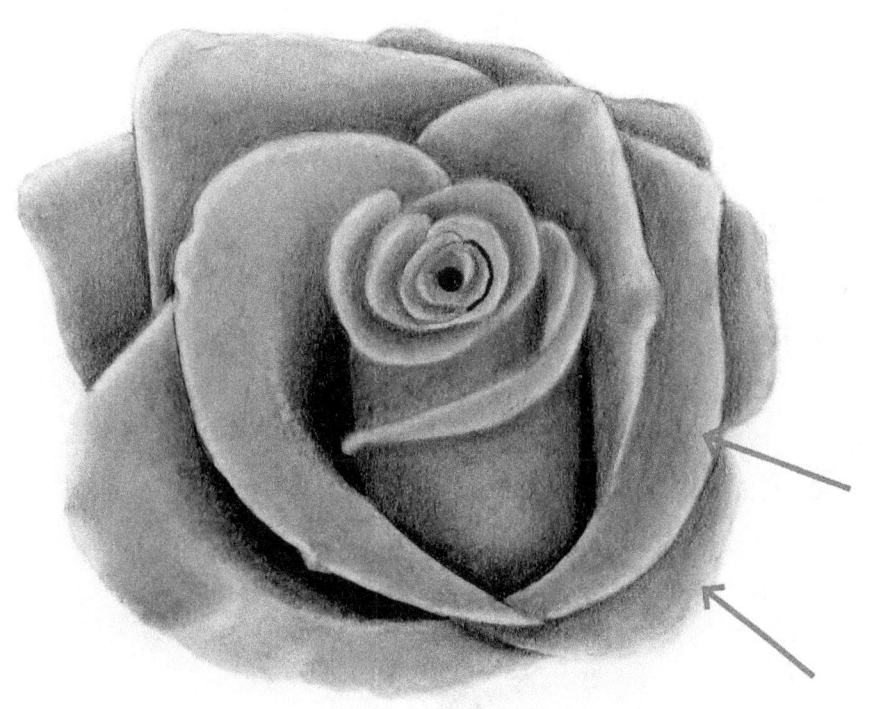

Ahora nos quedan dos pétalos. Sombréelos de la misma manera, utilizando un lápiz B, un movimiento circular y mezclando todo con un hisopo.

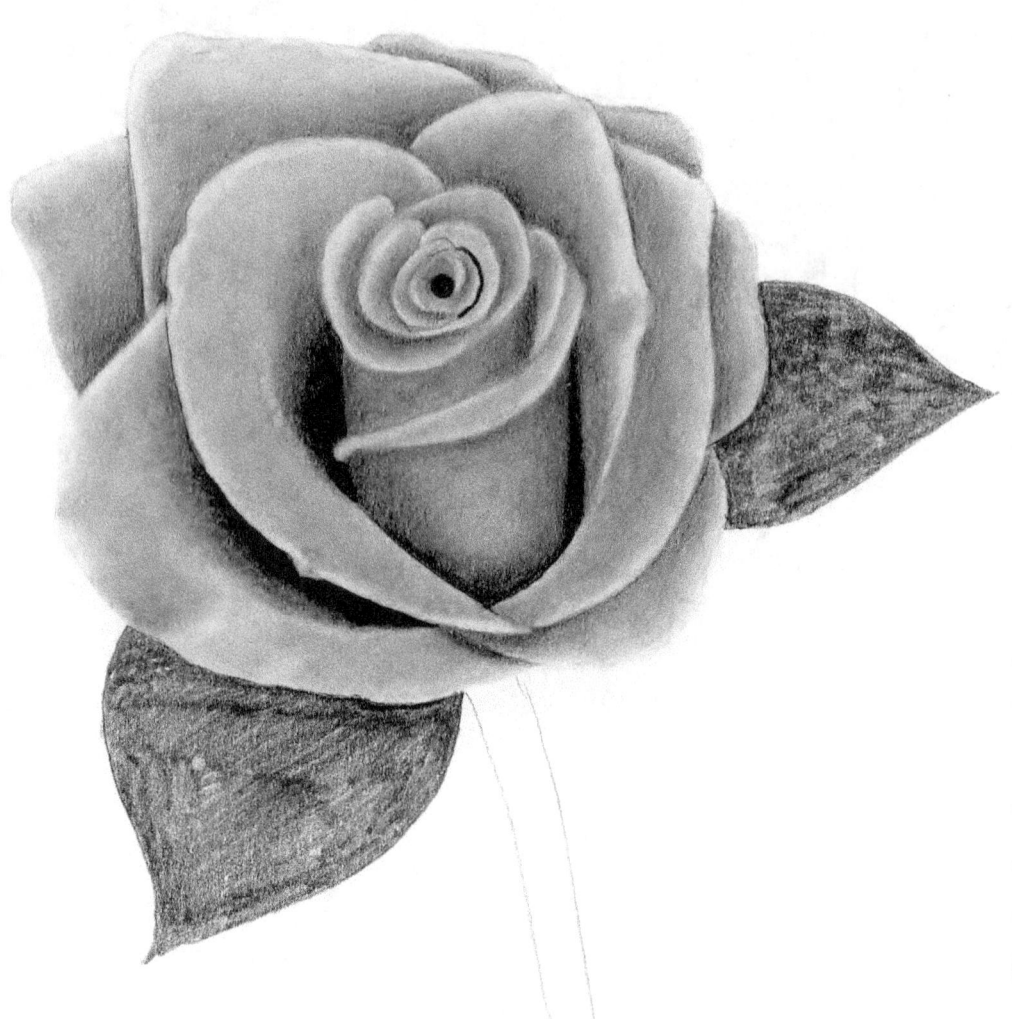

Ahora podemos dibujar algunas hojas alrededor, y un tallo. En esta imagen, puedes ver que he creado una forma simple de las hojas y las llené con un lápiz 8B.

Dibuja con cuidado alrededor de los bordes de los pétalos. Al agregar el tono oscuro alrededor de ellos, harás estallar los pétalos.

Mezcla las hojas con un hisopo para hacer que la textura sea uniforme, y presiona muy fuerte, con un movimiento circular.

Si aplicas un poco de polvo de grafito alrededor de las hojas, simplemente bórralo con tu borrador.

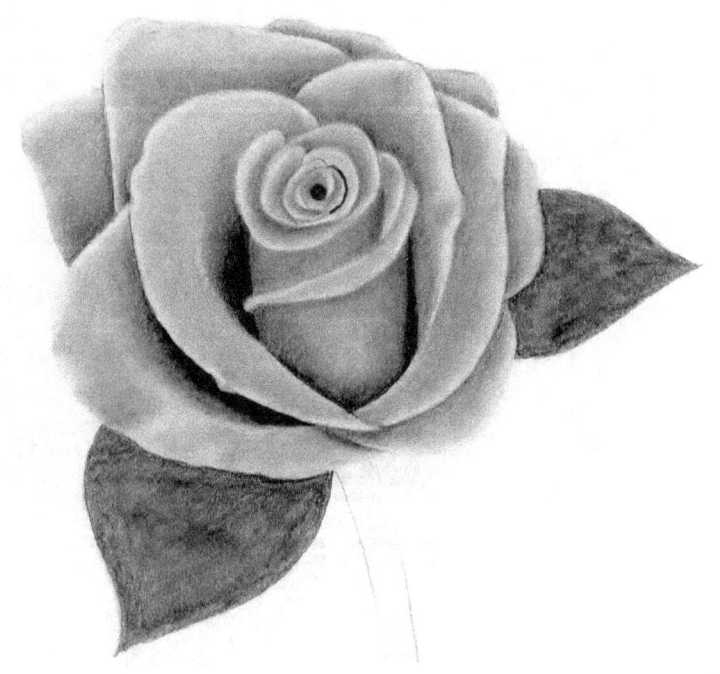

Ahora crea las venas, borrando las líneas sobre las hojas como se muestra en esta imagen.

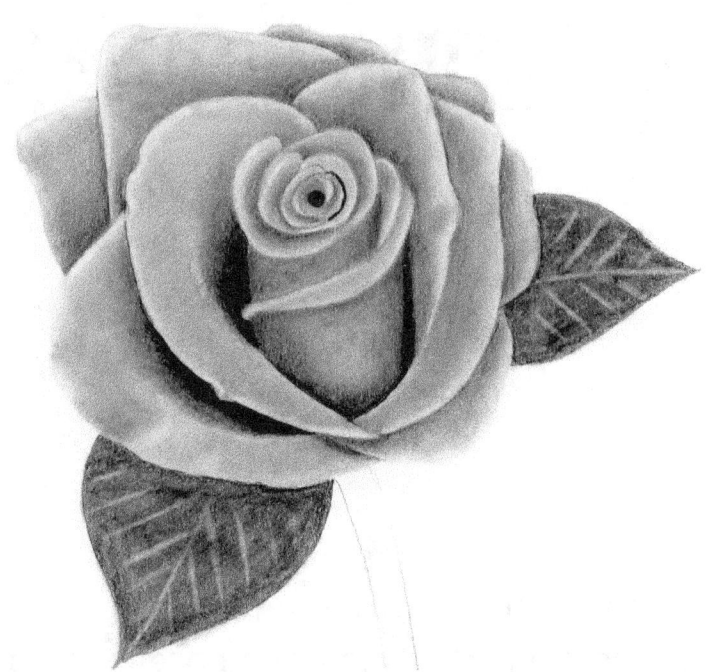

Ahora puedes sombrear el tallo con un tocón de mezcla, y también puedes agregar algunas ramas jóvenes, hojas y espinas.

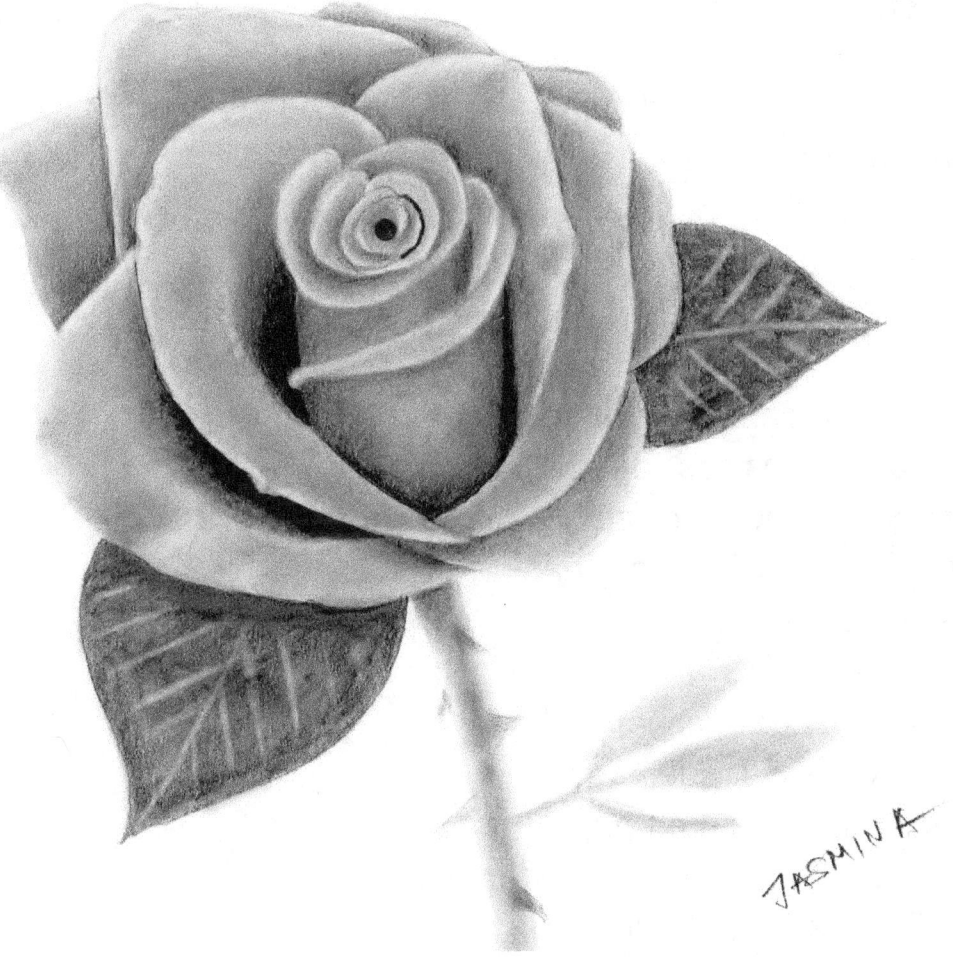

CÓMO DIBUJAR UN RETRATO

BOCETOS

Las proporciones precisas son muy importantes al crear el esquema principal. Si deseas dibujar retratos realistas, saber cómo dibujar rasgos faciales es fundamental. Para lograr un boceto proporcional, debes seguir algunas medidas comunes para la colocación de los rasgos faciales. Pero ten en cuenta que cada rostro es diferente y la posición de los rasgos faciales variará de persona a persona.

Los artistas a menudo dibujan rostros usando fotos de referencia, y es mucho más fácil obtener el esquema principal utilizando el método de cuadrícula, por ejemplo. En este tutorial, dibujaremos una cara utilizando las proporciones básicas de un rostro humano. Te mostraré cómo dibujar un retrato utilizando una guía de medición general.

Lo primero es determinar el tamaño de la cara y el cuello que quieres dibujar. Lo dibujo en papel con formato A4, que es de 210 x 297mm. Coloca las líneas horizontales para marcar la parte superior de la cabeza y la parte inferior de la barbilla. En la siguiente imagen puedes ver estas líneas. He dejado mucho más espacio debajo de la barbilla para el cuello, pero mi línea A superior está bastante cerca de la parte superior del papel.

Después de haber colocado estas líneas A, marca una más (línea B) exactamente en el centro.

Esta línea B debe ir sobre los centros de las pupilas, para que podamos determinar la posición de los ojos.

Ahora podemos determinar el ancho de la cara. El ancho de la cara debe ser un poco más ancho que la longitud entre las líneas A y B, que he marcado como línea F en la siguiente imagen. Puedes hacer una cara más estrecha o más ancha, no tienes que atenerte estrictamente a las medidas en mi retrato. Las he nombrado como líneas C. La longitud de la línea F en mi imagen es de aproximadamente 3.7" (9.5 cm), solo para avisarte si quieres dibujar el mismo tamaño que yo.

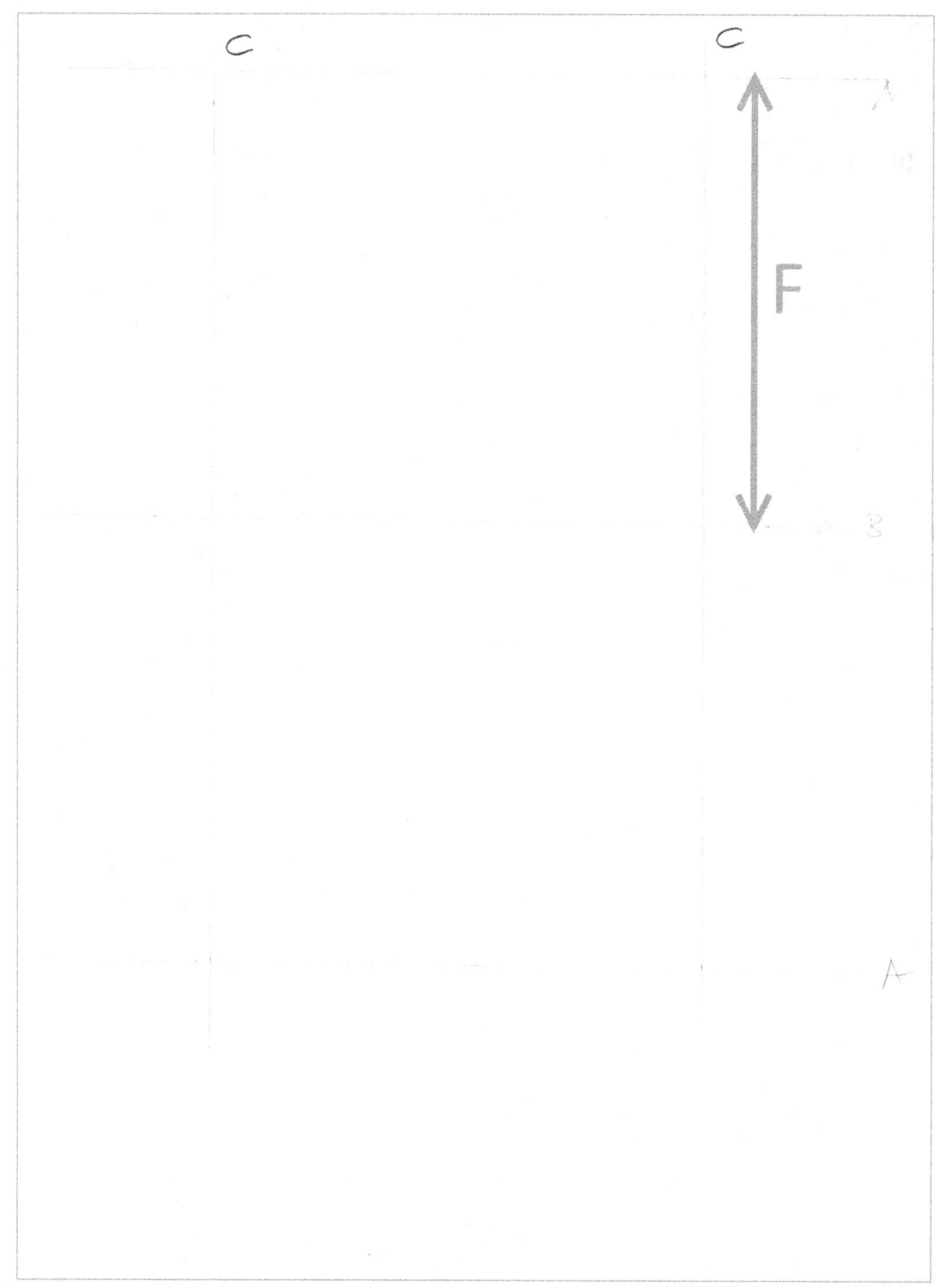

Ahora podemos crear la forma ovalada de la cabeza, usando este marco como guía y como orientación. Básicamente, la parte superior, debajo de la línea B, debe ser redonda, y la parte inferior, debajo de la línea B, debe tener alguna forma específica del mentón. Hay muchos tipos de barbilla, y puedes usar una variedad de formas, pero para la parte superior no hay mucha diferencia de cabeza a cabeza.

Comienza en la parte superior de la cabeza, traza una línea horizontal a lo largo de la línea A y comienza a arquearla hacia abajo a medida que avanzas hacia la línea C. Los lados izquierdo y derecho de la cabeza (partes por encima de las orejas), pueden salirse un poco del marco si lo deseas. Termina el contorno sobre el punto de cruce de las líneas B y C. Aquí, hemos excluido la parte que llevaría el cabello y su longitud; por ahora, tenemos que dibujar la forma del cráneo solamente.

En la mitad inferior, debajo de la línea B, comienza dibujando las líneas hacia abajo, a lo largo de la línea C hasta cierto punto, y luego, comienza a curvarlas hacia el centro de la línea A inferior. Puedes detenerte en algún lugar en el medio y crear una línea corta y horizontal a lo largo de la línea A inferior, para determinar el ancho de la parte superior de la barbilla. Por último, conecta los extremos de estas líneas. No presiones con fuerza al dibujar, ya que es posible que desees cambiar la posición de las líneas, de modo que no dejes ningún rastro tallado en tu papel. Serían visibles bajo el polvo de grafito sombreado. Además, siempre usa un lápiz de grafito HB para dibujar, ya que este lápiz no es tan duro, por lo que no esculpe el papel, pero tampoco es demasiado oscuro, por lo que es ideal para dibujar.

En este paso, podemos determinar el borde entre el cabello y la frente. Esto también variará de persona a persona, por lo que puedes dibujarlo donde quieras. En la siguiente imagen, puedes ver dónde he colocado esta línea. Esta es solo el área de la piel donde crece el cabello y no toda el área que tomará el cabello.

C   C

A

B

A

Ahora podemos dividir la altura de la cara en tres partes iguales, comenzando desde la parte superior de la frente, no desde la parte superior de la cabeza.

117

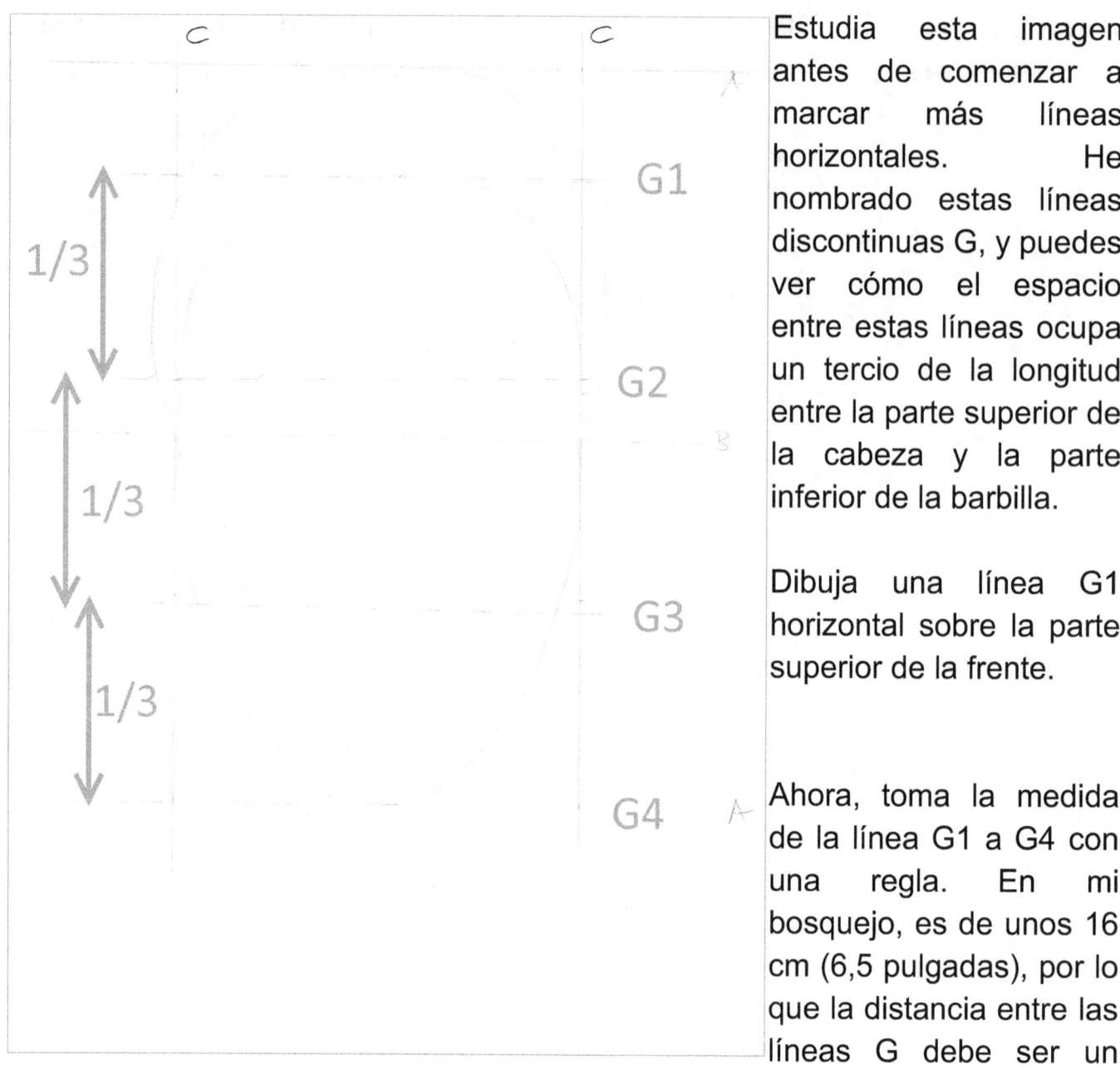

Estudia esta imagen antes de comenzar a marcar más líneas horizontales. He nombrado estas líneas discontinuas G, y puedes ver cómo el espacio entre estas líneas ocupa un tercio de la longitud entre la parte superior de la cabeza y la parte inferior de la barbilla.

Dibuja una línea G1 horizontal sobre la parte superior de la frente.

Ahora, toma la medida de la línea G1 a G4 con una regla. En mi bosquejo, es de unos 16 cm (6,5 pulgadas), por lo que la distancia entre las líneas G debe ser un poco más de 5 cm (2,2 pulgadas).

La línea G2 se encuentra sobre las cejas y G3 justo debajo de la parte superior de la nariz.

Ahora podemos dibujar las orejas. He planeado dibujar el pelo largo que cubrirá las orejas, pero quiero que aprendas a dibujar las orejas de todos modos y a ver dónde colocarlas en este boceto.

La parte superior de una oreja debe estar en la línea de las cejas, o justo encima de las cejas. En la siguiente imagen puedes ver que la parte superior de las orejas están tocando la línea G2, y la parte inferior de las orejas están llegando a la línea G3.

La parte inferior de las orejas está en la misma línea que la parte inferior de la nariz. Puedes comprobarlo por ti mismo en el espejo o en fotos.

La forma de la oreja también variará de persona a persona.

El área inferior de la oreja generalmente se encuentra más cerca de la cara, y el área superior es más grande y hay una pequeña distancia de la cara. Analiza cuidadosamente esta imagen para ver dónde colocar el contorno de las orejas.

Ahora que tenemos el contorno exterior de la cara listo, podemos comenzar a trabajar en las características faciales. Es importante aplicar una medición general para crear un rostro humano proporcional. Como siempre, las características faciales pueden diferir más o menos del estándar, pero simplifiquemos el comienzo y dibujemos las características faciales con los tamaños normales.

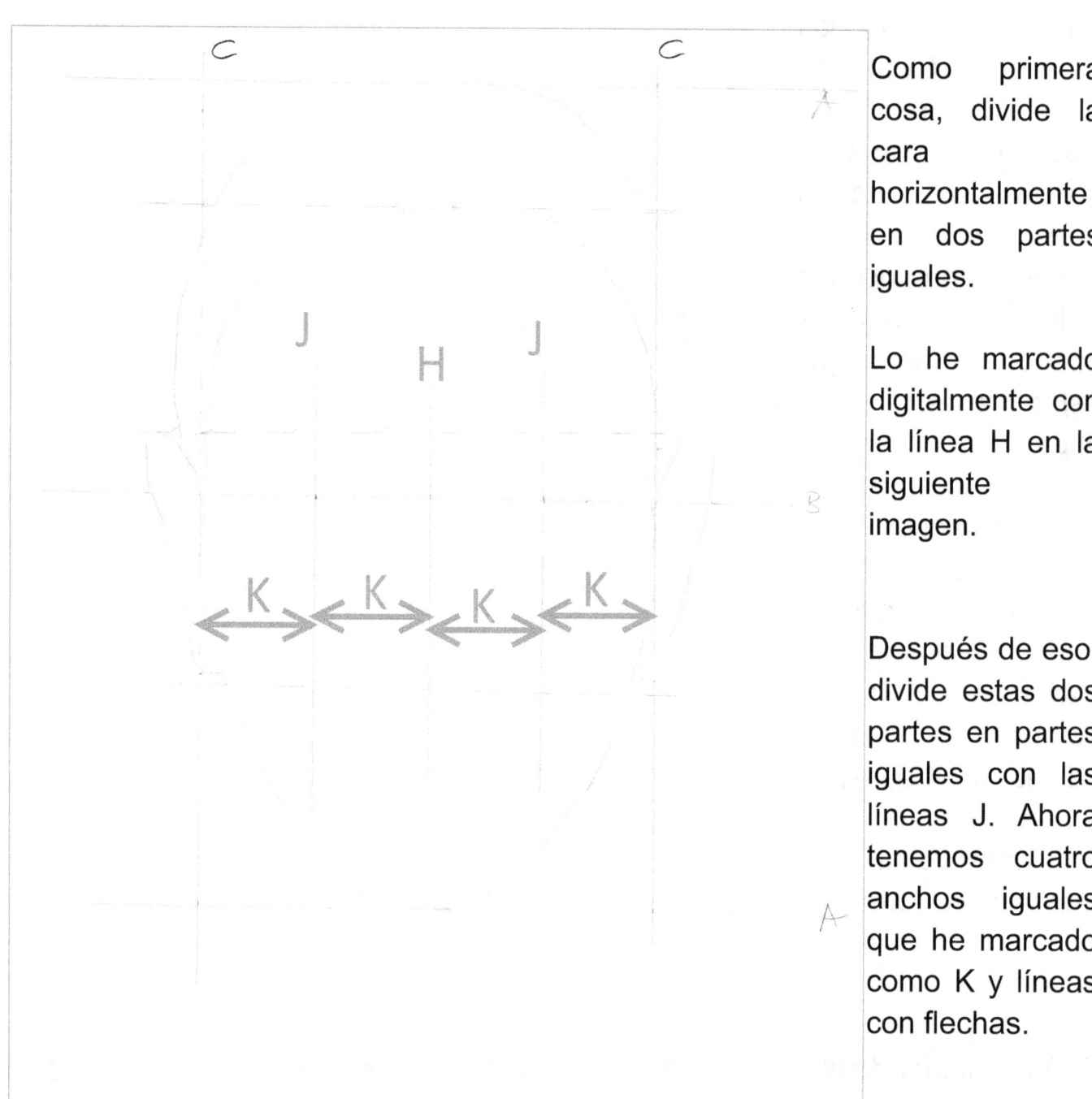

Como primera cosa, divide la cara horizontalmente en dos partes iguales.

Lo he marcado digitalmente con la línea H en la siguiente imagen.

Después de eso, divide estas dos partes en partes iguales con las líneas J. Ahora tenemos cuatro anchos iguales que he marcado como K y líneas con flechas.

Para poder dibujar el contorno de los ojos, primero debes determinar su ancho. La distancia entre los dos ojos es el mismo ancho que el ancho de un ojo. Los he marcado con las líneas M en la siguiente imagen. El ancho del área M se puedes determinar si marcas primero la mitad del área K, porque estos puntos serán los bordes entre las áreas M.

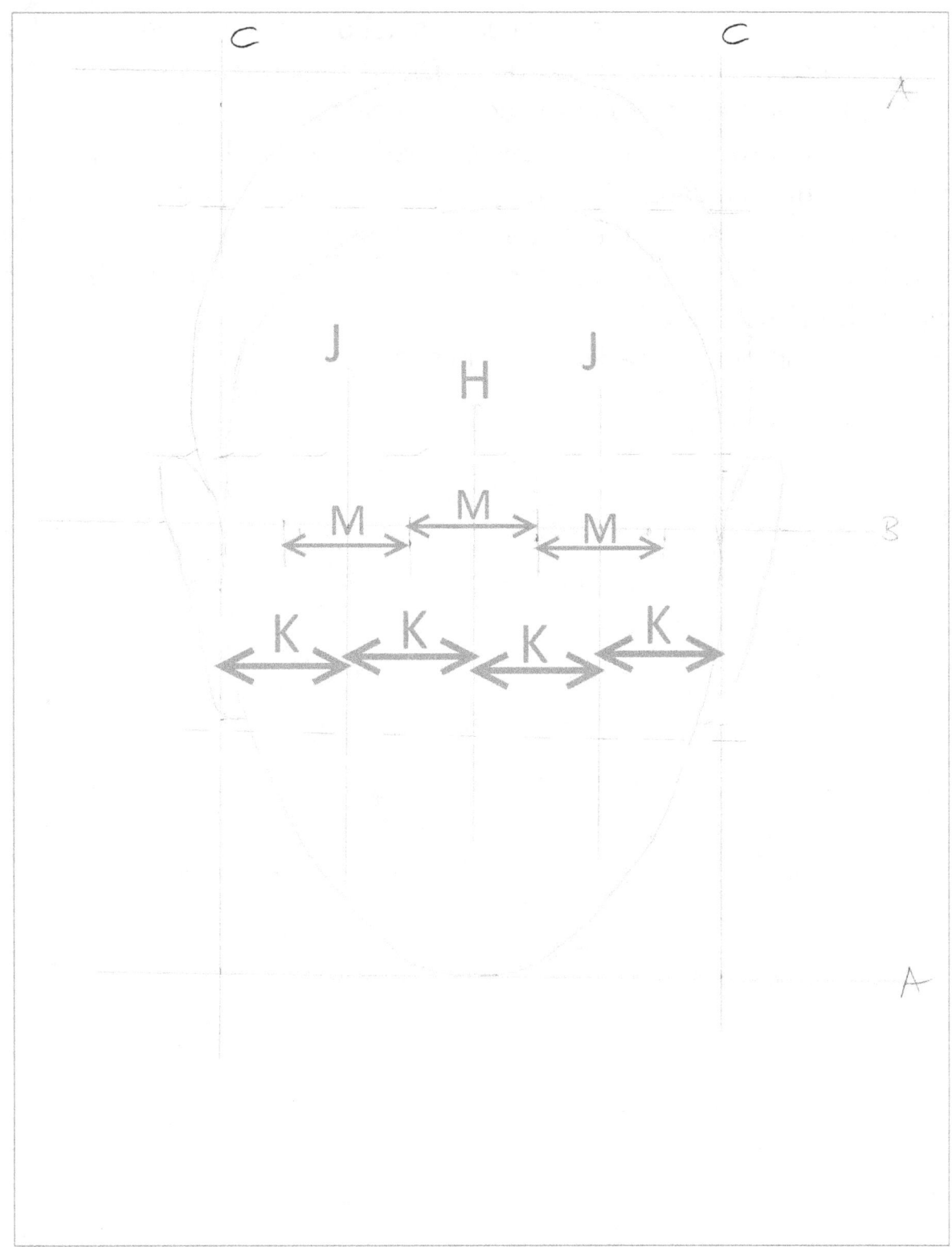

Usando un lápiz HB, dibuja las características principales de un ojo: pupila, iris, forma ovalada del ojo y pliegue. Aquí también puedes determinar la posición de la luz reflejada, de modo que puedas dibujar alrededor de ella.

Dibuja las pupilas sobre los puntos de cruce de la línea J y B. Ahora puedes dibujar el límite del iris a su alrededor.

Usa las líneas M que marcamos en el paso anterior, para ayudarte con el ancho de un ojo, de modo que puedas delinearlo. Dibuja una forma ovalada y una línea más sobre ella y paralela a ella para sugerir un pliegue.

En este paso, también, delinea las cejas. Pueden ser de la forma que desees, más gruesas o más delgadas, más cortas o más largas. He elegido dibujar unas cejas femeninas típicas y más gruesas, cuyos extremos están ligeramente curvados hacia arriba. Así, el área media de una ceja se coloca sobre el punto de cruce de las líneas J y G2.

Puedes crear cualquier línea adicional si la necesitas.

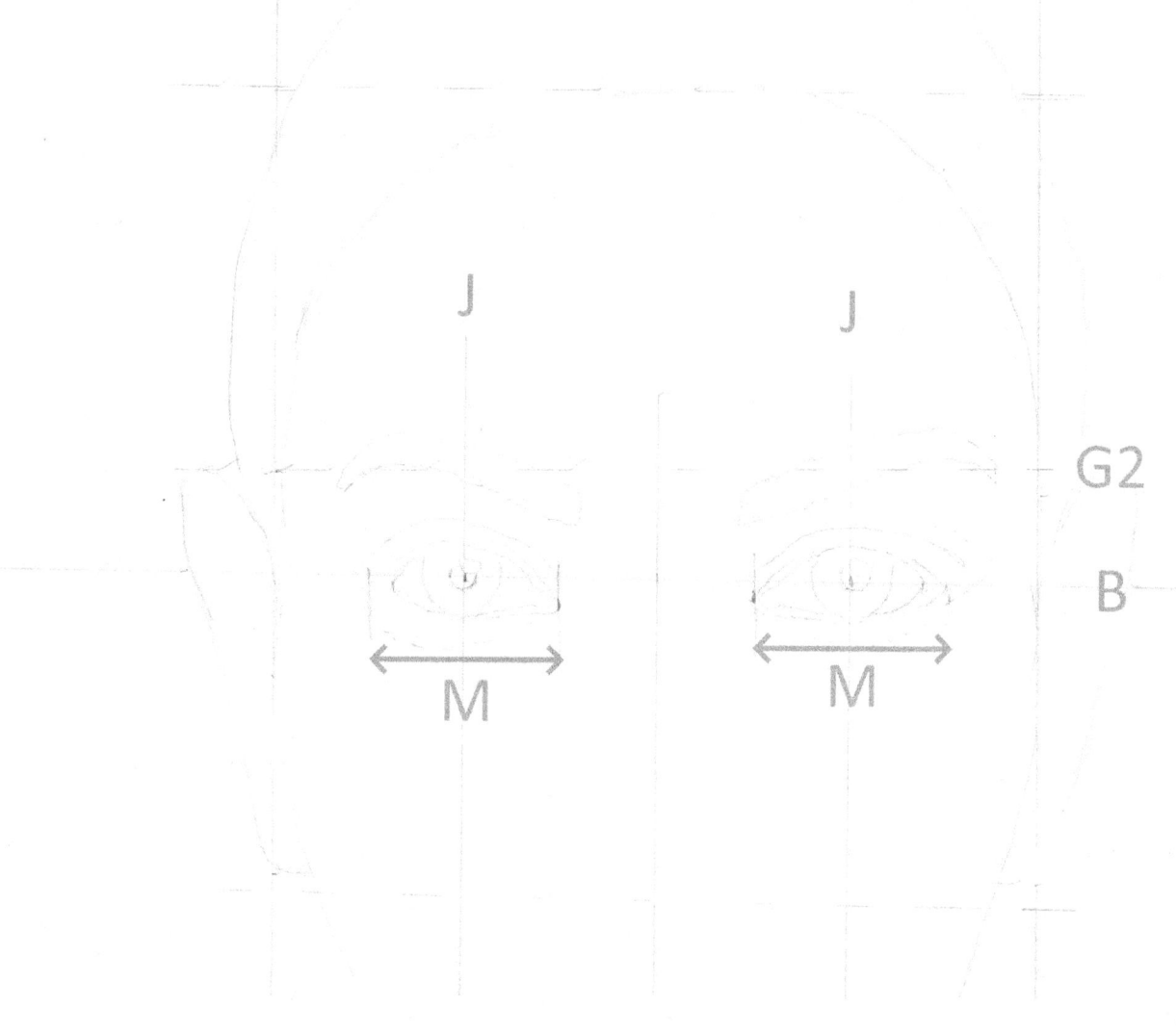

La nariz contiene menos líneas, sino sombras, por lo que solo su área inferior deben ser contornos visibles. Para las sombras y el puente de la nariz utilicé líneas discontinuas que borraré antes de sombrear.

Aquí tienes que usar una línea vertical H y una línea horizontal G3 como guía. La línea H pasa por el centro del puente de la nariz. El área inferior de la nariz descansa sobre la línea G3. El contorno exterior de las fosas nasales debe caer justo debajo del borde entre las líneas/áreas M o, por así decirlo, en las mismas líneas verticales donde terminan los conductos lagrimales.

Dibuja áreas visibles de la fosa nasal como se muestra en la siguiente imagen.

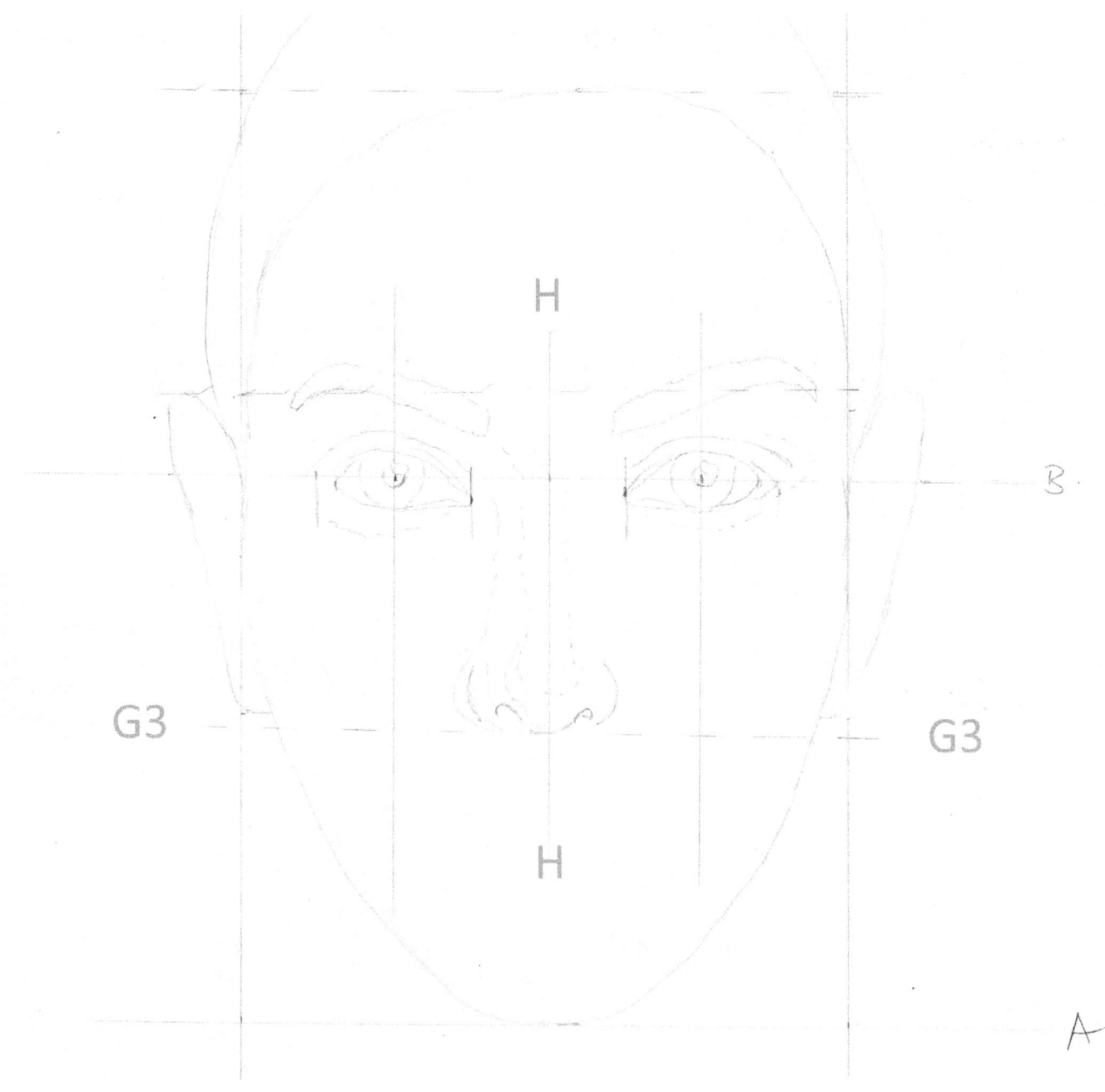

Por último, podemos delinear los labios. El ancho de la boca no debe caber entre las líneas J, y puede ocupar un espacio más estrecho, como quedó en mi boceto.

El centro de la boca debe colocarse sobre la línea H. Puedes hacer que el labio inferior sea más grueso, si lo deseas, pero no es necesariamente una regla. Hay muchos tipos y formas diferentes de labios. Algunas personas tienen labios muy llamativos, otras tienen muy delgados, casi sin labios visibles. Entonces, realmente no puedes fallar aquí. La parte inferior del labio inferior debe colocarse en el centro de la altura entre las líneas G3 y G4. Trata de hacer una línea curva entre los dos labios, en lugar de uno recto, y también delinear el arco del Cupido.

Ahora puedes borrar todas las pautas, o incluso mejor, si trazas estos bocetos en una hoja de papel separada, para que la nueva hoja no tenga ninguna superficie dañada. Aquí, puedes agregar líneas adicionales, si las necesita. En la siguiente imagen, puedes ver cómo se ve mi boceto sin las pautas. Hay un espacio para el cuello y el cabello, pero no los he descrito por ahora.

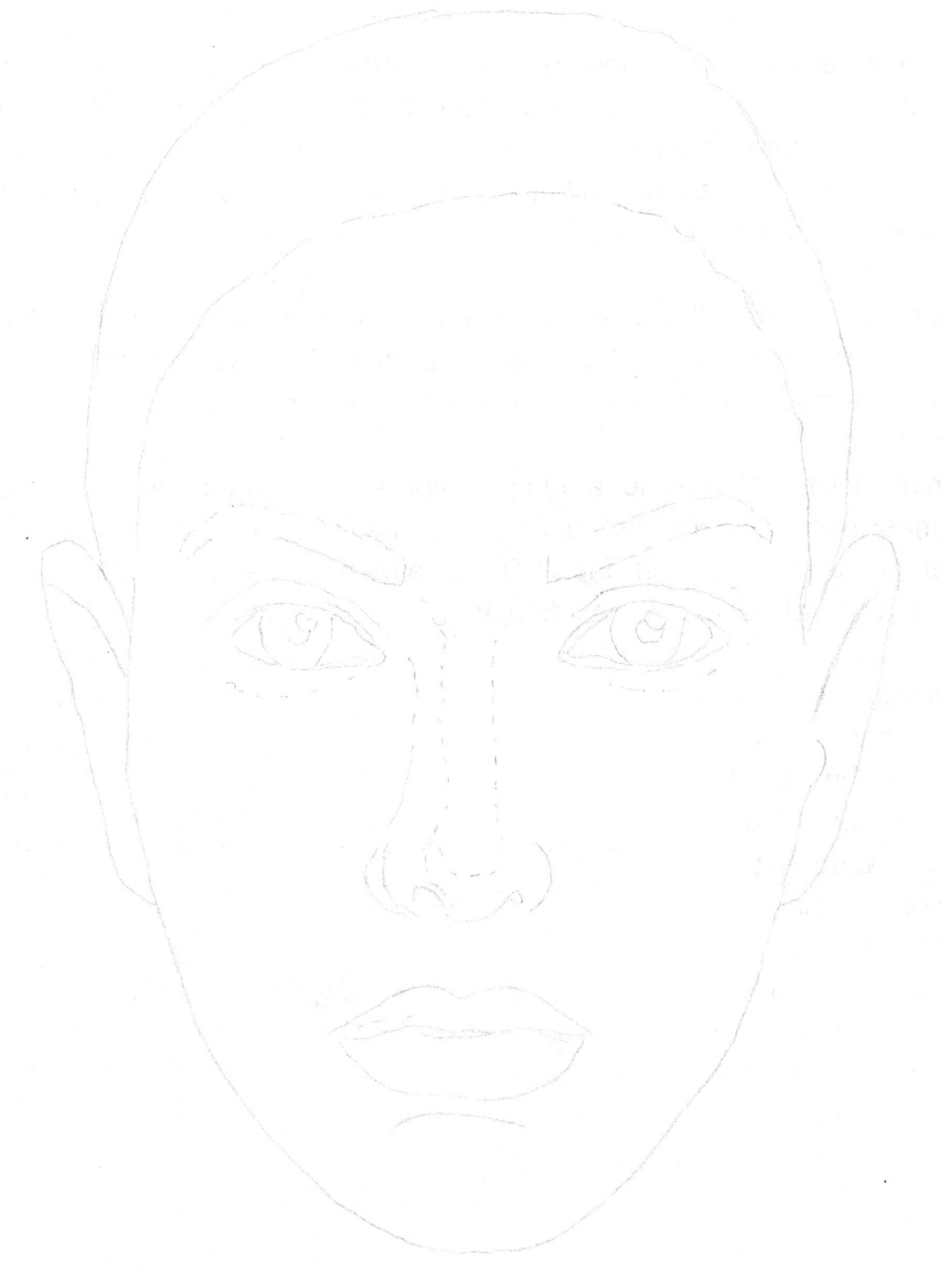

CÓMO DIBUJAR UN OJO

Empecemos a colorear y sombrear este retrato con la característica más importante: los ojos. Siempre debes comenzar a dibujar caras con los ojos porque, si no resultan del modo deseado, siempre puedes comenzar un nuevo dibujo, y no después de haber dibujado las otras partes, que se pueden dibujar con más éxito o borrar fácilmente.

Aquí puedes decidir si dibujar ambos ojos al mismo tiempo, o uno por uno. Para el ojo izquierdo, usa el mismo tutorial, pero si te resulta confuso, puedes revisarlo en el espejo y hacer que sea más fácil de ver y hacer lo mismo.

Lo primero debes hacer es llenar el círculo para la pupila con un lápiz 4B o más suave/más oscuro. Esta vez usé 8B y presioné muy fuerte para llenar completamente el diente del papel. Dibuja alrededor del punto que se supone que es una luz reflejada, si la has dibujado.

Puedes llenar toda la pupila y agregar las manchas blancas al final del dibujo de los ojos, usando un marcador blanco, gouache blanco o acrílico blanco; cualquier medio que sea opaco y pueda aplicarse sobre el grafito.

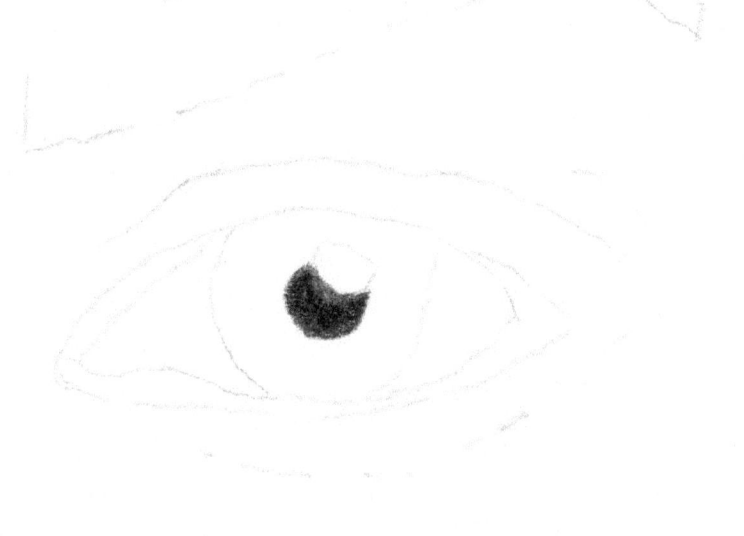

Consejo

Siempre intenta abordar el proceso de dibujo de manera diferente para probar diferentes métodos y ver cuál te puede dar mejores resultados. Por ejemplo, una vez que comienzas a sombrear las áreas oscuras a brillantes, la próxima vez comienza con la sombra más profunda hacia las luces. Además, puedes comenzar el retrato desde la boca o la nariz, y no siempre con los ojos.

Delimita el iris con un HB. Recorre todo el iris y dibuja un límite grueso, como se muestra en la siguiente imagen. Esta área siempre es más oscura que el tono del iris.

Usa un lápiz B para crear la sombra proyectada debajo del párpado superior. Por ahora, es importante marcar las áreas, para determinar las partes. Siempre podemos añadir más matices más adelante. Por lo tanto, siempre aplica con cuidado la primera capa, presionando suavemente. Es más fácil oscurecer las áreas que borrar.

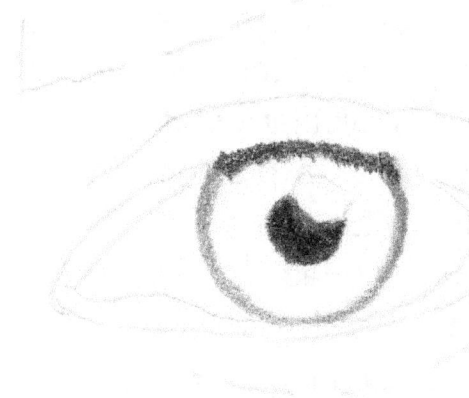

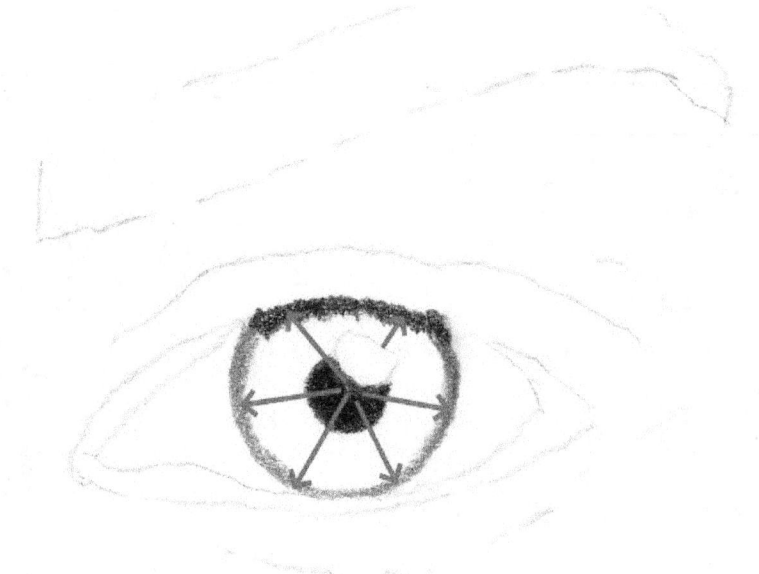

Es hora de colorear el iris. El radio debe iniciar siempre desde el centro de la pupila, hacia el límite del iris.

En esta imagen, puedes ver las flechas que he colocado digitalmente para mostrarte la dirección de los trazos que debes dibujar.

En realidad, puedes comenzar sobre el límite del iris y dibujar los radios hacia la pupila, o puedes comenzar sobre la pupila y atraerlos hacia el límite del iris. Lo más importante es hacer que los trazos se irradien desde el centro de la pupila.

Para colorear el iris, puedes usar cualquier tono que desees. He utilizado un 2H. Este tono sugiere ojos azules o verdes. Puedes usar matices más brillantes o más oscuros, depende de ti. Sin embargo, recomiendo comenzar con un matiz más brillante porque puedes oscurecerlo más tarde, después de haber dibujado el área circundante. Solo así podrás ver qué tan brillante u oscuro es el iris. Si aplicas 4B o un lápiz oscuro similar, no podrás volver a hacer el área brillante.

Entonces, aplica una 2H como yo como primera capa. Dibuja los rayos de acuerdo con las flecha de la imagen anterior. Al dibujar estos trazos, puedes cambiar la presión sobre el lápiz para evitar que el iris se aplane. La aleatoriedad de los tonos se sumará al realismo y el ojo no parecerá caricaturizado. No olvides dejar de lado el reflejo de la luz y dibujar a su alrededor.

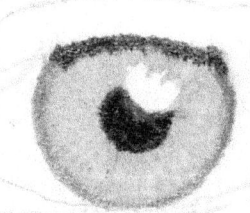

Usando un lápiz B, coloca el iris debajo del párpado superior. Además, sombrea el borde entre la pupila y el iris colocando la punta del lápiz sobre la pupila y dibujando los trazos hacia adentro del iris. Aunque son muy cortos, estos trazos también deben irradiarse desde el centro de la pupila.

Ahora, haz lo mismo entre el límite del iris y el iris. Coloca la punta del lápiz sobre el límite del iris y dibuja trazos cortos hacia el centro de la pupila. Libera la presión cuando llegues al área central del iris. Algunos movimientos deben ir más profundos en el iris, pero otros tienen que ser muy cortos para crear aleatoriedad y patrones.

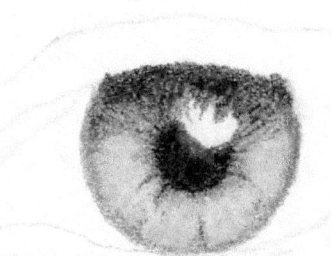

Como siempre, evita el reflejo de la luz y la sombra que la rodea.

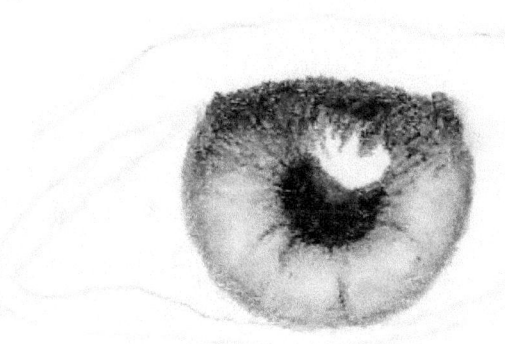

Borra las partes pequeñas en el centro del iris, alrededor, para crear los reflejos.

Si estás satisfecho con el iris, puedes pasar al siguiente paso. Siempre puedes agregar algunos detalles al iris durante el proceso posterior. Antes de que empecemos a sombrear la piel alrededor del ojo, vamos a sombrear el blanco de los ojos, llamada esclerótica. El globo ocular es aparentemente blanco, pero tenemos que crear su forma redonda. Una transición de gradiente impecable de los colores grises es aquí muy importante. Usé un tocón de mezcla para esto, pero puedes dibujarlo con un matiz más brillante de lápiz de grafito. El punto es usar matices más oscuros al lado de las esquinas del ojo, como 2H, y, a medida que se sombrea hacia el iris, usa matices más brillantes.

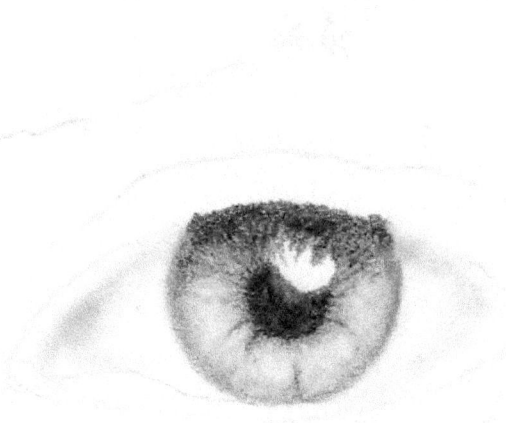

Por último, mezcla todo con un pañuelo de papel o una punta hisopo.

Si usas un tocón mezclador, asegúrate de que la punta no contenga demasiado polvo de grafito. La mejor solución es tener un tocón de mezcla para áreas tan brillantes y otro para áreas más oscuras. O, en este caso, puedes usar uno nuevo, que no se haya usado antes para la mezcla.

Usando un lápiz B o más oscuro, refuerza el contorno del pliegue.

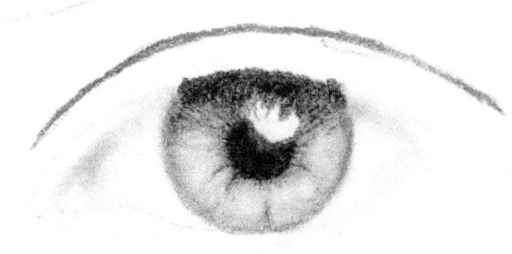

En este paso, podemos sombrear el párpado superior, utilizando un HB o un matiz más oscuro. Quiero dibujar un ojo maquillado, por lo que he dibujado la línea del delineador de ojos, utilizando un lápiz de grafito 8B. No tienes que dibujar un párpado tan oscuro, pero al usar un HB puedes hacerlo mucho más brillante y natural.

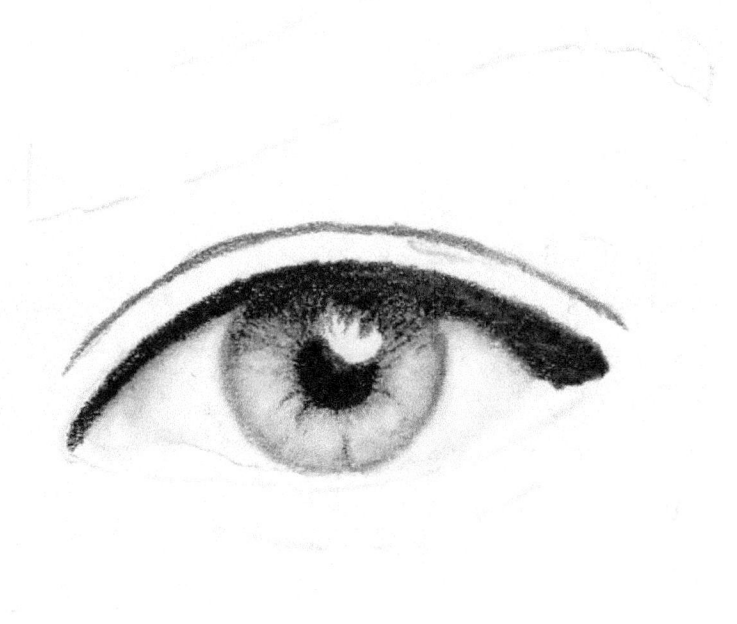

De todos modos, presiona con fuerza junto al iris y la esclerótica, porque el área inferior del párpado superior está siempre a la sombra del párpado superior y las pestañas. Mezcla el borde entre la esclerótica y el delineador de ojos con HB o con un tocón mezclador. Si quieres dibujar un ojo con maquillaje, como yo, crea una línea más gruesa justo encima del conducto lagrimal y hazlo más y más grueso a medida que dibujas hacia la esquina exterior del ojo.

Ahora podemos sombrear la parte entre el pliegue y el delineador. Usa un HB para sombrear toda el área y combínalo con un hisopo.

Esta área recibe más luz en el medio, por lo que debes presionar menos al sombrearla. A menudo, este punto culminante en el medio es casi blanco, dependiendo de la fuente de luz y el entorno. Los lados izquierdo y derecho deben estar sombreados más oscuros. Esto también se sumará a la ilusión de redondez. Repasa el pliegue y mézclalo también. Si lo has dibujado con un lápiz muy oscuro, recogerás un poco del grafito, por lo que es posible que tengas que oscurecerlo nuevamente con un B o un lápiz más oscuro. Además, sombrea más alrededor e intenta crear una transición de gradiente entre el color oscuro del pliegue y el color básico de la piel.

Cuando me refiero al color básico de la piel, me refiero a las partes no afectadas de la piel, las áreas que no reciben mucha luz y, sin embargo, no se encuentran en la sombra.

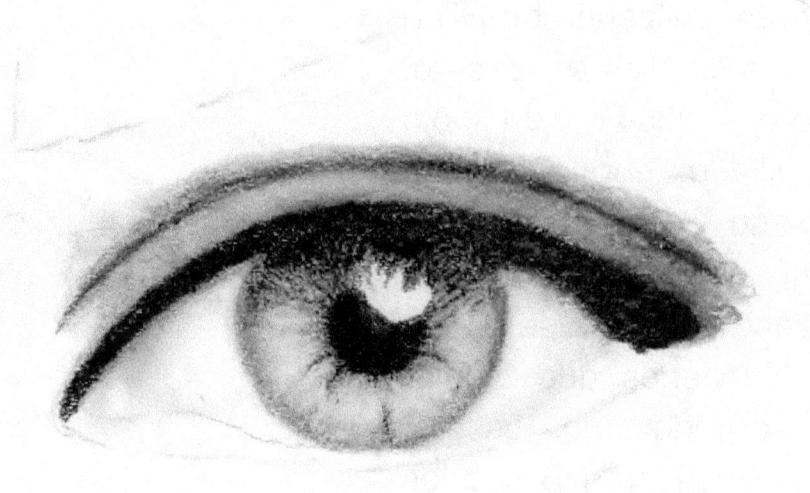

Si quieres dibujar un ojo con maquillaje, como lo hago yo, puedes colorear el grosor de la piel del párpado inferior. Usé un lápiz B para esto. Si quieres dibujar un ojo natural, colorea esta parte con un matiz 2H o más brillante del lápiz de grafito.

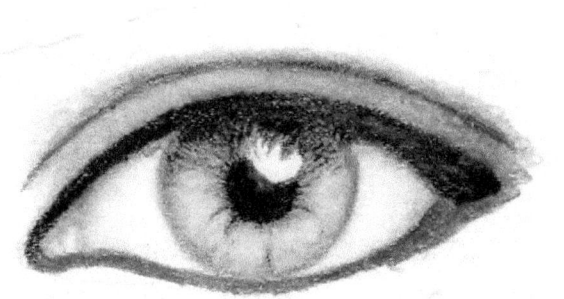

Esta área debe ser muy brillante en el medio (sin maquillaje), pero no absolutamente blanca, por lo que necesita un poco de sombra de todos modos. También puedes usar un tocón de mezcla, solo asegúrate de no tenga demasiado grafito en la punta. Si tienes miedo de usar un tono demasiado oscuro, comienza con los más brillantes y oscurece gradualmente para evitar que quede demasiado oscuro.

De todos modos, siempre puedes borrar el lápiz oscuro, y esta área aún tendrá un poco de tono porque ya no podría ser absolutamente blanco. Así, puedes experimentar con tonos más oscuros.

Sombrea el párpado inferior con un lápiz HB. Recorre toda el área bajo el grosor de la piel previamente tonificada: debajo de las raíces de las pestañas. Esta área generalmente recibe menos luz, pero, como siempre, depende de muchos factores. Si una persona está usando maquillaje, debe dibujarse con un tono más oscuro. Usé un HB y he sombreado el área que se muestra en la siguiente imagen y la combiné con un hisopo.

Se requieren pequeños movimientos circulares para lograr una textura uniforme de la piel.

Vamos a sombrear toda la piel de la cara en un capítulo separado más adelante. Por ahora, solo estamos trabajando en la piel alrededor de los ojos. En esta imagen, puedes ver que he sombreado el área hacia la sien, la parte que estará sombreada por las pestañas superiores, por lo que tiene que ser mucho más oscura que las áreas circundantes.

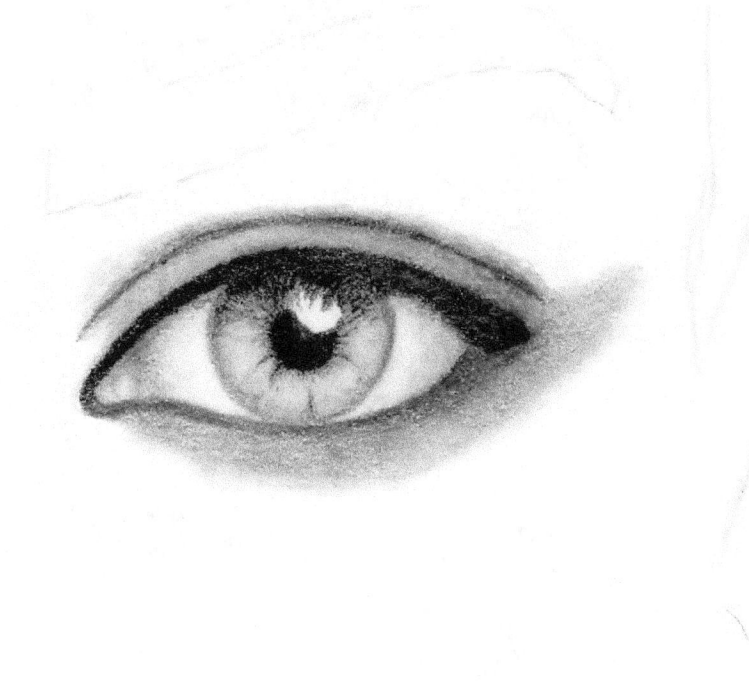

Usando un lápiz HB, sombrea el área sobre el pliegue. Aplica movimientos circulares pequeños y superpuestos y no presiones demasiado. Trata de mantener la misma presión todo el tiempo. En la siguiente imagen, puedes ver a qué área me refiero. Esta parte está bastante sombreada, por lo que podemos usar un HB aquí. Si analizas mi imagen de cerca, verás que usé el método del circulismo, que siempre es bueno para dibujar una textura suave en el fotorrealismo. Si alguien te dijo que usaras una serie de líneas paralelas o sombreado, no lo hagas, porque tendrás líneas visibles donde se supone que no deben estar, incluso si mezclas esta área.

Nadie quiere tener las líneas sobre la piel, por lo tanto, para evitarlas, usa el método de circulismo. Dibujar las líneas es bueno cuando dibujamos el pelo u objetos similares, pero para la piel lo ideal son los movimientos circulares.

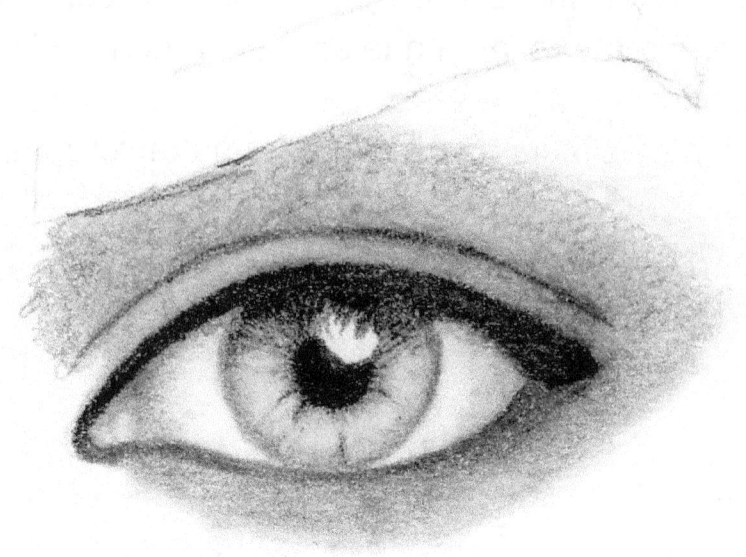

Esta técnica lleva más tiempo, pero el resultado vale la pena.

Usar una punta roma del lápiz te ayudará a crear una piel más suave. Por lo tanto, no afiles tu lápiz antes de comenzar a sombrear la piel.

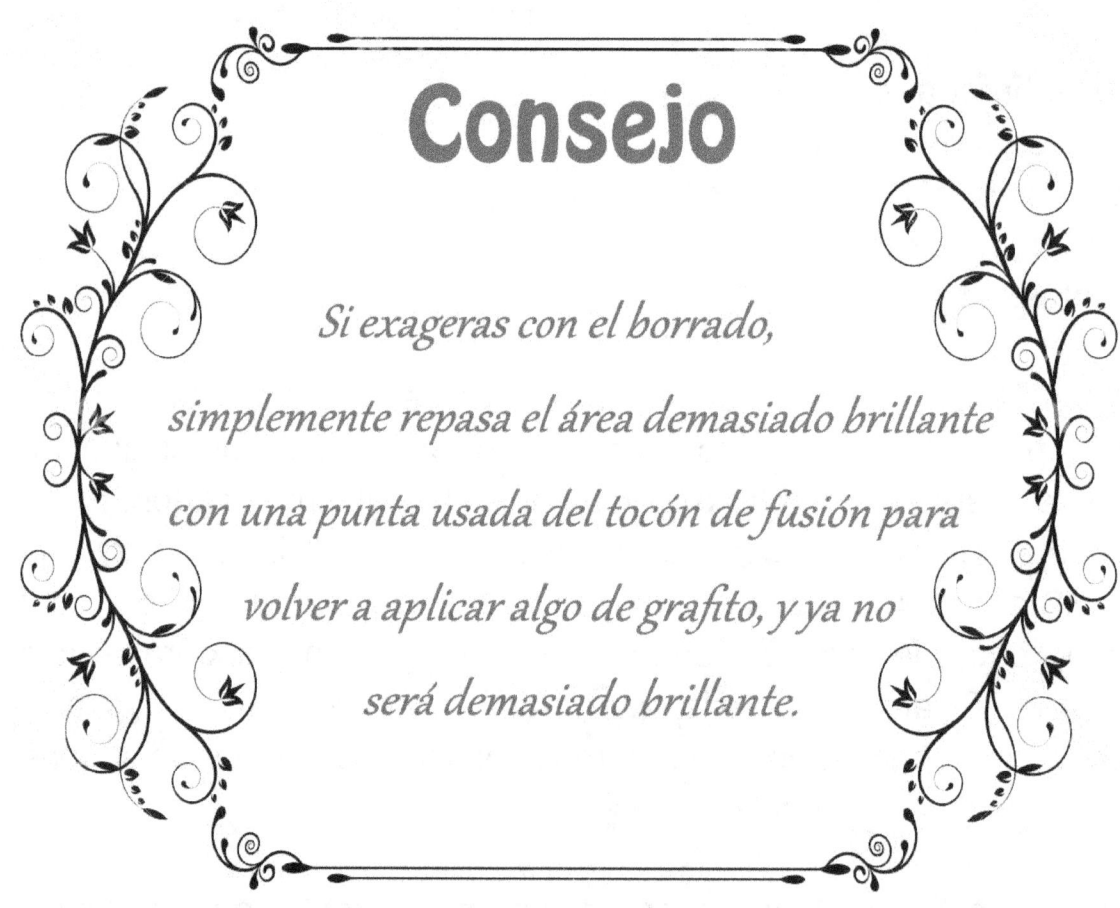

Consejo

Si exageras con el borrado, simplemente repasa el área demasiado brillante con una punta usada del tocón de fusión para volver a aplicar algo de grafito, y ya no será demasiado brillante.

Como habrás notado, omití el área resaltada en el paso anterior.

Ahora, podemos sombrearla con un lápiz 5H, también usando un método de circulismo. Puedes presionar con más fuerza al dibujar al lado del área previamente dibujada, o puedes usar un 2H en el medio. Lo más importante es hacer que los tonos se mezclen perfectamente entre sí. Por ende, la transición de gradiente es muy importante aquí también.

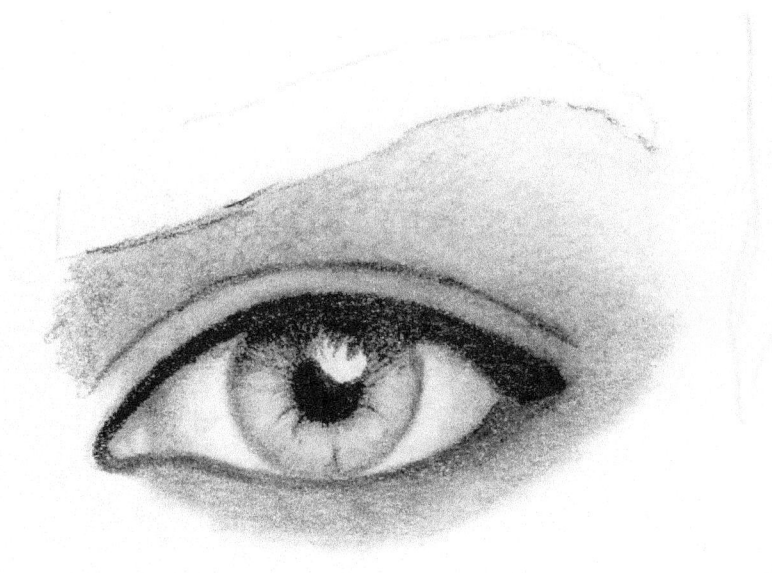

Ahora puedes oscurecer la parte sombreada, justo encima de la línea del pliegue.

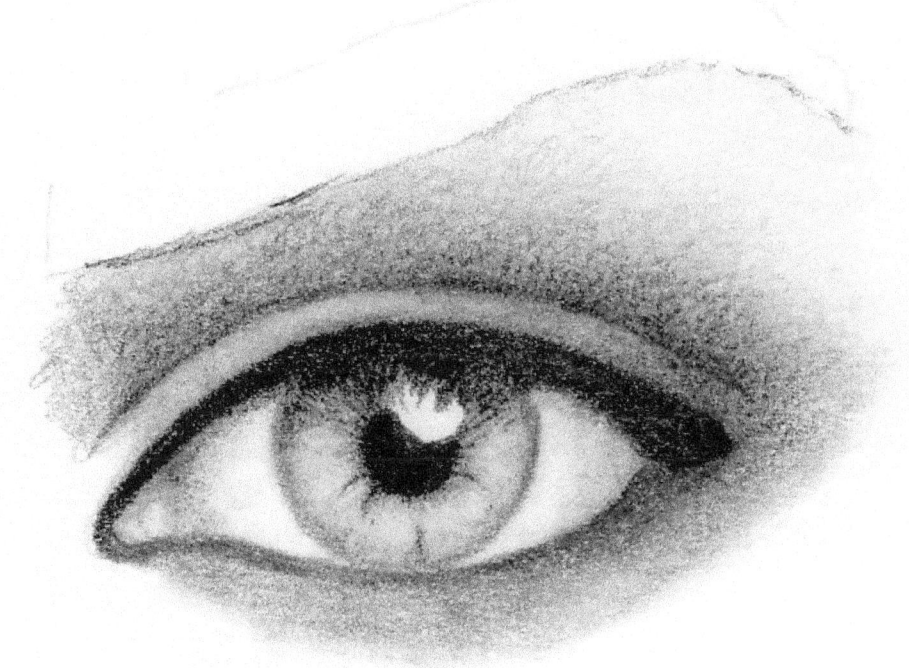

Usa un lápiz B para esto y libera la presión a medida que se sombrea hacia arriba, hacia lo más destacado.

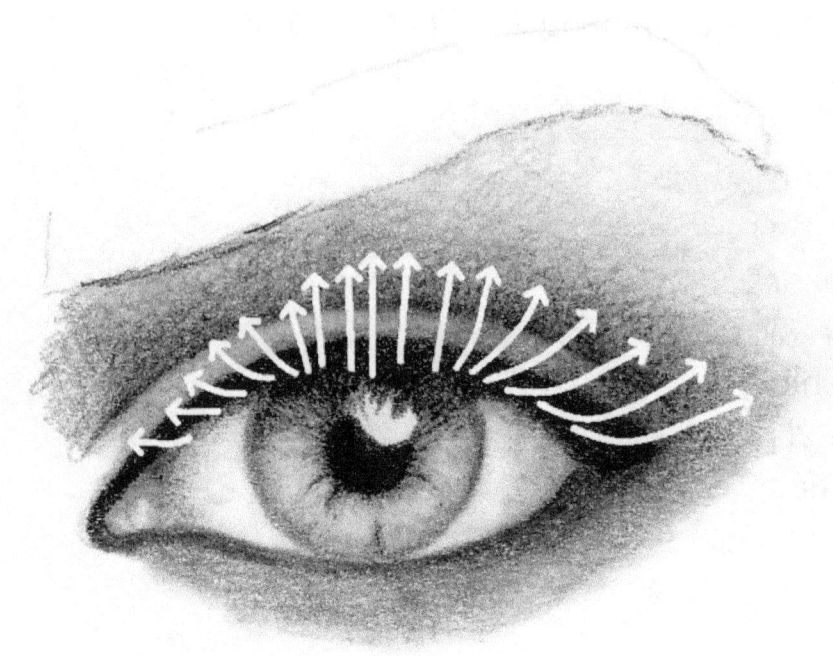

Como hemos terminado toda el área sobre el ojo, podemos dibujar las pestañas como última cosa. En esta imagen puedes ver las flechas digitales que coloqué sobre mi dibujo escaneado para mostrarte la dirección en que deben dibujarse las pestañas.

También puedes ver la longitud de las pestañas y cómo se hacen más y más grandes a medida que las dibujas hacia la esquina exterior.

Empecemos por los verticales en el medio. Dibújalas sobre el área del iris.

Coloca la punta del lápiz justo sobre el borde entre el iris y la piel (o, como en mi caso, sobre el delineador de ojos), dibuja una línea corta hacia abajo, gírela 180 grados y dibuja una línea más larga hacia arriba.

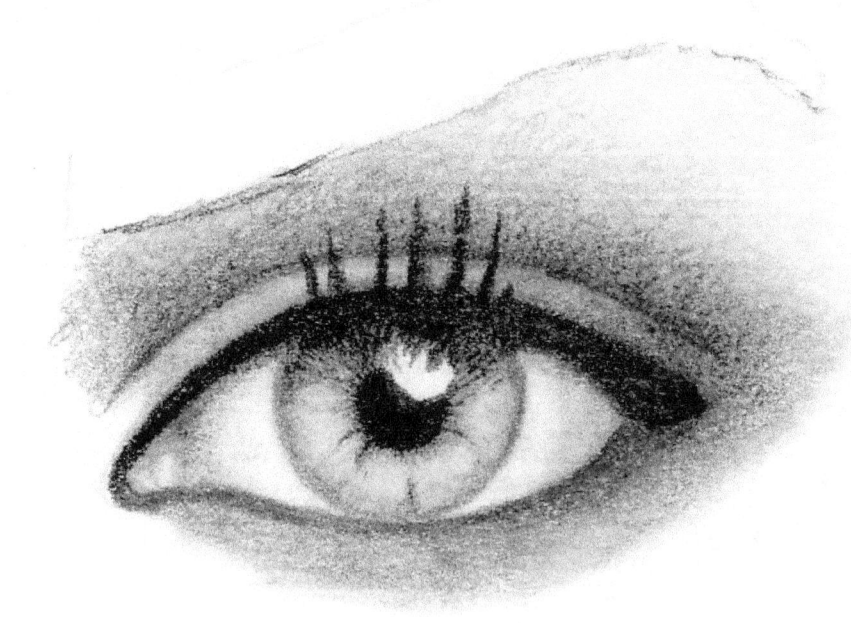

Continúa en el lado izquierdo, donde las pestañas deben ser más cortas, más delgadas y más densas a medida que se dirigen hacia el conducto lagrimal.

Coloca la punta del lápiz sobre el borde del párpado, dibuja una línea curva corta hacia abajo, luego dibuja un poco horizontalmente hacia el conducto lagrimal y finalmente gíralo hacia arriba. Cuanto más te acerques al conducto lagrimal, más horizontales deberían estar las líneas.

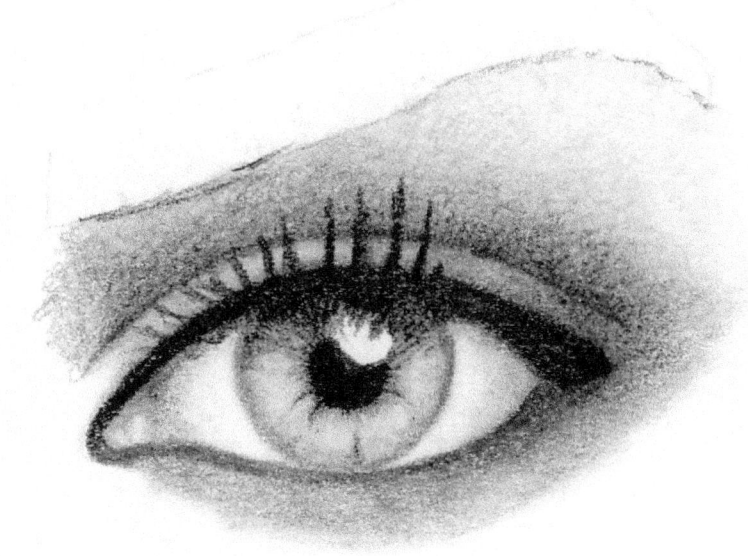

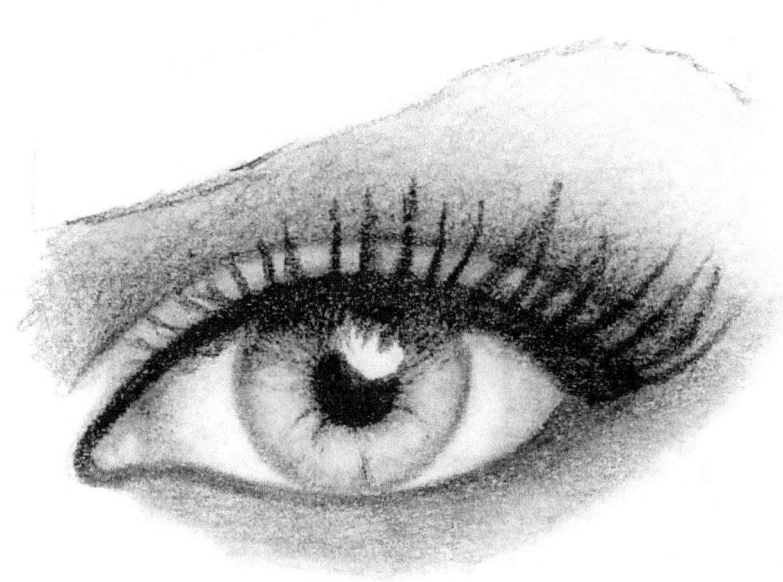

Lo mismo ocurre con el lado derecho, excepto que aquí tienes que dibujar pestañas más largas, más gruesas y más densas. Incluso puedes pasar dos veces sobre la misma línea para hacerla más oscura y gruesa.

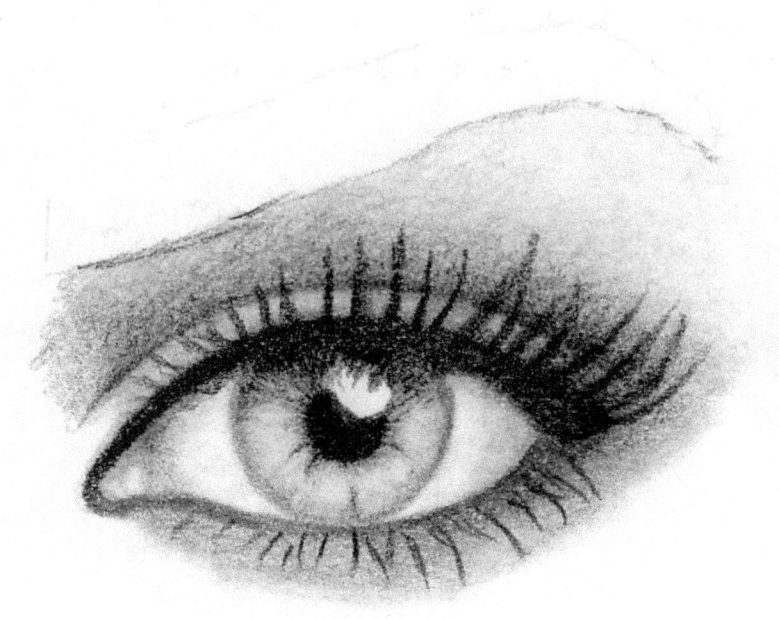

Ya que hemos sombreado bajo el ojo, también podemos dibujar las pestañas allí. Aquí, las pestañas son siempre más cortas y delgadas. Algunas de ellas crecen más lejos del borde entre el grosor de la piel y la piel debajo del ojo, por lo que deben dibujarse de esta manera.

Ahora podemos dibujar las cejas.
Comienza sombreando toda el área de las cejas con un tocón de mezcla.

Esto es necesario para crear la sombra proyectada por los pelos y para evitar un gran contraste entre el color blanco del papel y las pestañas oscuras. Incluso si deseas dibujar pestañas muy brillantes, es bueno sombrear esta área antes de dibujarlas.

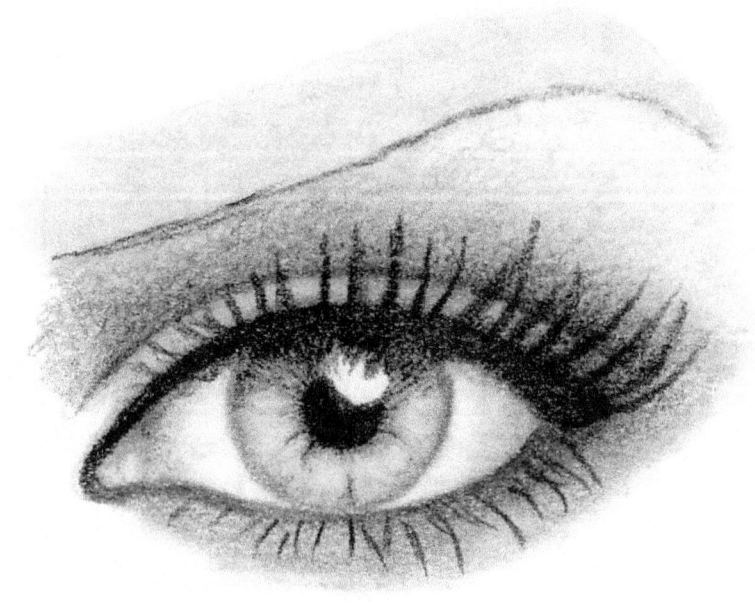

En esta imagen puedes ver las flechas que muestran la dirección y la longitud en la que debes dibujar las cejas.

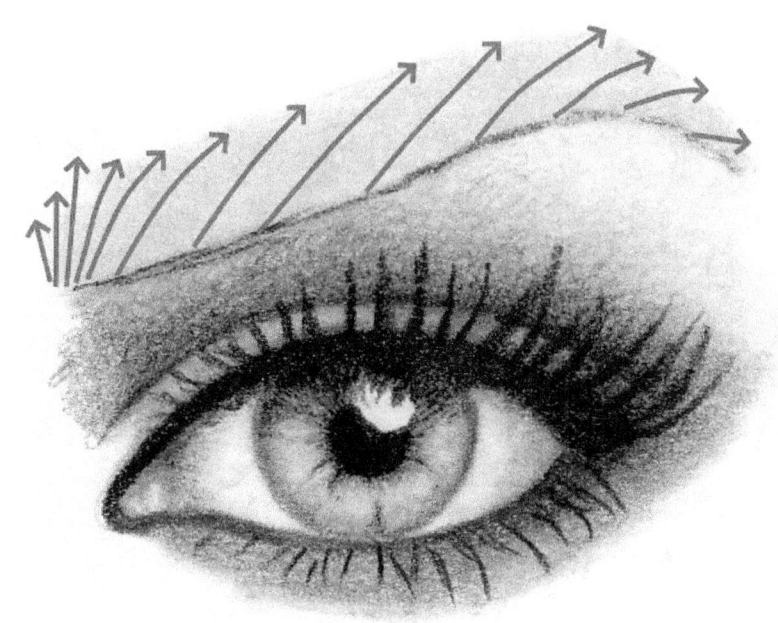

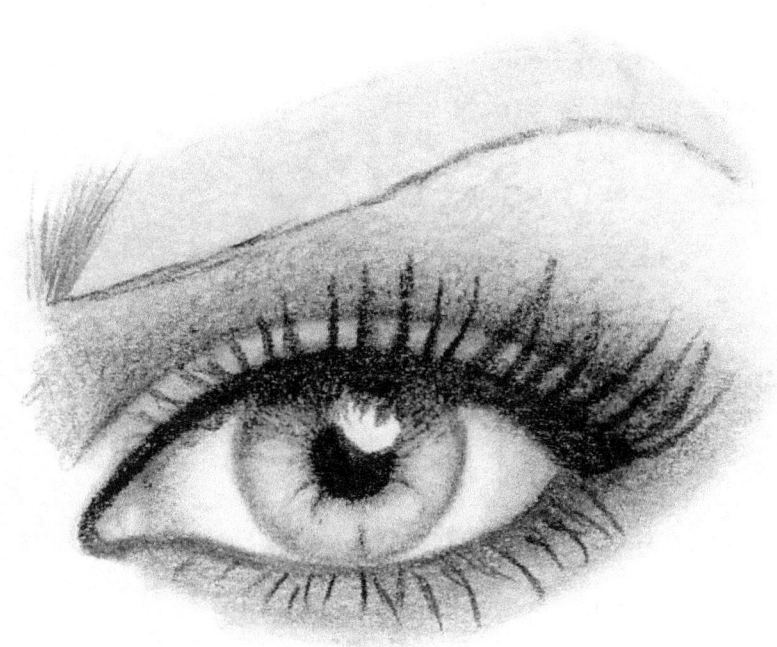

Comienza en el lado izquierdo, junto a la nariz, y haz trazos cortos siguiendo la dirección de las flechas que se muestran. Usa un lápiz HB para esta área. Aquí las cejas son un poco más delgadas y menos densas, por lo que este lápiz es mejor.

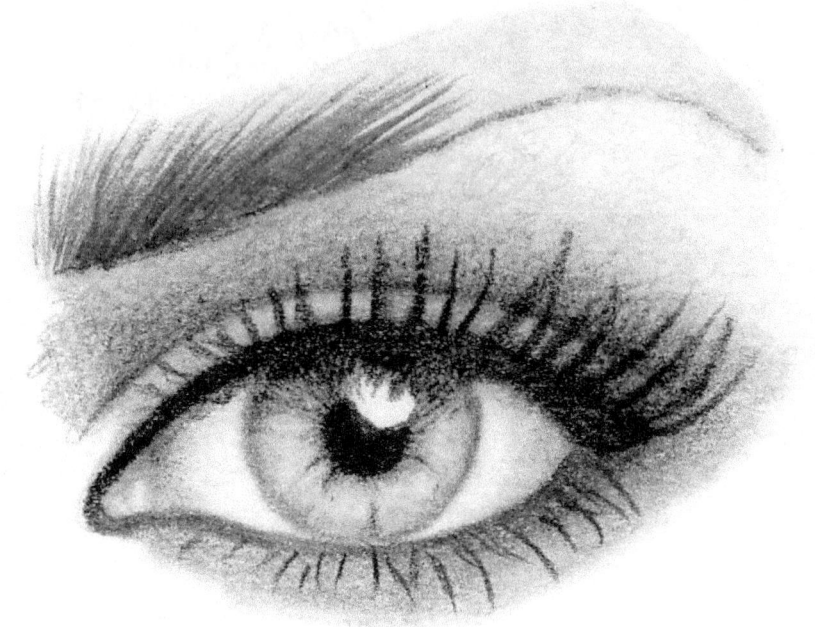

Continúa dibujando las cejas usando un lápiz B.

Presiona más fuerte al dibujar los trazos en la mitad horizontal inferior porque esta área recibe menos luz.

Rellena el resto del área nuevamente con un HB, presionando ligeramente, ya que esta área está muy iluminada.

Presiona un poco más fuerte en el lado derecho, al lado de la sien.

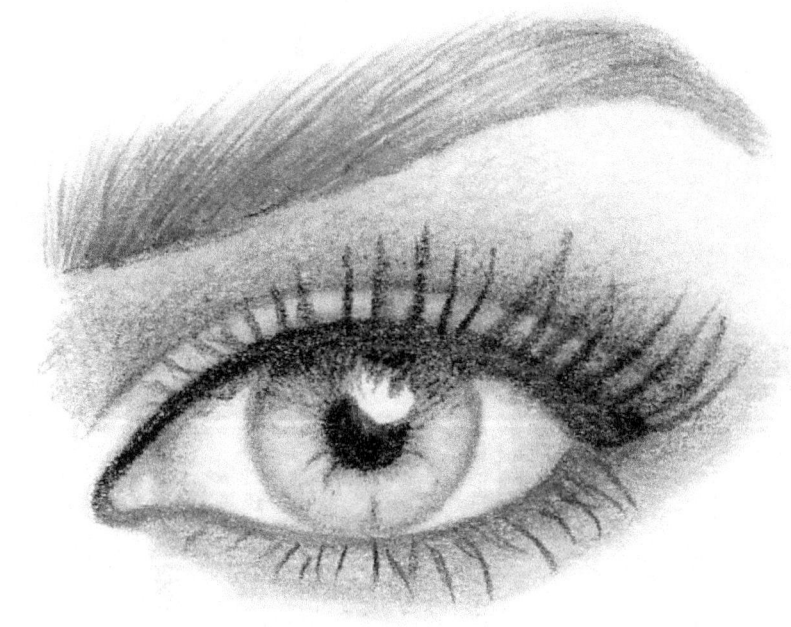

Ahora puedes combinar las cejas un poco con un tocón de mezcla y agregar algunos toques finales. He colocado un pequeño punto blanco en la parte inferior del iris para hacer brillar el ojo, usando un marcador fino blanco. Aquí puedes oscurecer las áreas que deben ser más oscuras si se eliminara parte del grafito durante el proceso de dibujo.

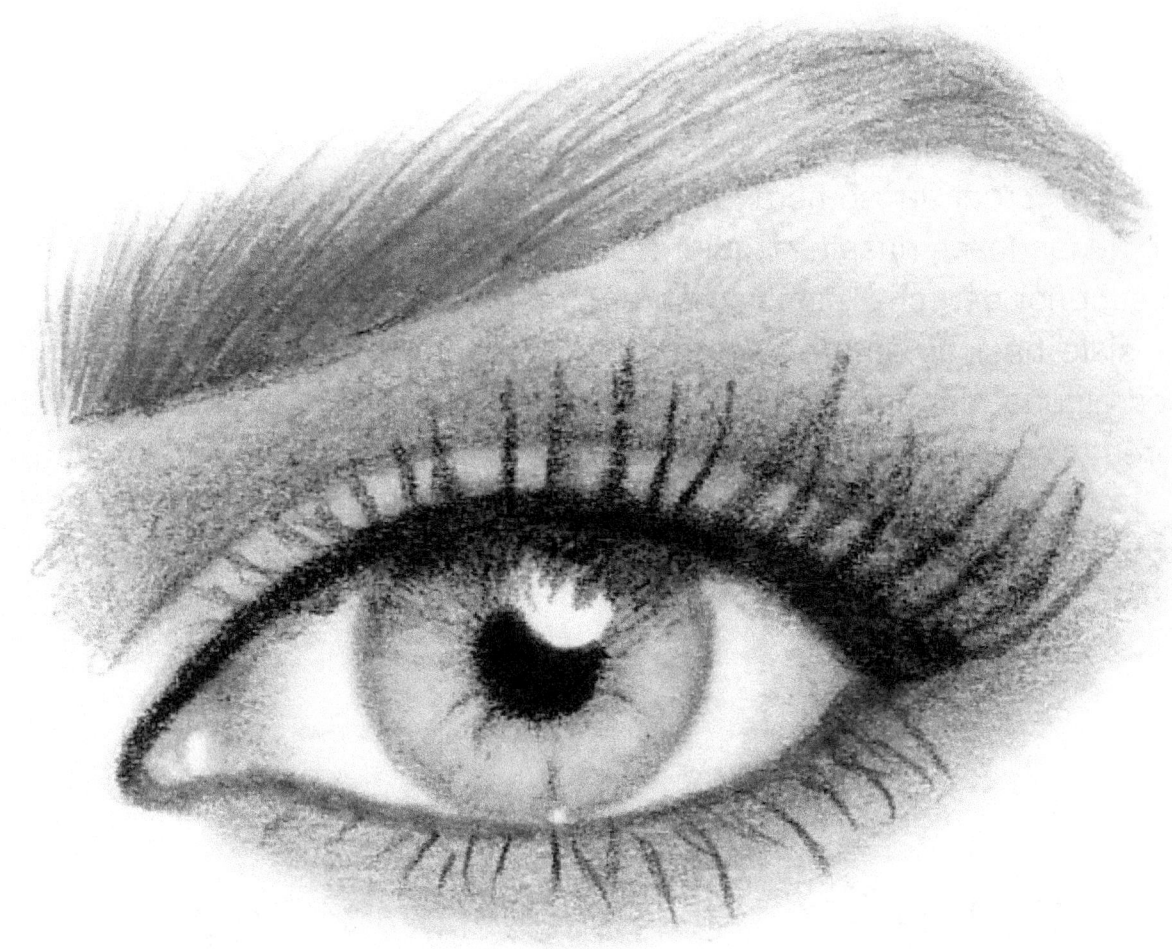

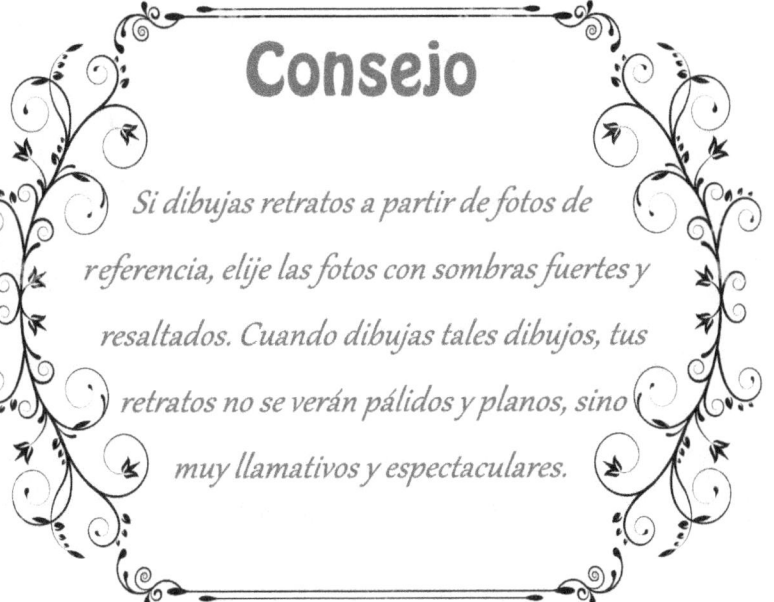

Consejo

Si dibujas retratos a partir de fotos de referencia, elije las fotos con sombras fuertes y resaltados. Cuando dibujas tales dibujos, tus retratos no se verán pálidos y planos, sino muy llamativos y espectaculares.

Dibuja el ojo izquierdo usando el mismo tutorial.

CÓMO DIBUJAR UNA NARIZ

Usa un lápiz B y rellena los orificios de las fosas nasales. Con el mismo lápiz, comienza por crear la sombra proyectada debajo de la nariz y en el lado izquierdo de las fosas nasales izquierdas. Si nuestra fuente de luz proviene de la esquina superior derecha, estas sombras proyectadas deben colocarse aquí. La nariz consiste básicamente en sombras, no realmente en las líneas. Entonces, tengamos algunas formas básicas dibujadas para la orientación antes de saltar al sombreado, el cual tomará la mayor parte del tiempo dedicado al dibujar la nariz.

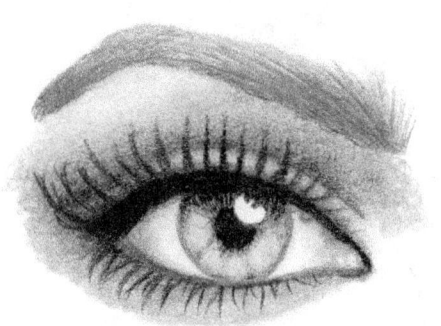 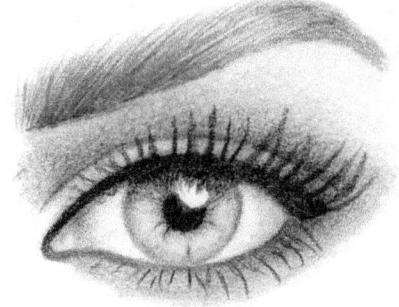

Ahora podemos sombrear la nariz, lo cual es bastante difícil, así que tómate tu tiempo y se paciente. Sombrea el lado izquierdo de la nariz y debajo de la parte superior de la nariz, usando un lápiz HB. Es muy importante aplicar un movimiento circular, y no líneas o cruces. En la siguiente imagen, puedes ver el área que he sombreado con un HB usando circulismo, y cómo aún se ve duro, pero no te preocupes, vamos a combinarlo. Por ahora, es importante cubrir el papel lo más uniformemente posible.

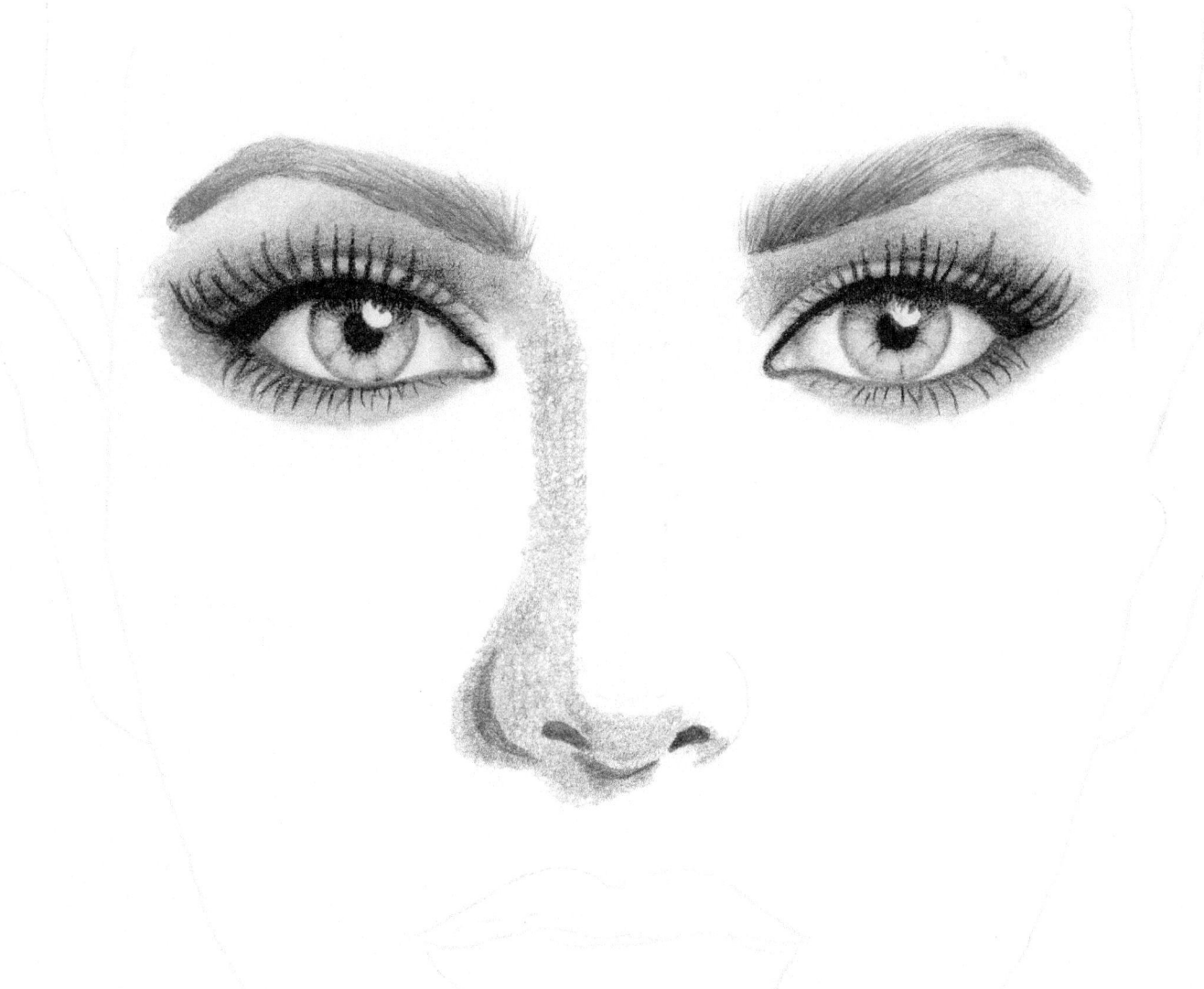

Como una continuación a las áreas de HB, usa un 2H y sombrea de la misma manera todo lo que no está resaltado, pero no tan oscuro como las áreas sombreadas anteriormente. Presiona más fuerte al lado de las áreas sombreadas, y libera la presión sobre el lápiz a medida que se ajusta hacia las luces. Sigue aplicando movimientos circulares y trata de llenar estas áreas de manera uniforme. Mira la siguiente imagen para ver qué áreas he sombreado en este paso.

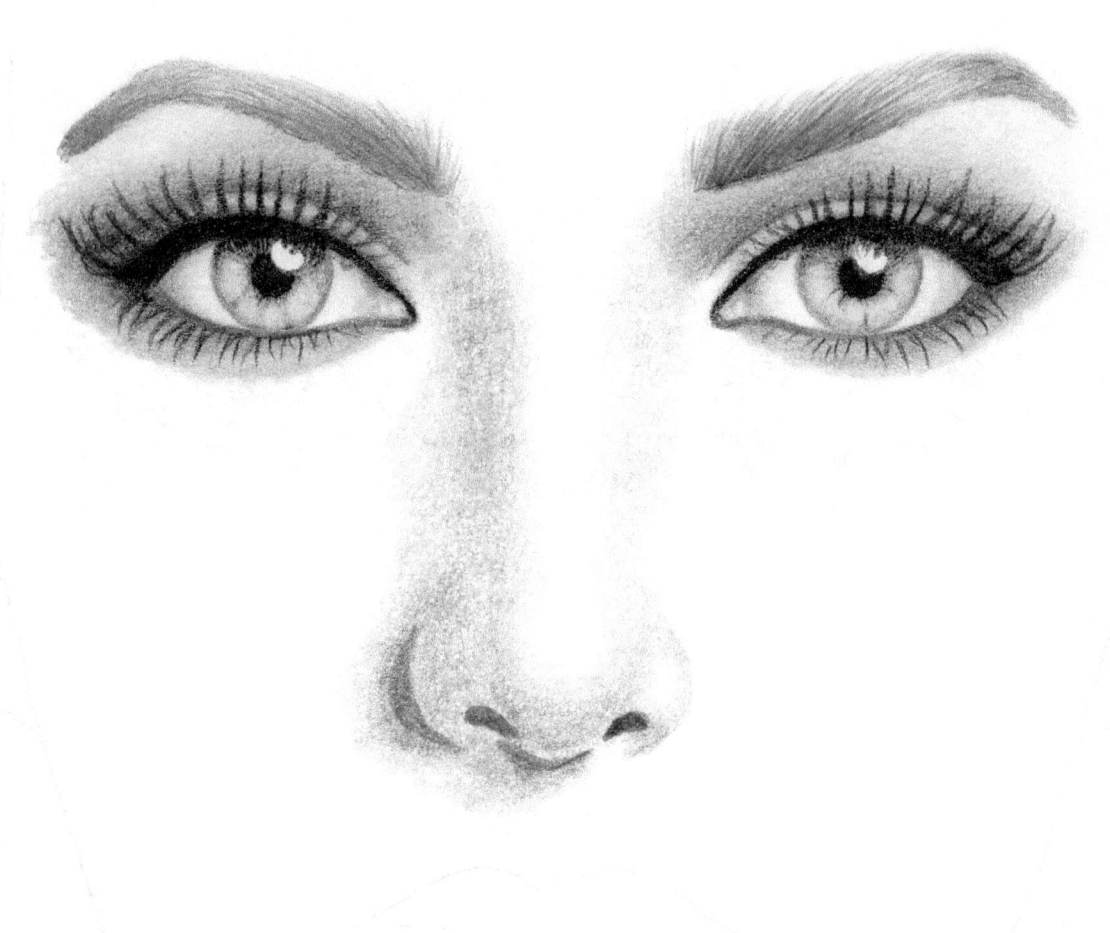

Ahora puedes combinar todo esto con un hisopo o un pañuelo, solo cuida los aspectos más destacados y evita pasarlos por alto.

Puedes ver cómo la mezcla ha oscurecido un poco las áreas sombreadas, pero ahora se ve mucho mejor así.

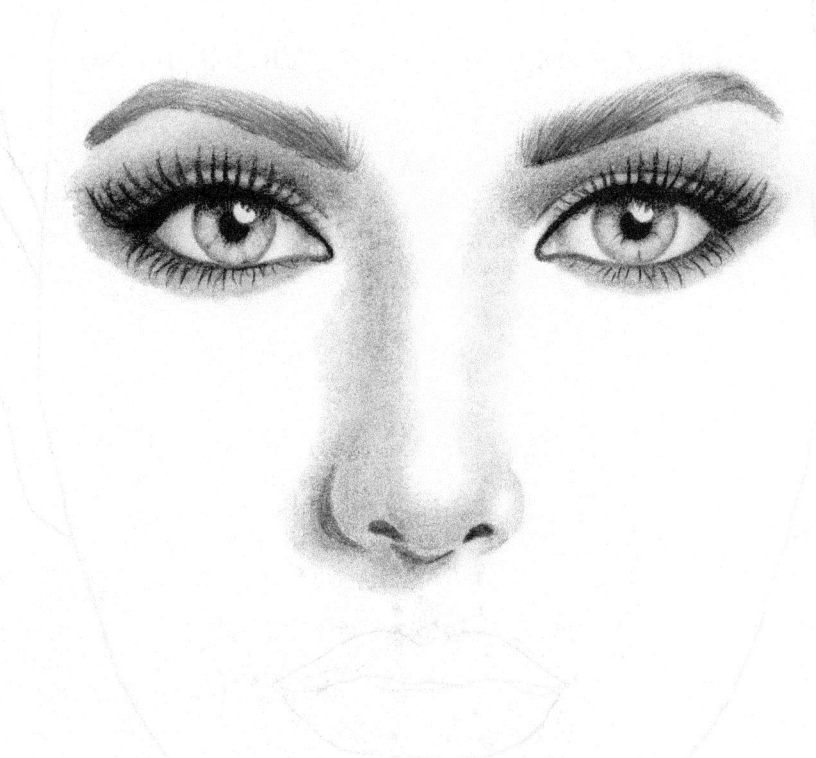

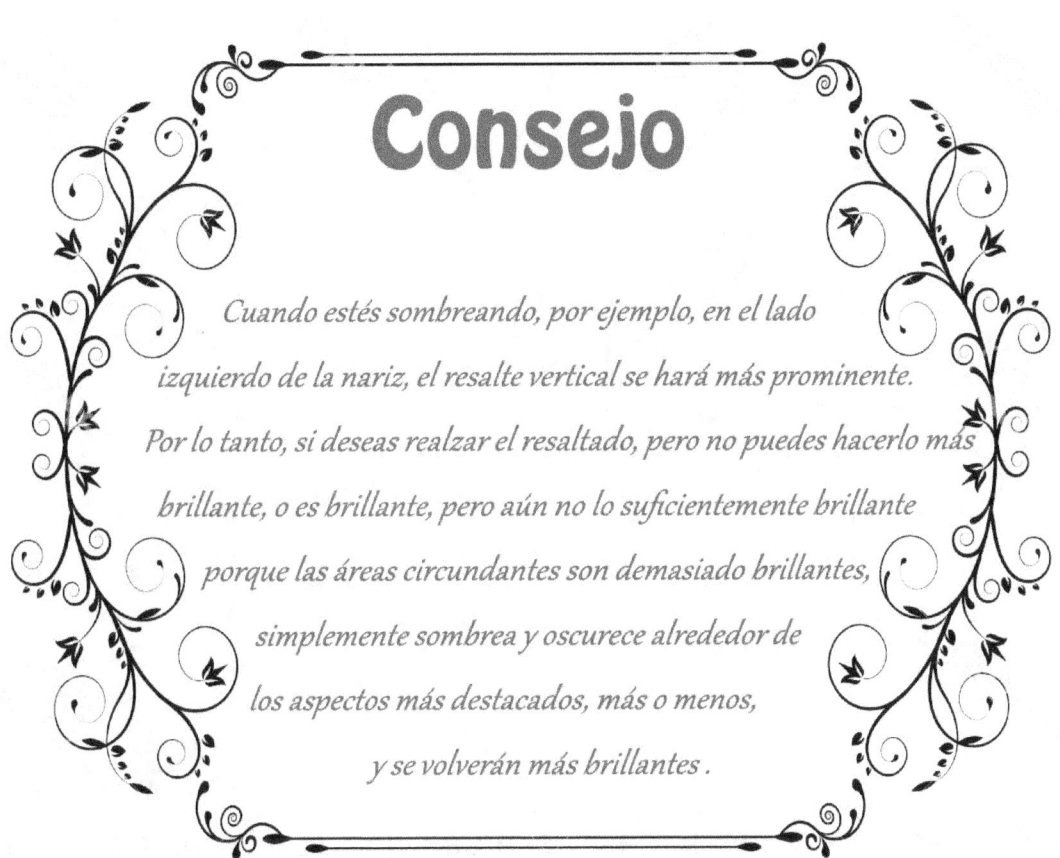

Consejo

Cuando estés sombreando, por ejemplo, en el lado izquierdo de la nariz, el resalte vertical se hará más prominente. Por lo tanto, si deseas realzar el resaltado, pero no puedes hacerlo más brillante, o es brillante, pero aún no lo suficientemente brillante porque las áreas circundantes son demasiado brillantes, simplemente sombrea y oscurece alrededor de los aspectos más destacados, más o menos, y se volverán más brillantes .

Ahora puedes sombrear el resto con un 5H, presionando muy ligeramente.

Aquí también es importante lograr una transición de gradiente entre los tonos.

Mezcla un poco con un trozo de pañuelo limpio (que no tenga grafito).

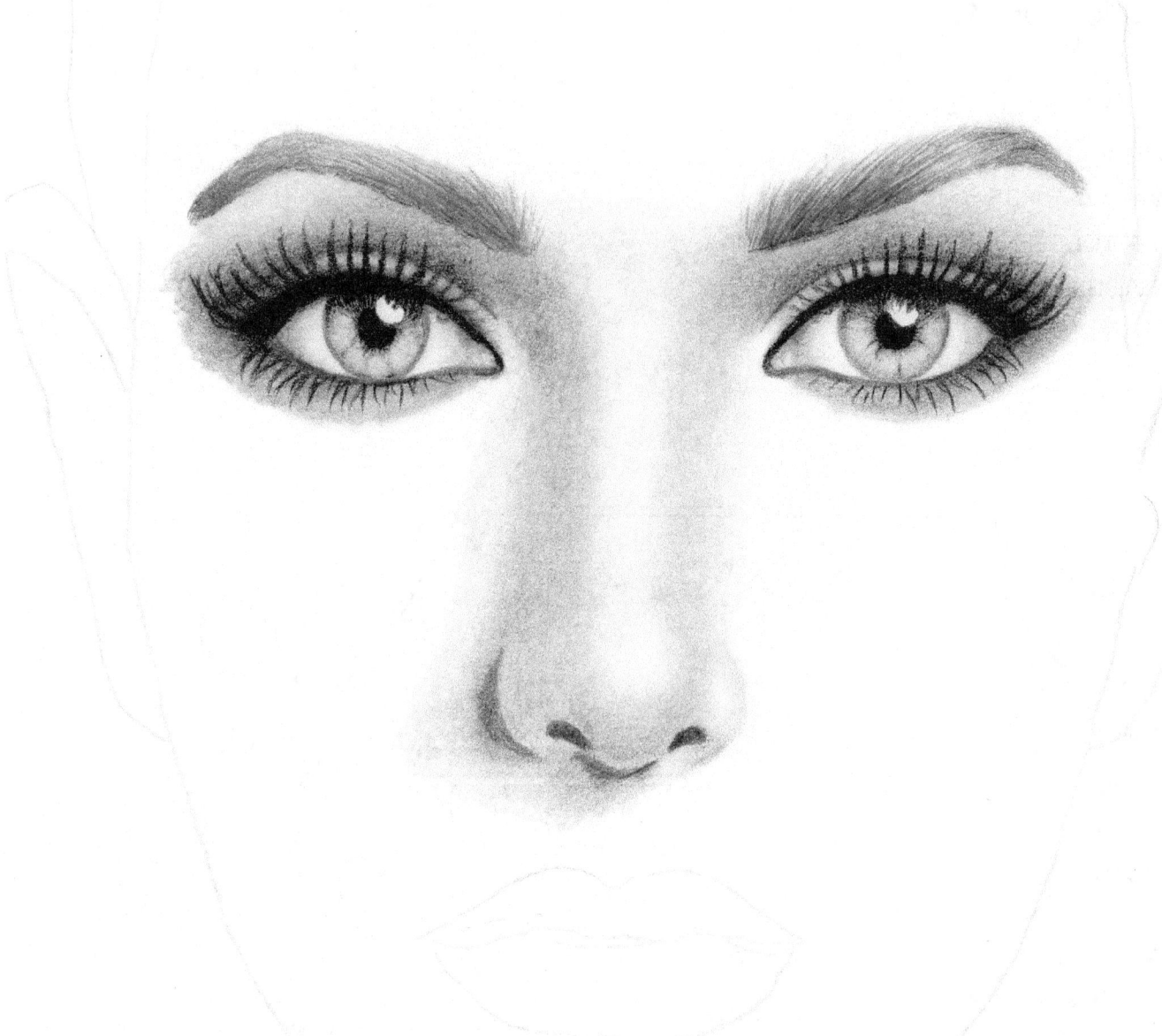

En este paso final, puedes oscurecer más las áreas que sombreamos en los primeros dos pasos de la creación de la nariz. Al mezclar las áreas en los pasos anteriores, hemos eliminado parte del grafito que aplicamos en las áreas más oscuras, y ahora tenemos que sombrear más para obtener nuevamente ese tono oscuro.

Usa una B, o incluso un lápiz más oscuro para esto y mezcla el grafito aplicado cuando termines de sombrear. Después de eso, puedes dibujar de nuevo, y mezclar de nuevo, y así sucesivamente, hasta que logres un tono bastante oscuro. Si exageras, simplemente combínalo una y otra vez con un trozo de pañuelo limpio y eliminarás parte del grafito.

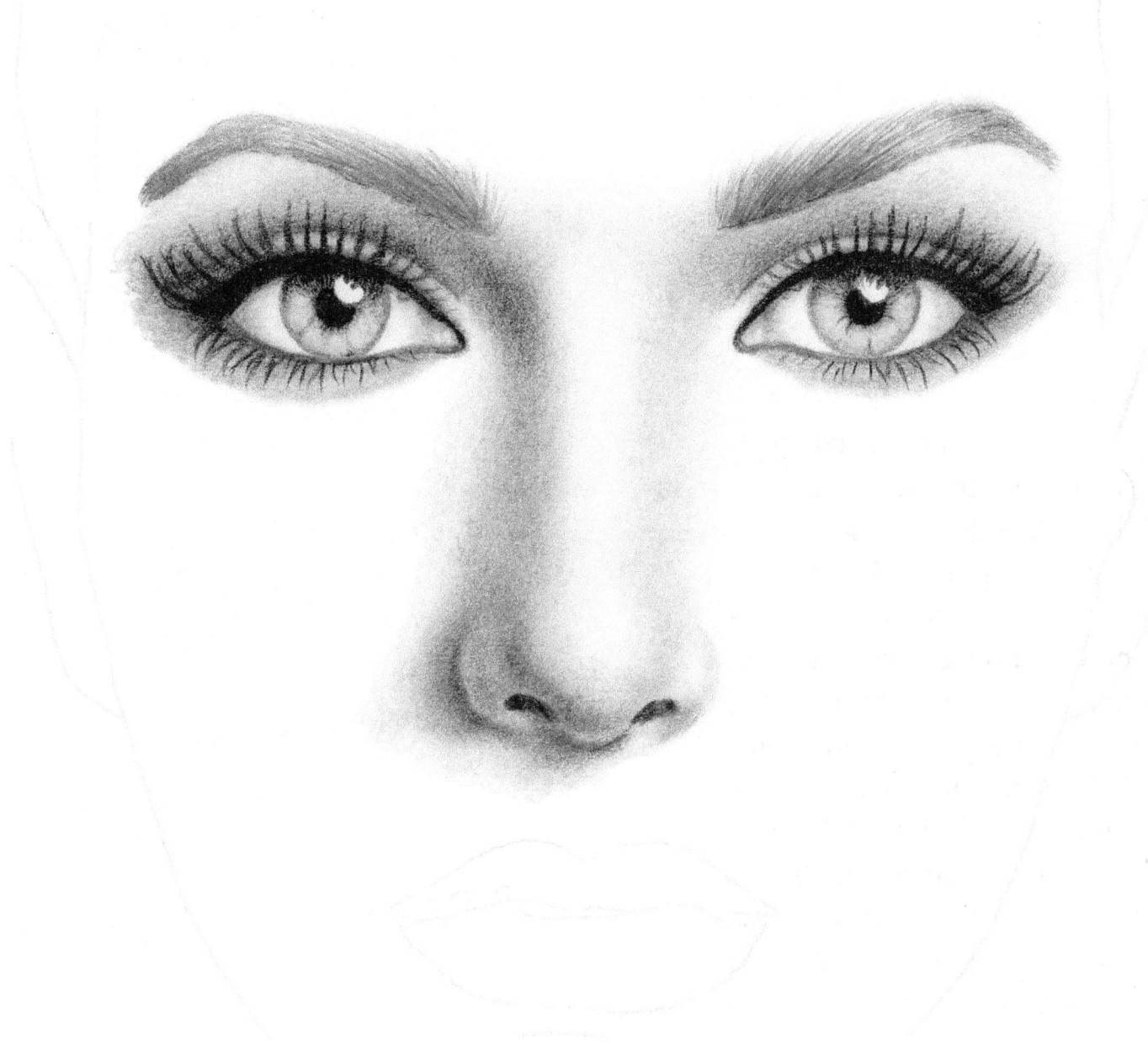

CÓMO DIBUJAR LABIOS

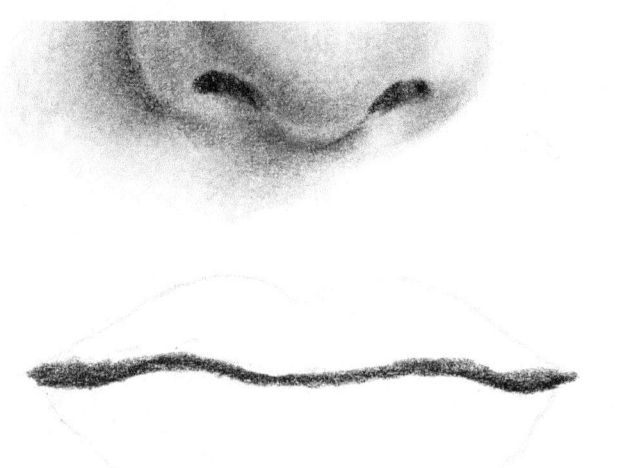

Vamos a dibujar el labio superior primero. En primer lugar, dibuja la línea gruesa entre los labios, utilizando un lápiz 4B o más oscuro. E

sta área recibe menos luz, casi ninguna, y debe estar sombreada con un tono muy oscuro.

Como continuación, dibuja la mitad inferior horizontal del labio superior utilizando un 2B o más oscuro. Dibuja los trazos que comienzan sobre el borde grueso previamente sombreado entre los labios, y dibuja cada trazo hacia el arco de Cupido. Presiona con más fuerza en el área inferior y libera la presión a medida que terminas los movimientos. Esto te ayudará a crear una transición de gradiente.

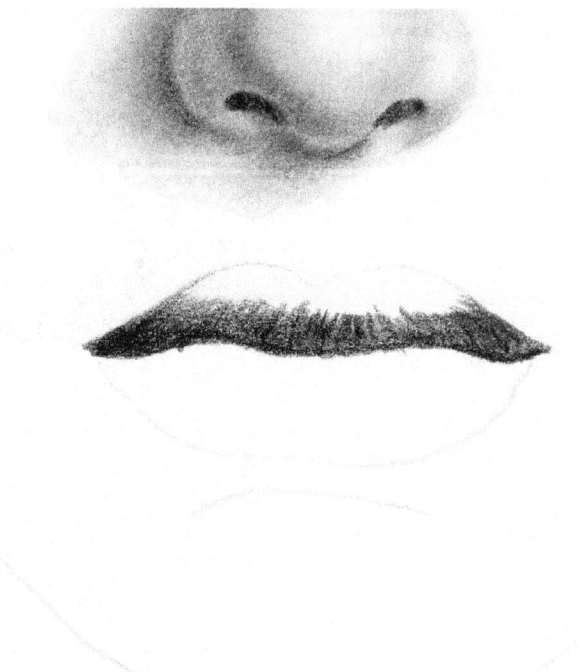

Ahora, sombrea la mitad superior horizontal del labio superior con un HB. Comienza cada trazo sobre el área inferior y hacia el arco de Cupido.

Aquí también presiona con fuerza en el área inferior y presiona cada vez menos mientras alcanzas el arco de Cupido.

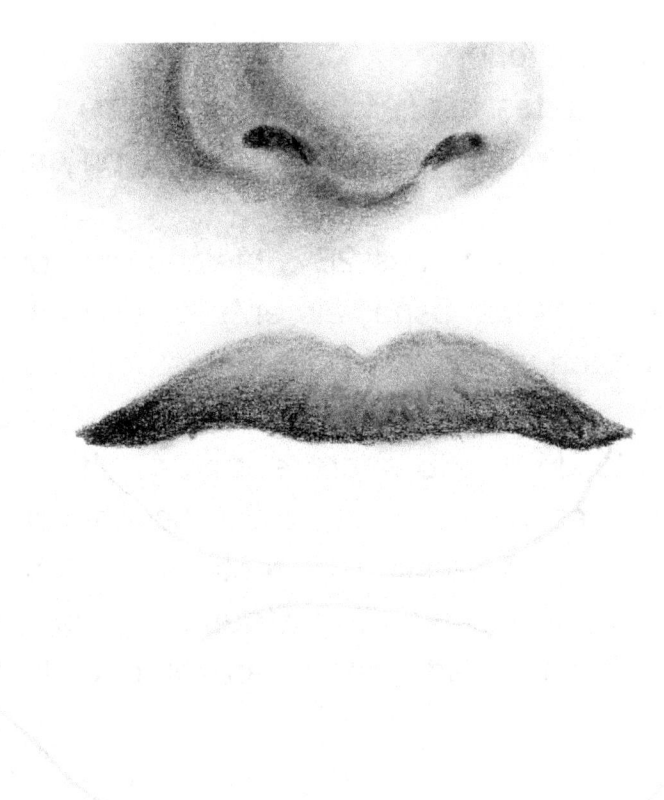

Mezcla todo esto con un hisopo y el borde con un tocón de fusión.

En este paso, borra la parte resaltada en el área superior del labio superior.

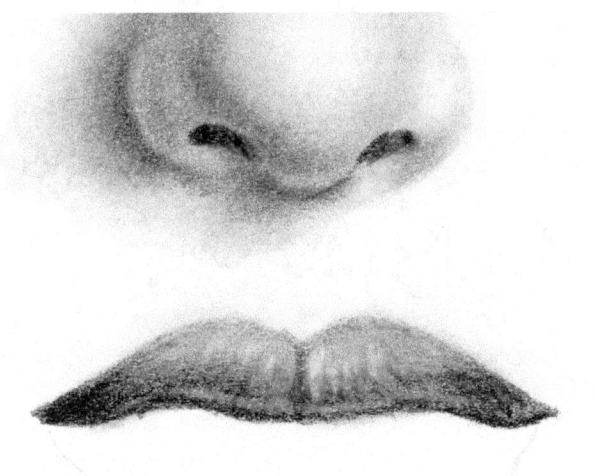

Los aspectos más destacados se encuentran generalmente entre las arrugas. Además, borra una pequeña línea horizontal justo sobre el borde oscuro entre los labios, para la luz reflejada. Estos reflejos y la luz reflejada sugerirán los brillos y la redondez del labio. En esta imagen, puedes ver cómo se vuelve redonda.

Vayamos al labio inferior.

Si lo deseas, puedes dibujar algunos dientes visibles y mover hacia abajo la posición del labio inferior. Los dientes también deben estar sombreados con un tono 2H o similar.

Para el labio inferior, no uses 2B o lápices más oscuros, ya que el labio inferior siempre recibe más luz, especialmente en el área media. Comienza a sombrear el labio inferior con un HB, y comienza justo debajo del borde entre los labios.

Coloca la punta de un HB sobre el borde y dibuja los trazos hacia abajo. Los trazos deben ser muy cortos, para ocupar aproximadamente ¼ del área superior, porque justo debajo de esta área debemos resaltar. En este paso estamos creando la sombra proyectada por el labio superior. Libera la presión a medida que terminas cada trazo para obtener la transición de gradiente aquí también.

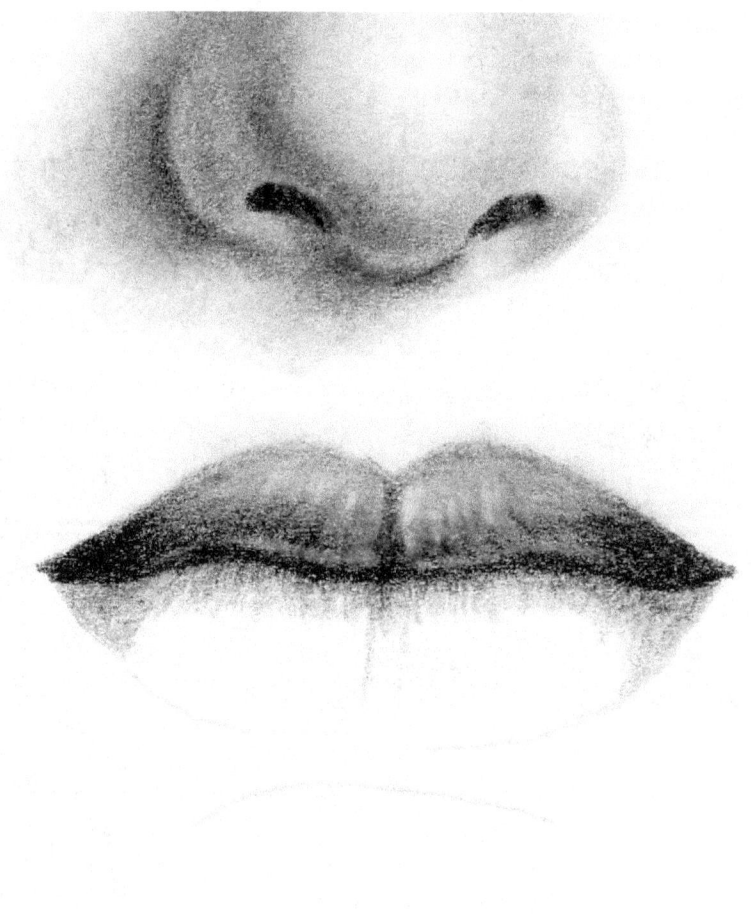

Haz lo mismo, pero desde la dirección opuesta. Coloca la punta de un HB sobre el contorno inferior del labio inferior y dibuja cada trazo hacia el arco del Cupido.

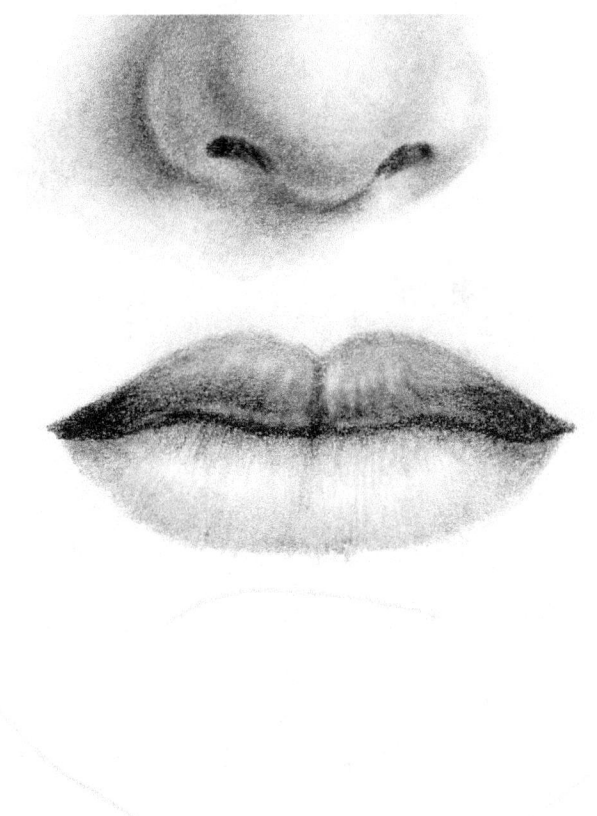

Por supuesto, no los dibujes hasta el arco de Cupido, solo tenlo en cuenta como dirección de los trazos que estás dibujando. Libera la presión y levanta el lápiz en algún lugar en el medio. Algunos de los trazos deben ser más cortos, algunos deben ser más largos. Los trazos más largos crearán las arrugas, por lo que en este paso, tú también las crearás.

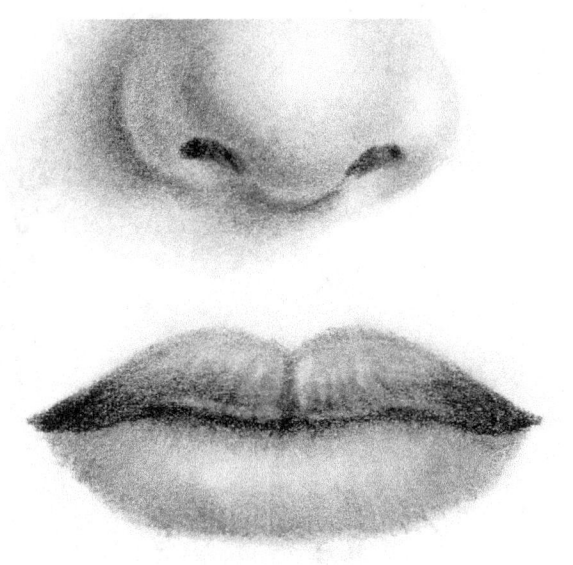

Mezcla todo esto con un hisopo, y el borde con un tocón de fusión.

En este paso, borra los toques de luz con un borrador.

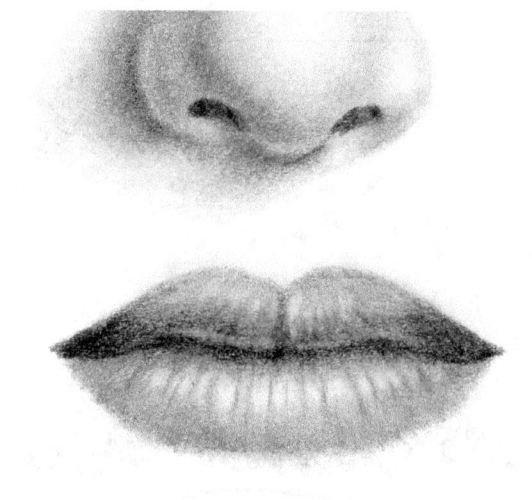

En esta imagen, puedes ver que he borrado el área horizontal en la mitad superior del labio inferior. Bórralos entre las arrugas que creaste en el paso anterior y combínalas con un tocón de mezcla. Si has borrado demasiado y tus reflejos son demasiado brillantes, simplemente combínalos con un hisopo y los oscurecerás de esta manera.

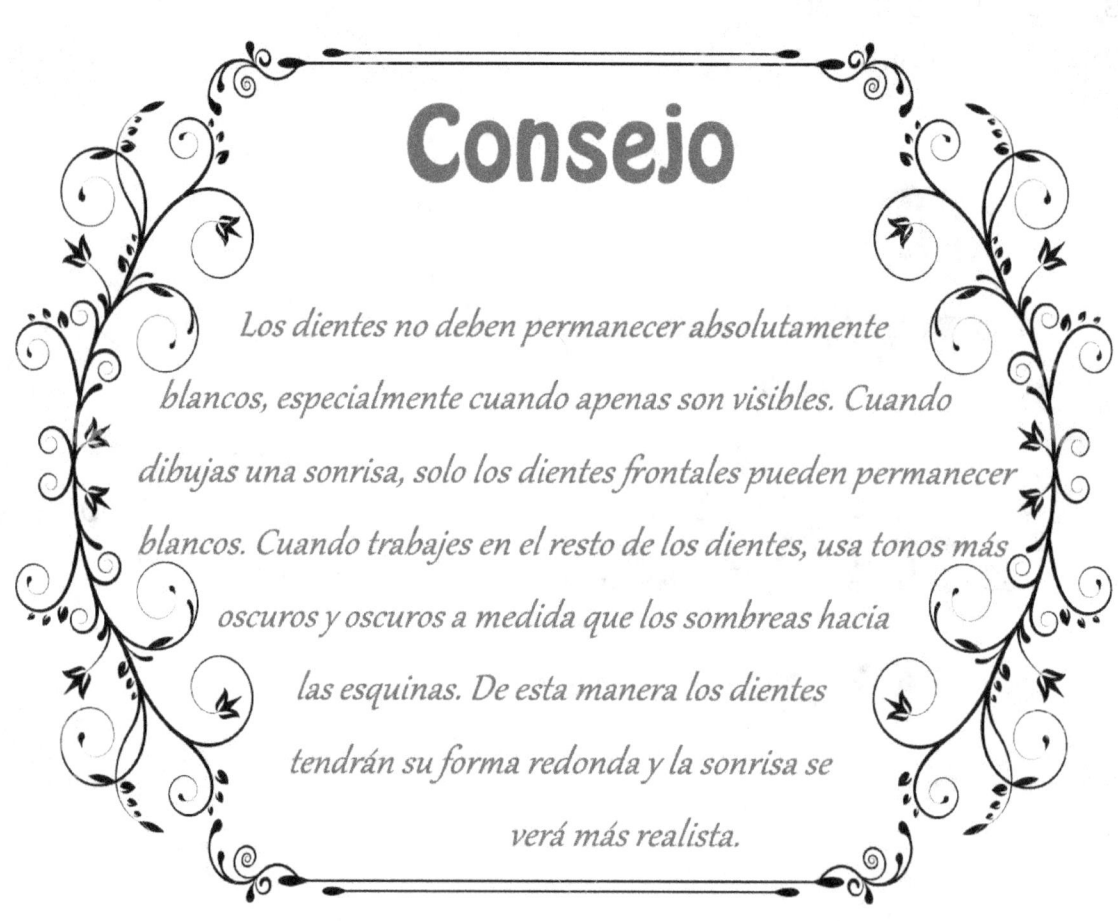

Consejo

Los dientes no deben permanecer absolutamente blancos, especialmente cuando apenas son visibles. Cuando dibujas una sonrisa, solo los dientes frontales pueden permanecer blancos. Cuando trabajes en el resto de los dientes, usa tonos más oscuros y oscuros a medida que los sombreas hacia las esquinas. De esta manera los dientes tendrán su forma redonda y la sonrisa se verá más realista.

Ahora podemos sombrear el área justo debajo del labio inferior. El labio inferior arrojará la sombra sobre la piel debajo de él, y con frecuencia es muy oscuro, especialmente si el labio es muy carnoso y lleno.

Por lo tanto, para sugerir la plenitud, dibuja una fuerte sombra proyectada, utilizando un lápiz 4B o más oscuro. Si no quieres que tu labio inferior parezca grande, puedes usar un matiz HB o más claro para esto. Como siempre, esta sombra proyectada dependerá de la fuente de luz. Por lo tanto, mantén la fuente de luz imaginada en el mismo lugar al sombrear todas las características faciales.

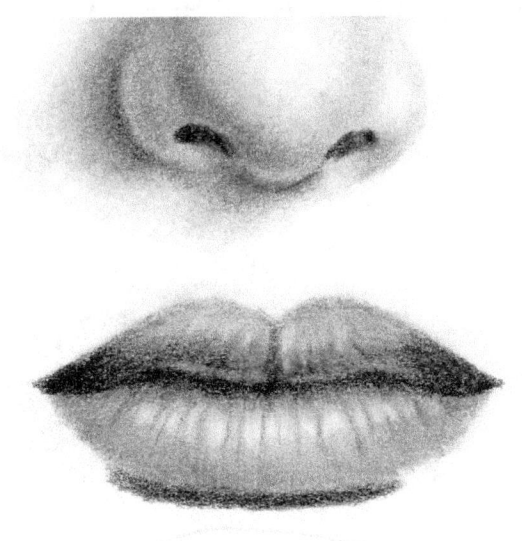

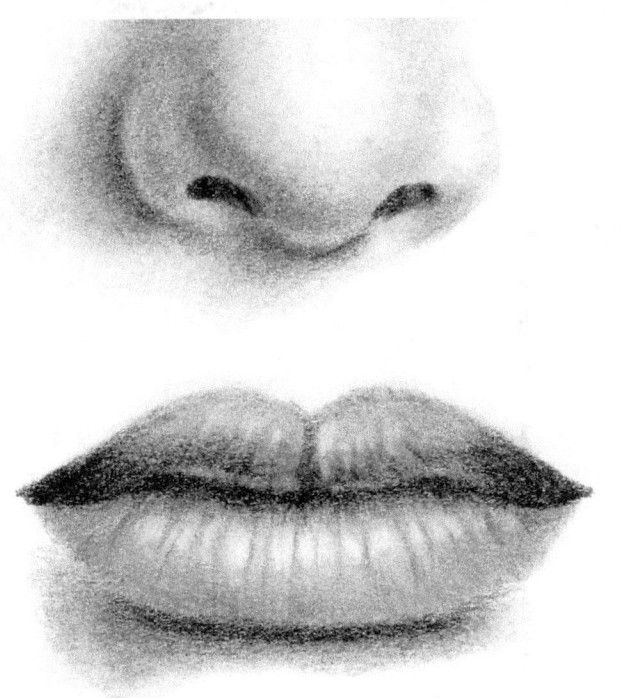

Como una continuación en esta área, sombrea con un HB y presiona más fuerte al lado del área más oscura.

Libera la presión a medida que te acercas a la barbilla.

Luego, mezcla todo con un hisopo y repite con los lápices nuevamente si es necesario.

Para agregar al labio una forma aún más tridimensional, vamos a borrar el borde superior de la luz reflejada. En la siguiente imagen, puedes ver a qué área me refiero, la he rodeado con una línea blanca digital. Simplemente borra esta área y tendrás una luz reflejada, lo que hará que el labio sea aún más realista.

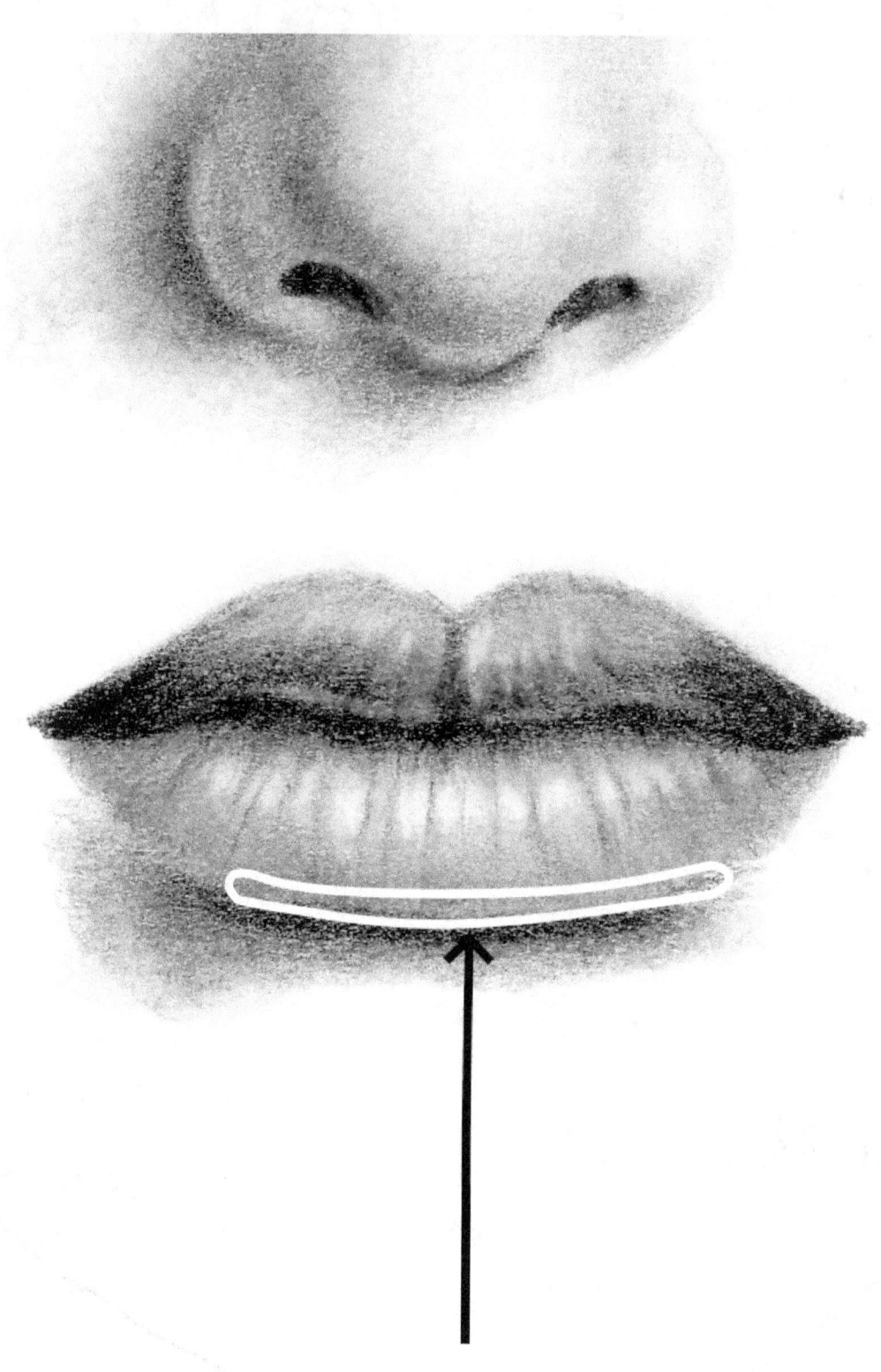

Así es como se ve todo junto en mi dibujo.

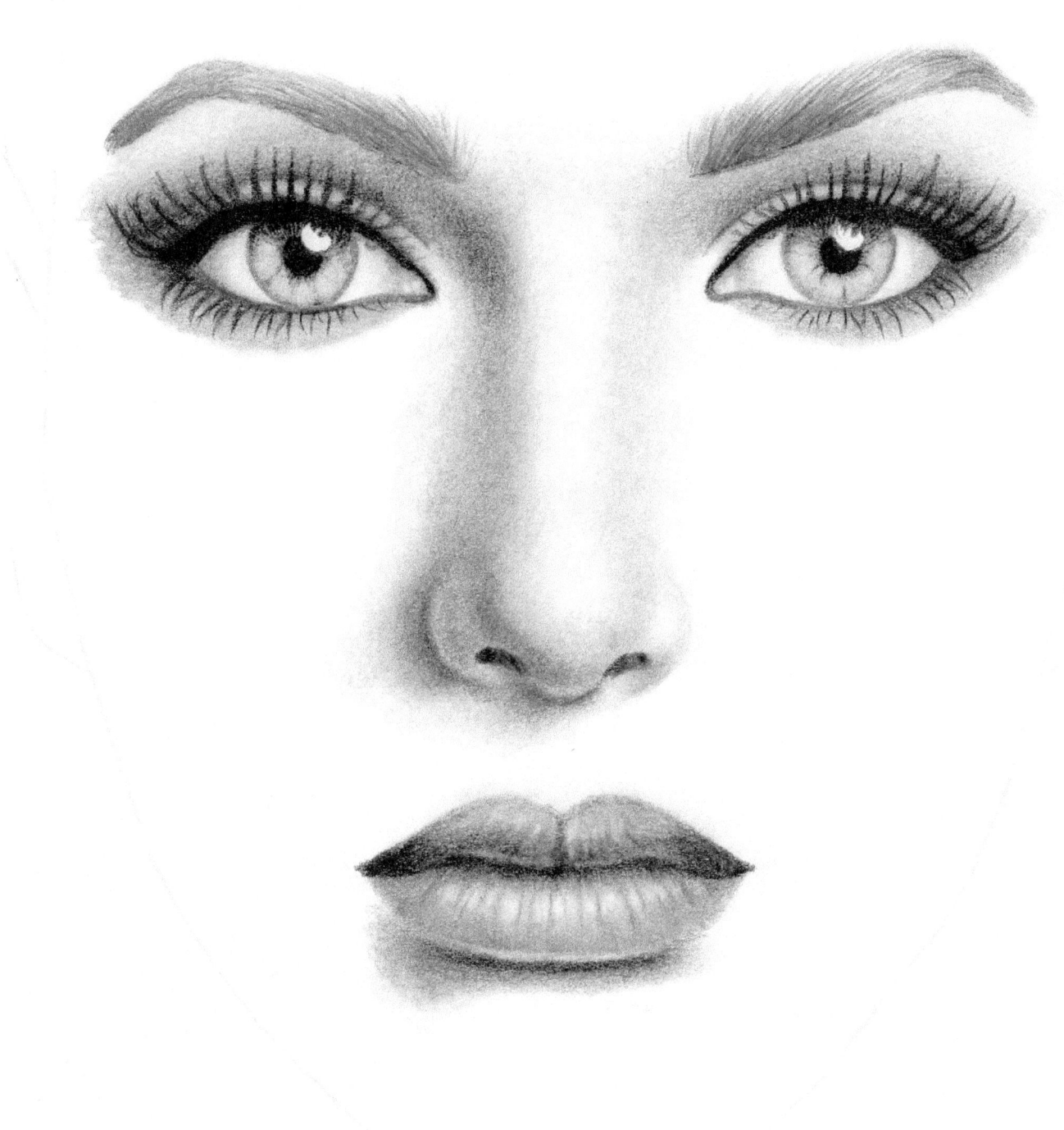

Ahora que hemos dibujado todos los rasgos faciales, podemos sombrear toda la piel de la cara.

SOMBREAR LA PIEL

Al sombrear las áreas más grandes de la piel, es importante hacer una textura uniforme y suave. La piel es muy delicada de sombrear, particularmente en las áreas más grandes. Nunca apliques líneas o tramas cruzadas cuando sombrees la piel, solo usa movimientos circulares. Esto te ayudará a crear la superficie uniforme de la piel. Cada vez que termines de dibujar un área en particular con un lápiz con el método del circulismo, combínala con un pañuelo.
Los hisopos y los tocones de mezcla no son muy buenos para las áreas grandes que se supone deben ser uniformes.

Por lo tanto, un pañuelo de papel o incluso una almohadilla de algodón te ayudarán a suavizar el grafito de la mejor manera posible.
Dividamos este trabajo en fases y centrémonos en una parte de la cara a la vez. En primer lugar, vamos a dibujar la frente. Comienza con las sombras más oscuras en el lado izquierdo, porque la fuente de luz proviene de la esquina superior derecha. Usando un lápiz HB, sombrea todo alrededor aplicando movimiento circular. Presiona más en el lado izquierdo.

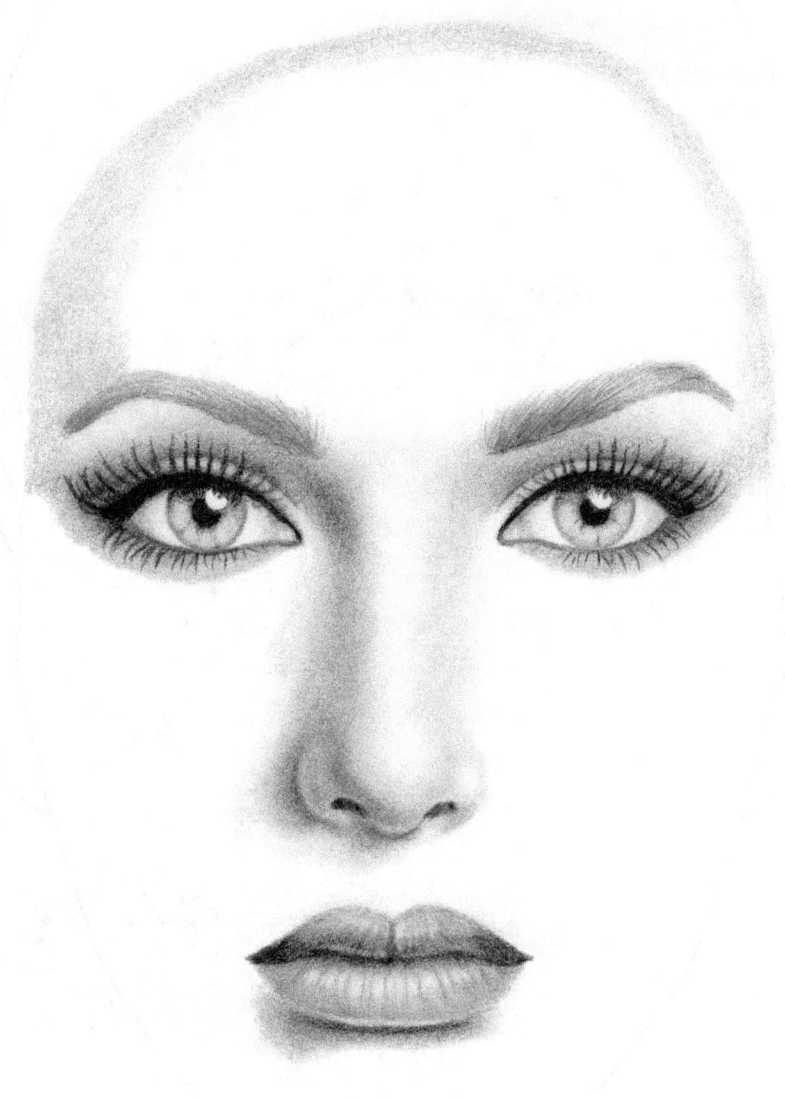

Lo siguiente es sombrear el área al lado del área con HB. Usa un 2H, también en movimientos circulares, y presiona muy fuerte al lado del área con HB y libera la presión a medida que se acentúa hacia el punto culminante. El punto culminante puedes estar en algún lugar por encima del ojo derecho, o en el centro de la frente, depende de la fuente de luz.

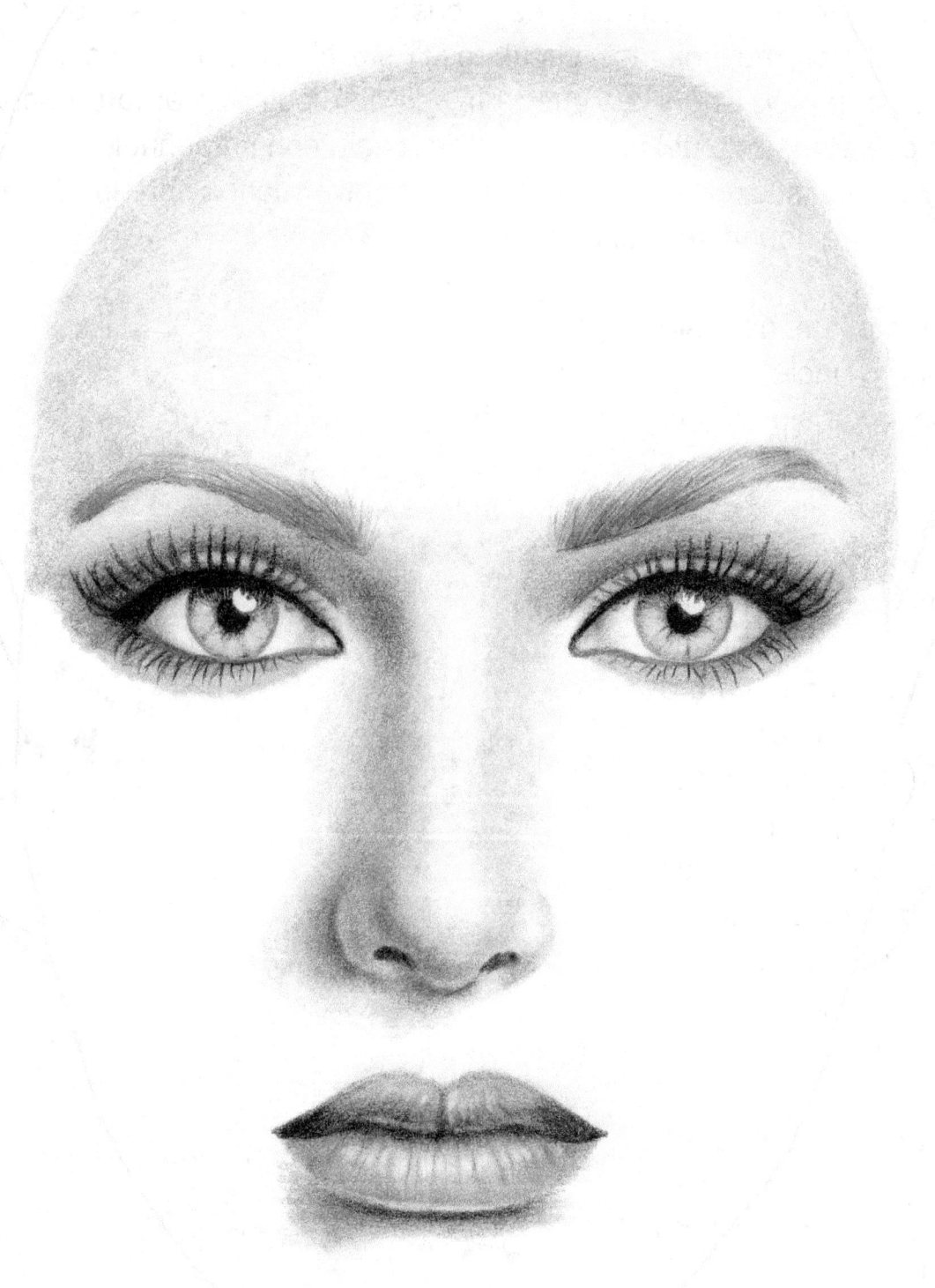

Y por último, podemos usar un 5H para terminar el resto del área. Simplemente deja sin tocar el área que se encuentra justo sobre el ojo derecho, para que pueda permanecer absolutamente blanca. Como siempre, al sombrear junto a 2H, el área previamente sombreada, presiona más y libera la presión hacia los puntos destacados.

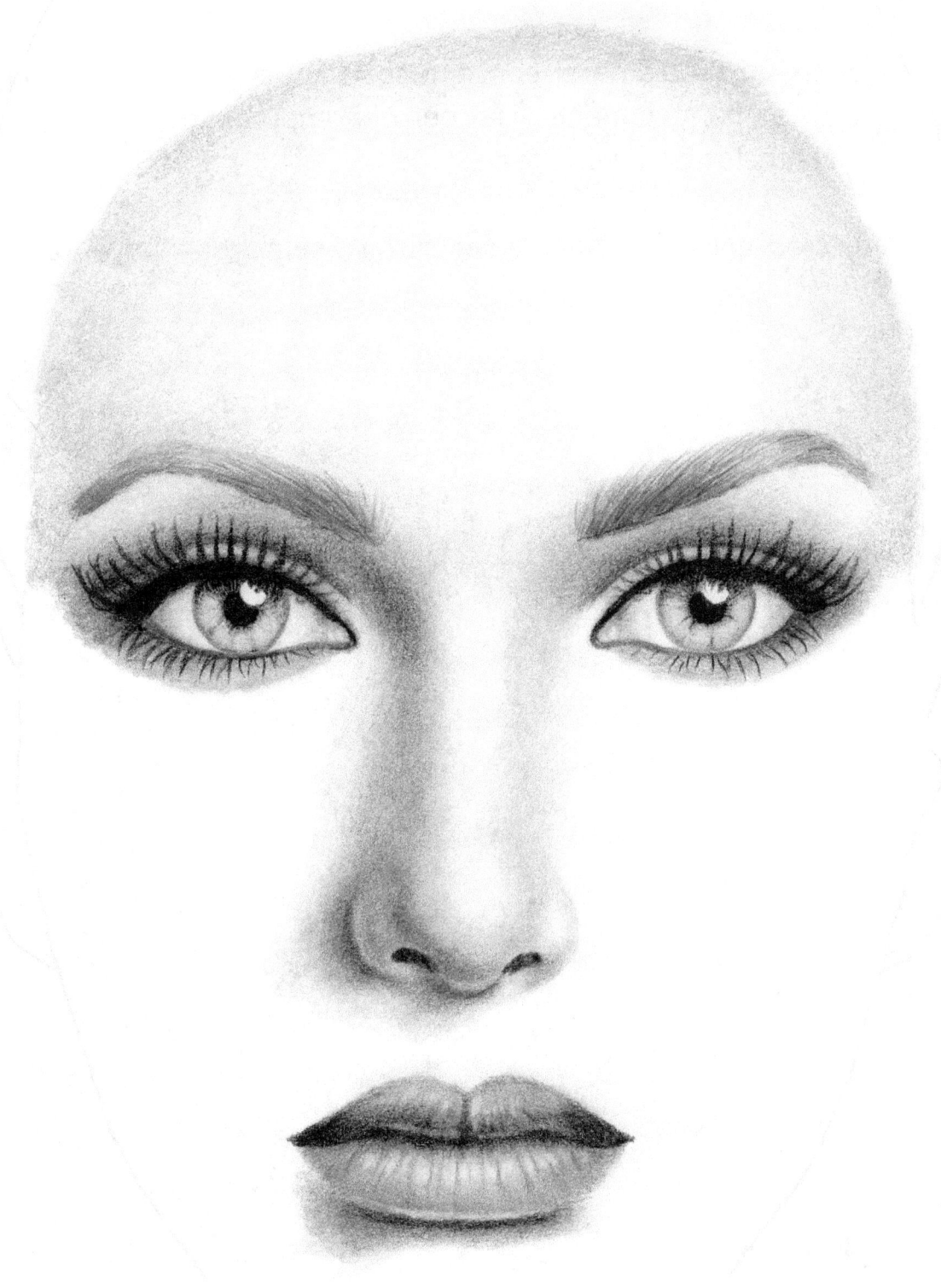

Después de esto, puedes mezclarlo todo con un pañuelo.

En la siguiente imagen, puedes ver la parte ampliada de la frente que he sombreado, y puedes ver cómo los pequeños círculos son visibles de alguna manera, pero aún así parece natural, porque no tenemos ninguna línea.

Entonces, no es un problema si son algunos círculos o imperfecciones. Está bien. La piel no es perfectamente lisa, pero es importante no usar sombreado cruzado o trazos rectos para sombrear.

Por lo tanto, creo que es bastante sencillo y espero que hayas creado algo similar.

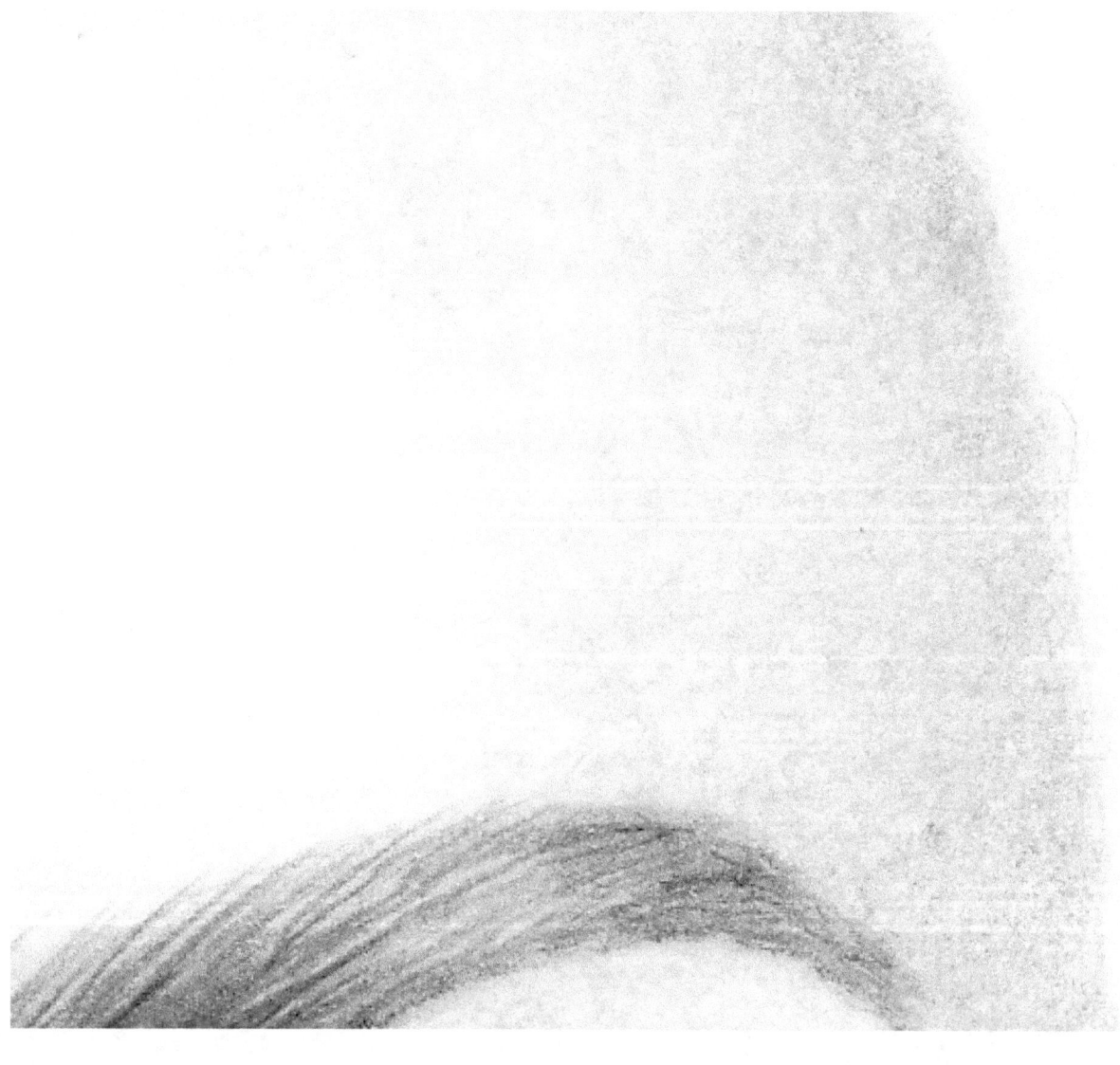

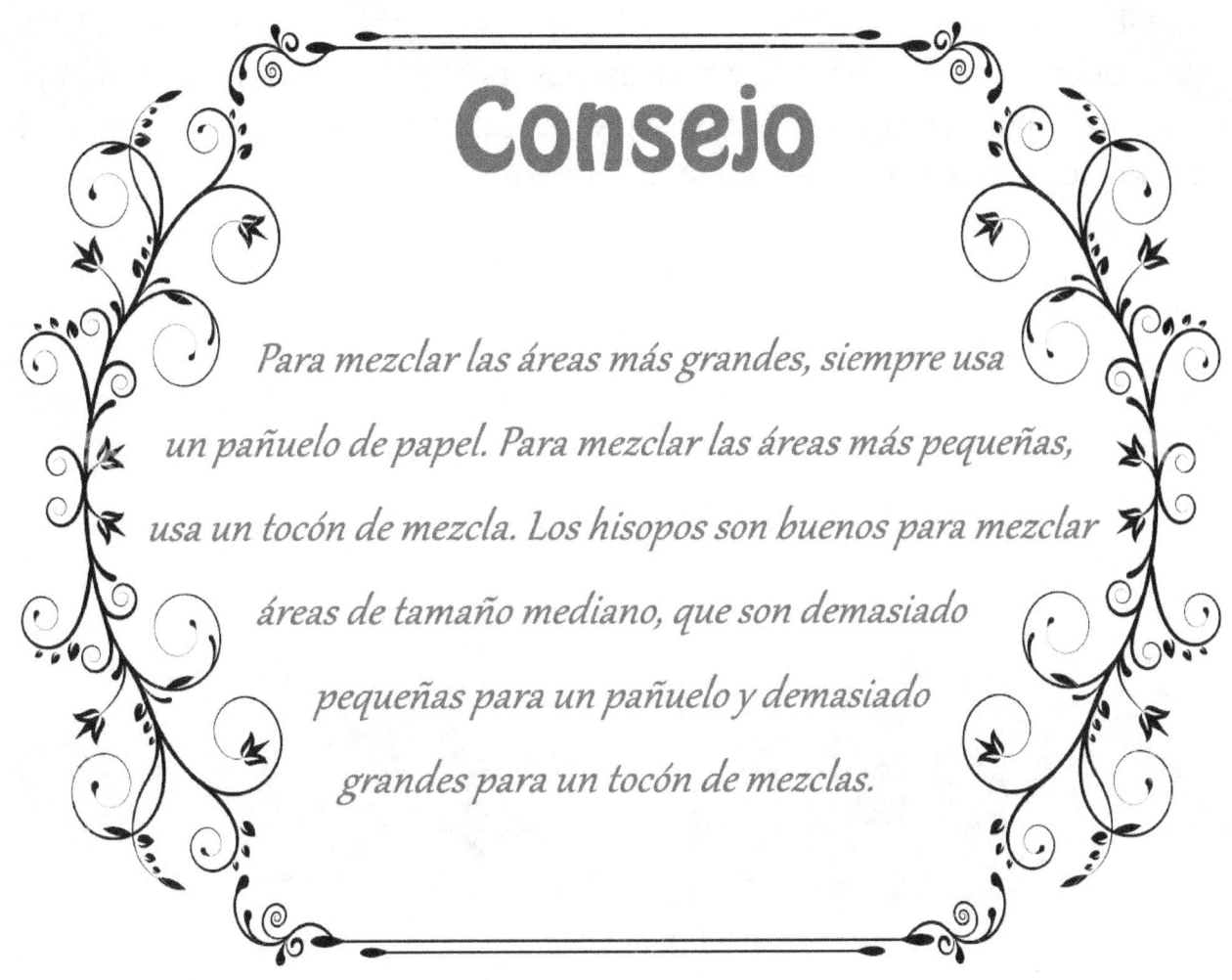

Consejo

Para mezclar las áreas más grandes, siempre usa un pañuelo de papel. Para mezclar las áreas más pequeñas, usa un tocón de mezcla. Los hisopos son buenos para mezclar áreas de tamaño mediano, que son demasiado pequeñas para un pañuelo y demasiado grandes para un tocón de mezclas.

Ahora vamos al lado izquierdo. Quiero hacer que este lado sea muy oscuro, es decir, muy sombreado para que la cara pueda tener cierto contraste entre el lado izquierdo y el derecho. El lado derecho de la cara puede ser más brillante, y si es así, el lado izquierdo debe estar más sombreado. Comienza con un lápiz HB al lado del borde y sombrea aproximadamente 1 centímetro de profundidad. En mi caso, la parte al lado del borde es de 1 centímetro de ancho, y dibujo en formato de papel A4, si deseas dibujar lo mismo, puedes medir esto. Aplica movimientos circulares, presiona más al lado del borde y, solo un poco, libera la presión a medida que sombreas hacia el centro de la cara.

Además, sombrea un poco debajo del ojo, y toda el área entre el borde del lado izquierdo y el ojo izquierdo, presionando muy fuerte. Y, por último, puedes conectar esta área con la sombra proyectada por los labios, como se muestra en la siguiente imagen. Esta pequeña área también está siempre muy sombreada.

Usa un HB para todas las sombras en este paso y presiona más fuerte porque con el HB puedes producir tonos muy brillantes si presionas ligeramente. Pero siempre puedes sombrear el área si parece brillante. Incluso puedes usar un lápiz B para esto, pero quizás eso sea demasiado oscuro para ti y tengas miedo de usarlo, por lo que un HB es bastante bueno.

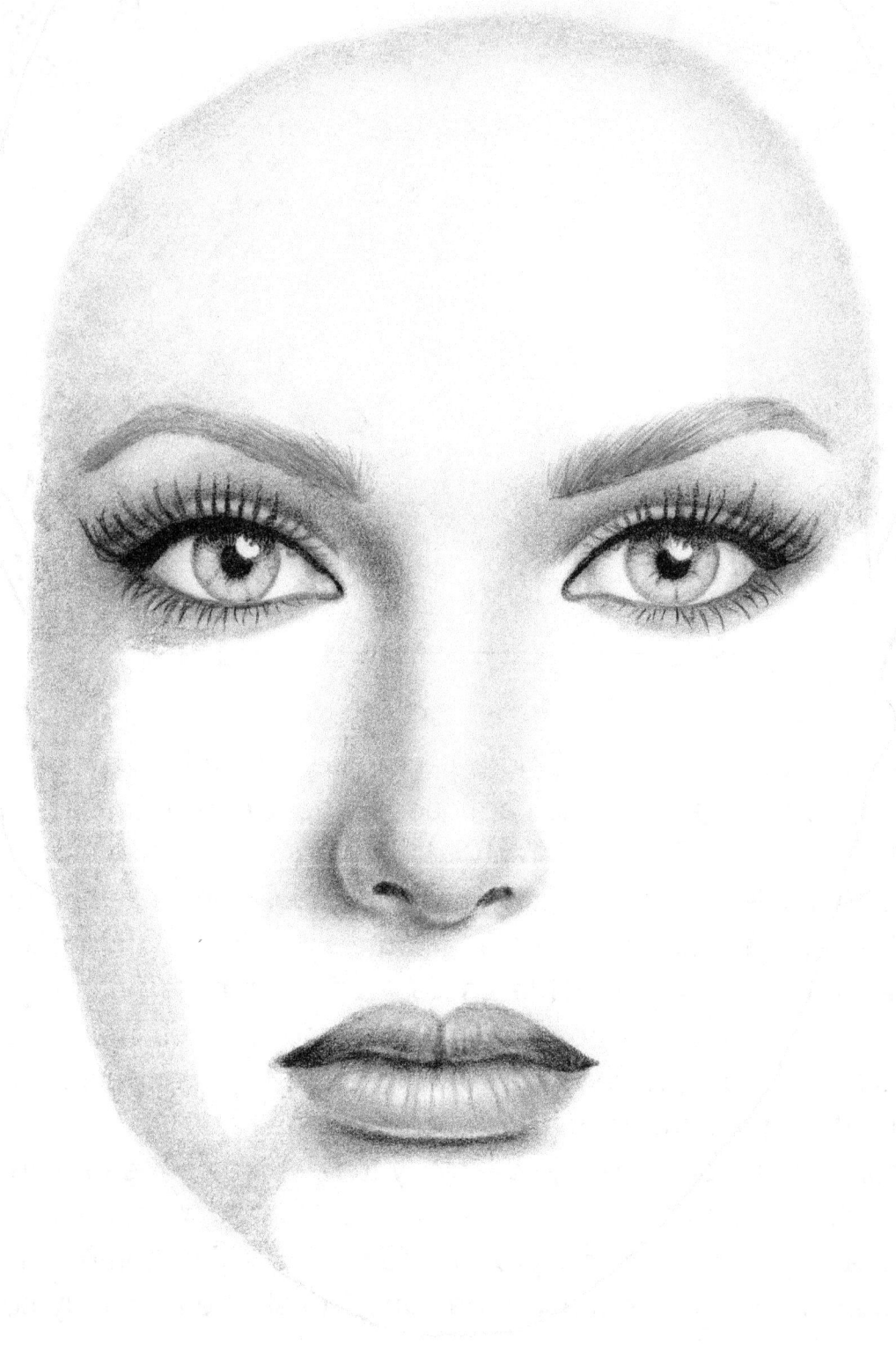

Ahora podemos continuar con un 2H. Comienza al lado del área con HB, presiona con fuerza junto a ella y libera la presión a medida que te diriges hacia la luz. En la siguiente imagen puedes ver las áreas que me quedan para los aspectos destacados. Aquí puedes conectar la sombra proyectada por la nariz con la sombra en el lado izquierdo y también alrededor de la esquina izquierda de los labios. Sigue usando el movimiento circular todo el tiempo.

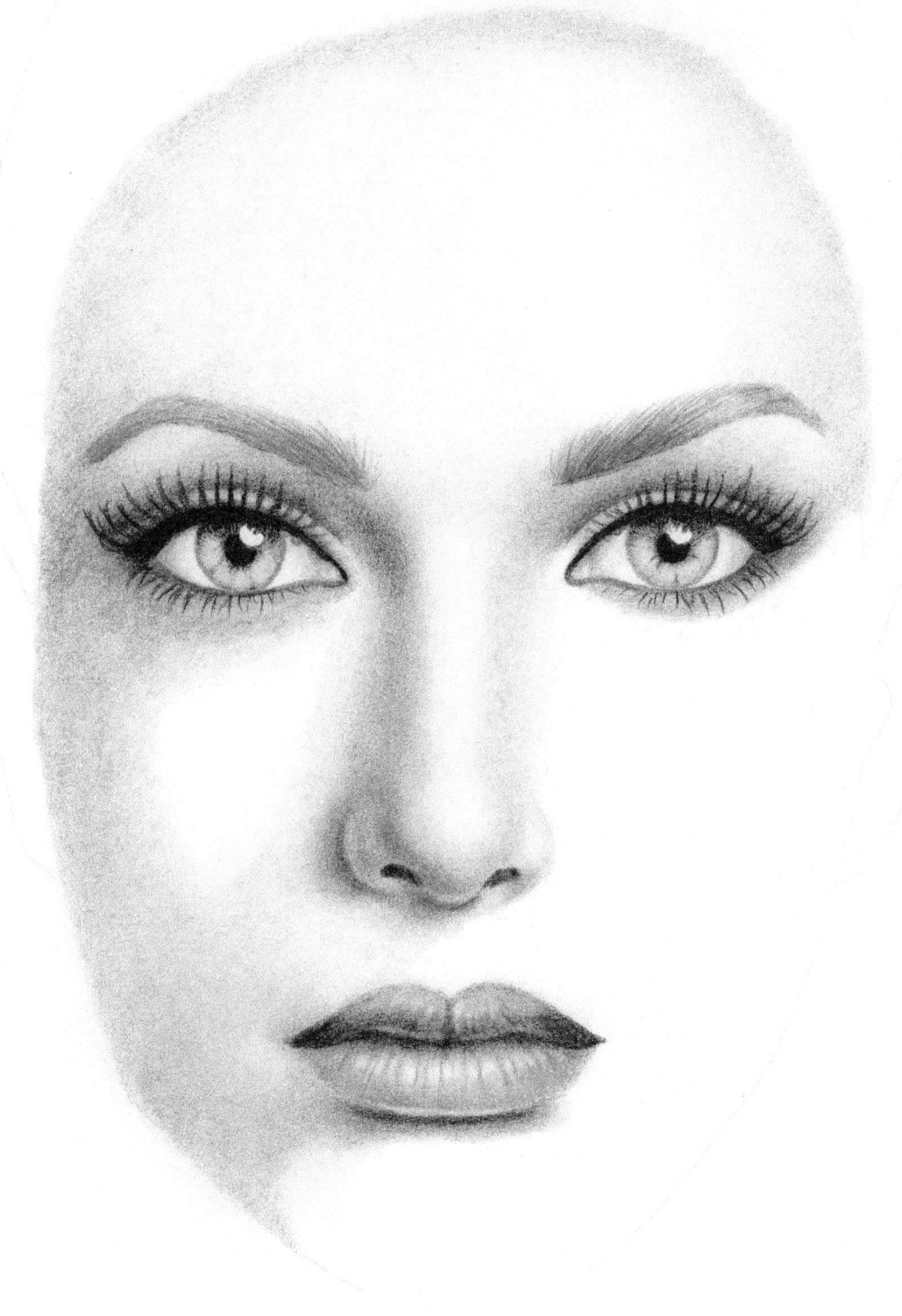

Ahora también podemos sombrear el resaltado, usando 5H o 6H. Además, presiona con fuerza al lado del área 2H y libera la presión a medida que oscureces hacia el centro del punto culminante. Los reflejos más brillantes se encuentran debajo del ojo izquierdo y al lado de la esquina izquierda de los labios. Estas áreas deben ser las más brillantes, pero sin embargo, no deben permanecer blancas. Entonces, todo lo que esté en este lado izquierdo debe estar sombreado.

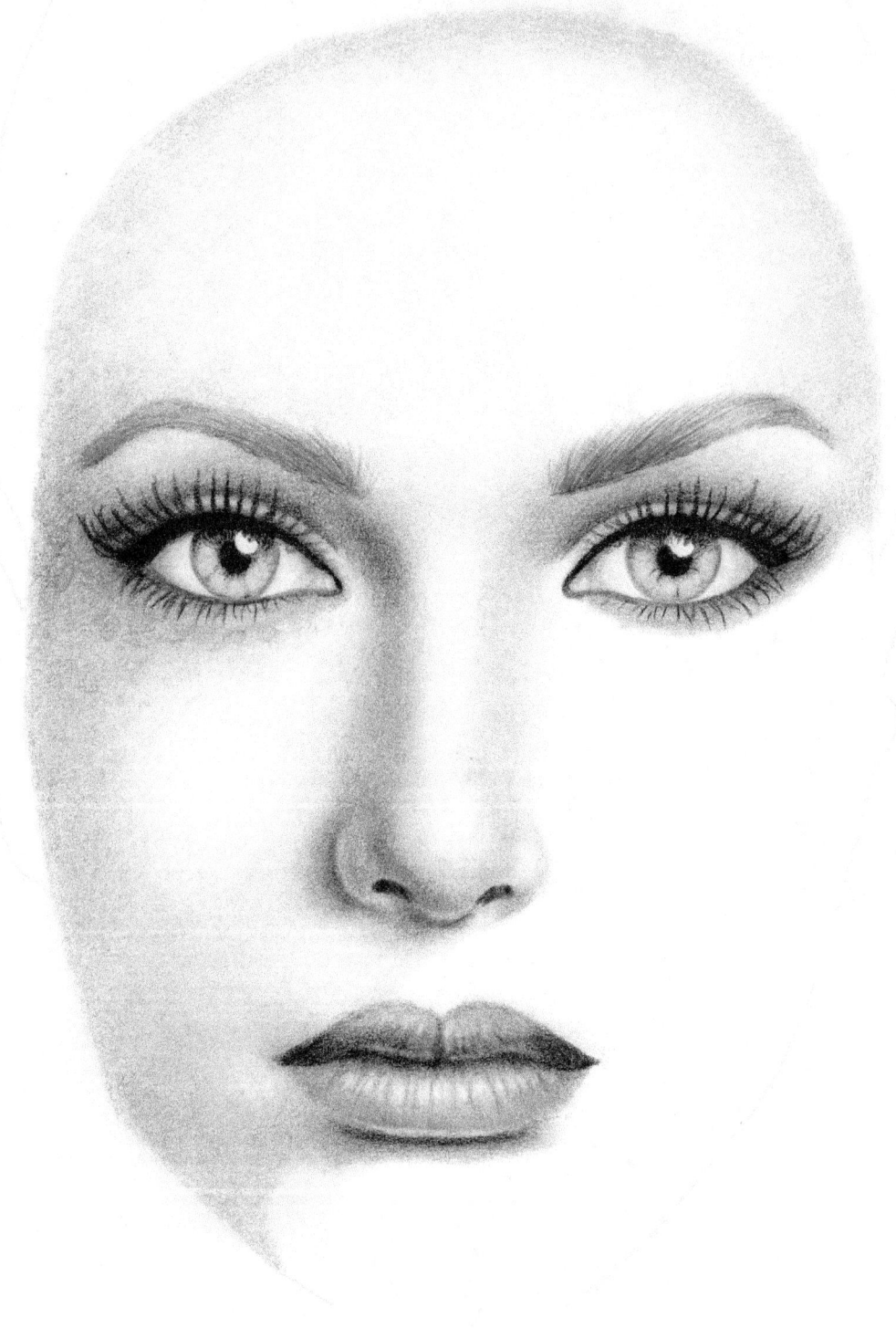

Ahora podemos movernos hacia el lado derecho de la cara, que sería, como mencioné, mucho más brillante si nuestra fuente de luz proviene de la esquina superior derecha. Comienza a sombrear el borde del lado derecho con un lápiz HB, y también aplica un movimiento circular. Sombrea tanto como se puede ver en la siguiente imagen. Y como siempre, presiona más del lado del borde y libera la presión a medida que vas sombreando hacia el centro de la cara.

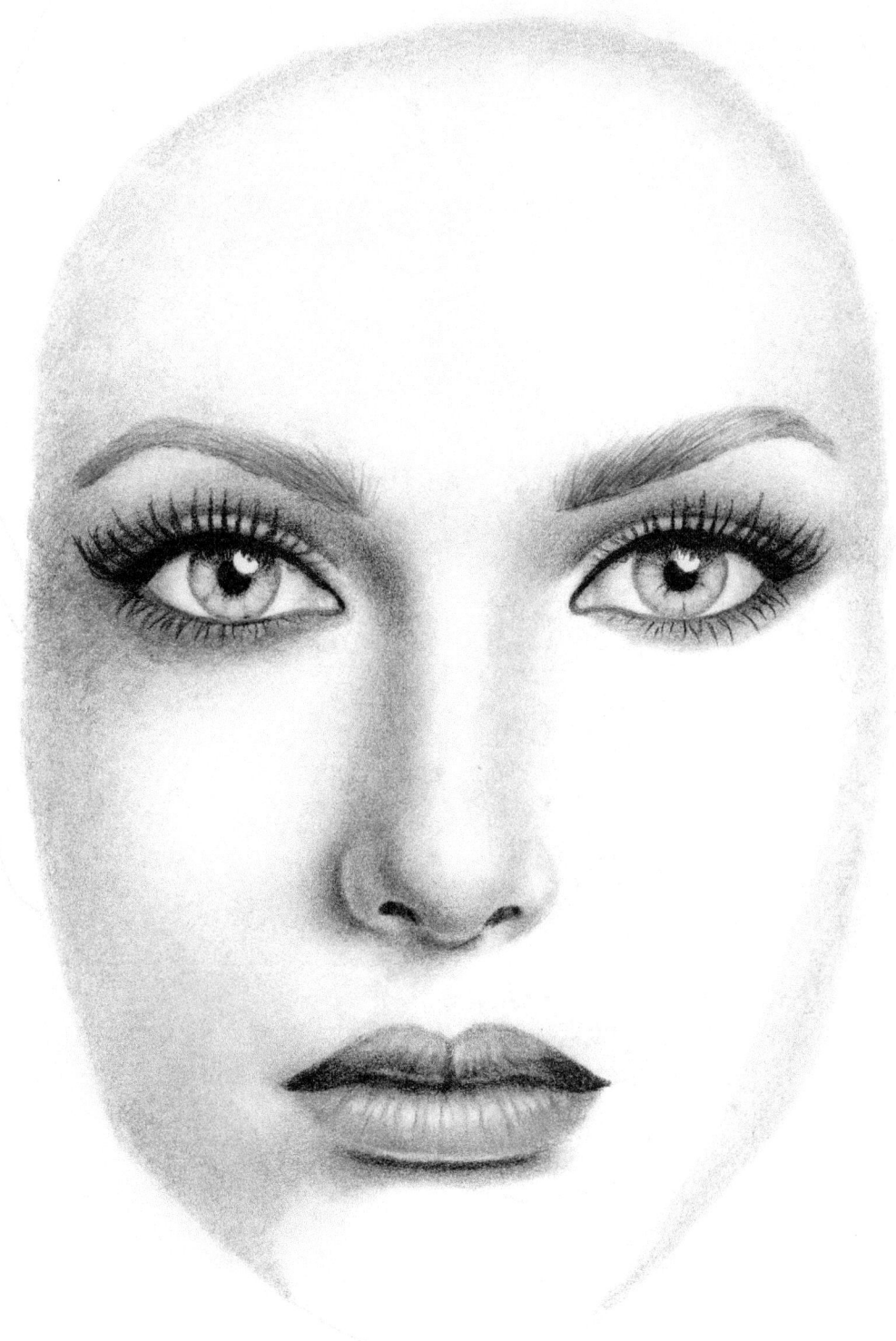

Ahora podemos continuar al lado, usando un lápiz 2H. Sombrea justo debajo de la mejilla, porque la mejilla y el área debajo del ojo están muy resaltadas. Conéctalo a la nariz, como se muestra en la siguiente imagen. También, en este caso, es importante presionar con fuerza al lado del área con HB y liberar la presión a medida que se trabaja hacia los aspectos más destacados.

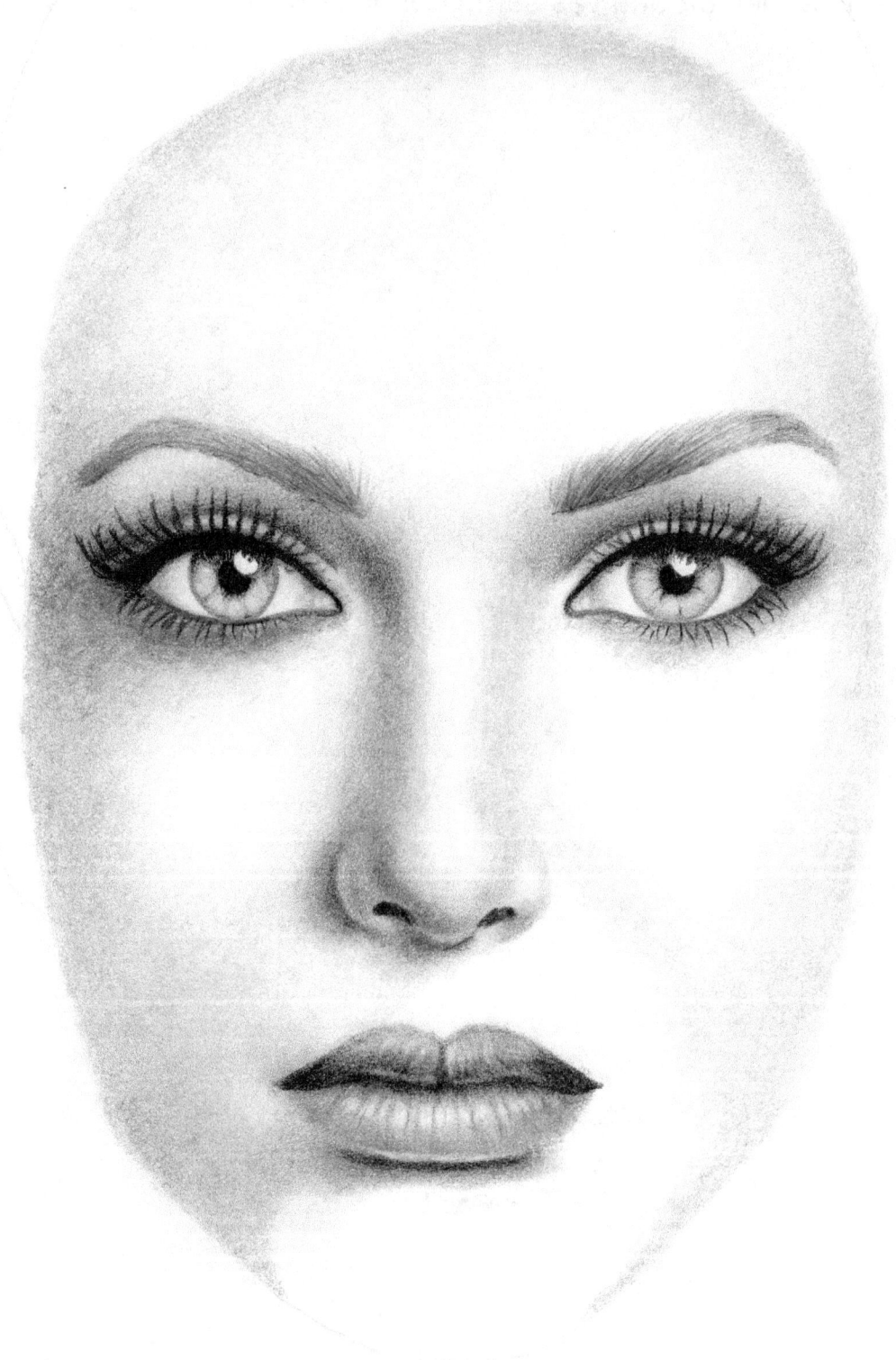

Termina la parte superior del lado derecho de la cara, resalta sobre la mejilla, usando un 5H, presionando también más cerca del área con 2H y muy ligeramente sobre el área resaltada. Incluso, si lo dejas en blanco no sería un problema, porque esta área está bastante iluminada.

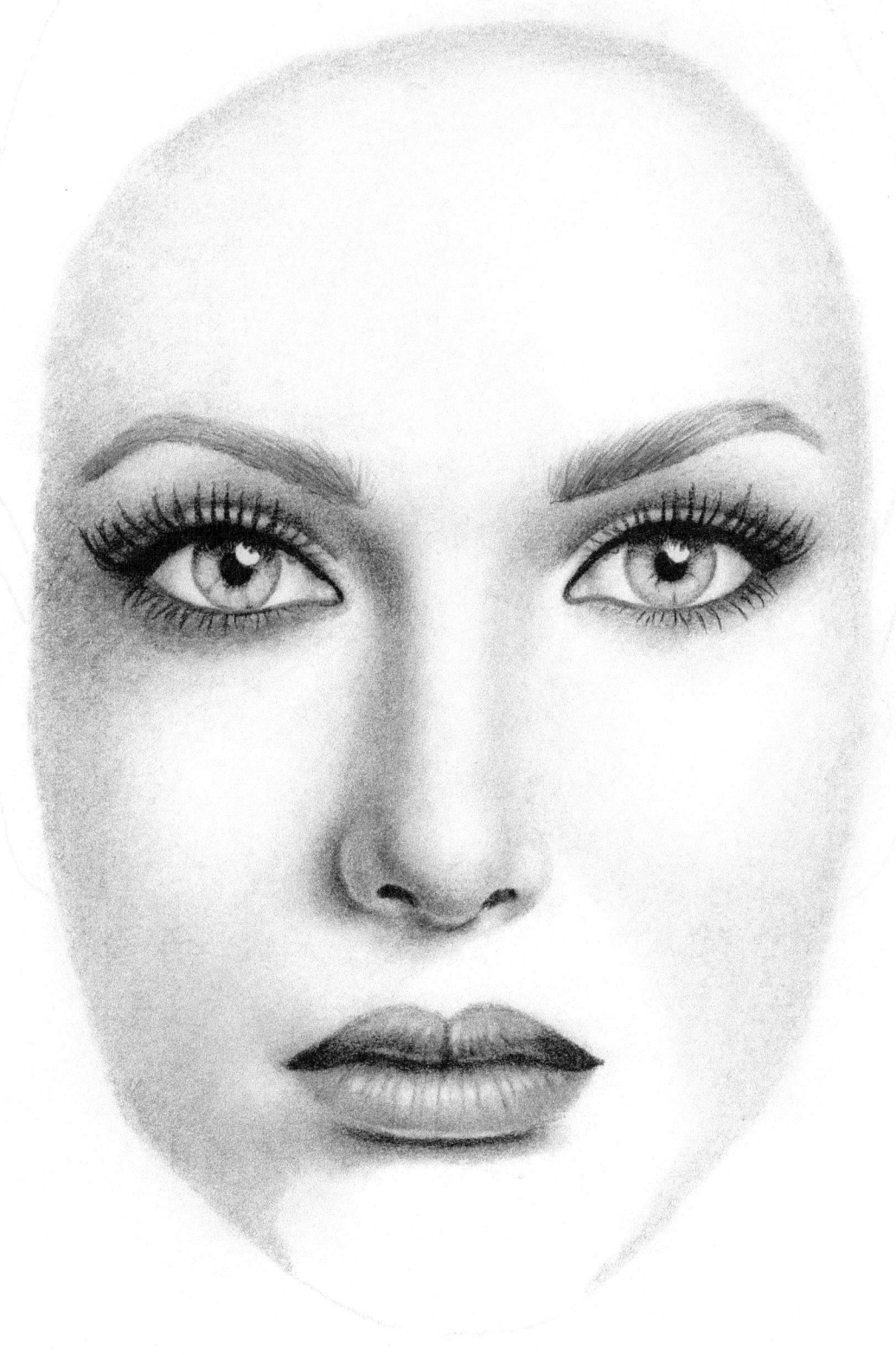

Ahora podemos enfocarnos en el área entre la nariz y los labios, el área sobre el arco de Cupido, debajo de la parte superior de la nariz. Para la mitad vertical derecha, usa 2H, y la mitad vertical izquierda puede permanecer blanca por ahora. Además, sombrea un poco al lado de la esquina derecha de los labios y conéctala al área que has sombreado en el paso anterior, también con un 2H.

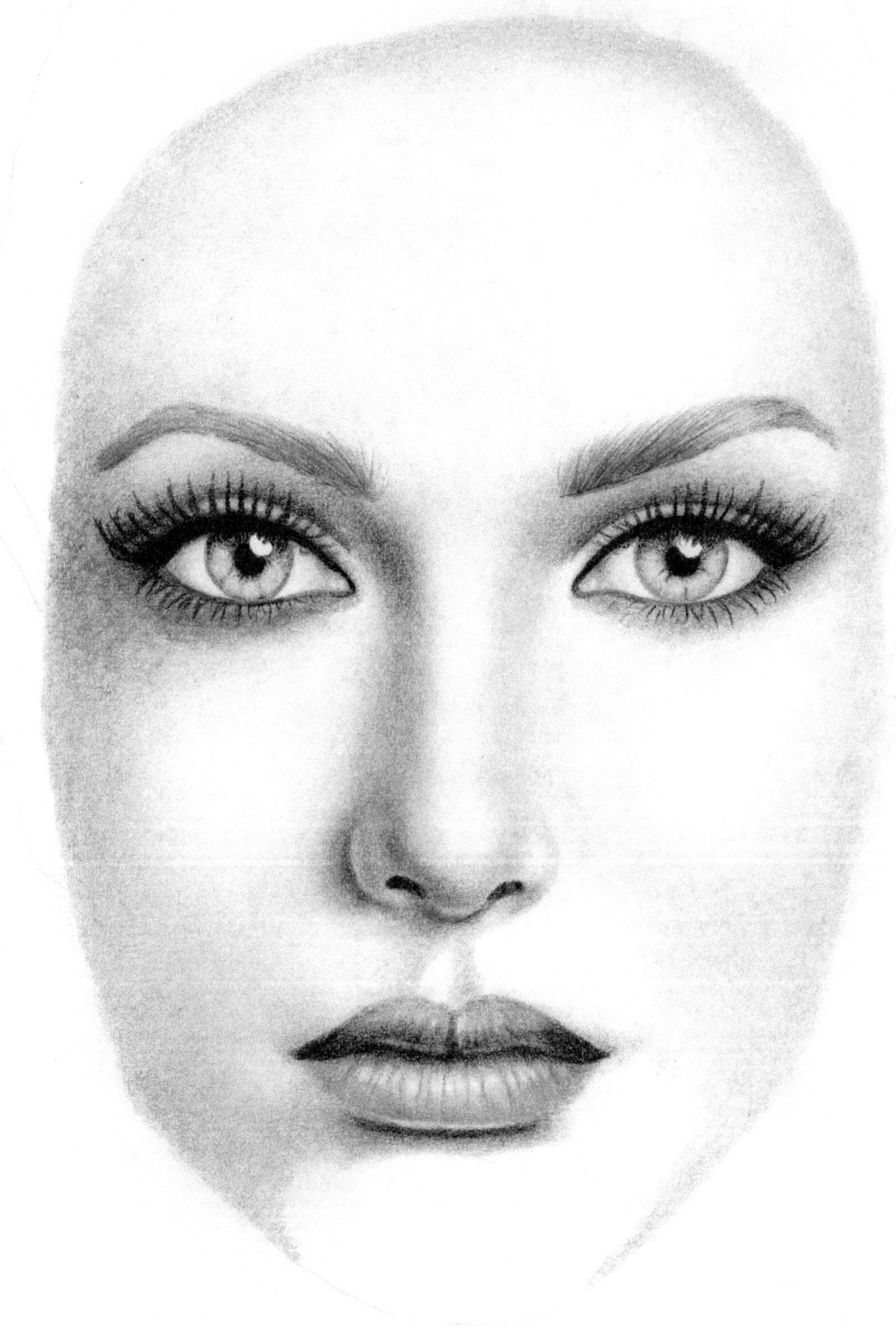

Ahora puedes llenar el resto de esta área usando un 5H. Entonces, colorea el área que dejaste en blanco en el paso anterior, la mitad vertical izquierda sobre el arco de Cupido y toda el área sobre el lado derecho de los labios. Lo mismo aquí, presiona más fuerte al lado del área con 2H y presiona menos mientras trabajas lejos de ella. Ahora mezcla todo con un pañuelo.

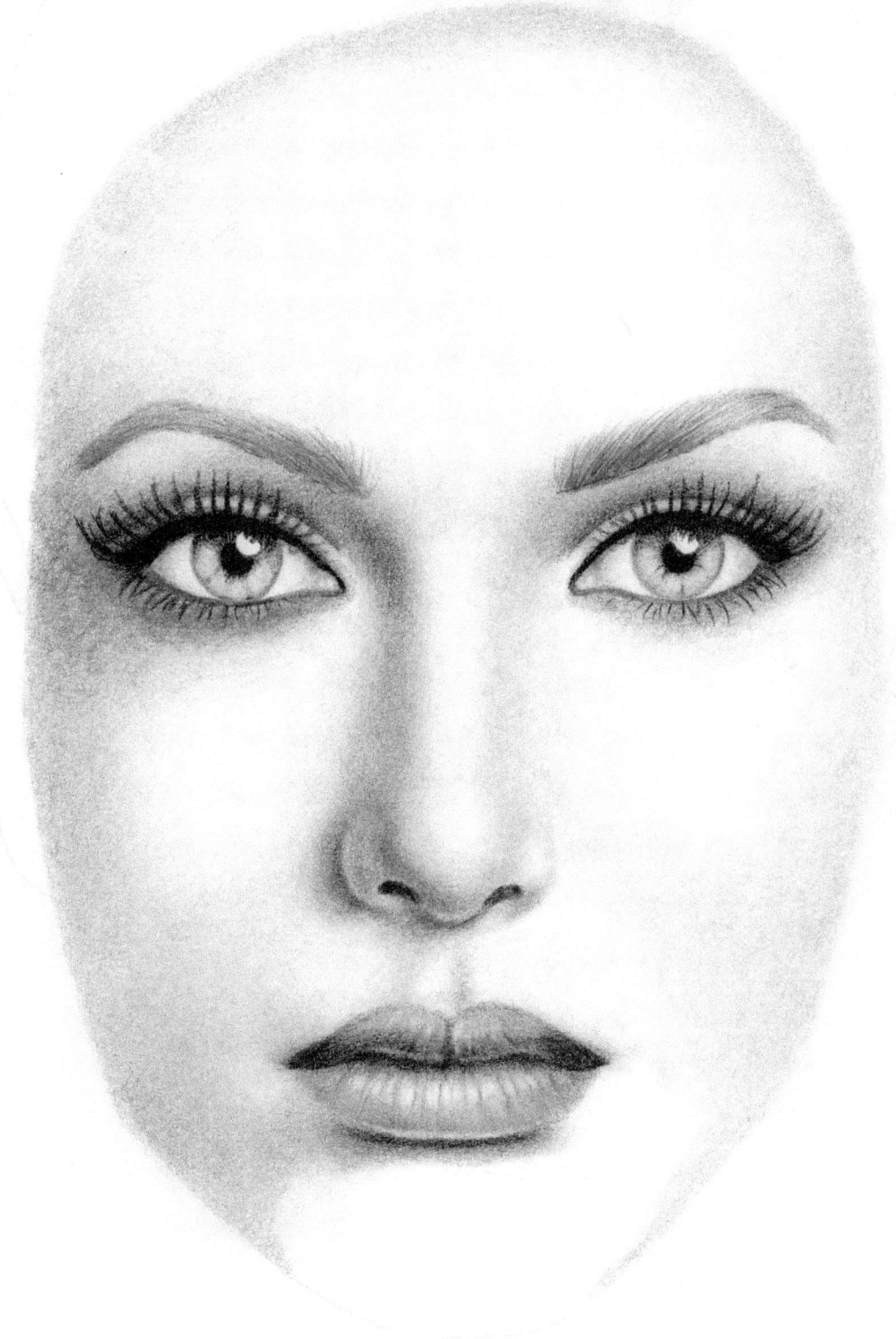

Ahora solo nos queda la barbilla. Entonces, aquí también, comienza con las sombras más oscuras, ve por el borde, rodea y sombrea la parte izquierda de la barbilla, utilizando un HB, como una continuación del área que sombreaste cuando comenzaste a sombrear el lado izquierdo de la cara. Y también debajo del labio inferior, como una continuación de la zona muy oscura que sombreamos cuando terminamos los labios.

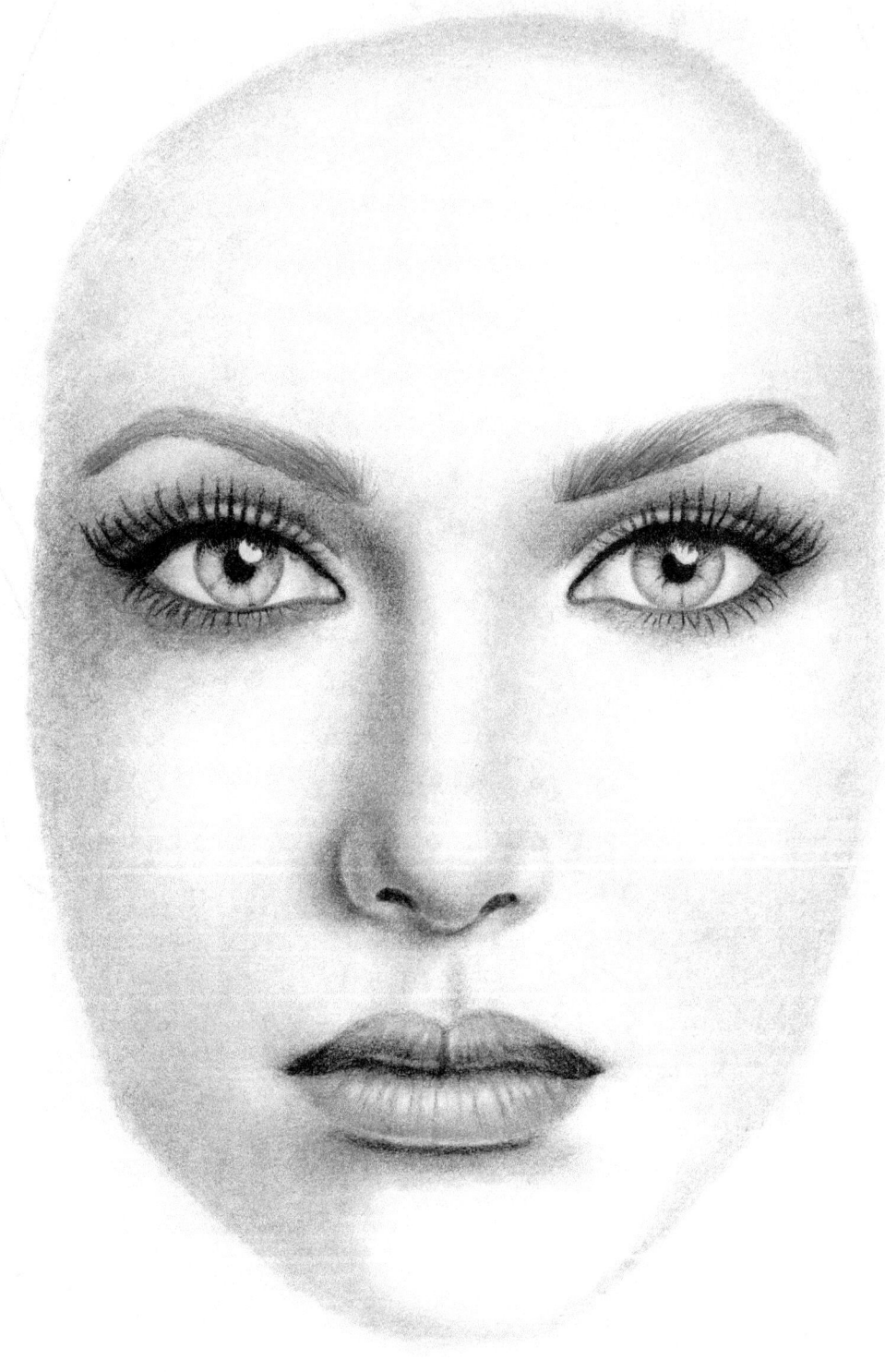

Rellena el resto con 2H, excepto la mitad del mentón, que suele ser la más iluminada. De nuevo, igual, presiona con fuerza junto al área de HB y presiona cada vez menos a medida que te orientas hacia los aspectos más destacados.

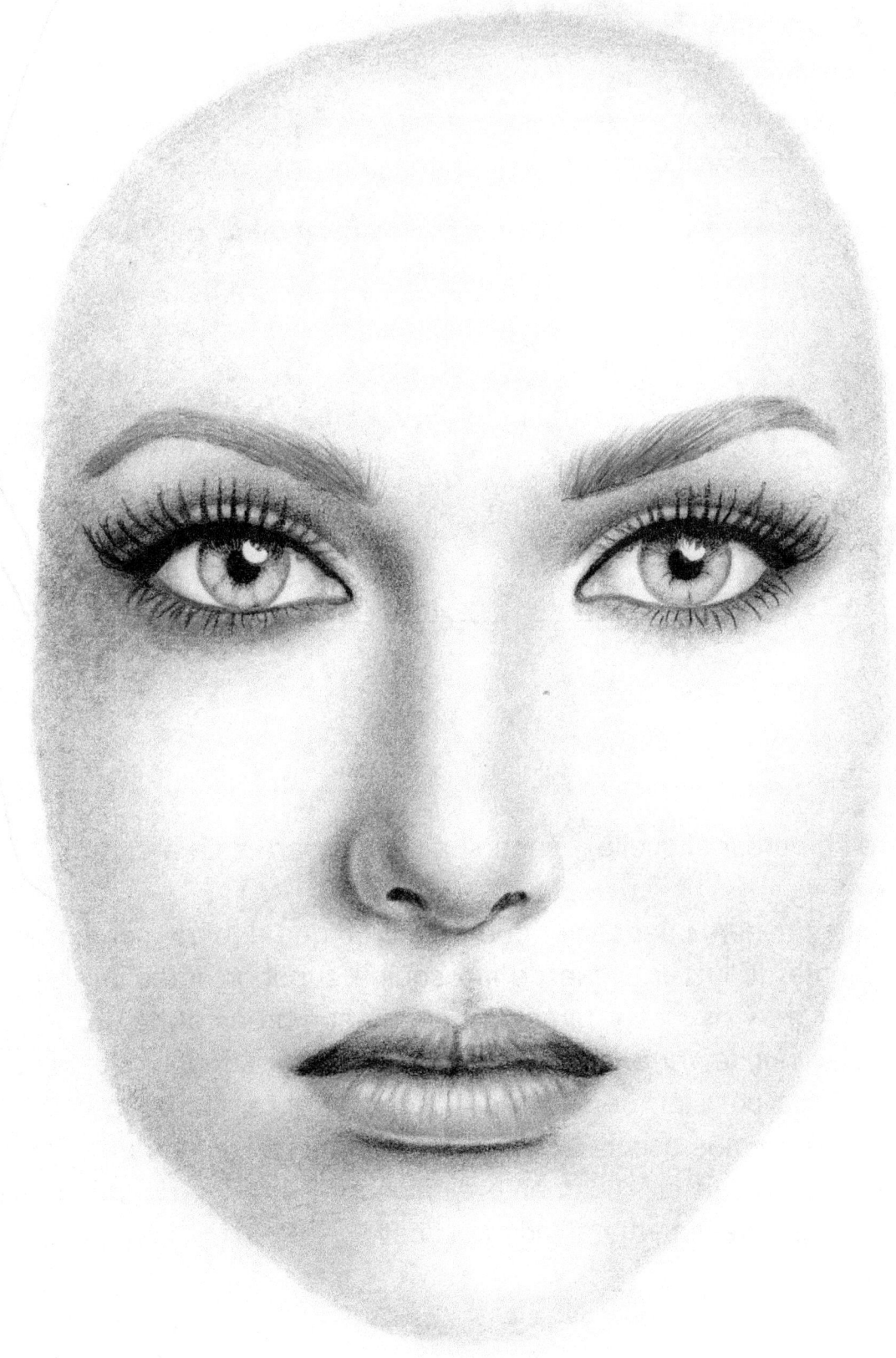

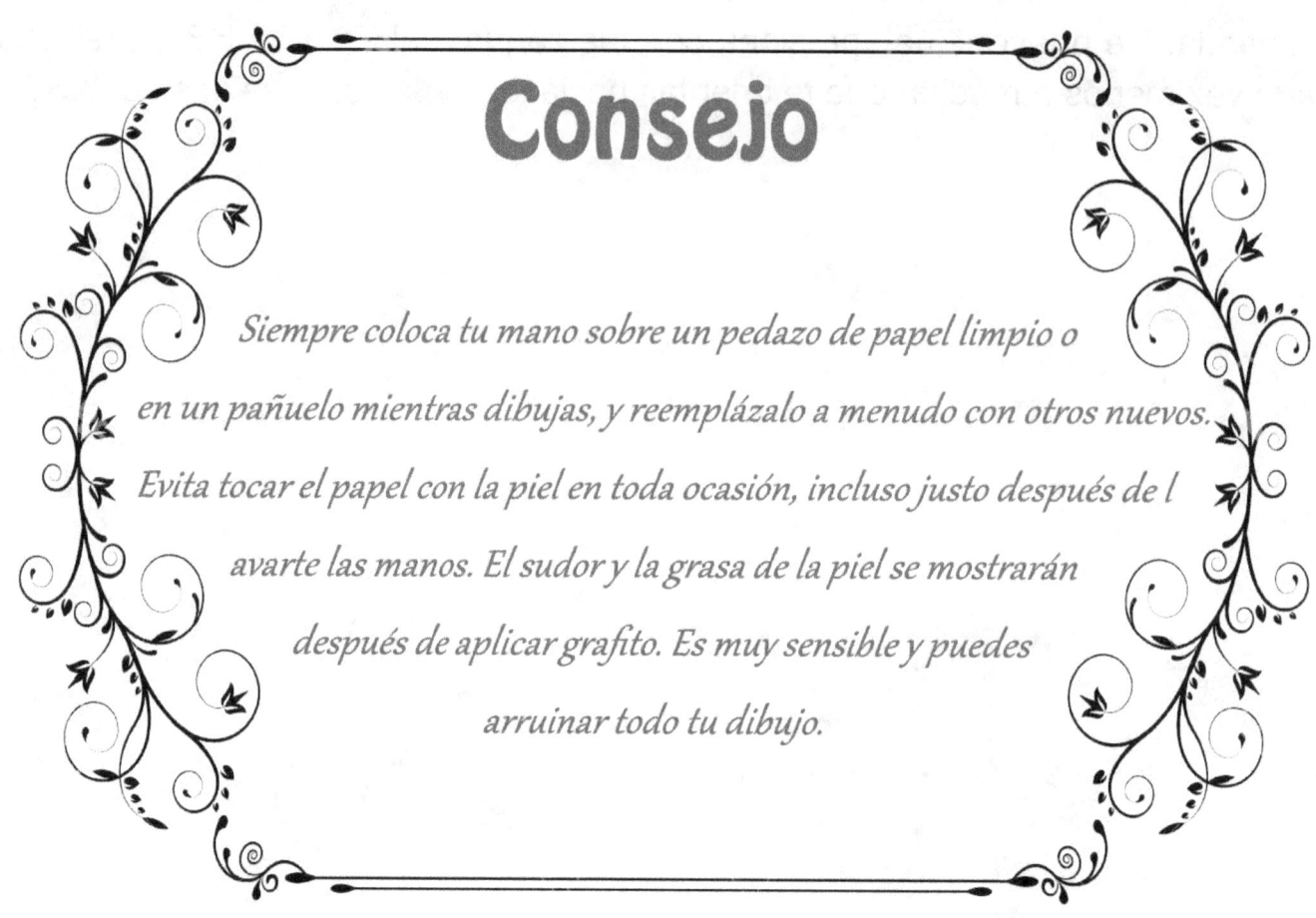

Consejo

Siempre coloca tu mano sobre un pedazo de papel limpio o en un pañuelo mientras dibujas, y reemplázalo a menudo con otros nuevos. Evita tocar el papel con la piel en toda ocasión, incluso justo después de l avarte las manos. El sudor y la grasa de la piel se mostrarán después de aplicar grafito. Es muy sensible y puedes arruinar todo tu dibujo.

Comienza a sombrear el cuello, usando un lápiz B para esta área.

En la siguiente imagen, puedes ver qué área creo que debería ser la más oscura si nuestra fuente de luz proviene de la esquina superior derecha. Por lo tanto, esta área será muy oscura y también puedes sombrear el borde derecho del cuello, como se puede ver en la siguiente imagen. Por supuesto, estas sombras dependerán de la posición del cabello. Entonces, si tenemos un poco de pelo allí, la sombra será más oscura. Y si una persona está usando un corte de pelo corto, el cuello quedará prácticamente eliminado. Pero claro, también depende de la posición de la vestimenta al lado del cuello.

Aquí, de la misma manera, debes presionar más sobre el borde del cuello en el lado derecho y liberar la presión a medida que sombreas hacia el centro del cuello.

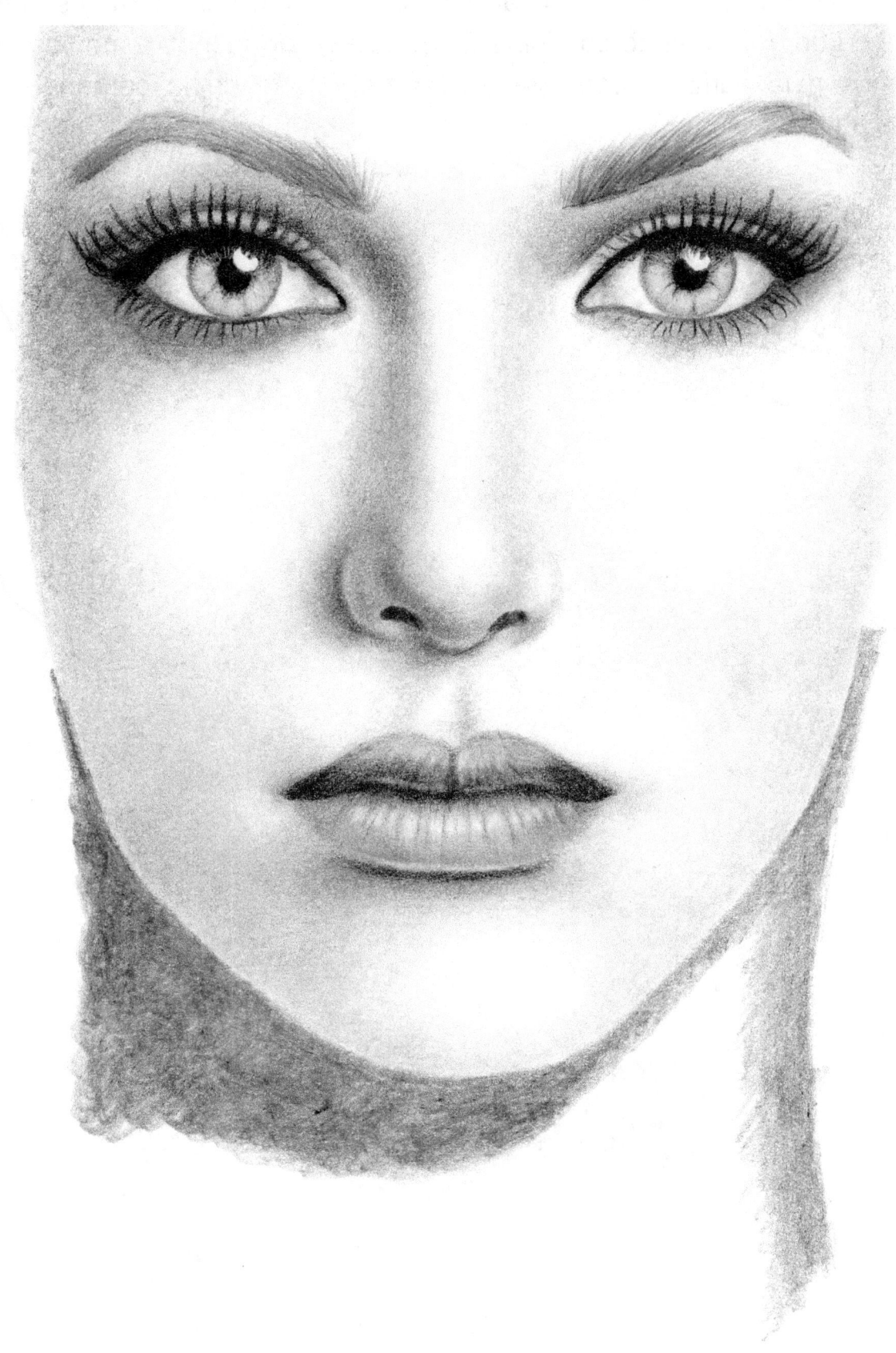

Ahora podemos volver a la cara, ya que no hemos terminado la luz reflejada sobre el borde inferior izquierdo de la barbilla. Como puedes ver, tiene que ser mucho más oscuro, y debemos dejar el borde sin tocar por ahora, y sombrear al lado del borde presionando con fuerza, y presionando menos a medida que nos acercamos a la nariz. Puedes ver cómo esta parte de la cara parece más redonda ahora.

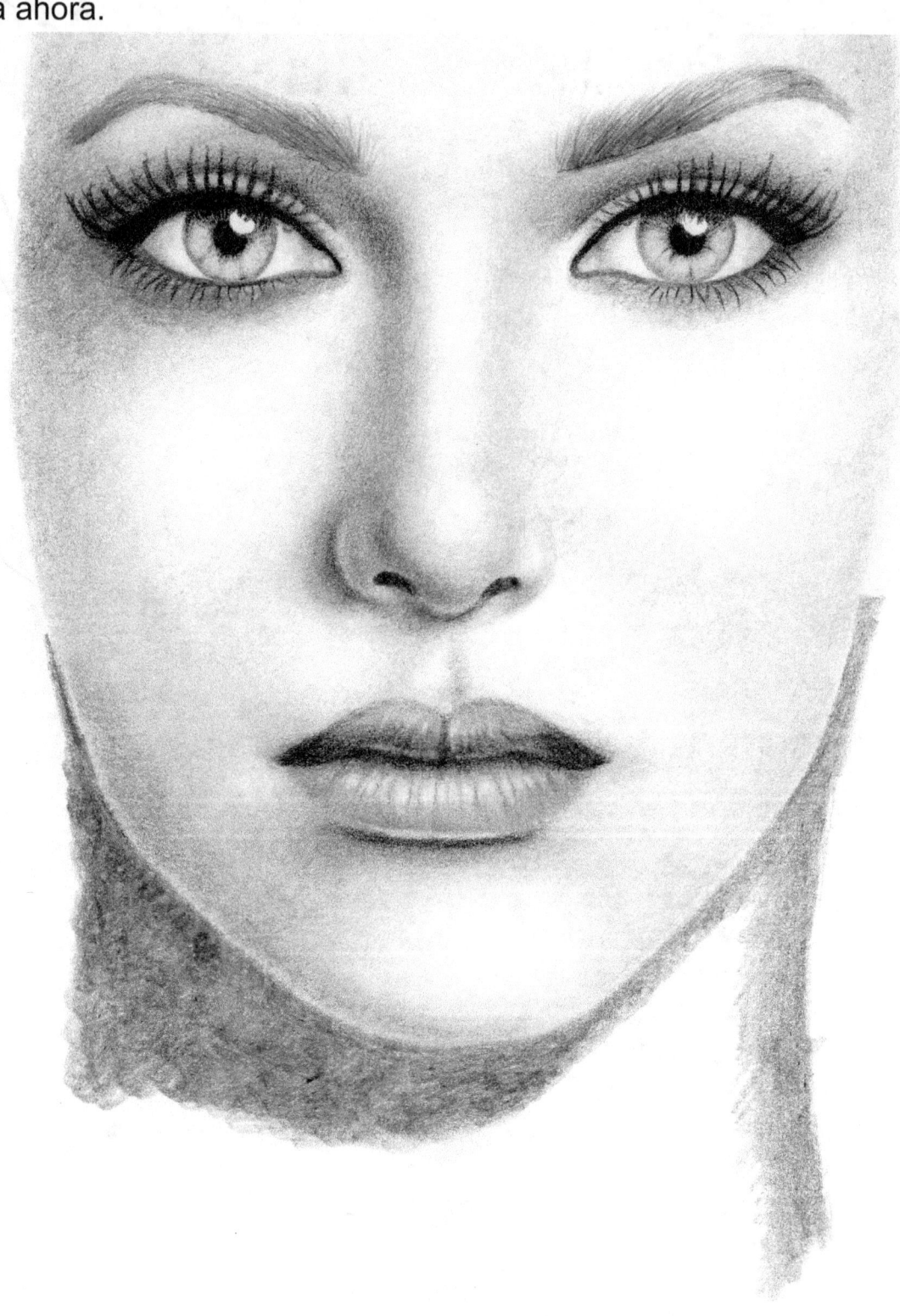

Ahora podemos sombrear el resto del cuello usando un lápiz HB. Comienza en el área más oscura, sombreamos con un lápiz B y avanzamos hacia los puntos más destacados, continúa aplicando un lápiz HB, con movimientos circulares y presionando con más fuerza al lado del área B, y presionando menos a medida que se sombrea el área más oscura.

Por último, alísalo todo con un pañuelo de papel y agrega o elimina lo que desees.

Puedes detenerte aquí o puedes crear la ropa o cualquier cosa que desees, pero luego dibujaremos pelo sobre esta área, por lo que no tiene que ser perfecto, ya que tal vez desees dibujar el cabello sobre el cuello si no te gusta, o solo quieras dibujar pelo.

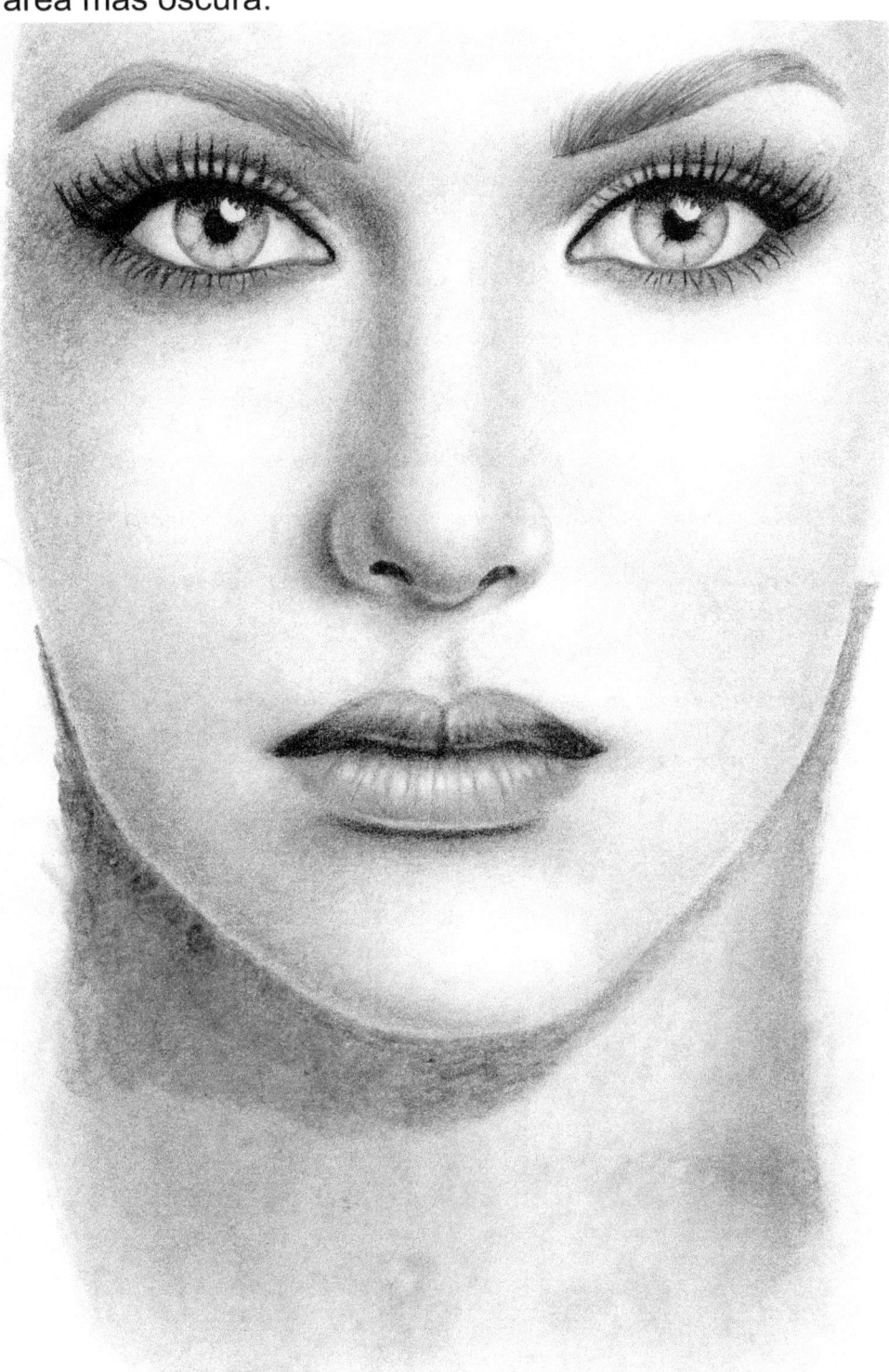

Consejo

Si usas fotos de referencia, es posible que no puedas ver la diferencia entre algunos tonos. Aquí está la imagen como ejemplo. La primera imagen es una imagen normal en la que puedes pensar que su cara es blanca y no tienes que sombrearla mucho, solo alrededor de la nariz y los ojos. Además, puedes pensar que la piel de su frente es absolutamente negra porque su sombrero proyecta una sombra muy fuerte sobre ella, pero esto no es cierto.

Cuando disminuye el brillo, como se muestra en la segunda imagen, verás qué áreas son absolutamente blancas. Ahora puedes ver que tu cara no es blanca en absoluto. Además, cada parte de tu piel, incluso las partes más brillantes, deben estar sombreadas. Entonces, solo tu vestido, tu sombrero y el fondo son absolutamente blancos en esta foto. Usa este truco al dibujar desde fotos de referencia.

También puedes considerar aumentar el contraste para obtener una imagen más clara.

Cuando aumentas el brillo de la imagen (tercera imagen), solo entonces puedes ver qué partes son absolutamente negras. Para esas áreas, debes usar un 6B o más oscuro. Para los demás, debes usar un matiz un poco más brillante, como 3B o 2B. Ahora puedes ver que la piel de tu frente no es tan negra, que hay una diferencia entre el negro absoluto y los tonos grises muy oscuros. Este es un muy buen consejo para conocer tus futuros dibujos, y no solo para los retratos, sino también cualquier otra cosa que dibujes cuando usas algunas fotografías como referencia.

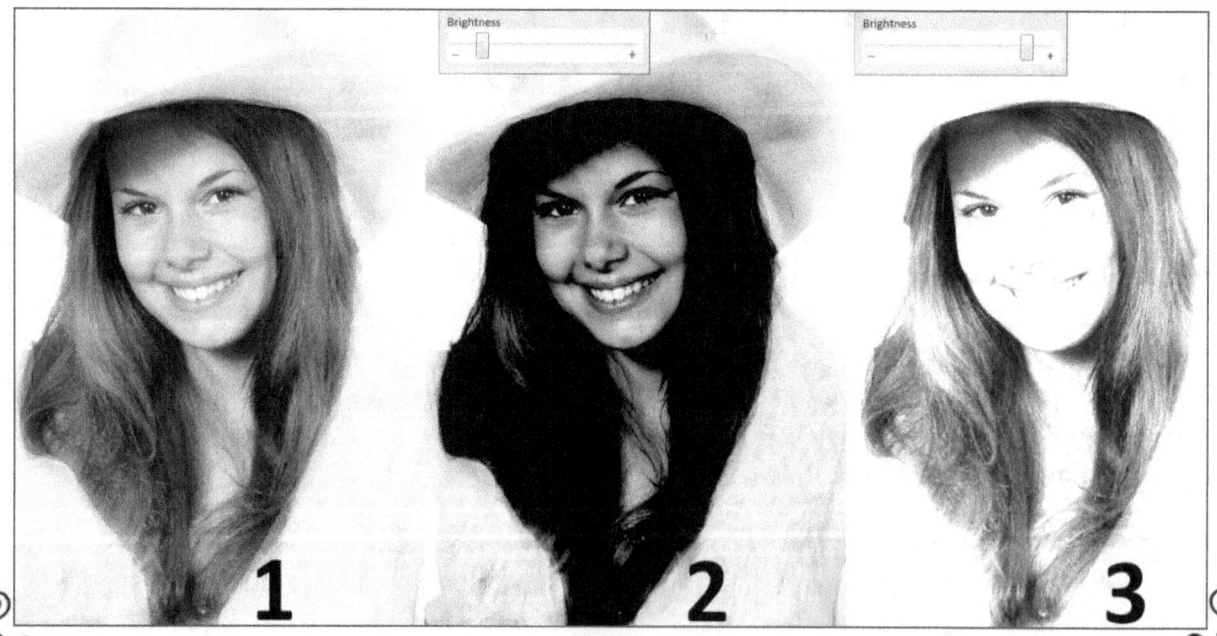

Si aún tienes dificultades para averiguar qué lápiz usar, he desarrollado el selector de color especial, el PenPick, que sugiere qué lápiz debes usar para el área seleccionada en tu foto de referencia. Esta aplicación tiene un panel separado para lápices de colores, por lo que muchos artistas lo usan como ayuda, incluso yo, yo también lo uso y siempre lo recomiendo.

Para más información y enlaces de la tienda de aplicaciones, visite el sitio web:

www.pen-pick.com

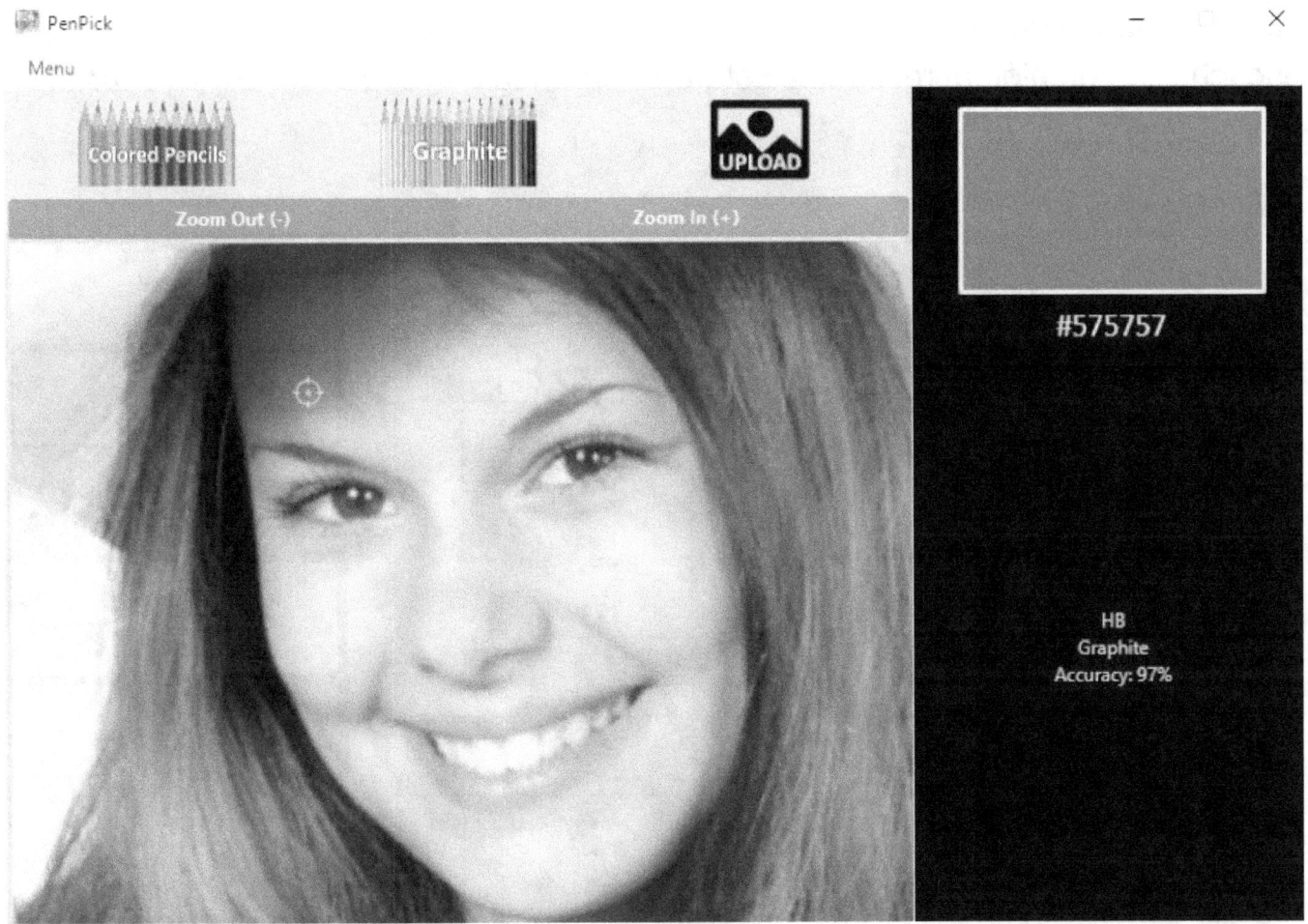

Si no puedes encontrar un buen editor de imágenes donde puedas editar el brillo, he desarrollado el software especial (para usuarios de Windows, macOS y Linux), el GriDraw, que puede ayudarte no solo a editar tus fotos, sino que también puedes usar para colocar la cuadrícula perfecta sobre tus fotos de referencia. Este es el único software disponible con este propósito específico y está programado para las necesidades de los artistas, porque incluso puedes agregar el etiquetado y las líneas diagonales.

La cuadrícula creada se puede mover para que se puedas colocar en la posición deseada sobre la foto de referencia. El color, el grosor y la opacidad de las líneas de la cuadrícula se pueden establecer según las necesidades y el deseo de los artistas. Compruébalo en el sitio web **www.gridraw.net**, donde también puedes leer el artículo "Cómo usar el método de cuadrícula" que he escrito. Además, este es mi sitio web, así que no dudes en ponerte en contacto conmigo allí si tienes alguna pregunta, o simplemente quieres mostrarme tu dibujo y escuchar mi opinión al respecto. Estaré encantada de responderte y ayudarte.

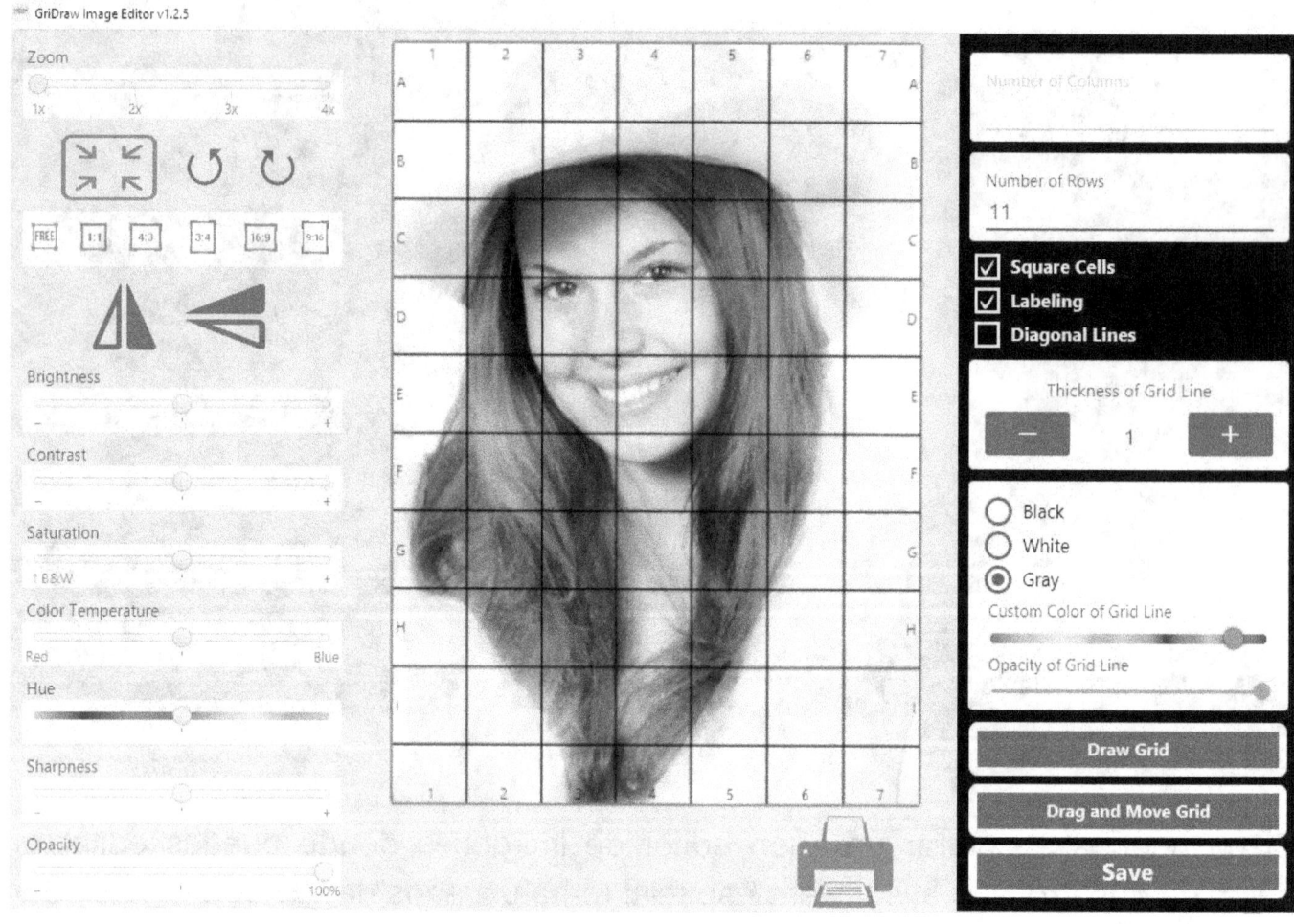

CÓMO DIBUJAR EL CABELLO

Dibujar el cabello es la parte más difícil del retrato para muchas personas. Es un trabajo que consume mucho tiempo y, a veces, requiere más tiempo para completarse que para toda la cara. Por supuesto, todo depende del peinado que quieras dibujar, la fuente de luz y así sucesivamente. En mi opinión, lo más importante es mezclar el cabello con un pañuelo para que se vea como un suave en lugar de simplemente haber dibujado trazos. A lo largo de esta sección del tutorial de nuestro retrato, te mostraré cómo dibujar, mezclar, sombrear y resaltar el cabello para hacerlo lo más realista posible. Por supuesto, es más fácil si usamos algunas fotos de referencia solo para poder ver los tonos, las sombras y los resaltados, pero solo quiero mostrarte las técnicas básicas que podrás aplicar incluso cuando dibujas desde fotos de referencia. Algunas de las reglas se aplicarán de todos modos.

Vamos a empezar en la sección superior izquierda de la cabeza. Quiero dibujar cabello castaño claro, por eso utilizo un HB como color básico. Utilizo mi lápiz mecánico que contiene un plomo HB y comienzo desde las raíces del cabello. Presiono con fuerza allí para crear líneas cortas y curvas, y luego dibujo línea por línea hacia abajo, sobre el lado izquierdo de la cabeza, al lado de la frente. Aquí tienes que cubrir un área más grande y luego ir bosquejando el contorno del cráneo. Por supuesto, si el cabello tiene gel y se adhiere al cráneo, debemos dibujarlo de forma diferente, utilizando los diferentes tonos y trazos. Pero, vamos a crear el cabello con su flujo normal. Si nuestra fuente de luz proviene de la esquina superior derecha, tenemos que hacer que el lado izquierdo del cabello sea más oscuro y el punto culminante se encontrará en el lado izquierdo de la frente. Presiona más fuerte en la parte superior cuando comienza a dibujar los pelos más largos y libera la presión a medida que se acerca al punto culminante. El punto es crear un área más oscura en la parte superior de la cabeza y un área más brillante al lado del punto culminante. En la siguiente imagen, puedes ver cómo empecé y dónde quiero que esté lo más destacado. Puedes ver cómo los extremos inferiores de mis trazos son mucho más brillantes y desaparecen gradualmente en la blancura del papel, ya que levanté la punta del lápiz cuando terminé los trazos.

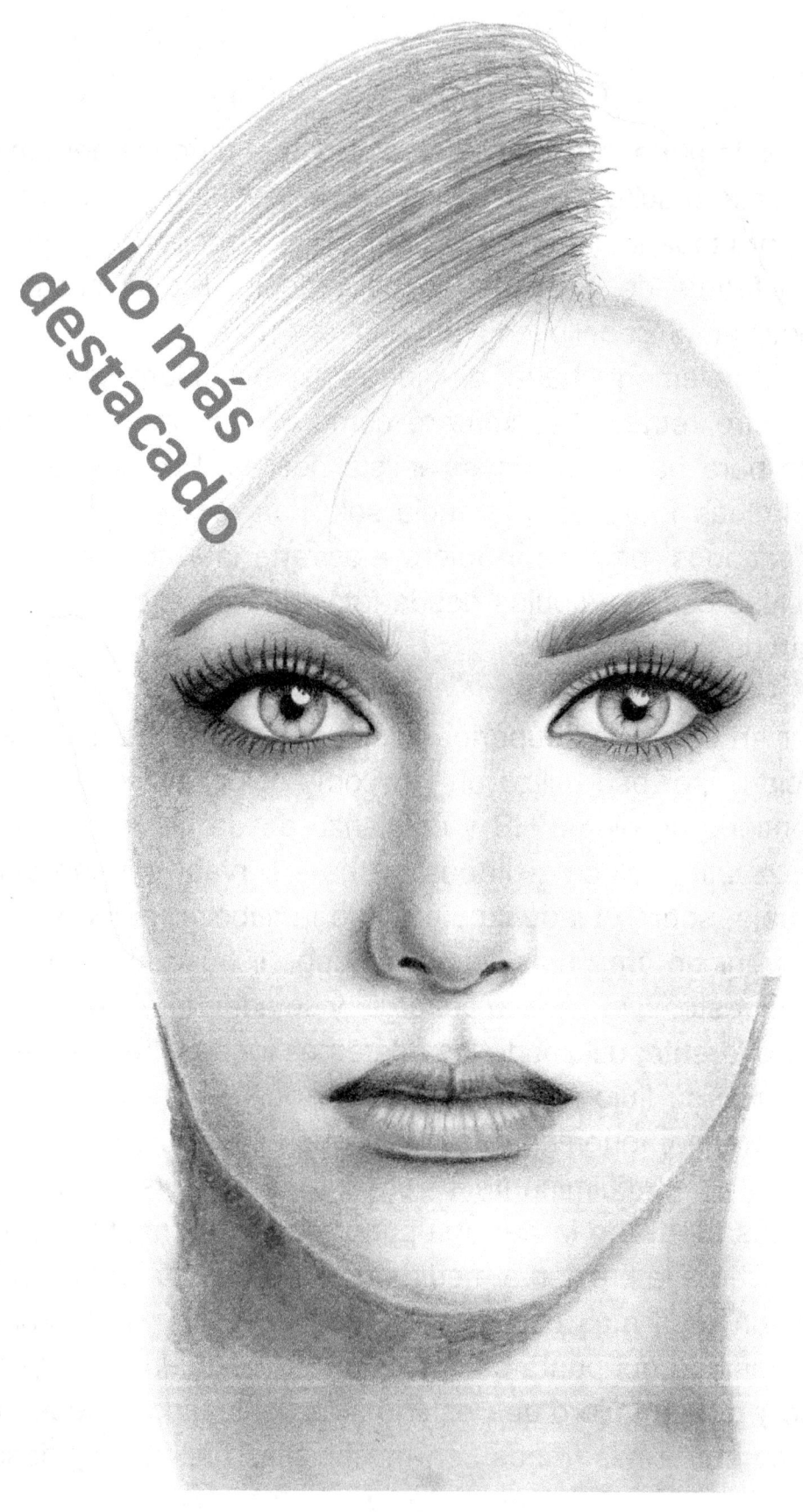

Ahora, hagamos lo mismo pero desde la dirección opuesta, comenzando de izquierda a la sien y dirigiéndonos hacia el punto culminante de la misma manera: aplica presión cuando comiences los trazos y luego levanta la punta del lápiz cuando termines las líneas.

Entonces, al dibujar una sección de cabello, hazlo con movimientos rápidos y confiados. Ve de arriba hacia el medio, luego de abajo a medio.

Esto funciona muy bien porque crearás un punto culminante donde se encuentran los trazos.

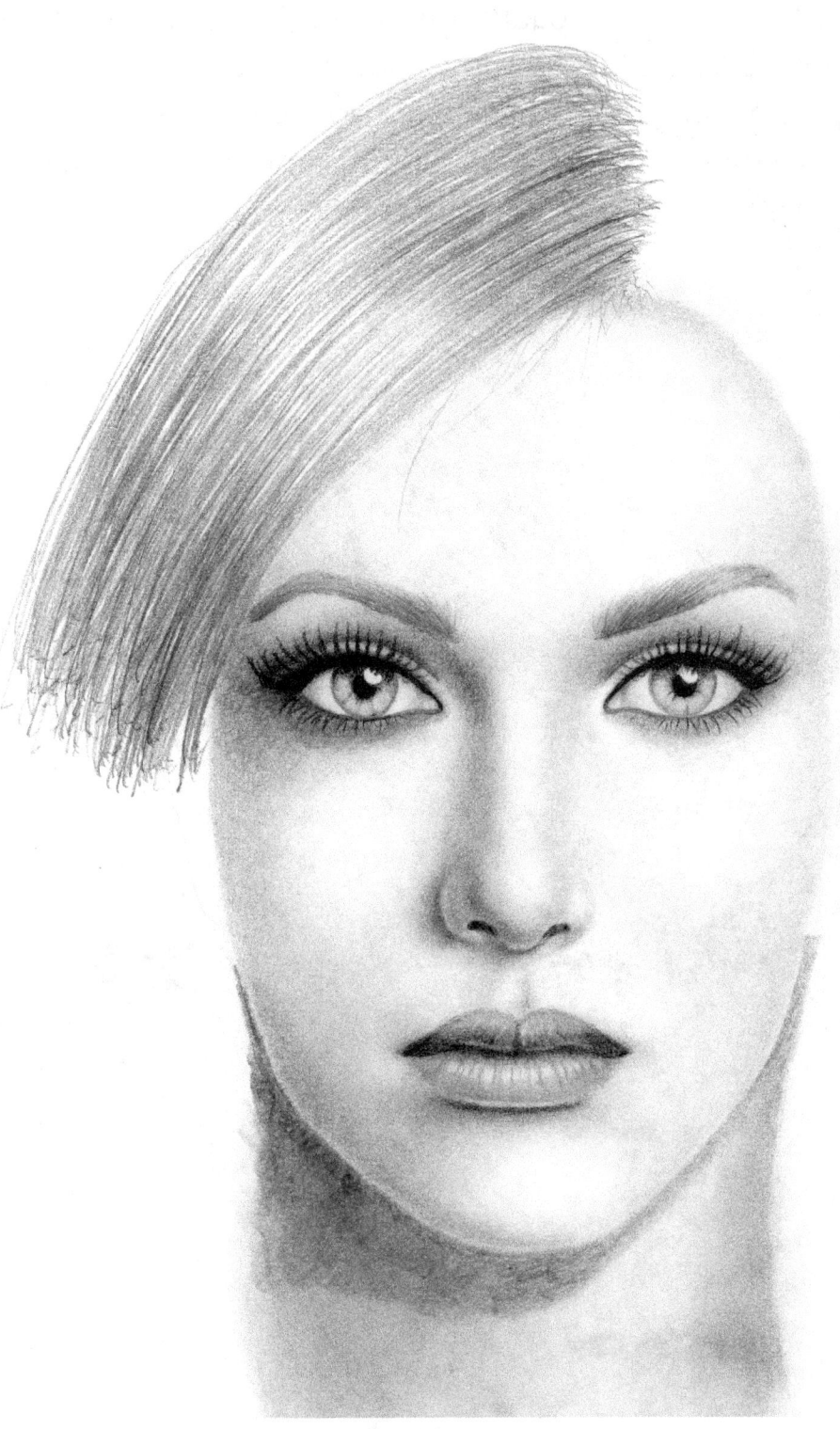

Ahora podemos introducir un tono más oscuro para agregar a las partes superiores que inicialmente hicimos más oscuras, pero deberían ser mucho más oscuras, por lo que un HB no es suficiente. Entonces, con un 4B o cualquier otro lápiz oscuro, recorre la zona superior, también cabello por cabello con paciencia, y también libera la presión cuando termines las líneas, pero mucho antes del área resaltada. Usa un lápiz B para dibujar más pelos oscuros junto al punto culminante, como una continuación de los trazos 4B. Algunos de los pelos pueden pasar por alto. Además, dibuja un cabello más oscuro a lo largo de la frente, porque esta parte está un poco sombreada.

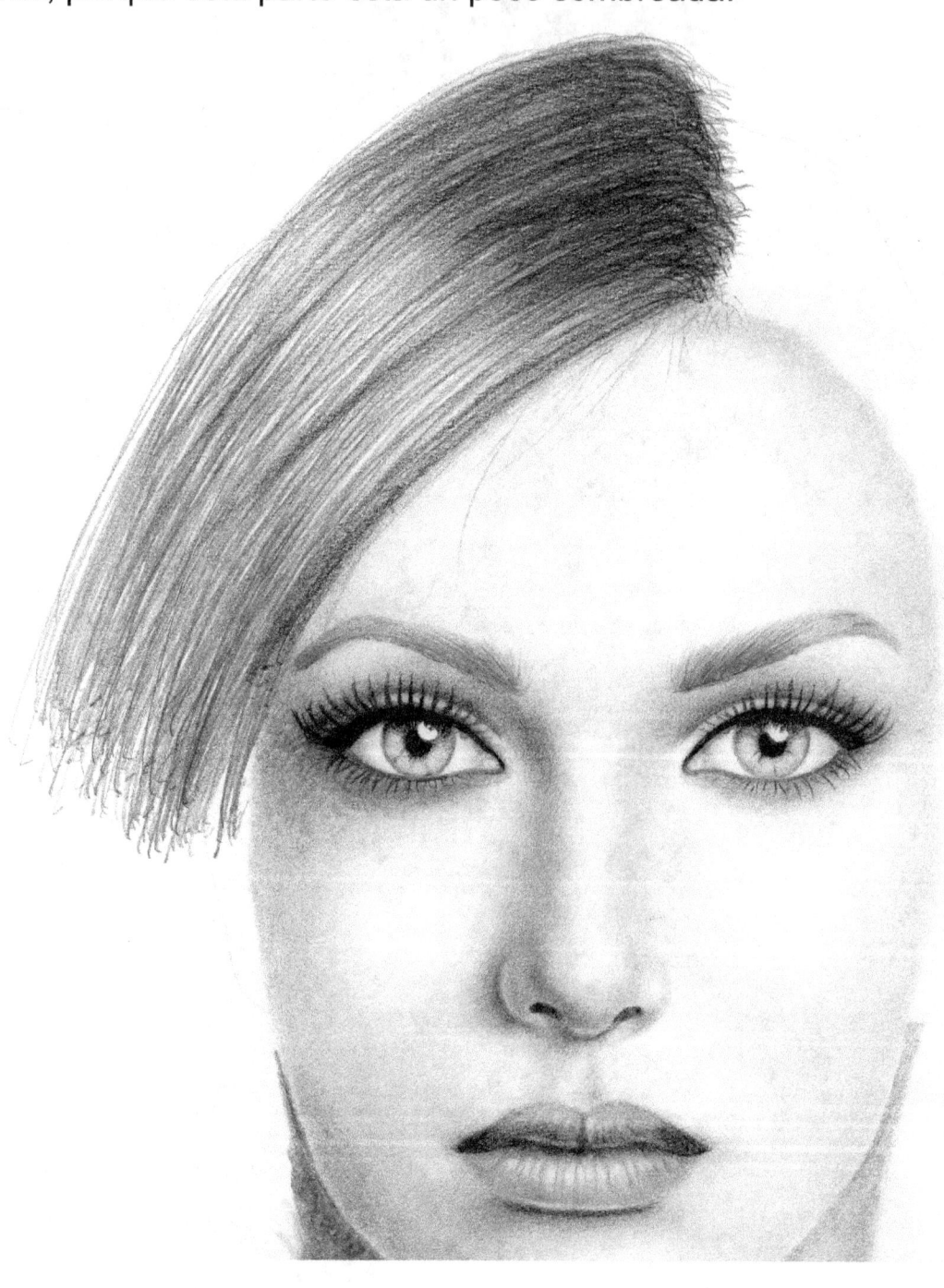

El siguiente paso es mezclarlo todo con un pañuelo. Simplemente repasa el cabello que has dibujado hasta el momento. Presiona con suavidad y comienza nuevamente con el resalte para que no apliques el grafito oscuro de las áreas más oscuras al resaltado.

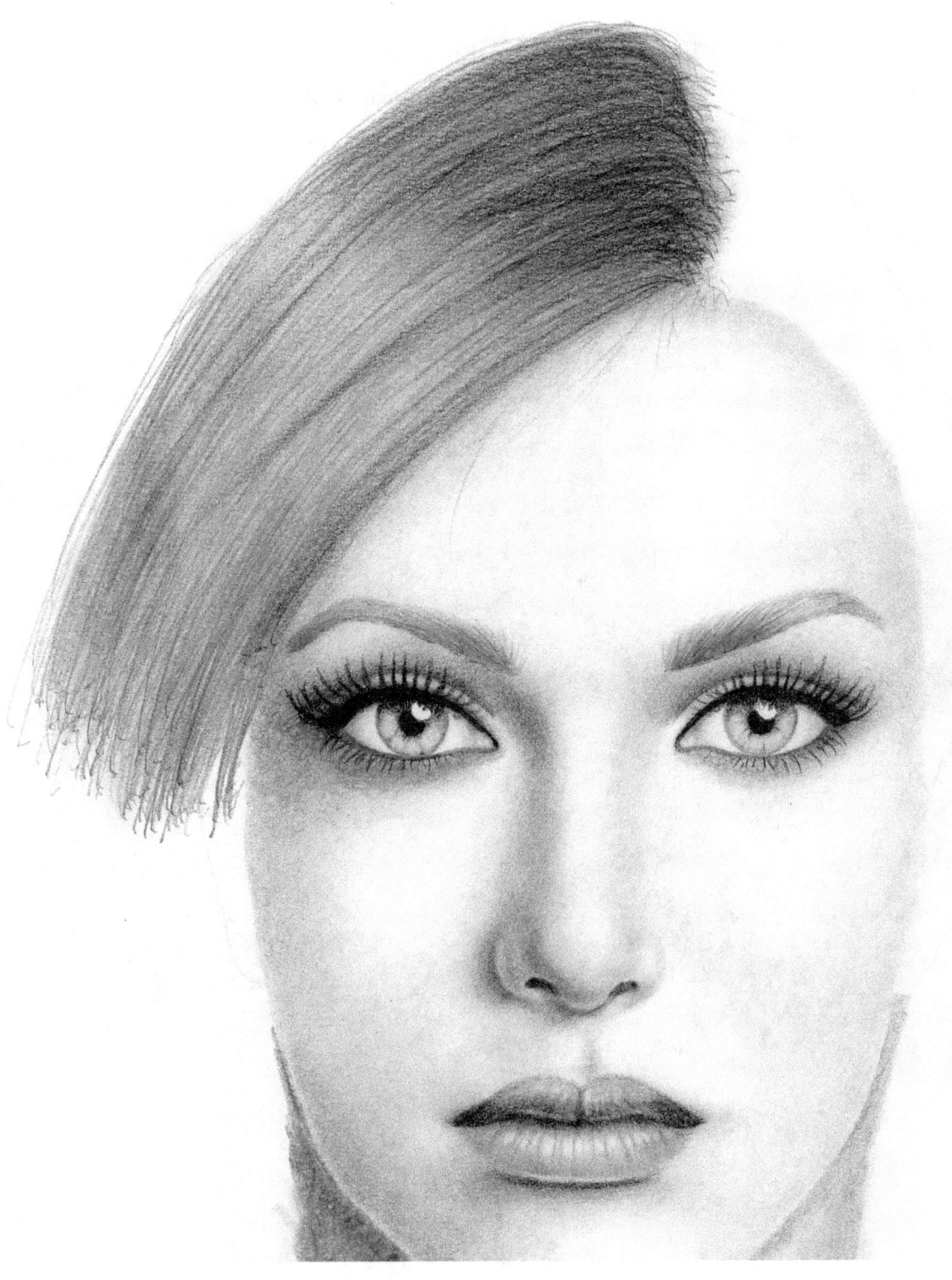

Como hemos eliminado un poco del grafito con la mezcla, apliquémoslo de nuevo. Usa un lápiz B para esto y oscurece la parte superior del cabello, junto a las raíces. También puedes crear un área más oscura junto a la piel de la frente, porque esta área está menos expuesta a la fuente de luz.

Además, dibuja algunos pelos voladores. Siempre evita tener el borde limpio entre el cabello y el fondo, y solo agrega algunos pelos sueltos con movimientos fáciles y rápidos, utilizando un lápiz bien afilado.

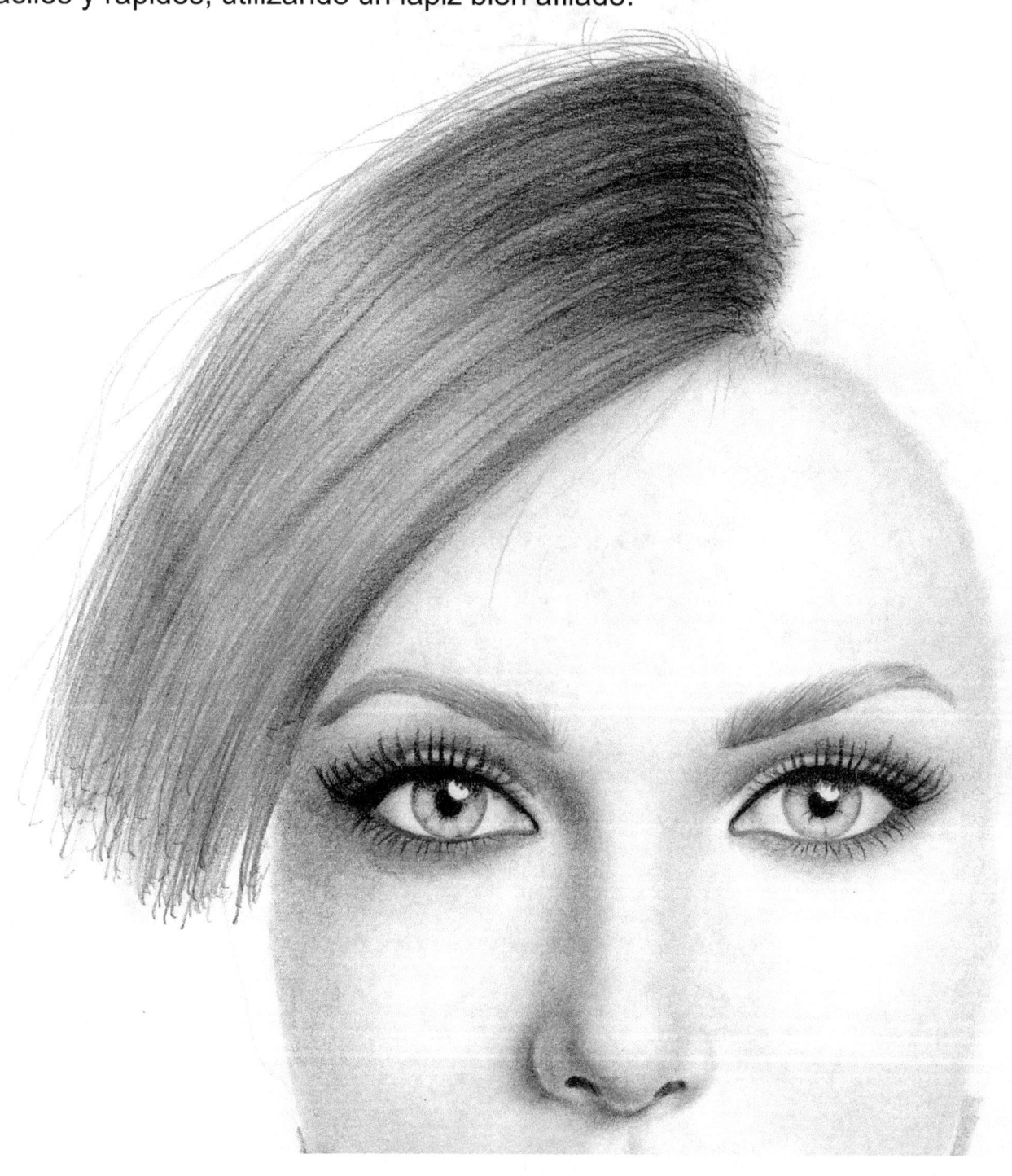

Ahora podemos crear algunos aspectos destacados borrando las áreas sobre la parte resaltada. Coloca la punta de tu borrador sobre los resaltes y simplemente muévelo hacia las áreas sombreadas, hacia afuera de los resaltes. No pases por el cabello oscuro y no presiones demasiado, porque puedes eliminar una gran cantidad de grafito. Pero si esto te sucede, repásalo nuevamente con un pañuelo de papel, un tocón mezclador o un lápiz. Cuanto más brillante sea el punto culminante, más brillante será el cabello. Crea algunas partes sueltas resaltadas en todo el cabello y también sobre la cara, con un movimiento rápido y seguro con la punta de tu borrador.

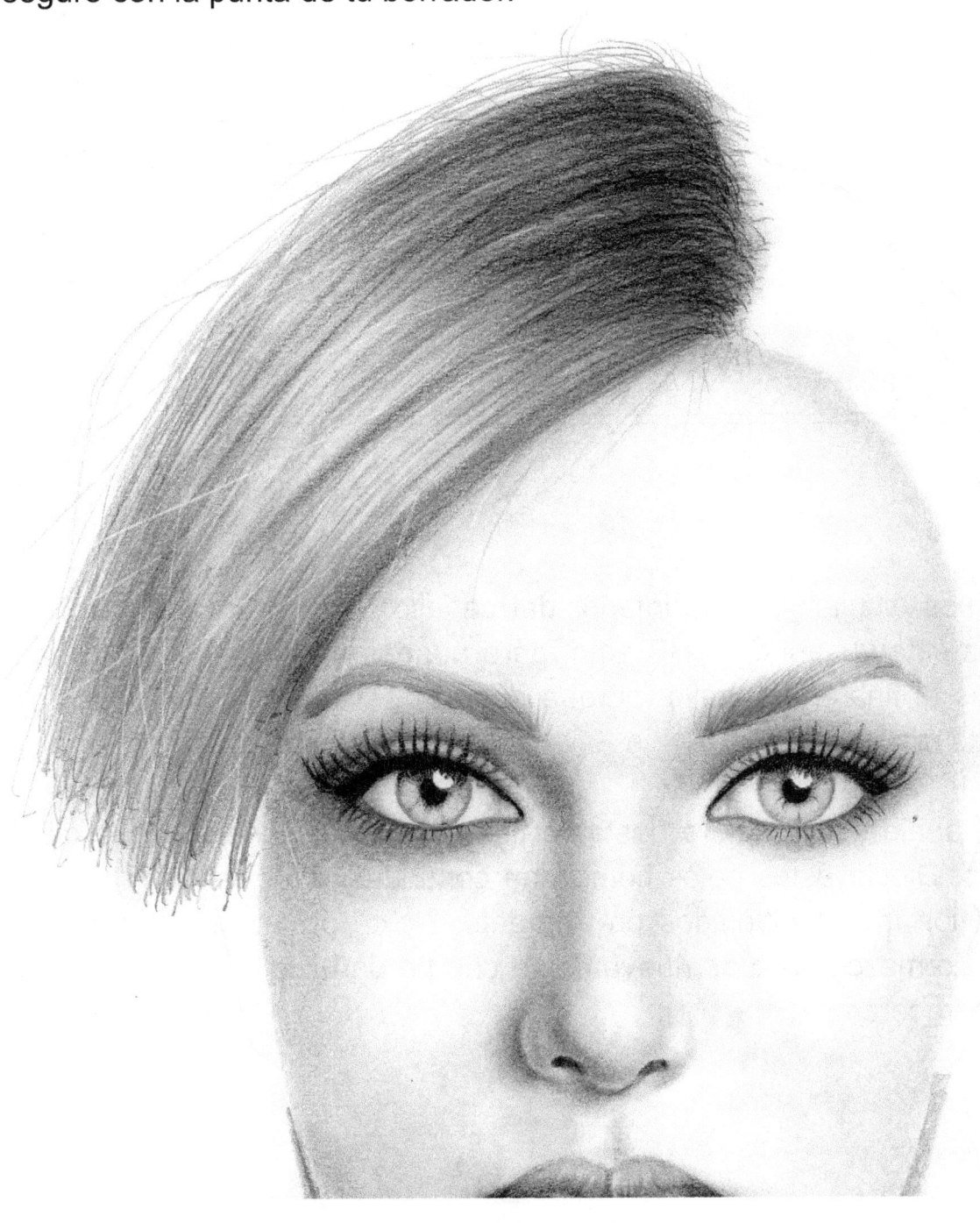

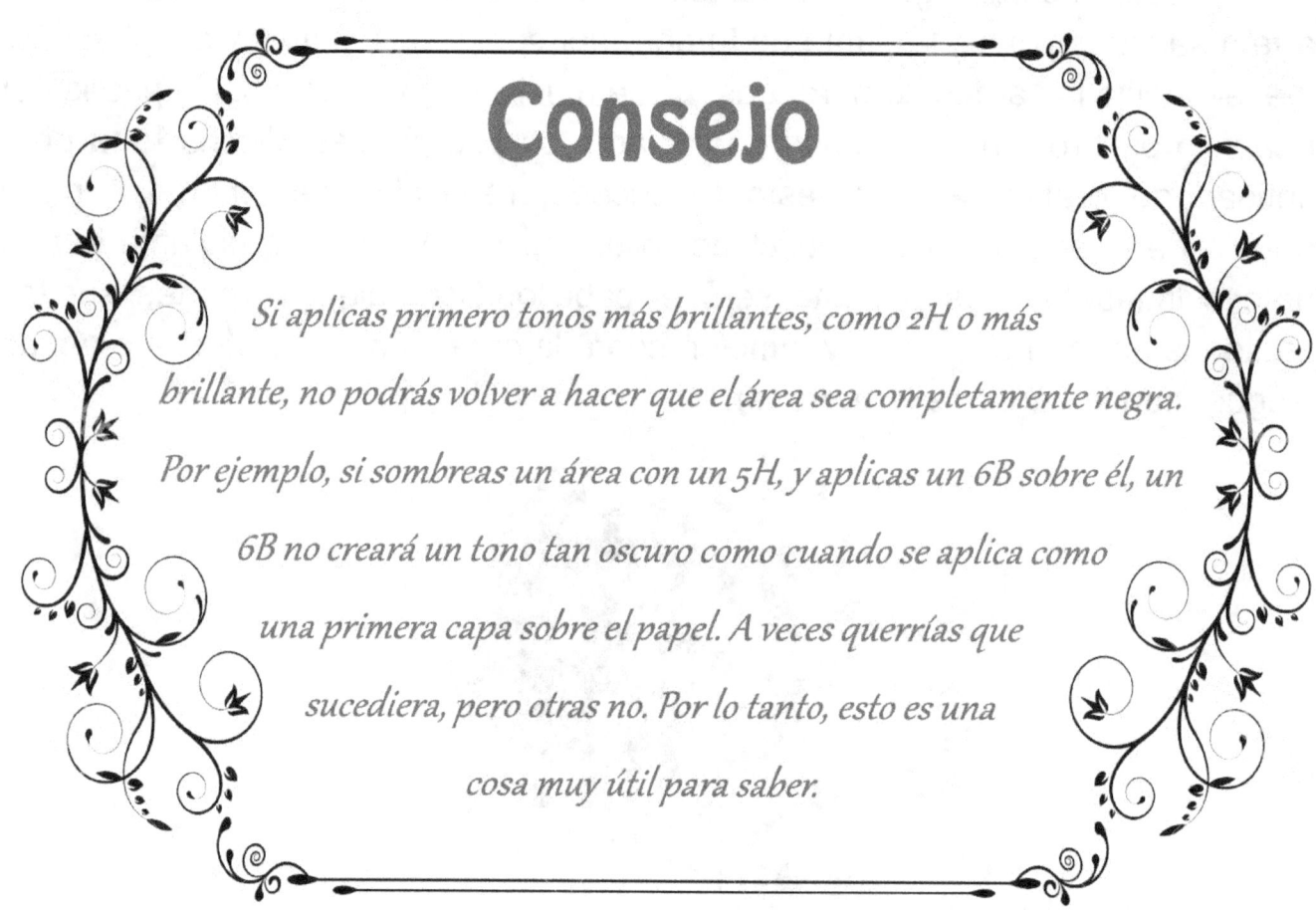

Consejo

Si aplicas primero tonos más brillantes, como 2H o más brillante, no podrás volver a hacer que el área sea completamente negra. Por ejemplo, si sombreas un área con un 5H, y aplicas un 6B sobre él, un 6B no creará un tono tan oscuro como cuando se aplica como una primera capa sobre el papel. A veces querrías que sucediera, pero otras no. Por lo tanto, esto es una cosa muy útil para saber.

Ahora podemos dibujar la parte inferior del cabello como una continuación de esto. Todavía estoy usando un HB aquí, pero puedes usar cualquier otro lápiz. Presiona más al final del cabello, porque debería ser un poco más oscuro ya que esta parte recibe menos luz.

Este es un trabajo que requiere bastante tiempo, porque tenemos que dibujar pelo por pelo. Dibuja estos pelos como una continuación de las terminaciones inferiores de los trazos dibujados previamente. No te preocupes por no estar conectados. Lo mezclarás todo nuevamente con un pañuelo y los finales de los trazos desaparecerán.

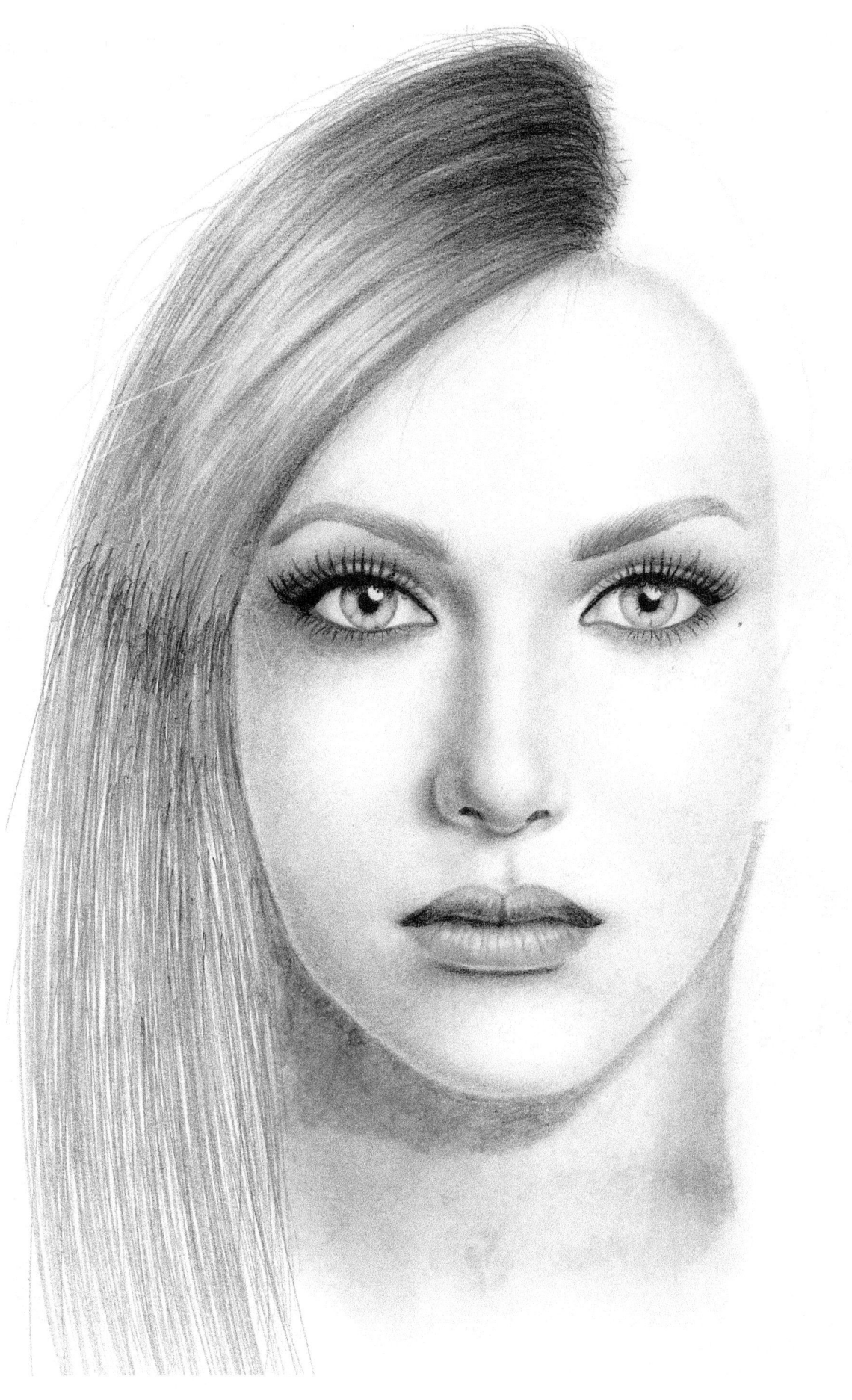

Ahora podemos mezclarlo con un pañuelo. Nunca olvides mezclar el cabello porque lo hará lucir suave y brillante. En la siguiente imagen, puedes ver que el espacio entre dos áreas que dibujé por separado, simplemente desapareció con la mezcla.

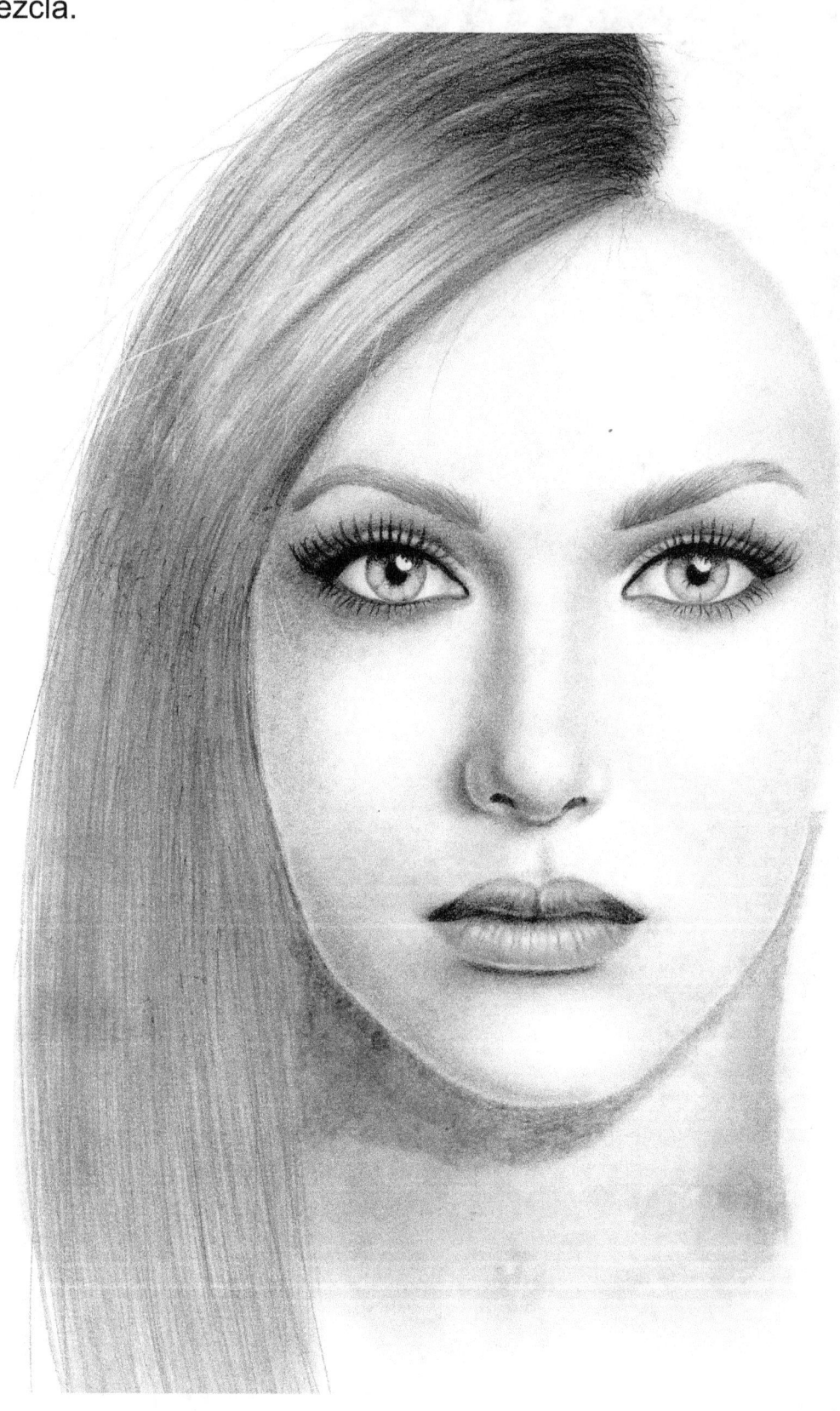

Ahora vamos a agregar detalles como áreas oscuras y resaltados.

Vamos a empezar con las partes sombreadas. Utilizo un 8B para la parte más oscura, como el área entre la cara y el cabello y entre los mechones. Queremos sombrear el cabello al lado de la cara aún más, porque esta área recibe menos luz, puedes hasta ser absolutamente negra. Cuando hayas terminado de sombrear, simplemente combínalo con un tocón de mezcla. Si lo has aclarado, repite la operación con un 8B o un 9B.

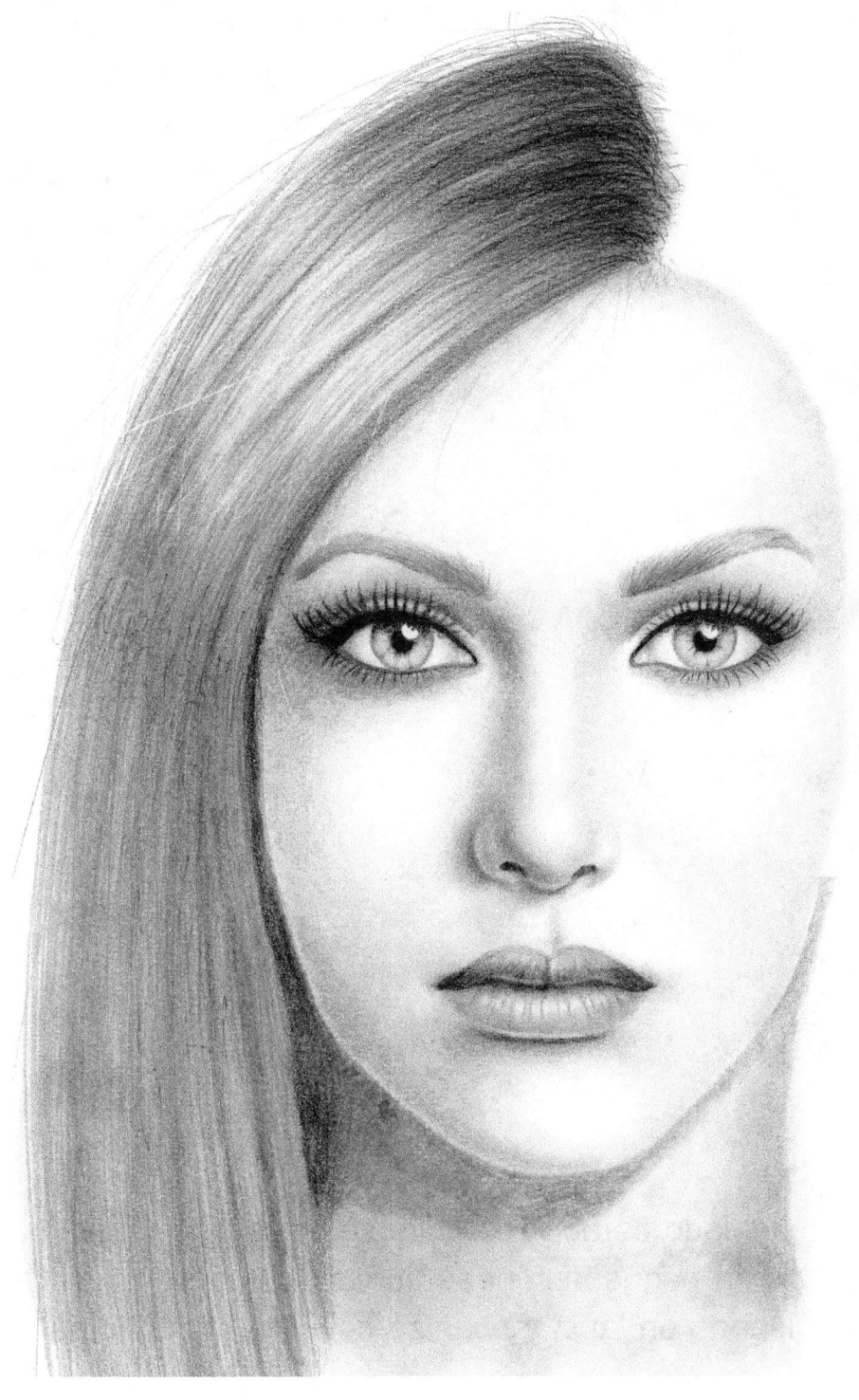

Sombrea más sobre el cuello para crear la sombra proyectada por el cabello, y también podemos hacer un área oscura entre los pelos con un lápiz B, ya que no deberían ser uniformes. Incluso el cabello perfectamente liso no debería ser uniforme.

Cambia la presión sobre tu lápiz para crear tonos más oscuros.

Ahora podemos crear destacados con un borrador.

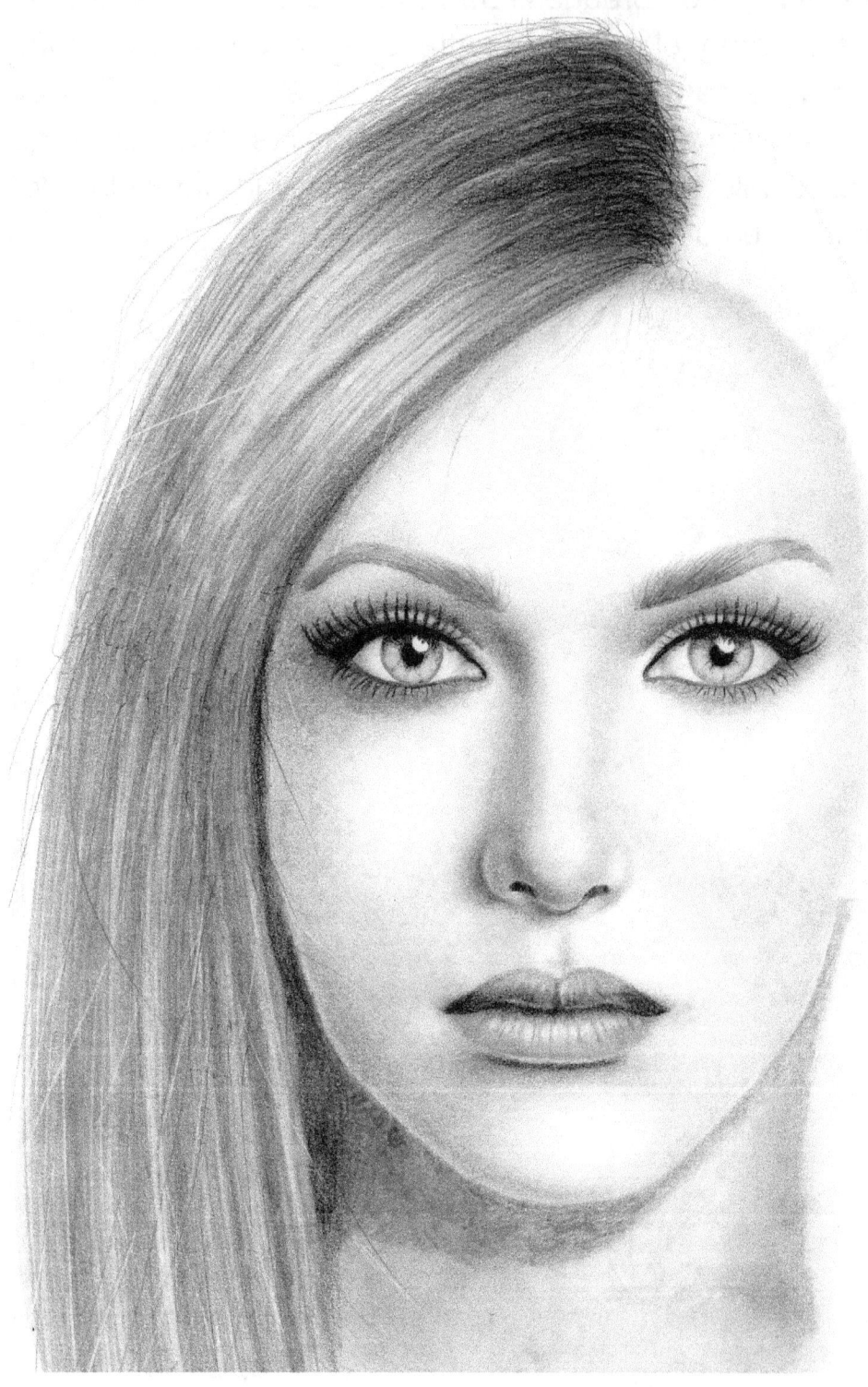

Presiona con la punta de tu borrador sobre el cabello y crea los reflejos sobre algunos mechones y también crea pelos al azar para que pasen por la cara y el cuello.

Los pelos voladores son muy importantes, por lo que siempre debes agregarlos sobre y alrededor del cabello.

Ahora podemos dibujar el pelo del lado derecho. Comienza en la parte superior junto a las raíces del cabello y crea pequeñas líneas curvas, como se muestra en la siguiente imagen. Estoy usando un lápiz mecánico con una mina 2B para esto. En esta área, los pelos crecen hacia arriba y luego se vuelven un poco horizontales, y caen al lado de la cara. Déjalos fuera de la línea del medio para indicar el corte de pelo separado. La parte de la piel entre los pelos puede ser visible y no tienes que dibujar esa parte, simplemente mezcla un poco con un tocón de mezcla. Por lo tanto, estas diminutas partes iniciales del cabello se vuelven menos claras si nuestra fuente de luz proviene de la esquina superior derecha de la esquina superior derecha. Es por eso que podemos usar un 2B aquí, que debería ser mucho más oscuro que el tono que queremos aplicar sobre la sección resaltada en el lado derecho de la cabeza.

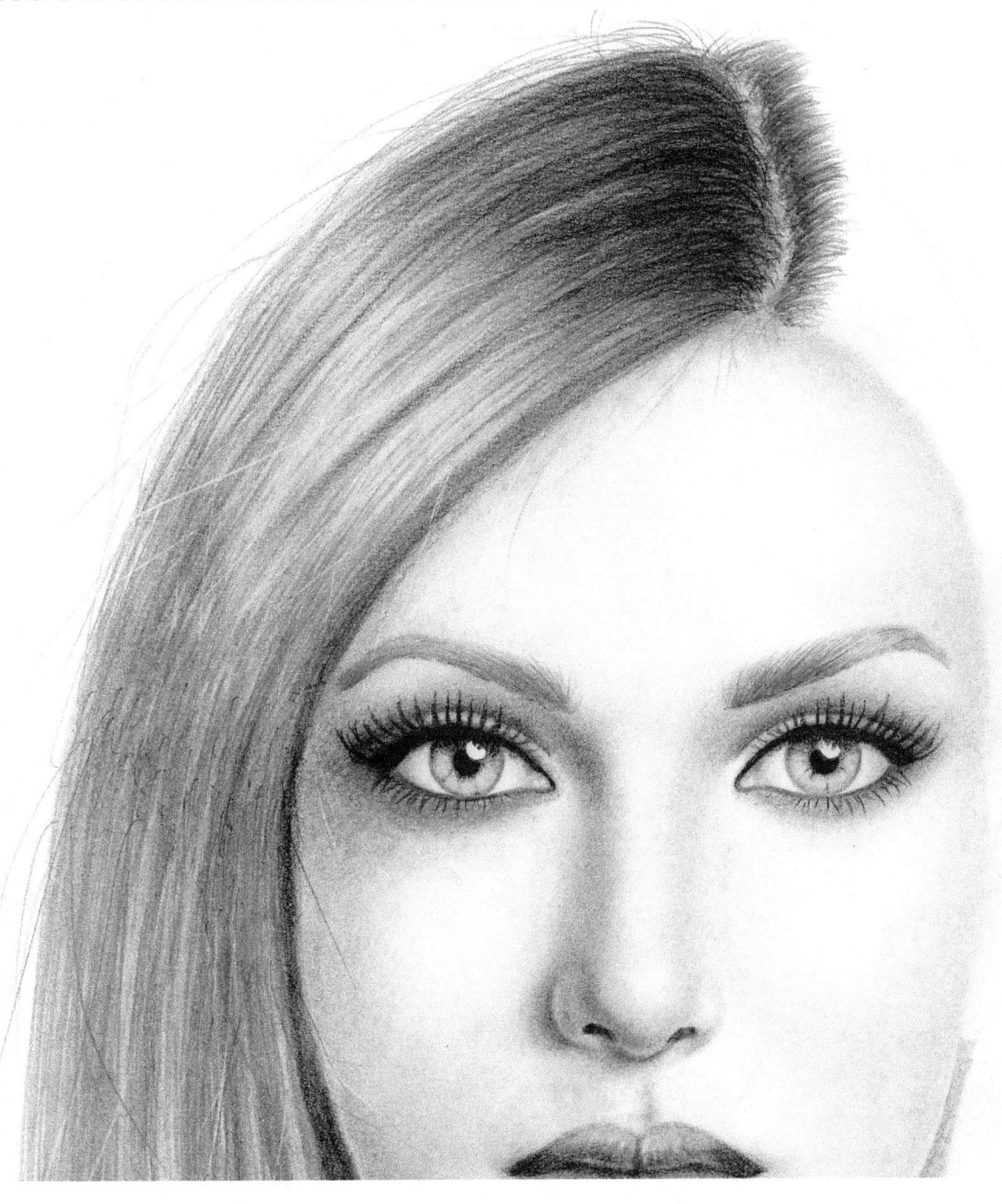

Continuemos dibujando el pelo en el lado derecho, usando una mina HB. Todo el lado derecho del cabello debe ser mucho más brillante que el del lado izquierdo si nuestra fuente de luz proviene de la esquina superior derecha. Vamos a empezar con el área superior, por encima de la oreja. Esta zona es la más iluminada. Entonces, lo primero es dibujar el cabello desde la parte superior hasta la mitad, y luego desde la parte inferior hasta la mitad. Por la parte inferior me refiero al área justo al lado de la oreja. Al hacerlo de esta manera, crearás el resaltado cuando se cumplan los trazos. Tienes que liberar la presión al terminar las líneas junto a los aspectos más destacados. Algunos de los trazos pueden ir sobre el resaltado, pero presiona ligeramente al crearlos.

En la siguiente imagen, puedes ver dónde quiero crear un resaltado. El área resaltada donde terminé los trazos que van desde la parte superior y desde la parte inferior ya parece brillante y como si el cabello se curvara en esta área.

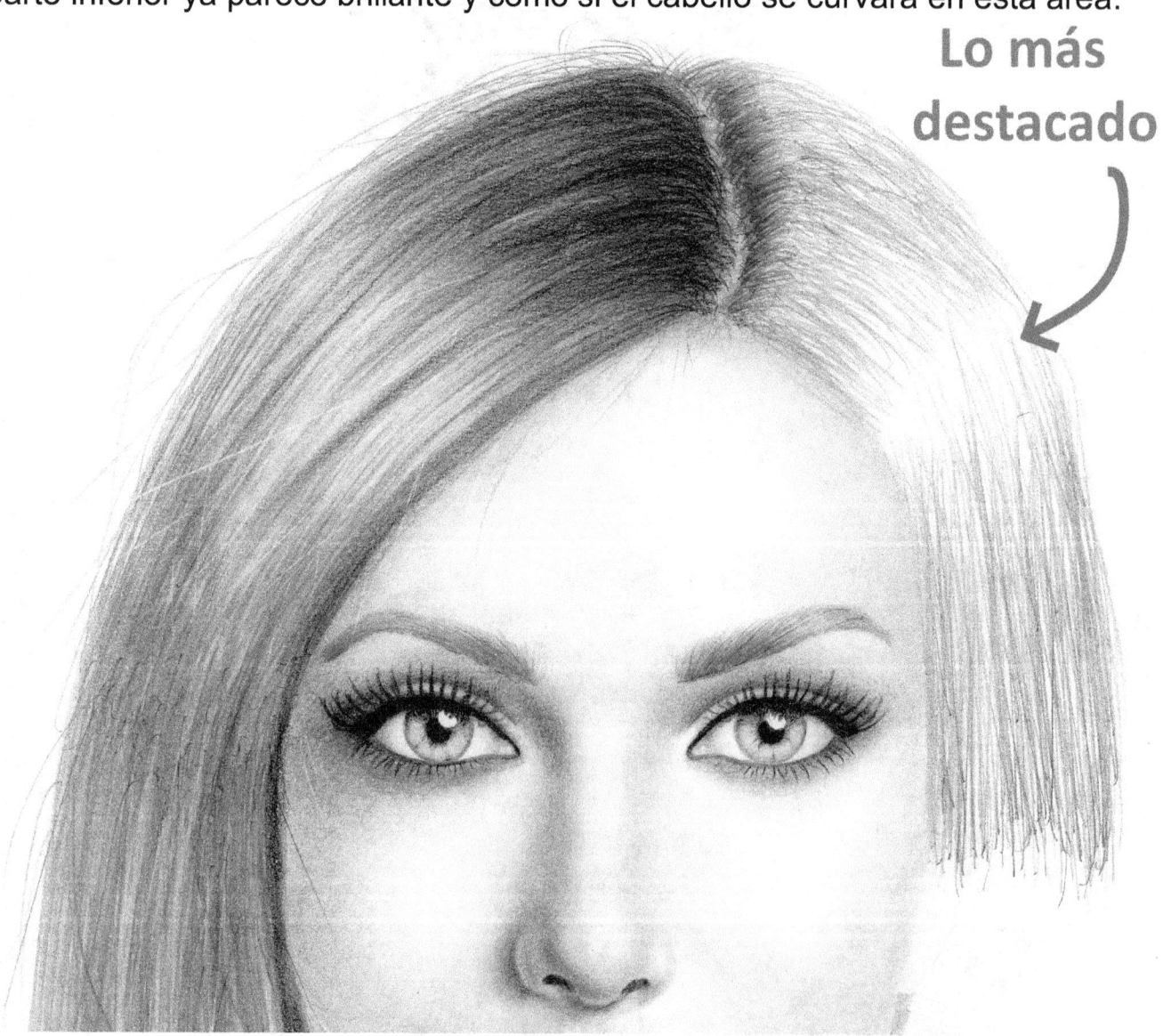

Lo más destacado

No te preocupes si el cabello no es lo suficientemente uniforme, podemos mezclarlo ahora con un pañuelo. Es muy importante mezclarlo con un pañuelo de papel, porque sin la mezcla el cabello se vería bastante áspero y no sería suave.

Al mezclar con un pañuelo de papel, pasa primero por el área resaltada y luego continúa mezclando sobre las áreas más oscuras. Si comienzas con áreas oscuras puedes aplicar mucho grafito sobre las áreas resaltadas, que se extendería desde las áreas oscuras. Entonces, siempre comienza con las áreas resaltadas y luego simplemente avanza hacia las áreas oscuras. O bien, puedes usar un pañuelo limpio para los resaltes y uno "sucio" para las sombras.

Como puedes ver, el pelo en el lado derecho se ve muy suave.

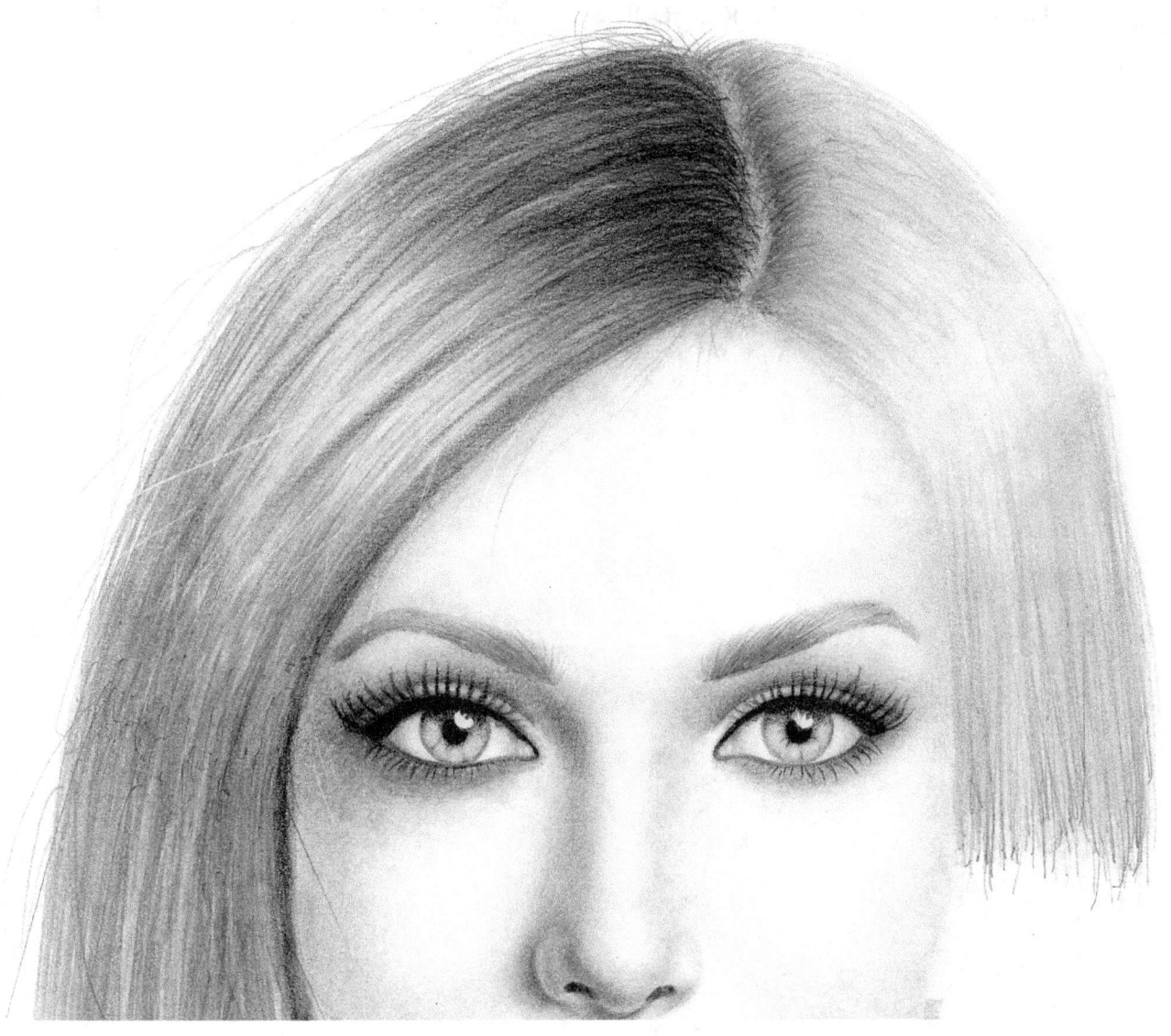

No olvides que cada vez que mezclamos con un pañuelo vamos a oscurecer las áreas brillantes y a iluminar las áreas oscuras. Entonces, después de la fusión, tenemos que trabajar en las secciones de nuevo. Por ejemplo, tienes que iluminar las áreas brillantes y tienes que oscurecer las partes oscuras.

Entonces, ahora vamos con algunos tonos más oscuros, como un HB o B, que oscurecen aún más los extremos superior e inferior de la sección creada anteriormente.

Ahora podemos agregar algunos espacios más oscuros entre los bloques, al azar. Además, deseas hacer la sombra proyectada por el cabello al lado de la cara, o en realidad sobre el lado derecho de la frente. Sombréala con un lápiz mecánico de plomo de HB y combínala con un tocón mezclador. Por lo tanto, esta es la sombra proyectada por el cabello sobre la piel o el cabello que recibe menos luz. Es por eso que el área entre la frente y el cabello debe oscurecerse un poco. Además, crea algunos pelos, aplicando un HB ligeramente con movimientos rápidos y seguros.

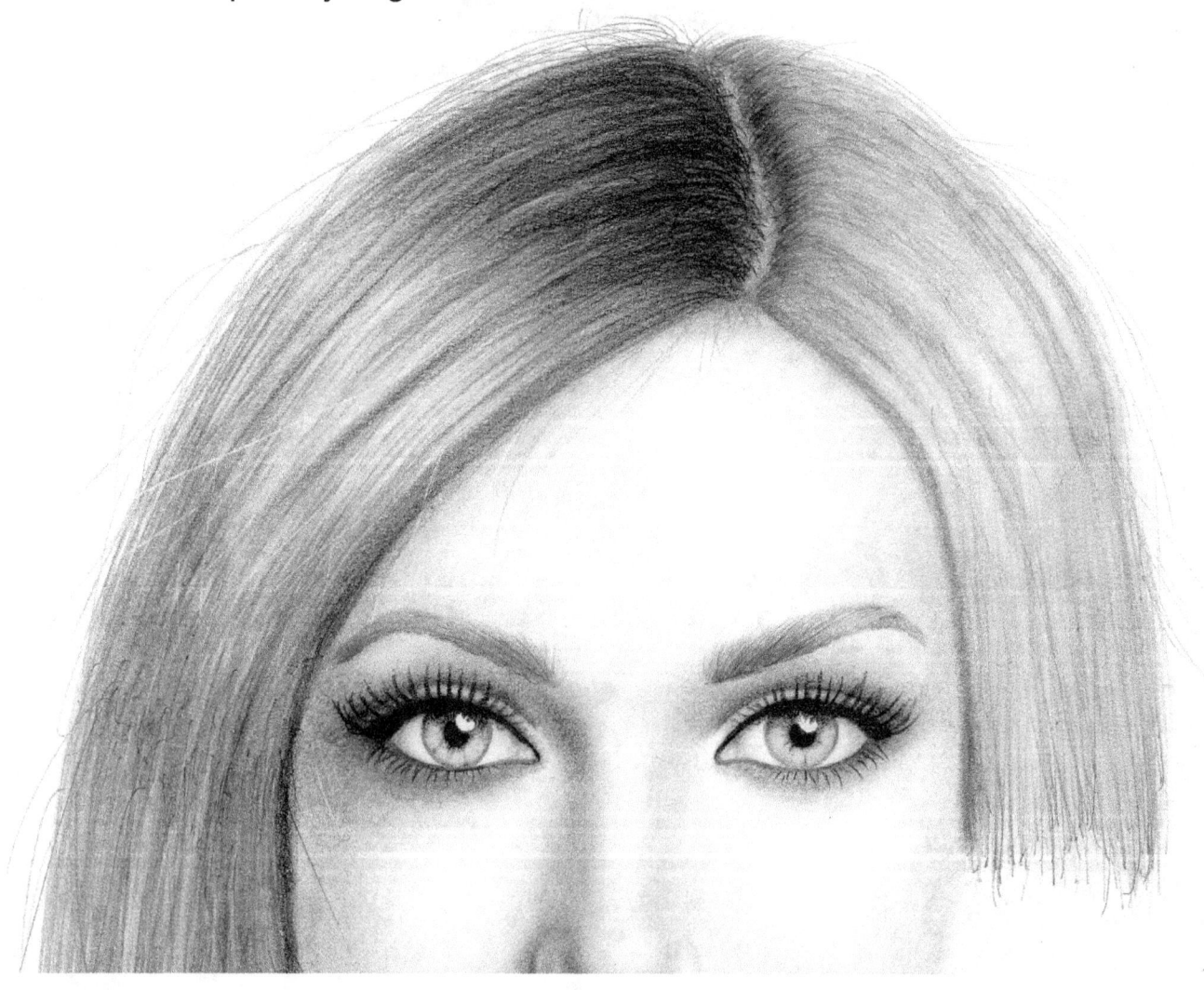

Lo siguiente es crear elementos destacados borrando el área que sobresale. Usa la punta opaca de tu borrador y colócalo en el centro del punto culminante. Luego, simplemente muévelo hacia las áreas sombreadas, hacia arriba y hacia abajo. Haz algunas rutas resaltadas con la punta afilada de tu borrador.

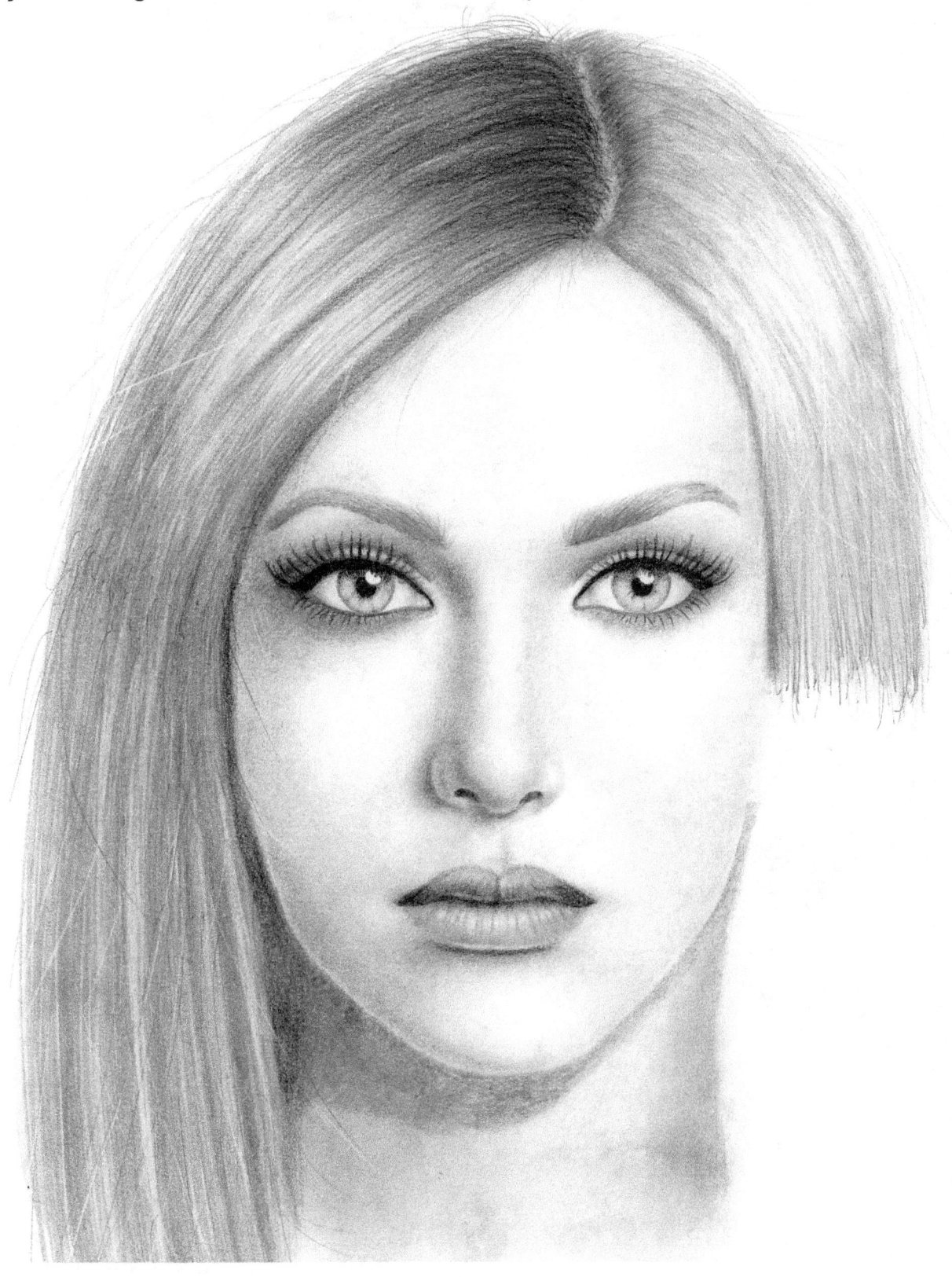

Solo tenemos el área en el lado derecho a la izquierda. Utilizo una punta de lápiz HB en mi lápiz mecánico y dibujo trazos verticales. Quería cubrir la oreja y dibujar el pelo que se cae al lado de la cara y al cuello.

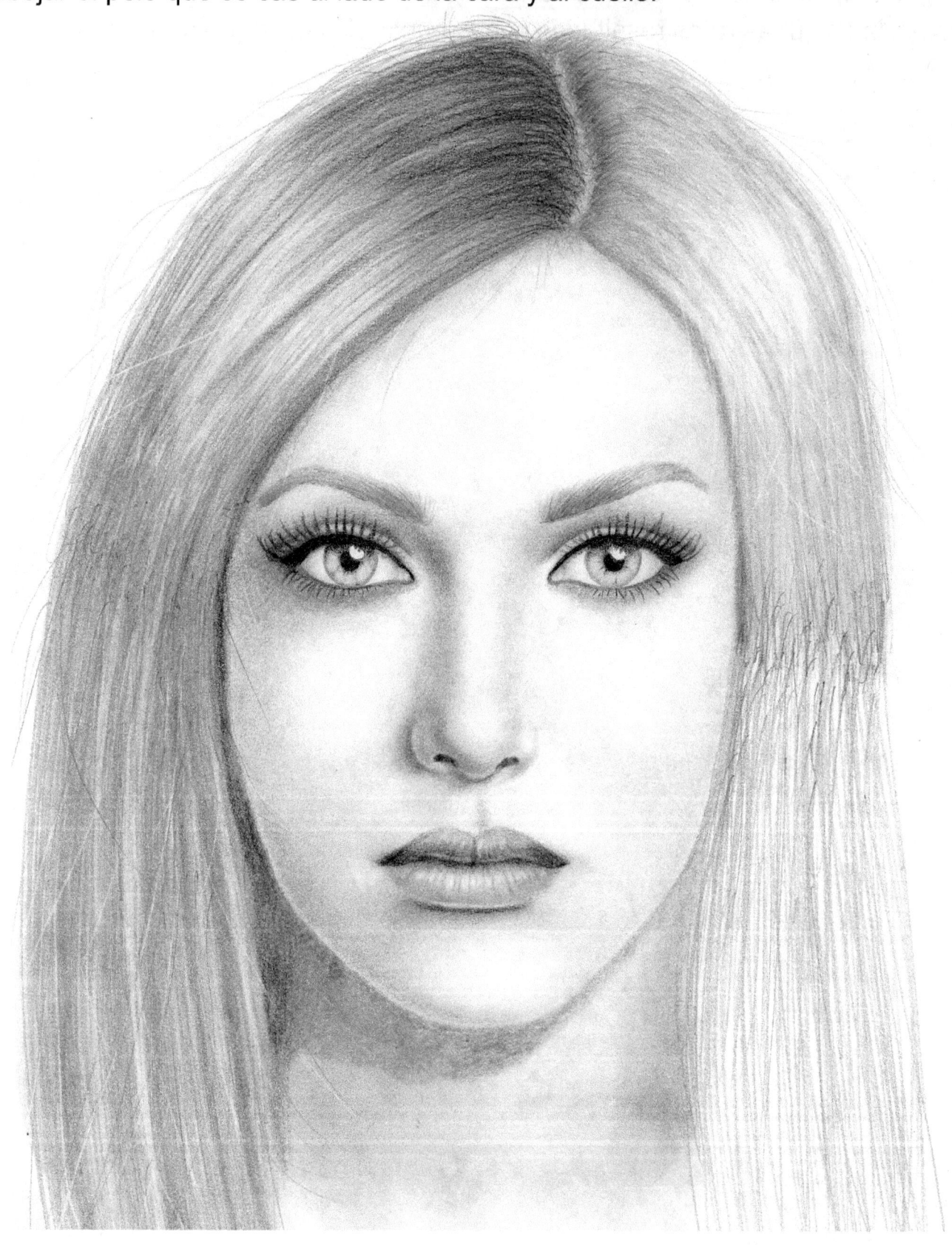

Como siempre, mezcla todo con un pañuelo.

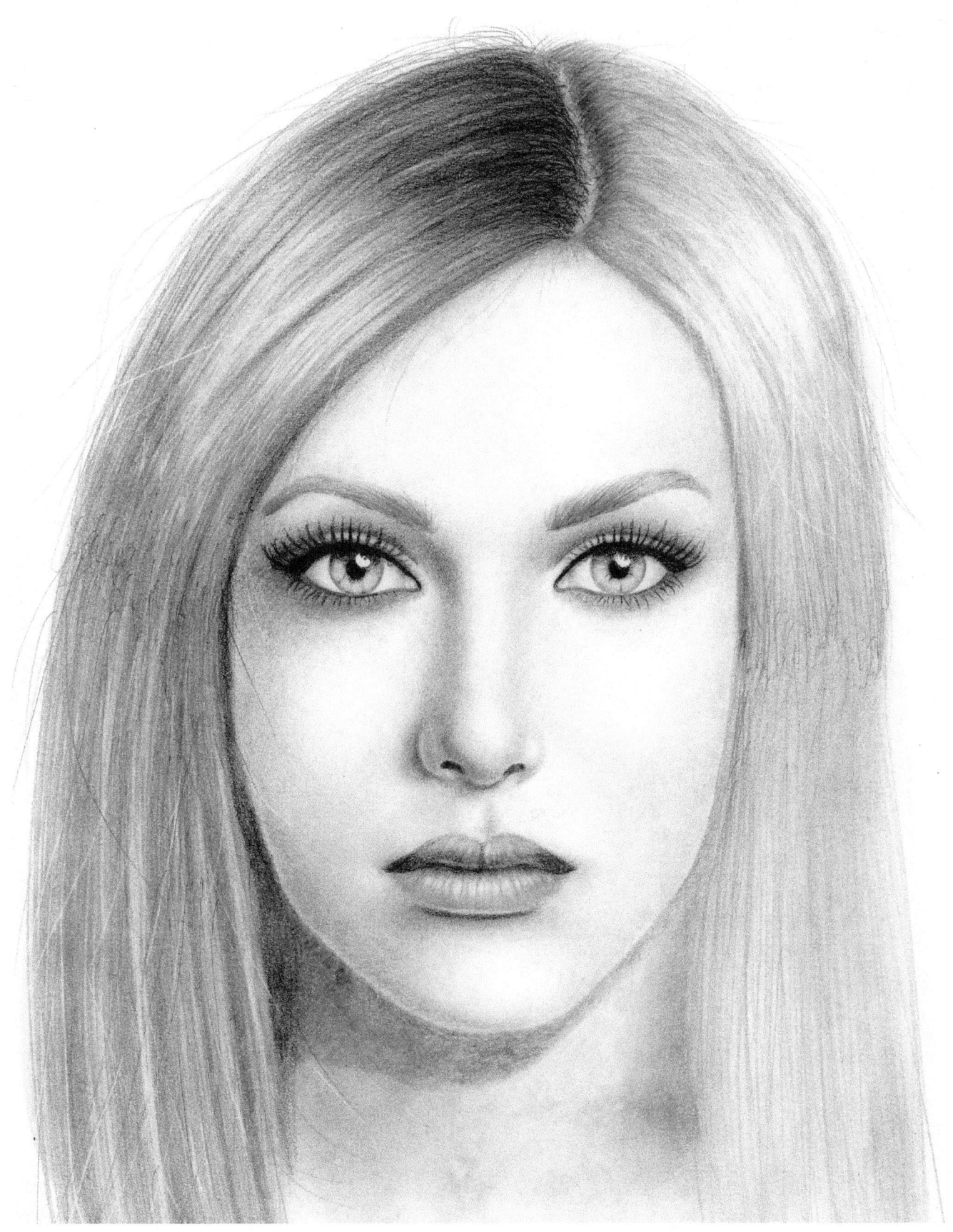

Hagamos algunos bloques separados aquí sombreando más, usando un lápiz B. En la siguiente imagen, puedes ver cómo he sombreado algunos bloques diferentes de los bloques en el lado izquierdo.

Usa un lápiz más oscuro, como 4B o más suave, para rellenar el espacio entre el cabello y la piel de la cara y el cuello.

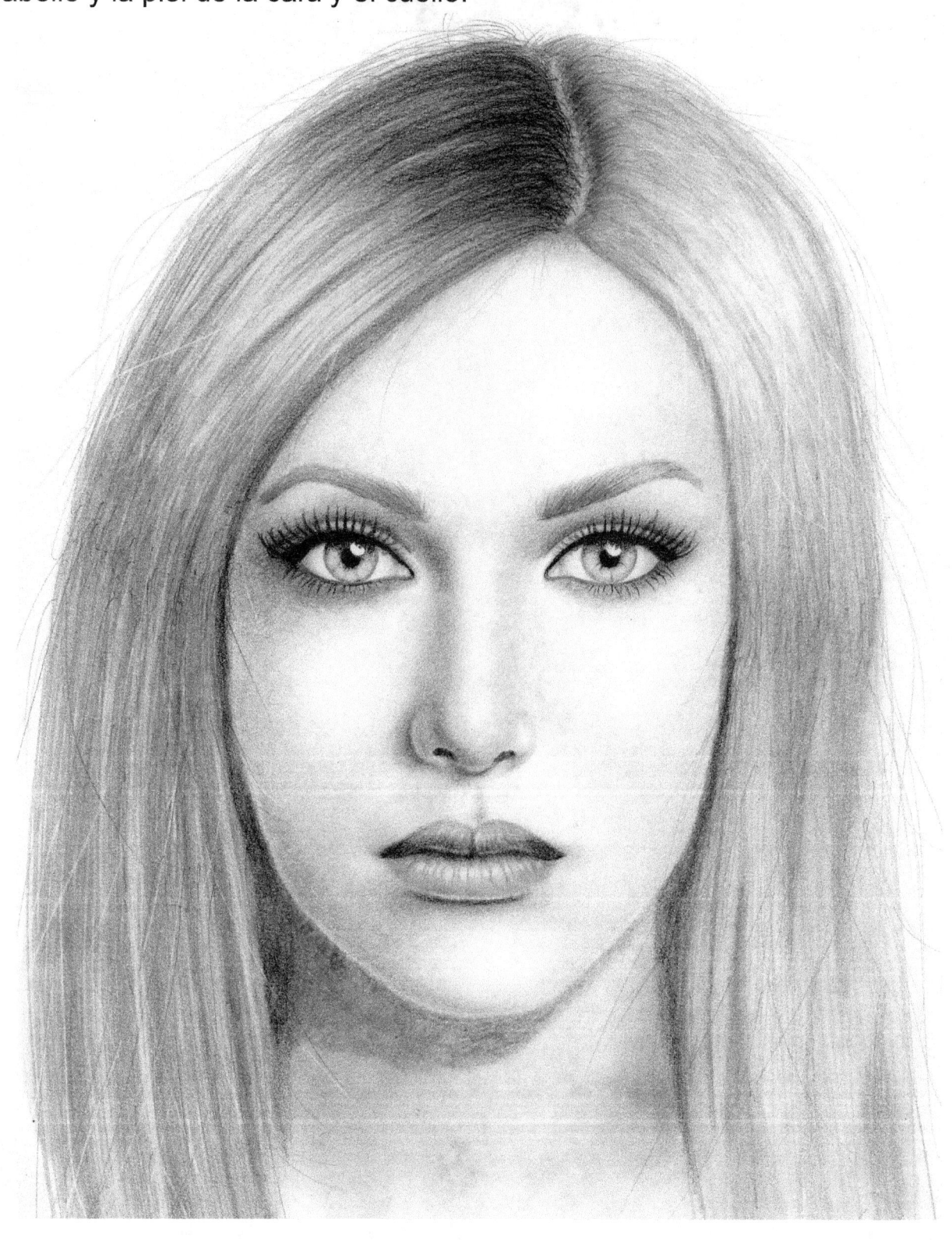

198

Ahora podemos iluminar algunos aspectos destacados y crear pelos más oscuros, tal como lo hicimos con las otras secciones. Como siempre, agrega algunos detalles sobre el cabello y sobre el fondo, usando un lápiz HB y la punta afilada de un borrador.

Por lo tanto, este es mi retrato desde el principio. Cualquier similitud con cualquiera es una coincidencia.

Espero que hayas seguido los pasos y creado un bonito retrato.

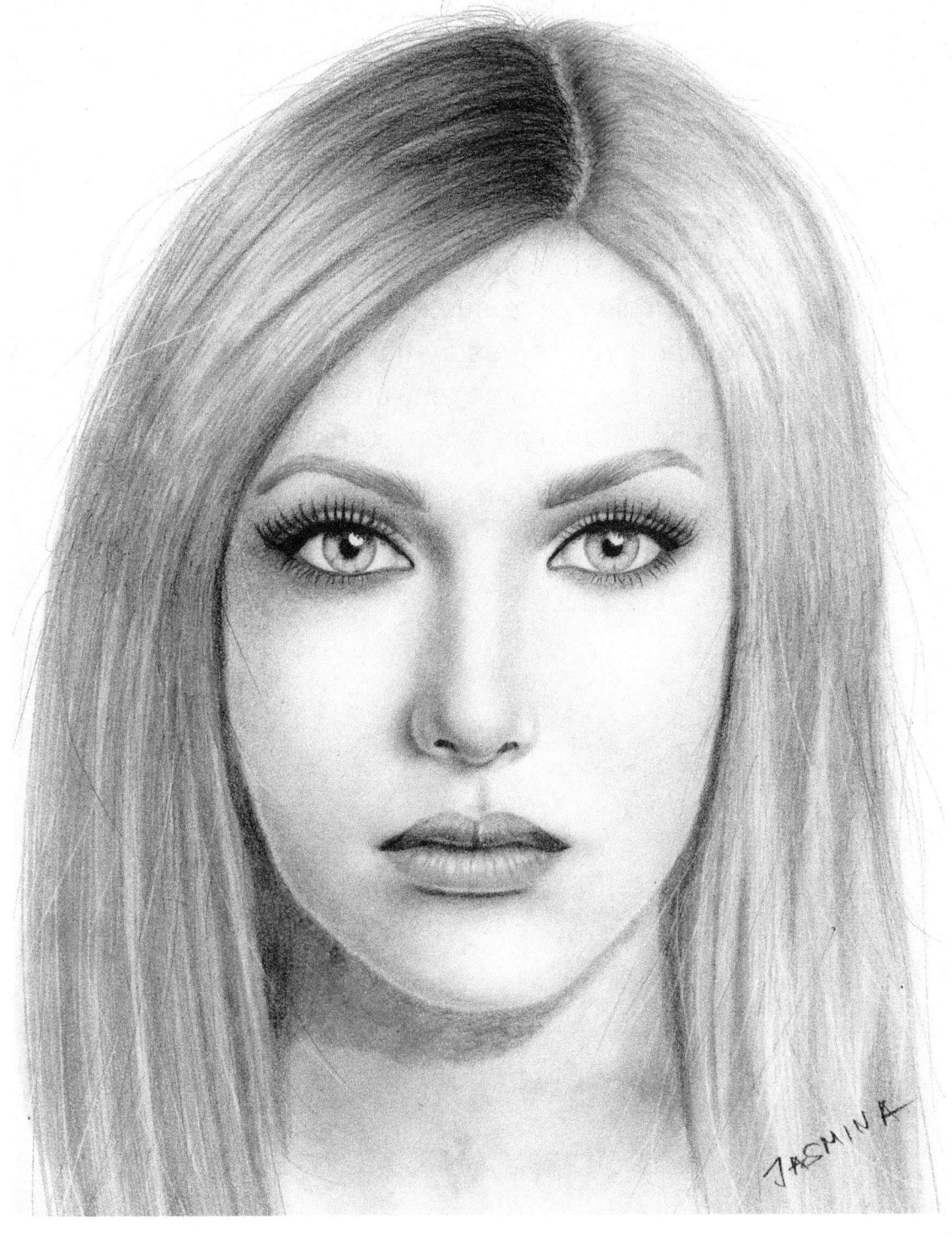

CÓMO DIBUJAR PELO RIZADO

Antes de empezar a dibujar todo el cabello, dibujamos un pequeño ejemplo. Es decir, un mechón de pelo y luego vamos a expandirnos.

Estoy usando mi lápiz mecánico que contiene un plomo HB. Comienzo con la parte superior de un grupo (que puedes ver en la siguiente imagen), aplicando más presión cuando comienzo las líneas. Libero la presión cuando llego al punto en el que quiero que estén mis destacados.

Dibuja el cabello con movimientos rápidos y seguros hacia el área doblada que se resaltará. Por lo tanto, independientemente del color que desees dibujar, siempre se resaltará sobre la parte con bandas para reflejar más luz. En el caso del cabello rubio, el punto culminante suele ser absolutamente blanco. Quiero dibujar cabello castaño claro, por eso estoy usando un HB para las partes más oscuras del cabello. En la siguiente imagen, puedes ver qué tan grande es la parte dibujada de mi grupo en comparación con el papel completo, que mide unos 15 x 9 cm.

Ahora podemos hacer lo mismo pero desde la dirección opuesta, desde la parte inferior hasta la mitad. Donde el fondo depende de qué tan pequeño o grande quieres dibujar los grupos. Si deseas dibujar grupos más pequeños, comienza más cerca del área dibujada anteriormente. Por lo tanto, crea las partes más oscuras una cerca de la otra y, a tu vez, crea un punto culminante donde se encuentran los trazos. El grupo entonces aparecerá doblado.

Dibuja el cabello con movimientos rápidos y seguros hacia el punto culminante. Puedes repasar un poco el punto culminante, pero sugeriría un cabello más oscuro y quiero mantenerlo en un color marrón claro. Pero debes intentar dibujar diferentes tonos de cabello después de este usando esta guía.

A continuación, agregué el comienzo del siguiente grupo de este cabello. Por lo tanto, el área sombreada debe ser la misma que el área con la que comenzamos. Solo conéctala a la parte superior del primer grupo.

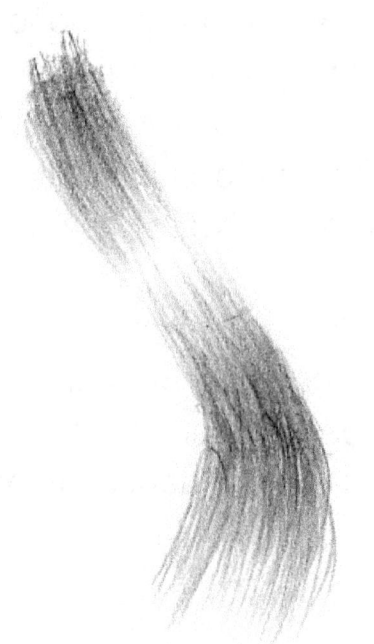

Aquí podemos comenzar de nuevo para crear el siguiente grupo.

Eventualmente tenemos que crear un área muy oscura para mantener el equilibrio, pero podemos revisar esto un poco más adelante.

Por ahora, estamos aplicando el tono medio y agregando luces y sombras.

Comienza desde la dirección opuesta en el otro lado del grupo, y libera la presión a medida que realizas los trazos hacia el resaltado. Probablemente quieras tu punto culminante en algún lugar del medio.

Este grupo es solo un ejemplo de lo que vamos a crear en todo el papel. Puedes iniciarlos todos a la vez, pero no los hagas todos iguales porque se verían falsos. La aleatoriedad es muy importante. Así, el resto del cabello se hará de la misma manera. Solo quería mostrarte los conceptos básicos de la creación de un solo bloque de cabello para que podamos hacer que toda el área sea así.

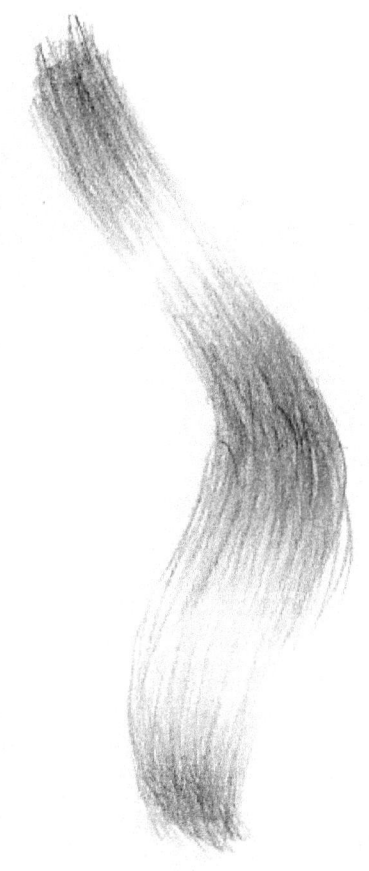

Lo siguiente es mezclarlo todo con un pañuelo. También puedes repasar los aspectos destacados, pero trata de usar una parte limpia del pañuelo para los aspectos destacados. De esa manera, evitas recoger el grafito de la parte más oscura y esparcirlo sobre los reflejos. Siempre empieza a mezclar primero las partes resaltadas, o podrías cambiar con frecuencia los pañuelos.

En la siguiente imagen, puedes ver cómo se ve muy suave y brillante. Parece mucho más realista después de la mezcla. Y también, parece un poco borroso.

Cada vez que combinamos las áreas dibujadas, tenemos que oscurecer las partes brillantes y aclarar las partes más oscuras. Como puedes ver, mis partes más oscuras se volvieron mucho más brillantes, así que ahora tengo que oscurecerlas nuevamente aplicando el mismo lápiz, un HB como lo hice cuando dibujé estos trazos.

Ahora, puedes crear los resaltes sobre el área más brillante borrando las partes pequeñas a lo largo de la mitad de los grupos.

Debes colocar la punta de tu borrador justo en el centro de los puntos destacados, donde queremos que esté, y simplemente moverlo hacia las partes más oscuras, los extremos del grupo.

Dado que el contraste entre las sombras y los resaltes es todavía demasiado fuerte, quiero crear un tono entre el HB y los resaltes. Estoy usando un 2H para esto. Por lo tanto, tenemos que dibujar los trazos sobre el HB y profundizar en el punto culminante.

No debe haber un contraste demasiado fuerte entre las sombras y los resaltes, pero deben fluir entre sí. Es por eso que este tono intermedio es muy importante.

Ahora podemos crear todo el cabello de la misma manera. Los grupos pueden ser más anchos o más estrechos, más largos o más cortos, o ir en diferentes direcciones. Solo trata de hacerlos todos al azar sin ningún orden.

Analiza la siguiente imagen para ver dónde he colocado los grupos, para que puedas crear lo mismo o algo similar. Para el primer paso, puedes usar una mina HB en un lápiz mecánico, pero puedes ser cualquier otro tono de grafito, y no tiene que estar bien afilado. Simplemente es más fácil dibujar con un lápiz mecánico. Pero esto no significa que esta herramienta o cualquier otra herramienta pueda hacerlo más o menos exitoso.

Siempre he encontrado que un HB es el lápiz perfecto para crear tantas cosas. No es demasiado oscuro, pero no demasiado brillante. Es perfecto para la sombra del cabello castaño claro que quiero dibujar. Este paso requiere mucho tiempo, pero es muy importante, así que tómate tu tiempo.

Básicamente, una vez que hayas creado los extremos de los grupos, habrás realizado más de la mitad del dibujo. Ahora, tienes que decidir qué tipo de formas van a tener tus grupos. En la siguiente imagen, puedes ver que se ve bastante duro por ahora, pero no te preocupes por eso. Solo estudia mis trazos y trata de recrear lo mismo. Lo más importante que debes hacer es liberar la presión a medida que se acerca al punto culminante. Debes dibujar algunos pelos sobre el punto culminante también.

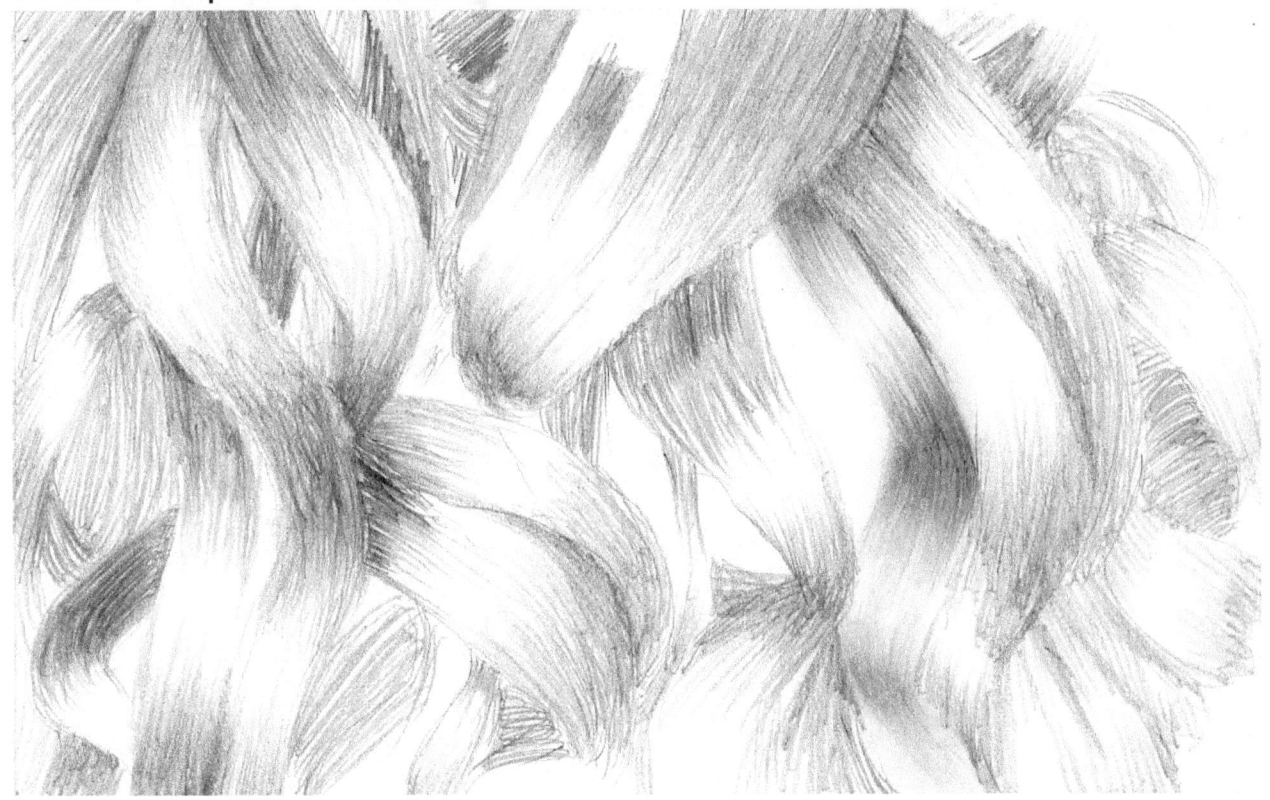

¿Recuerdas el grupo de muestra que creamos cuando dibujamos con un HB de ambos lados hacia el punto culminante y lo mezclamos con un pañuelo?

Ahora, hagamos esto con toda el área. Siempre comienza con los aspectos destacados para que no apliques el grafito que utilizaste para las áreas oscuras en la parte superior de los aspectos destacados. Para evitar eso, también puedes cambiar frecuentemente el pañuelo que utilizas para mezclar. Incluso puedes usar una almohadilla de algodón o un hisopo. Si utilizas un tocón de fusión, necesitarás mucho tiempo para mezclar toda el área, así que ten cuidado. Por lo tanto, los pañuelos son los mejores para esto. Puedes sustituir los pañuelos por papel higiénico o toalla de papel. Sin embargo, es importante tener en cuenta que al elegir los pañuelos desechables o las toallas, no utilices toallitas húmedas o que tengan olores, ya que pueden dejar manchas en el papel.

Cuando compares la imagen anterior y la siguiente, puedes ver la diferencia que hace la fusión y lo importante que es mezclar siempre el grafito al hacer texturas como el cabello.

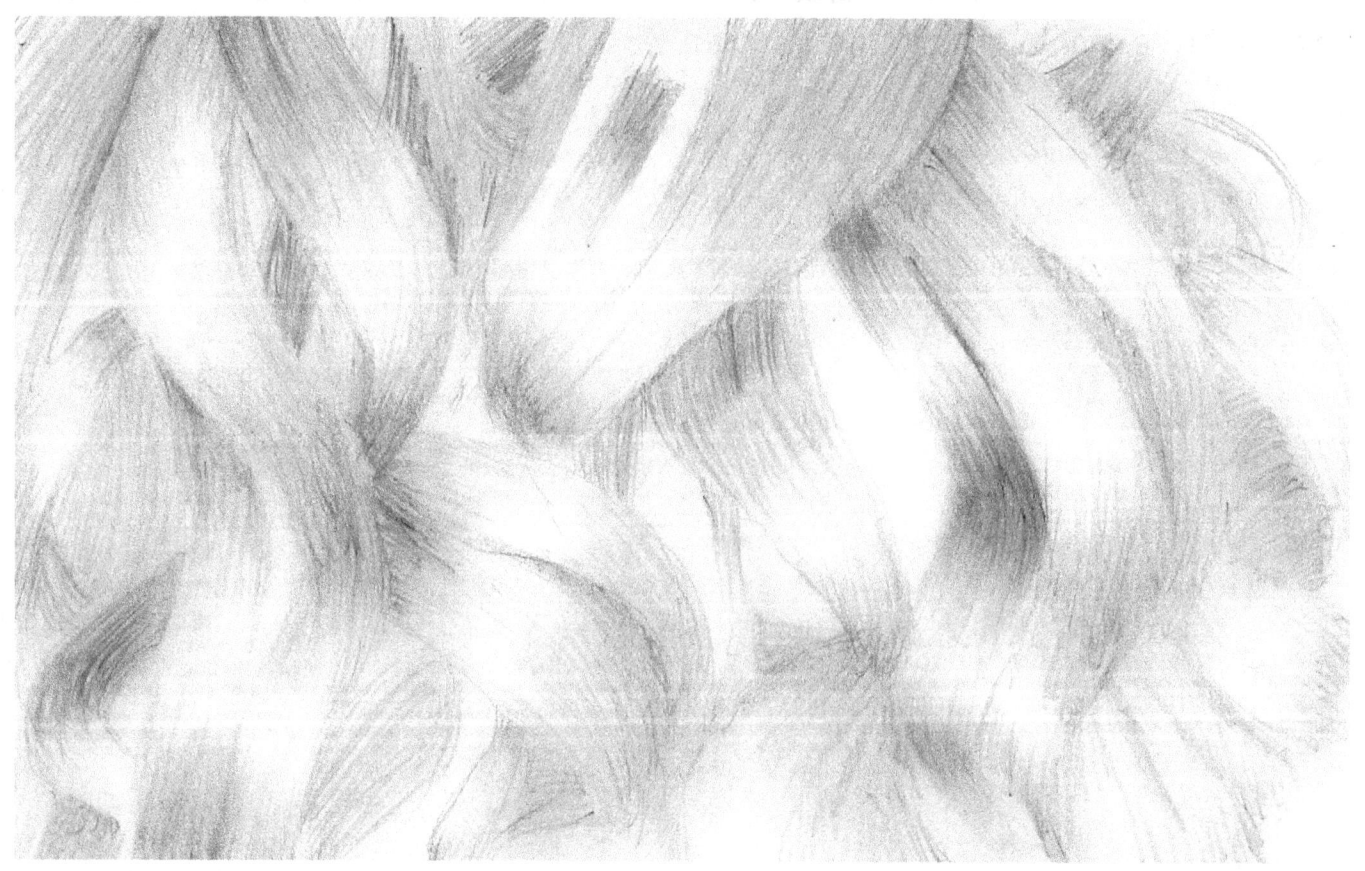

Ahora vamos a crear las partes más oscuras usando un 8B o cualquier otro lápiz oscuro que tengas.

Tenemos que rellenar las áreas que quedaron intactas. Los pequeños triángulos y otras formas que se pueden encontrar entre el cabello. Esos son los lugares donde el cabello es tan oscuro que no recibe luz alguna. Entonces, rellénalas cuidadosamente con el tono más oscuro de grafito.

No tengas miedo de usar un lápiz muy oscuro, como un 6B o más. Puede parecer aterrador para los principiantes usar colores tan oscuros, pero en la siguiente imagen puedes ver cómo le da la profundidad al cabello que dibujé y se ve mucho mejor. Casi todas las imágenes deben contener tonos absolutamente negros y absolutamente blancos. Puedes establecer las partes negras prácticamente donde quieras. Por ejemplo, donde no hayas dibujado nada, ningún grupo, simplemente llénalo con un 6B o más oscuro.

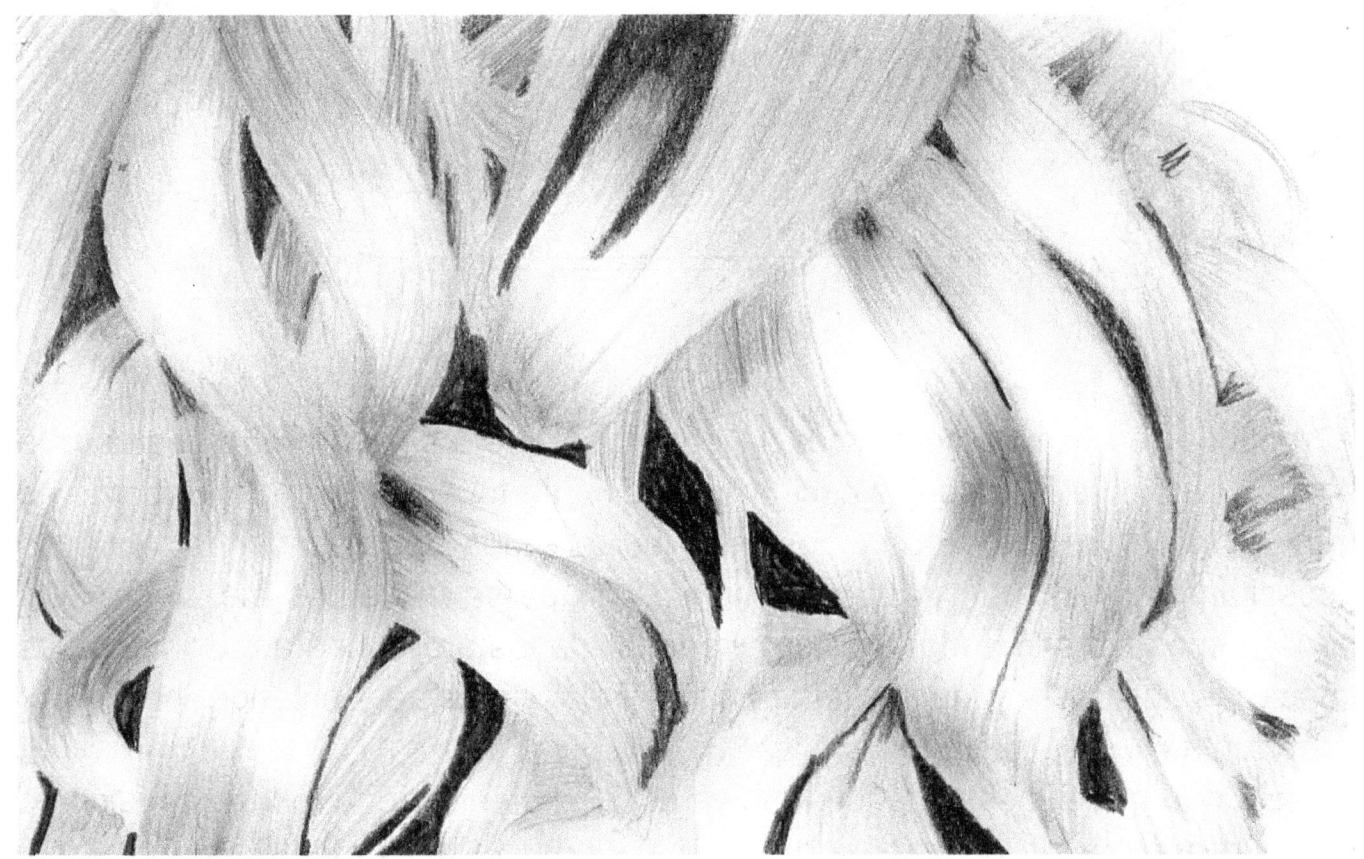

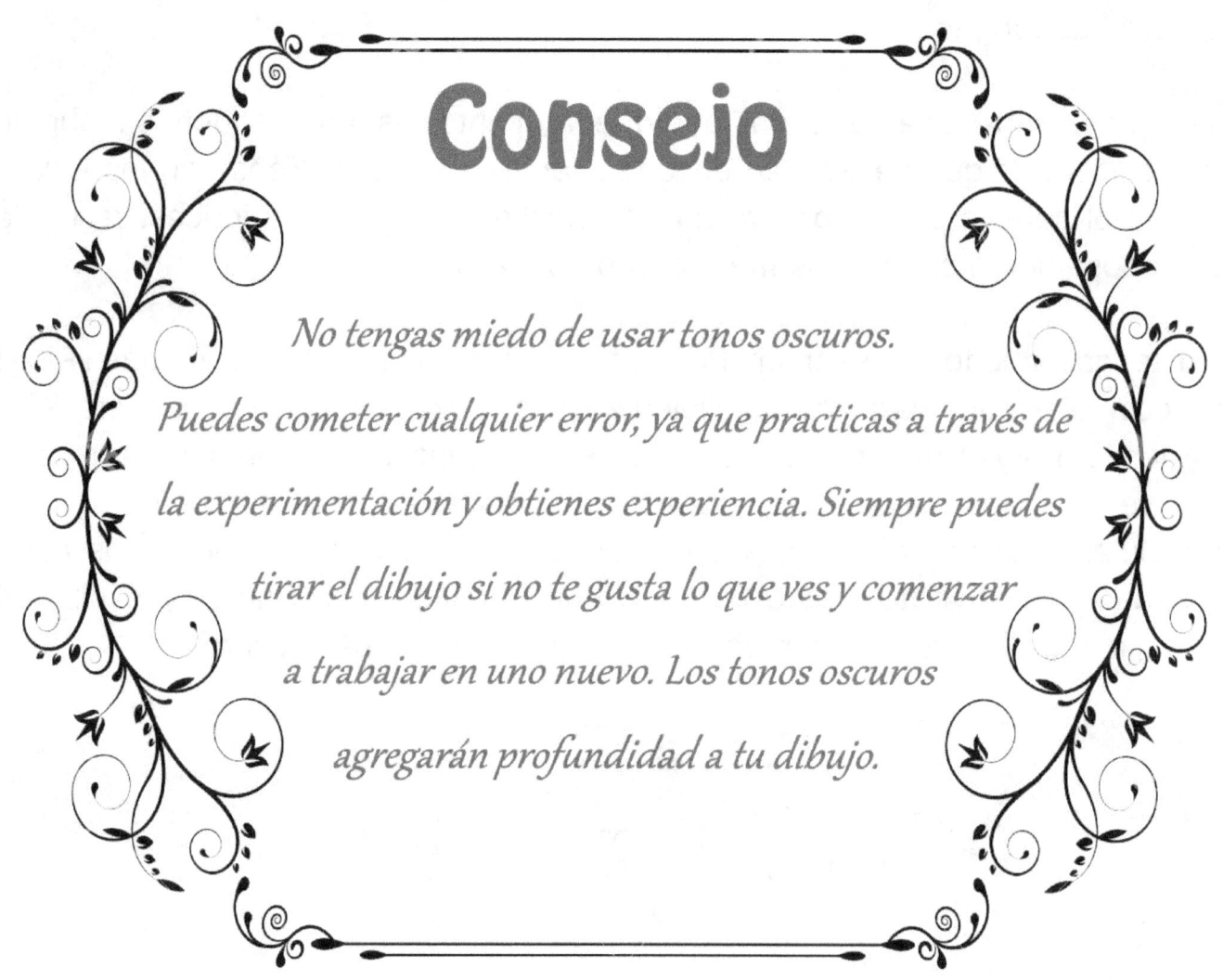

Consejo

No tengas miedo de usar tonos oscuros.

Puedes cometer cualquier error, ya que practicas a través de

la experimentación y obtienes experiencia. Siempre puedes

tirar el dibujo si no te gusta lo que ves y comenzar

a trabajar en uno nuevo. Los tonos oscuros

agregarán profundidad a tu dibujo.

A continuación, simplemente mezcla el borde entre las áreas muy negras que acabas de dibujar y los pelos circundantes con un tocón de mezcla. El borde es muy agudo entre estos dos tonos, así que tenemos que mezclarlos. Aquí, no necesitamos mezclar la imagen completa ya que ya la hemos mezclado, solo necesitamos hacerlo en los bordes alrededor de las áreas negras. Compara las imágenes anteriores y las siguientes para ver la diferencia y entender porqué es importante.

Lo segundo que debes hacer cuando ya estás sosteniendo tu tocón de fusión es crear la sombra proyectada debajo de algunos de los grupos superpuestos. Donde sea que veas un grupo que está pasando sobre otro grupo, simplemente crea la sombra proyectada debajo de él, sobre el cabello subyacente. Hará estallar los grupos superpuestos. Tienes que tener mucho grafito en la punta de tu tocón de mezcla; pero si no lo tienes, entonces sumérjelo en el polvo de grafito para crear las sombras proyectadas. Ni siquiera tienes que usar un tocón de mezcla, puedes hacerlo con un lápiz y mezclar.

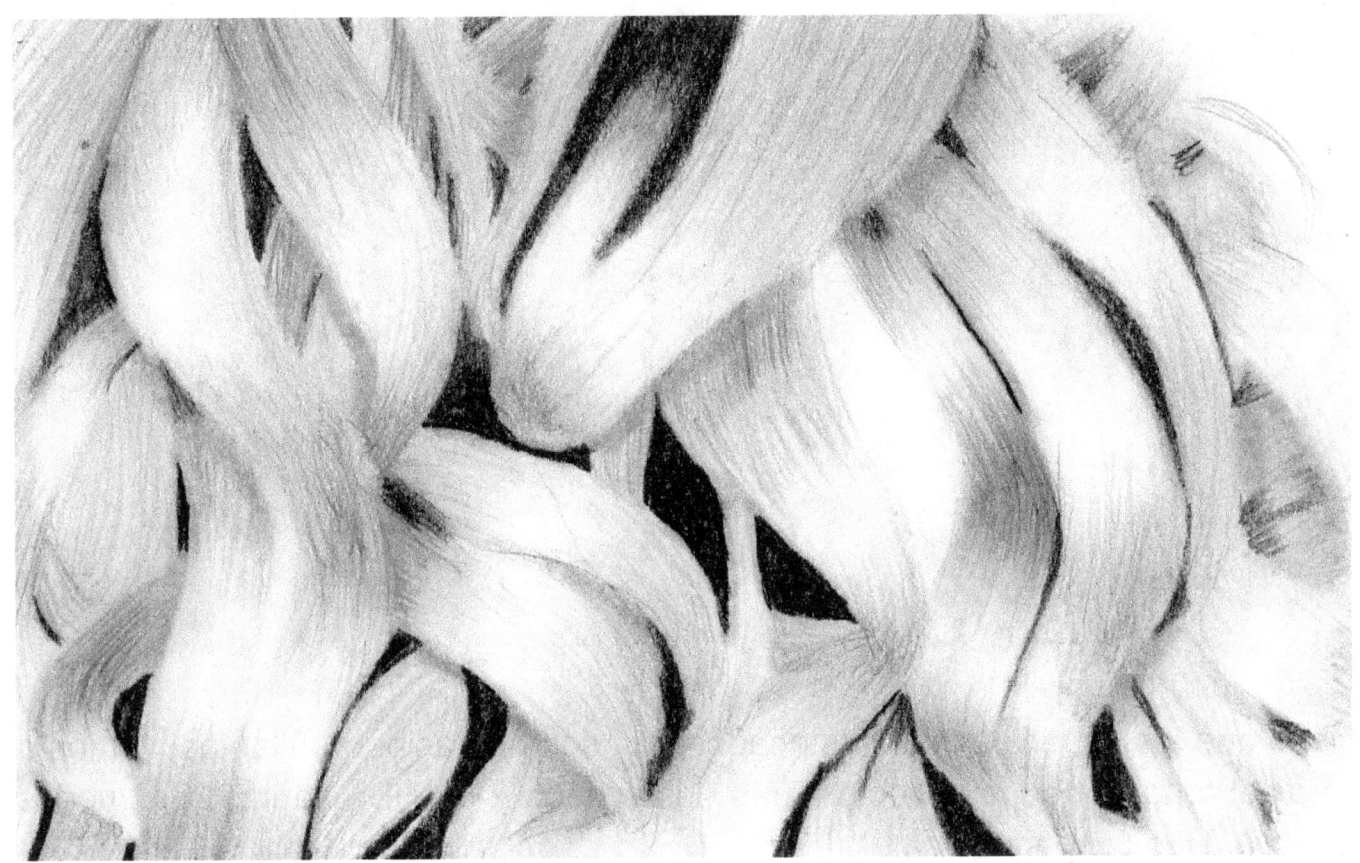

Como iluminamos muchas de las áreas que creamos en el primer paso con un pañuelo de papel, construyamos este tono nuevamente con un HB. Pero esta vez, no presiones con fuerza, solo crea algunos pelos de nuevo y presiona más sobre las áreas que se encuentran más alejadas del punto culminante; Los que se ven menos afectados por la fuente de luz. Al crear algunos de los pelos, debes aplicar más presión, para crear diferentes tonos de los pelos, en todo el lugar.

No tienes que sombrear toda el área, porque ya lo hicimos en el primer paso. Aquí, solo dibuja algunos de los pelos sobre el tono básico otra vez.

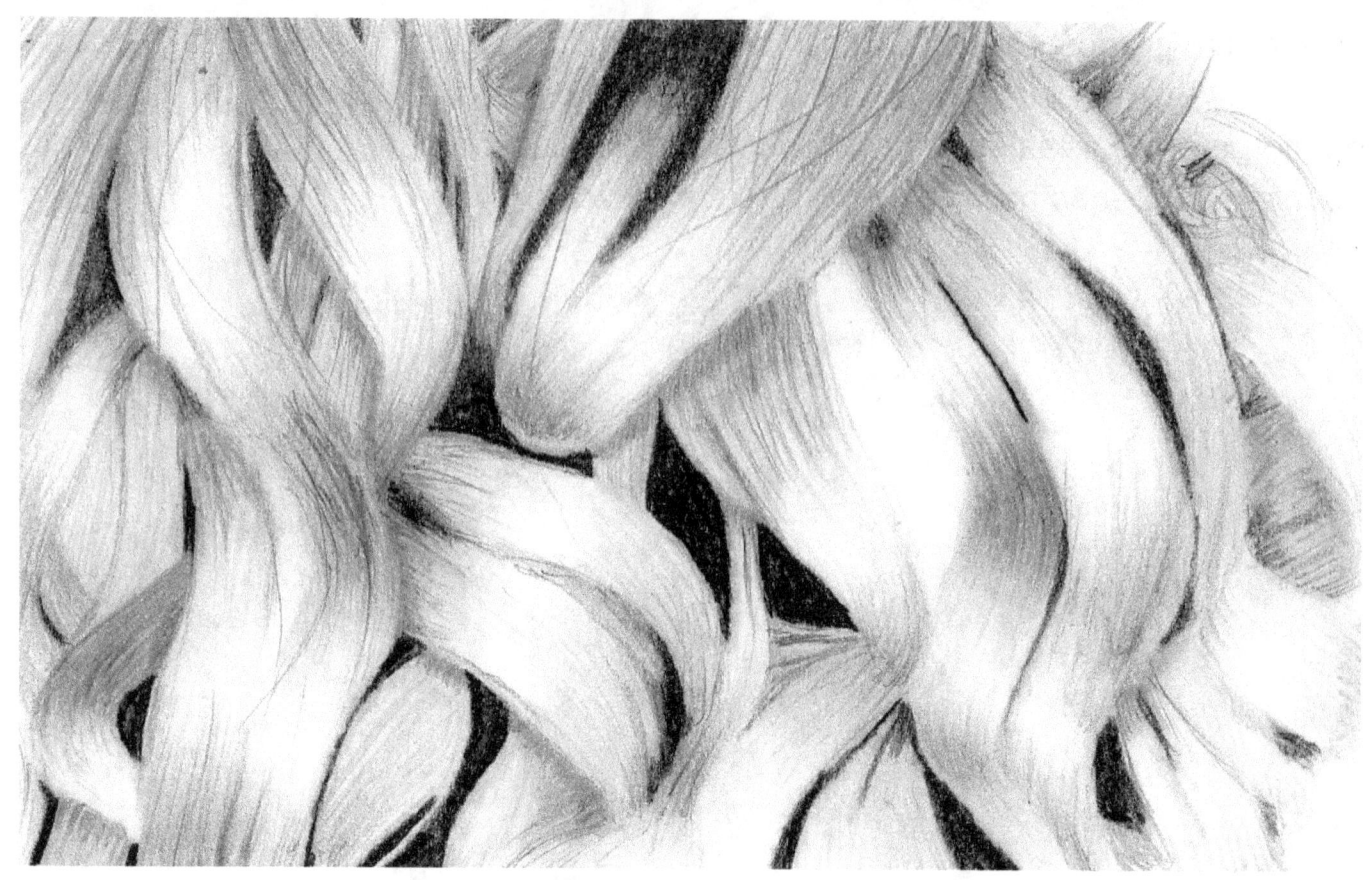

Dado que los aspectos más destacados aún son demasiado brillantes, vamos a crear el tono entre los aspectos más destacados y un HB usando 2H. Puedes usar un 3H o 5H para esto.

Comienza a dibujar los trazos sobre el área HB y ve hacia el punto culminante. Aquí tienes que decidir qué parte del resaltado quieres cubrir. De esta manera puedes determinar el color que quieres que tenga tu cabello. Si recorres completamente los reflejos con un lápiz H, el cabello se verá marrón o rojo; si lo haces claros y no cubres todo lo más destacado, será una especie de cabello rubio o marrón claro. Sugiero experimentar con ambos para ver cuál te gusta más. Intenta hacer tu próximo dibujo diferente para practicar y ver cómo puedes lograr diferentes tonos de cabello. Además, separa algunos pelos dentro de un grupo sombreando entre ellos con un 2H. Además, si alargas algunos resaltes, harás que el grupo parezca más estirado, y si lo haces más corto, el grupo se verá más doblado.

Entonces, como mencioné, en algunos casos, repasa el resaltado por completo y, a veces, detente antes de llegar a los destacados para crear diferentes grupos y obtener más tonos de cabello.

Simplemente sigue el flujo del grupo y presiona con fuerza sobre las áreas sombreadas y libera la presión mientras dibujas hacia el resaltado.

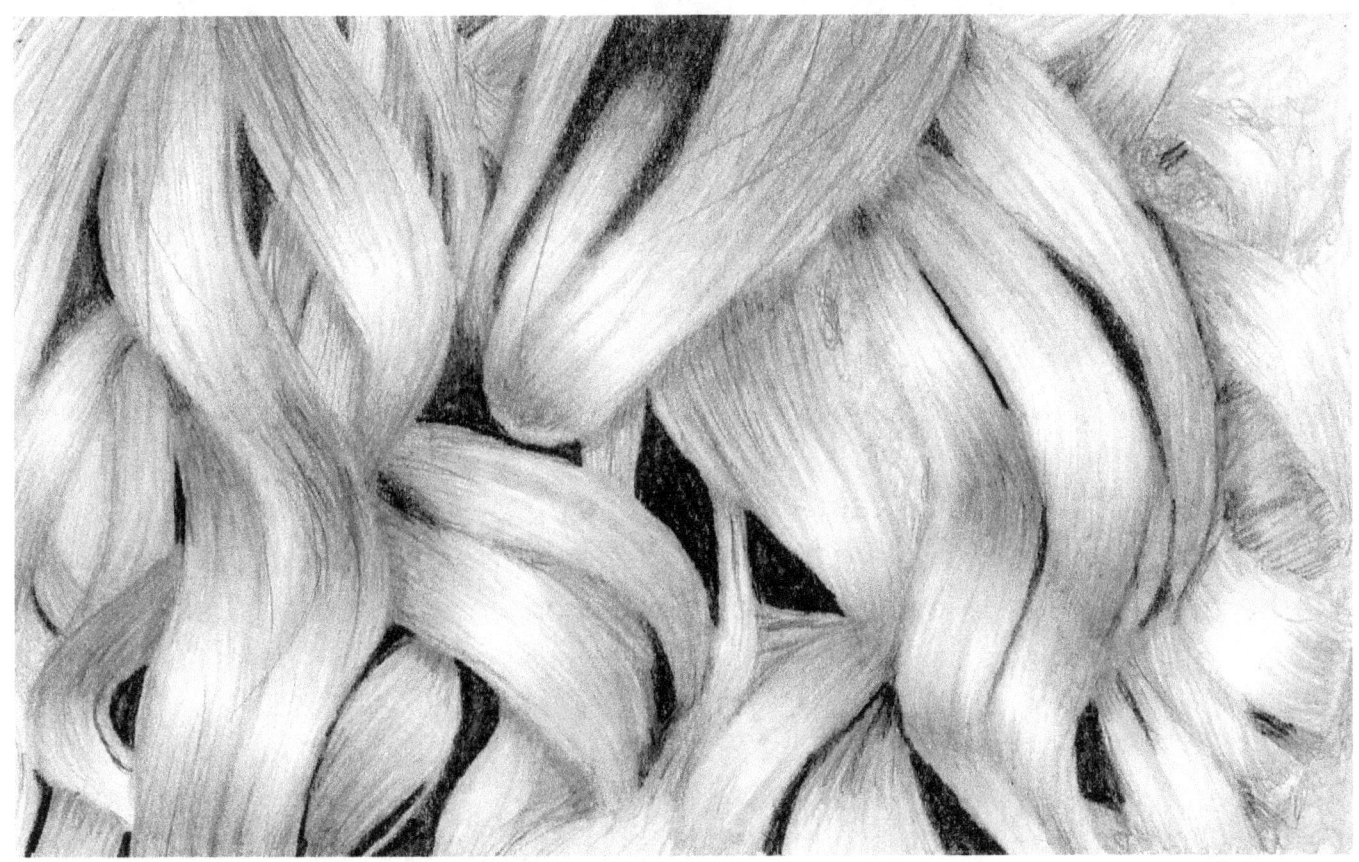

Ahora combina las líneas que acabas de crear con un hisopo, pero no pases por las áreas más oscuras, solo sobre los pelos que dibujaste con 2H en el paso anterior. Todo lo que dibujamos debe mezclarse porque, como puedes ver, después de la mezcla, el cabello parece más suave, que es lo que necesitamos para que el cabello se vea realista. Tenemos que tener líneas visibles, pero deben ser suaves. En la siguiente imagen puedes ver cómo el cabello ahora se ve aún más brillante.

Solo asegúrate de no repasar los aspectos más destacados con un hisopo sucio.

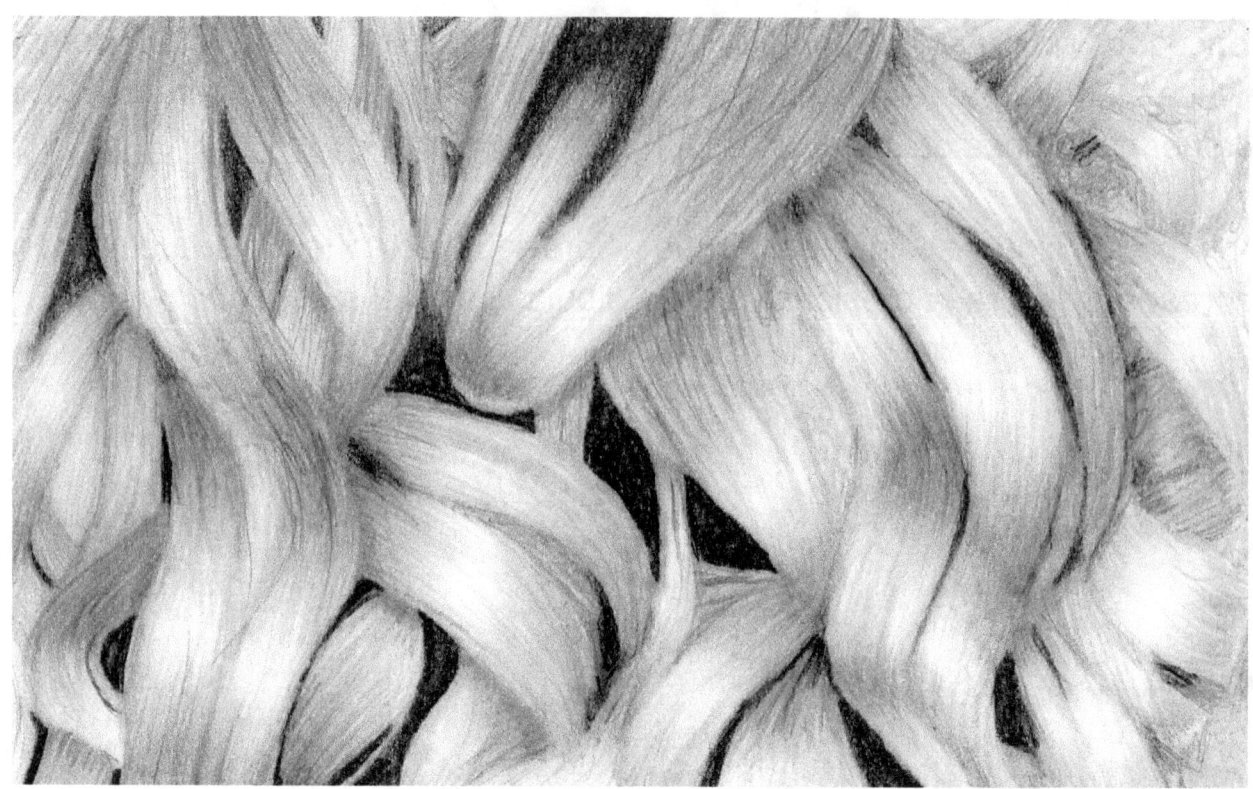

Tengo que oscurecer más las áreas, lo que, por supuesto, no significa que debas hacerlo, pero solo quiero hacerlas un poco más oscuras en algunas áreas que he aclarado con la mezcla y tocándolas con un trozo de pañuelo sobre el que sostengo mi mano.

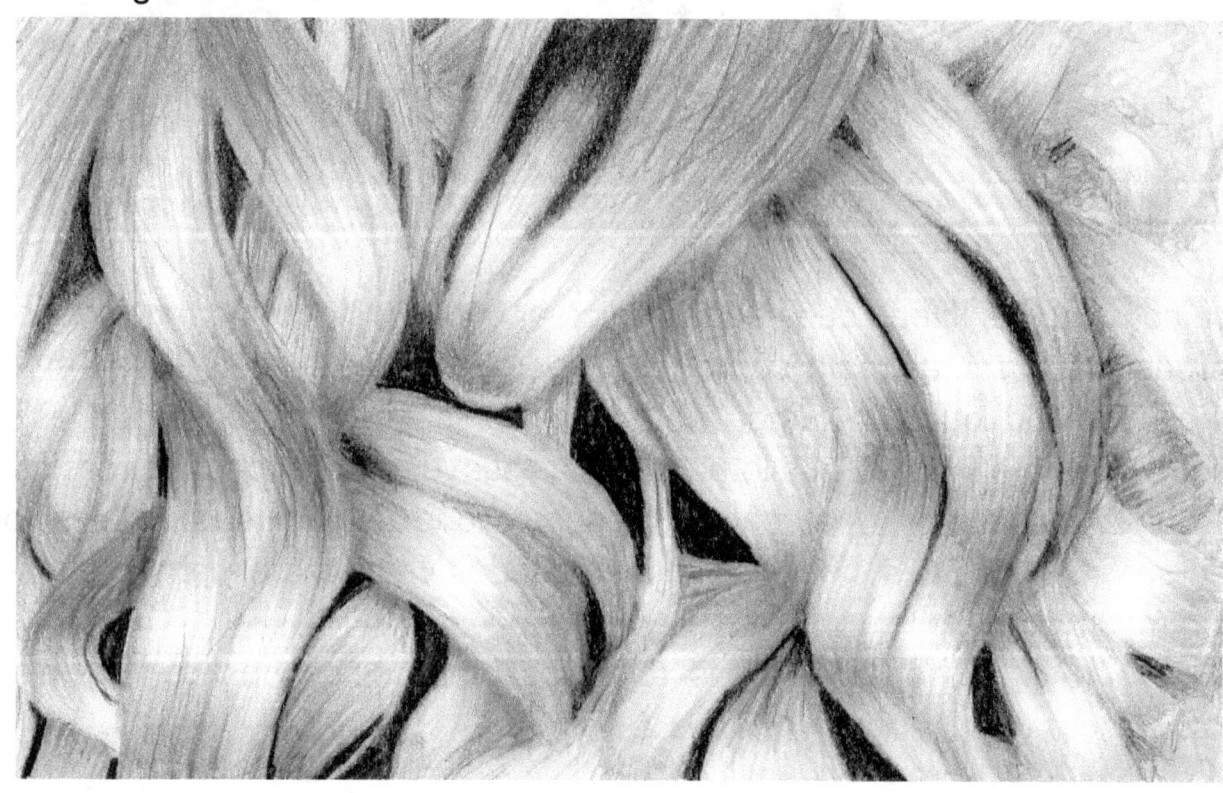

Ahora podemos crear algunos puntos destacados sobre las partes sobresalientes de los grupos que hemos omitido hasta ahora.

Coloca la punta de tu borrador sobre el área doblada que recibe la mayor cantidad de luz. Presiona muy ligeramente sobre el resalte y muévelo hacia el área sombreada liberando la presión allí. No presiones demasiado si no deseas eliminar demasiado el grafito. Si has exagerado, simplemente repásalo con un hisopo o con un tocón de mezcla y luego vuelve a oscurecerlo. Quiero decir, si no te gusta ese punto destacado, si quieres eliminarlo o simplemente oscurecerlo, repásalo con un hisopo. Mejora los aspectos más destacados borrando en todas partes donde los tengas.

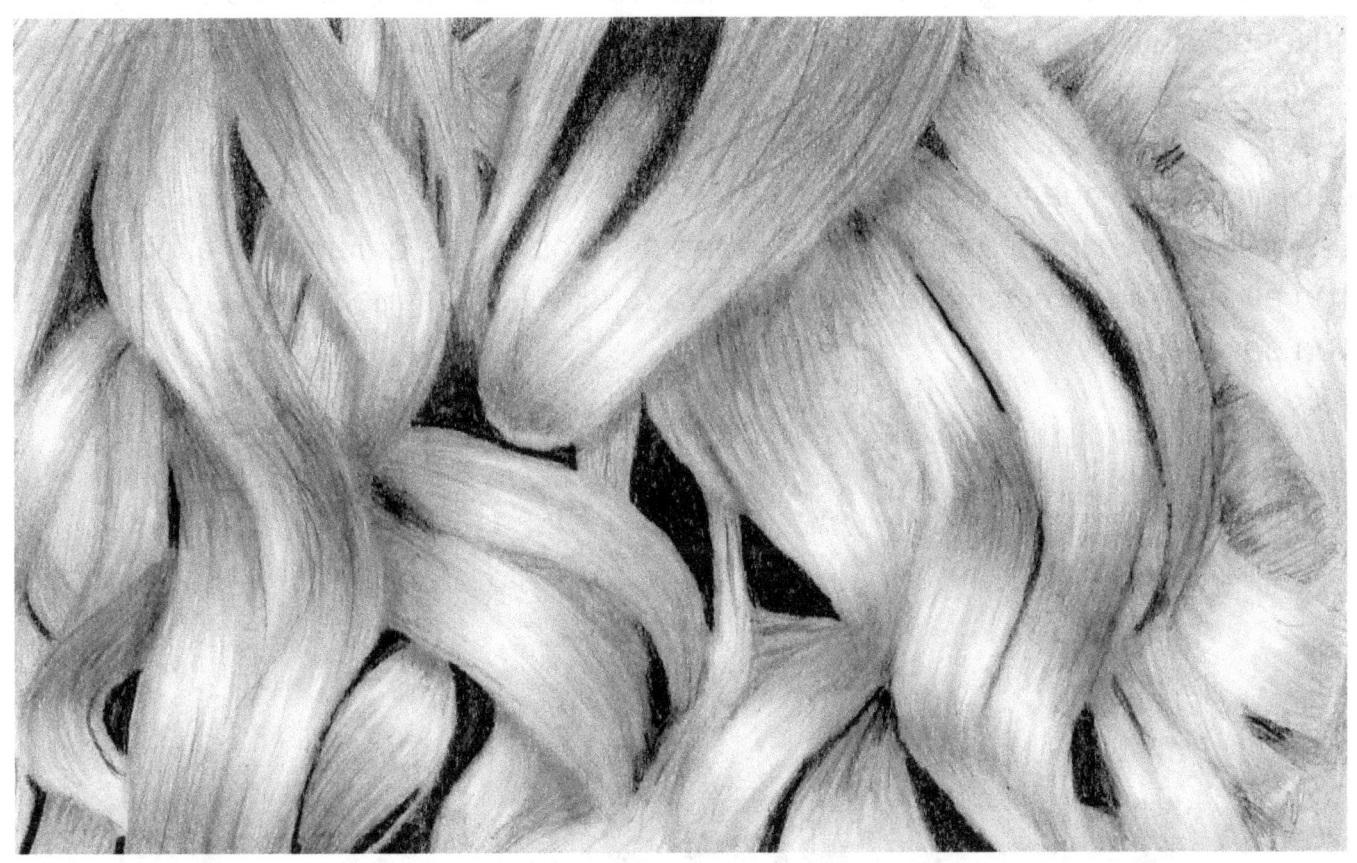

Ahora podemos crear pelos individuales o "voladizos" porque siempre habrá algunos pelos individuales que simplemente no pertenecen a ningún mechón o están separados de él. Puedes hacer esto con un borrador muy afilado. Estoy usando un borrador mecánico de Tombow que puedes ver en el capítulo "Herramientas", pero puedes usar un borrador amasado o cualquier otro con el que te guste trabajar. Crea pequeños pelos por todo el lugar al azar. Echa un vistazo a la siguiente imagen para ver dónde coloqué los míos. No presiones demasiado con el borrador porque podrías hacerlos demasiado gruesos. Aplica movimientos rápidos y seguros al crear los pelos con un borrador y haz que algunos de ellos sean más cortos, algunos más largos. Es importante tener la punta limpia de un borrador y no presionar demasiado. Puedes ver cómo se ve más natural ahora.

Pero realmente no podrás crearlos sobre las áreas absolutamente negras que creamos entre los grupos de pelos. Para eso, usa un marcador blanco, una pluma de gel de tinta blanca o incluso un gouache. Recomiendo usar un marcador blanco de Uni Posca. Si exageras, o si haces las líneas demasiado gruesas, puedes ir entre ellas con un cuchillo X-acto y hacer dos pelos paralelos. Incluso cuando este marcador se seca, puedes hacerlo más grueso quitando algo del marcador a lo largo de la línea. Si no te gusta lo que has creado con este marcador, simplemente elimínalo con tu uña o con un cuchillo X-acto y puedes hacerlo mientras el marcador aún está húmedo, pero especialmente cuando se seca.

La próxima vez intenta usar matices más oscuros o más brillantes y experimenta con ellos. Dibujar el cabello siempre lleva mucho tiempo, pero tienes que dibujar con paciencia.

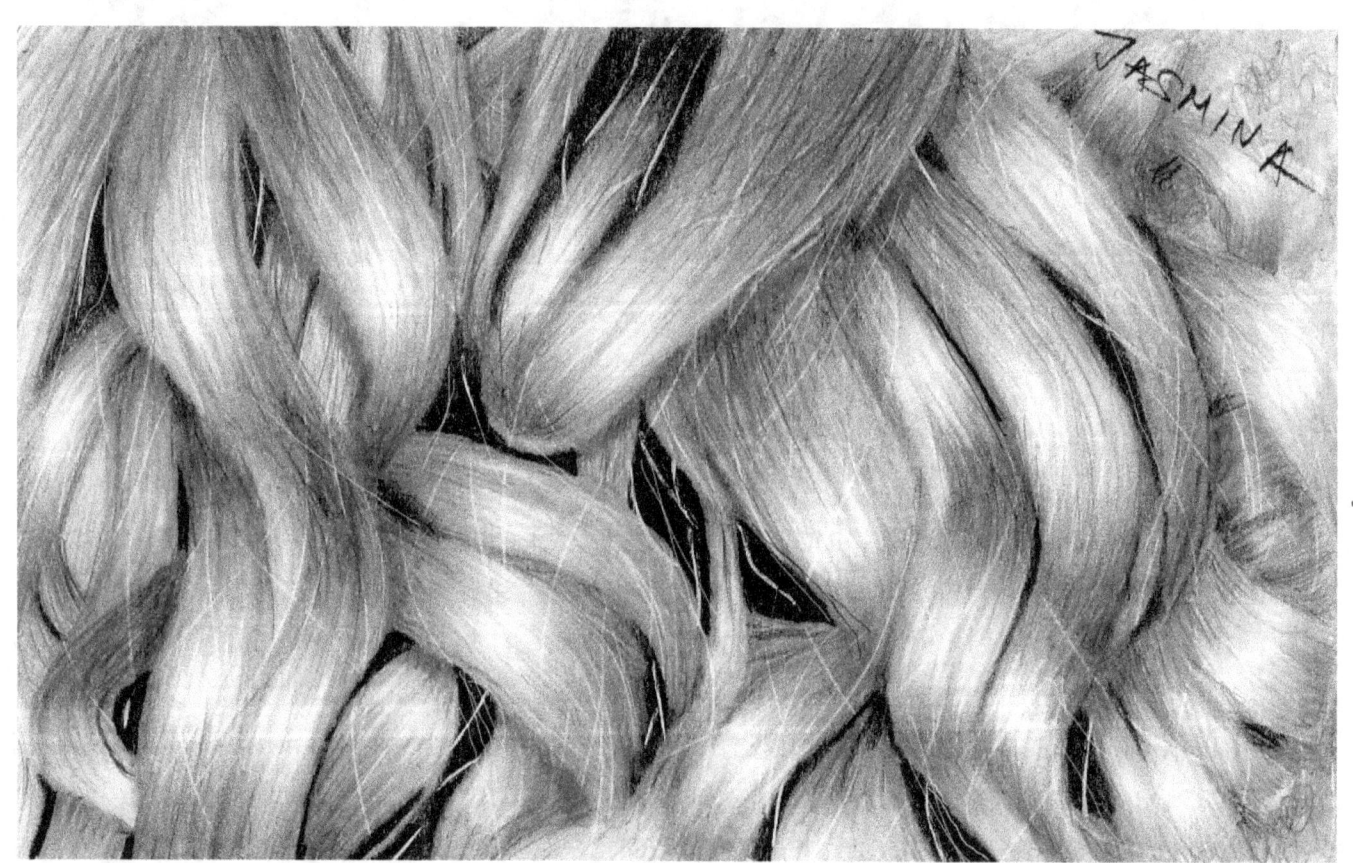

EPÍLOGO

Espero que hayas seguido mis instrucciones, que te hayan enriquecido mis consejos y sugerencias y que te haya gustado lo que has creado hasta ahora. También espero que sigas practicando. Si sigues dibujando, los grandes resultados y satisfacciones aún están por llegar. Siempre compara tus dibujos antiguos y nuevos para ver cuánto has desarrollado tus habilidades y para animarte a seguir.

Si sientes que tu dibujo no va como esperabas, rompe el papel y comienza uno nuevo. Cada error te enseñará algo. Cualquier artista, incluyéndome a mí, tiene algunos dibujos iniciales que terminaron en un contenedor de basura. No hay nada de malo en ello. Además, si puedes ver tus errores, estás en el camino correcto. Apoya esta habilidad en lugar de ignorarla. He visto personas satisfechas con sus malos dibujos. No los llevarán al siguiente nivel porque piensan que no hay nada que deban mejorar. Sé crítico contigo mismo, pero también poder notar tus mejorías te motivará. Se un perfeccionista paciente e insistente, que trabaja duro y no espera que los milagros ocurran de la noche a la mañana.

Por favor, mira mis dibujos en la "Galería de inspiración" que contiene mis dibujos antiguos y nuevos con grafito. Además, no dudes en contactarme en las redes sociales, a través de mi sitio web www.jasminasusak.com, o por correo electrónico jasminasusak00@gmail.com, y hacer cualquier pregunta, compartir tus pensamientos sobre este libro conmigo y mostrarme tus dibujos. ¡No puedo esperar a ver tus resultados!

GALERÍA DE INSPIRACIÓN

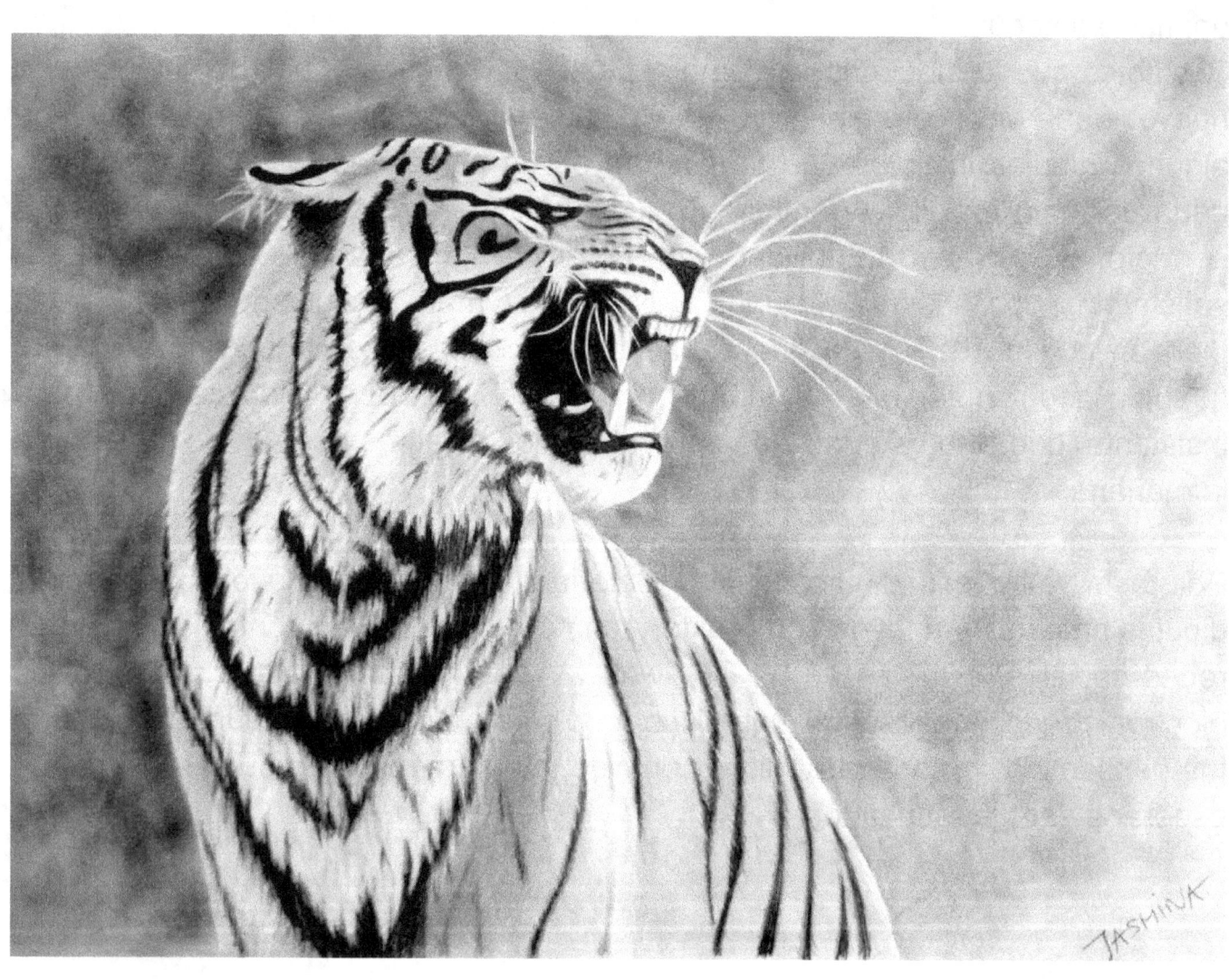

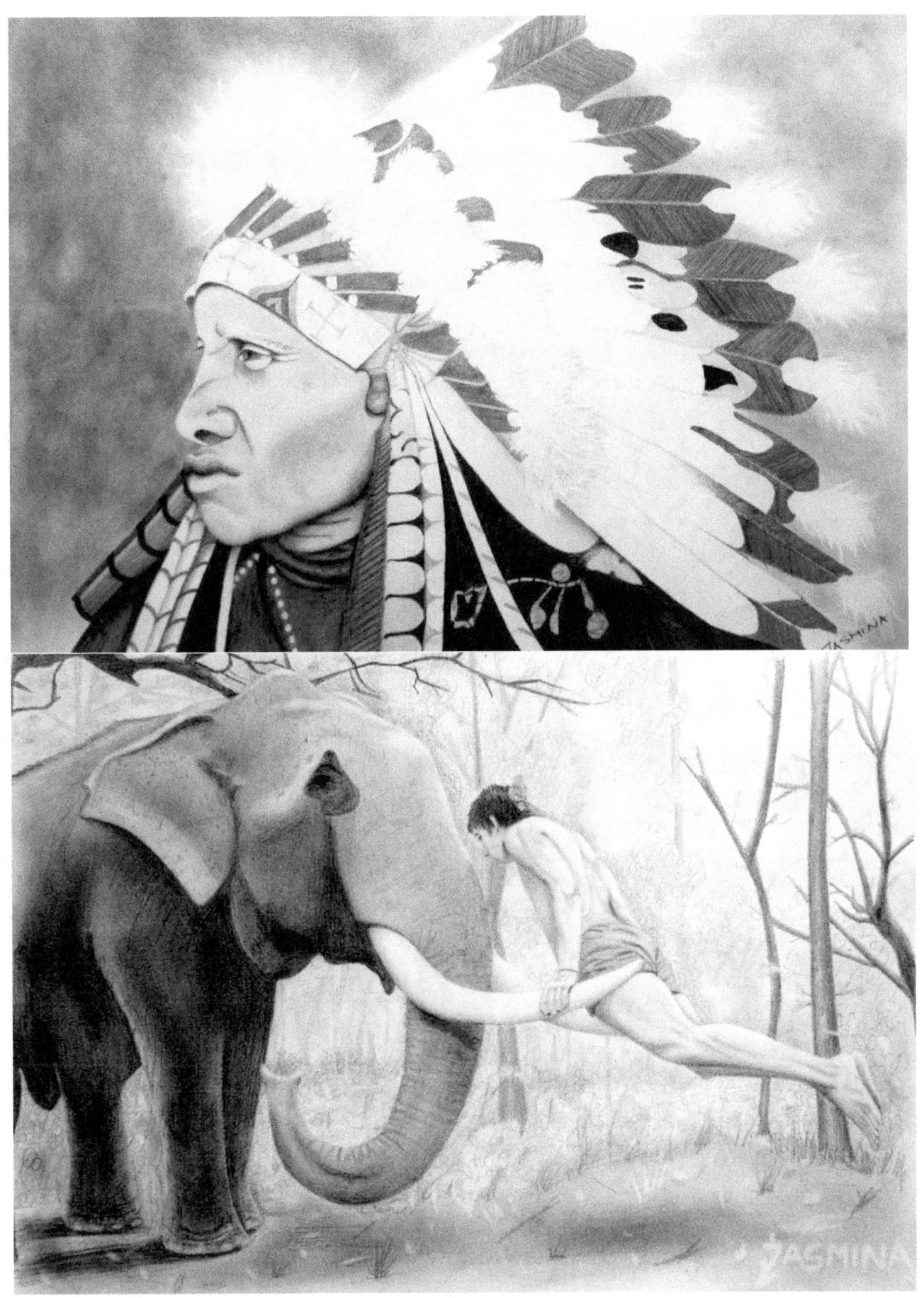

217

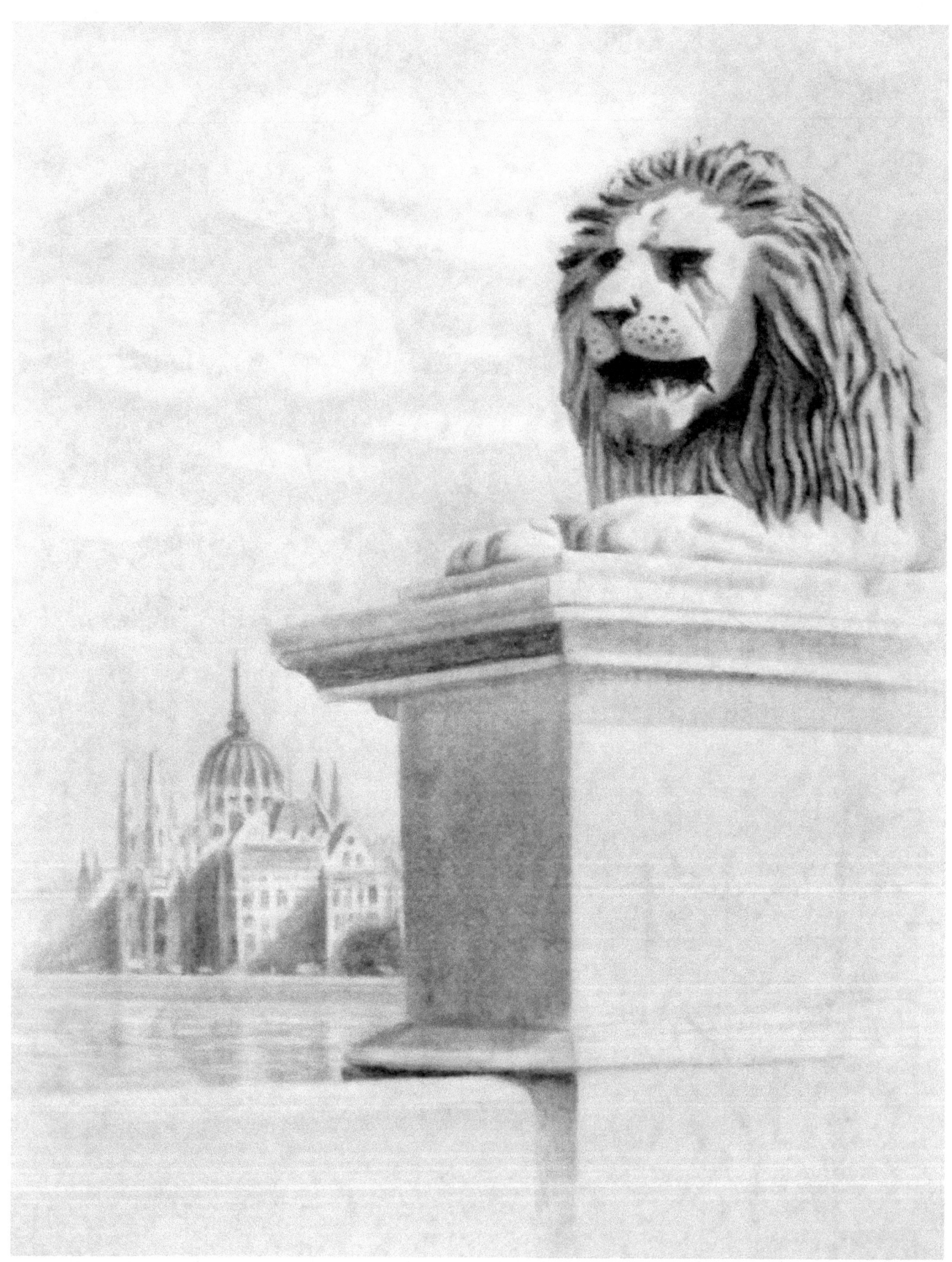

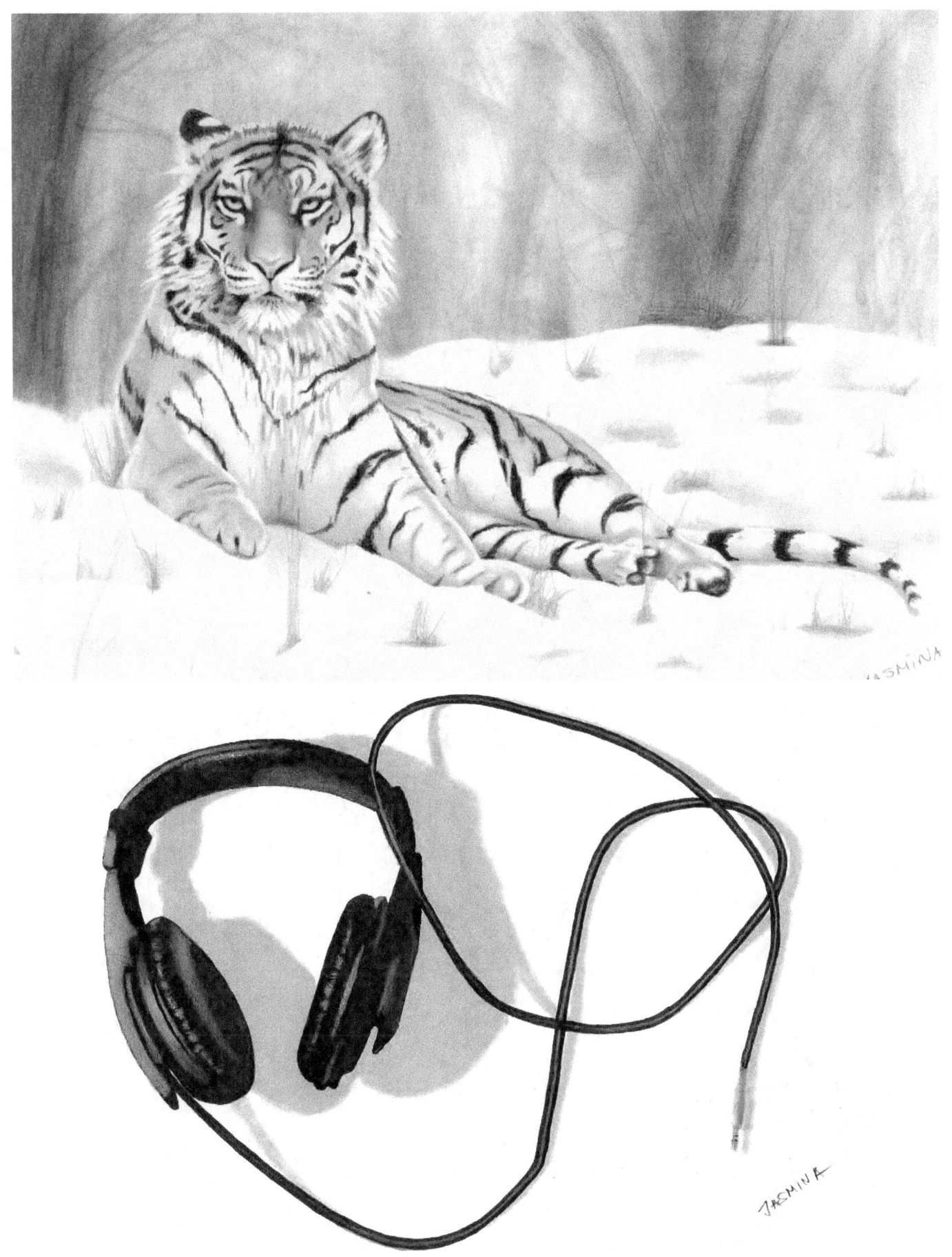

219

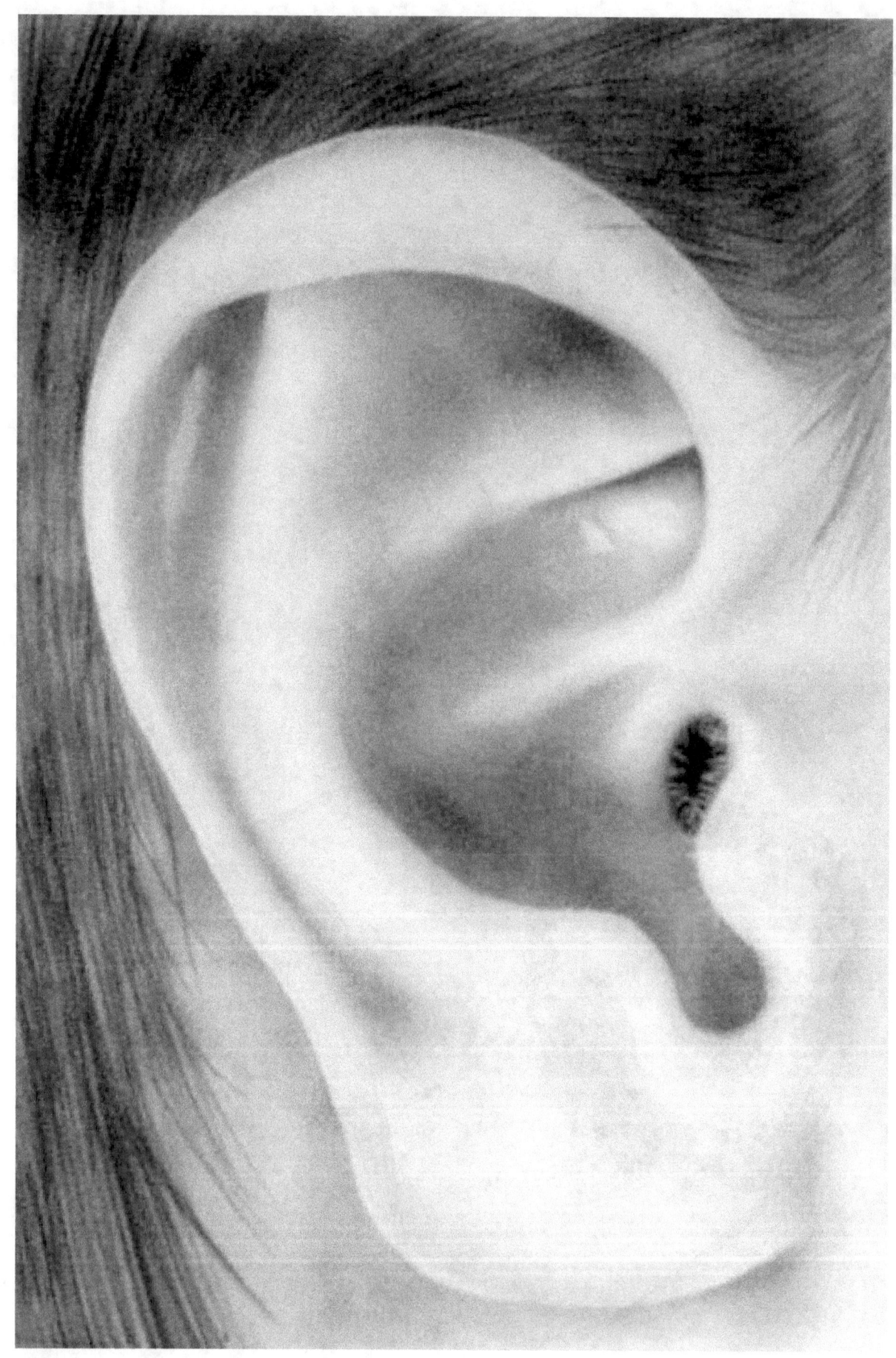

220

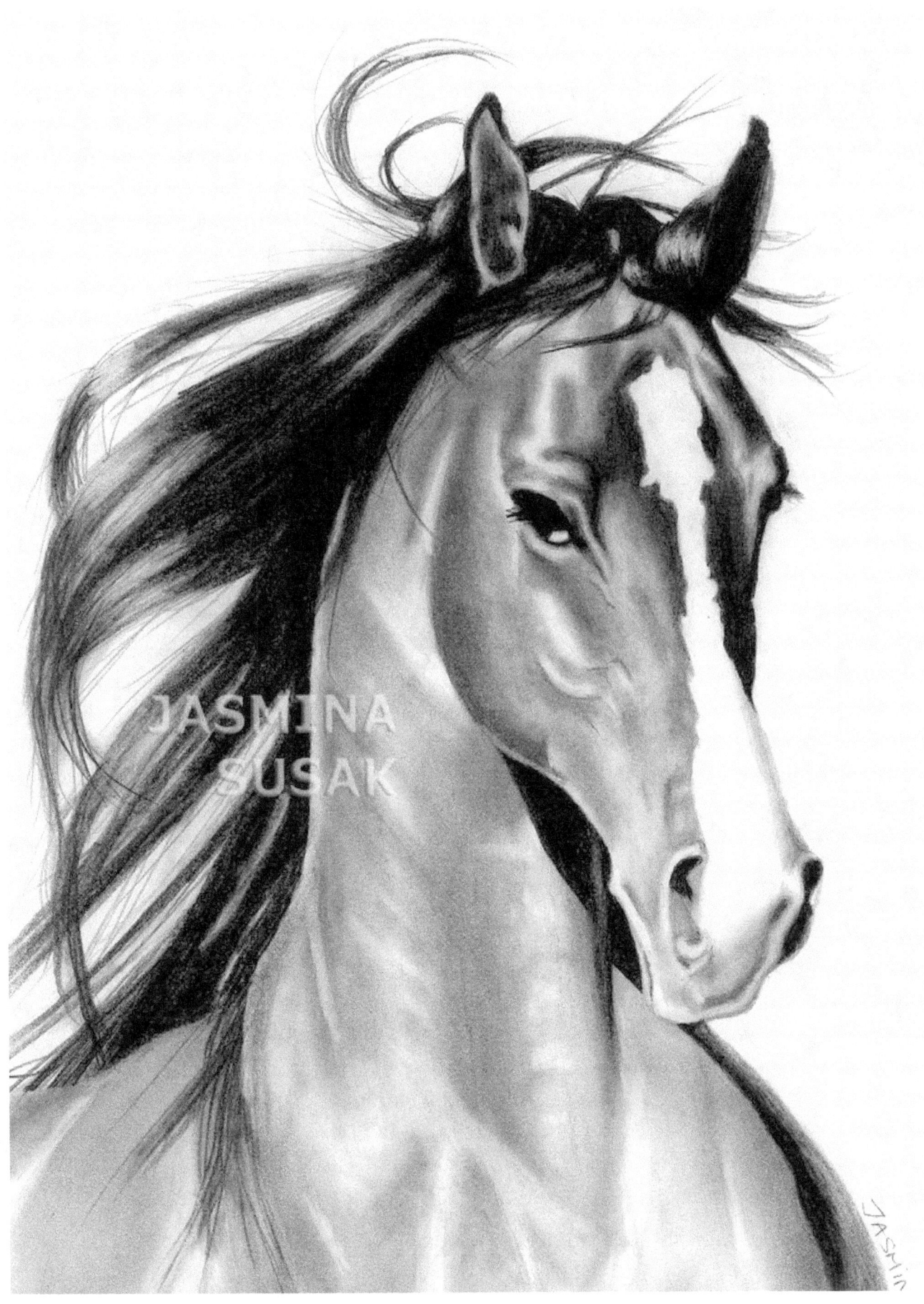

JASMINA SUSAK

221

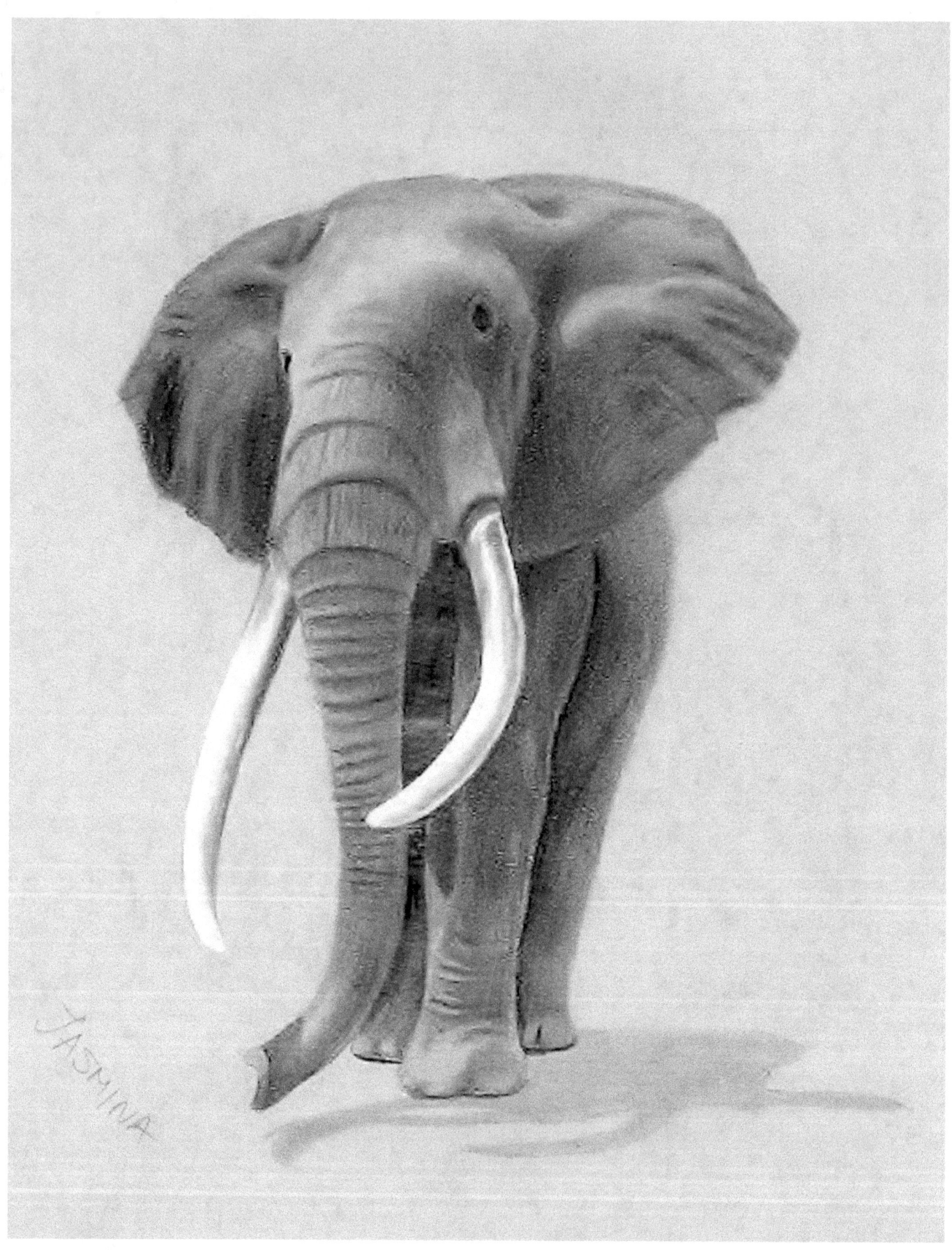

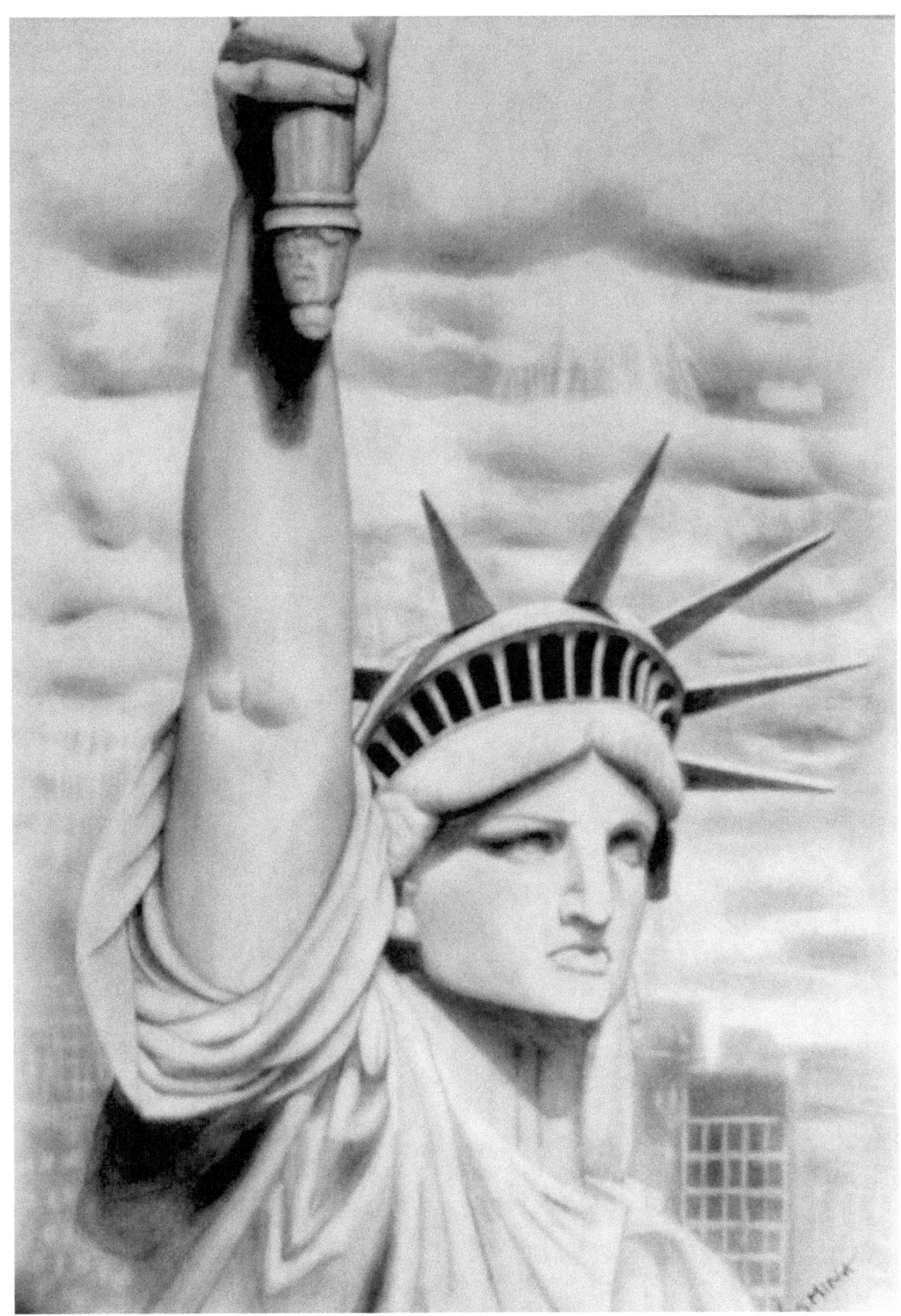

223

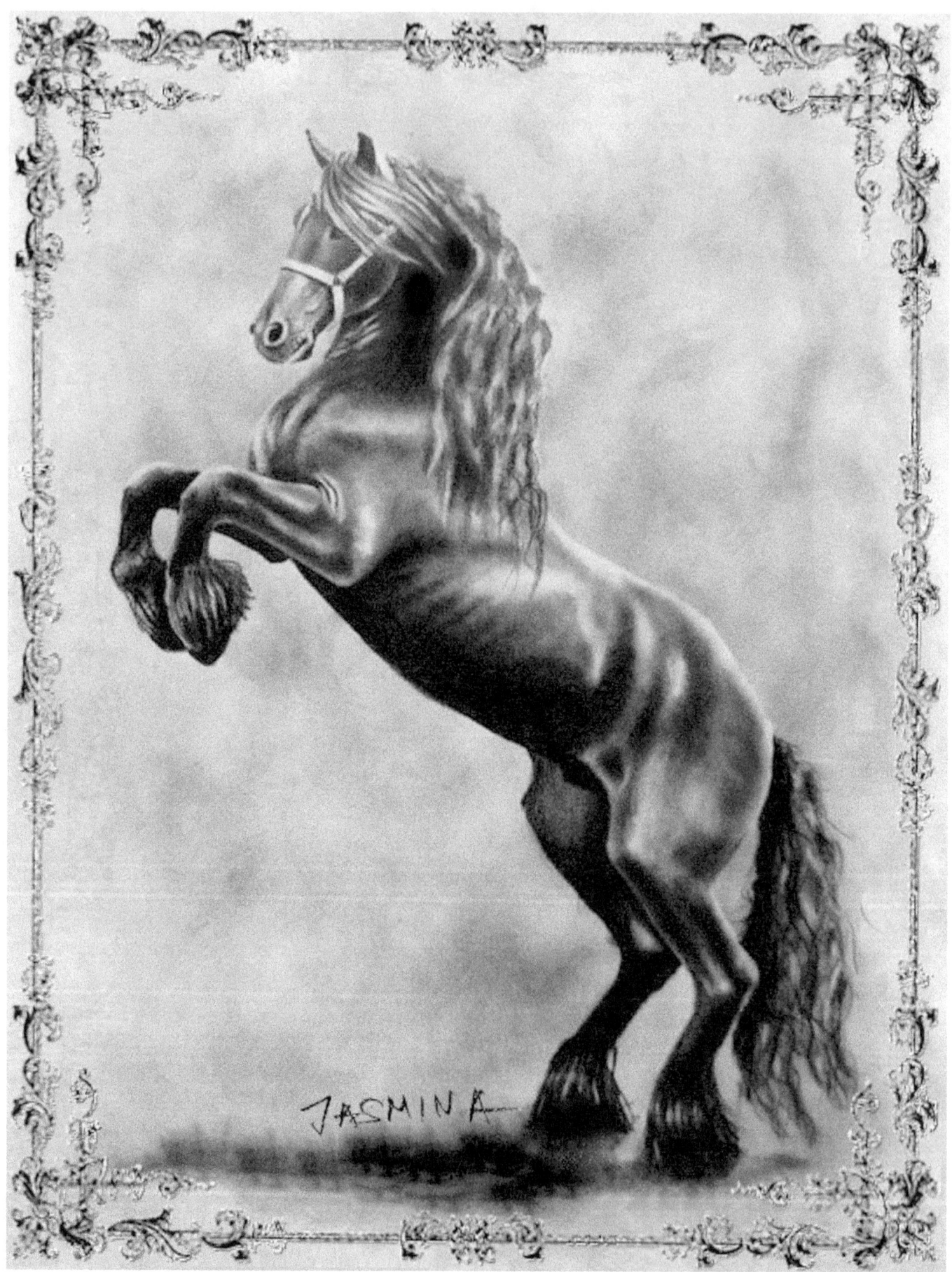

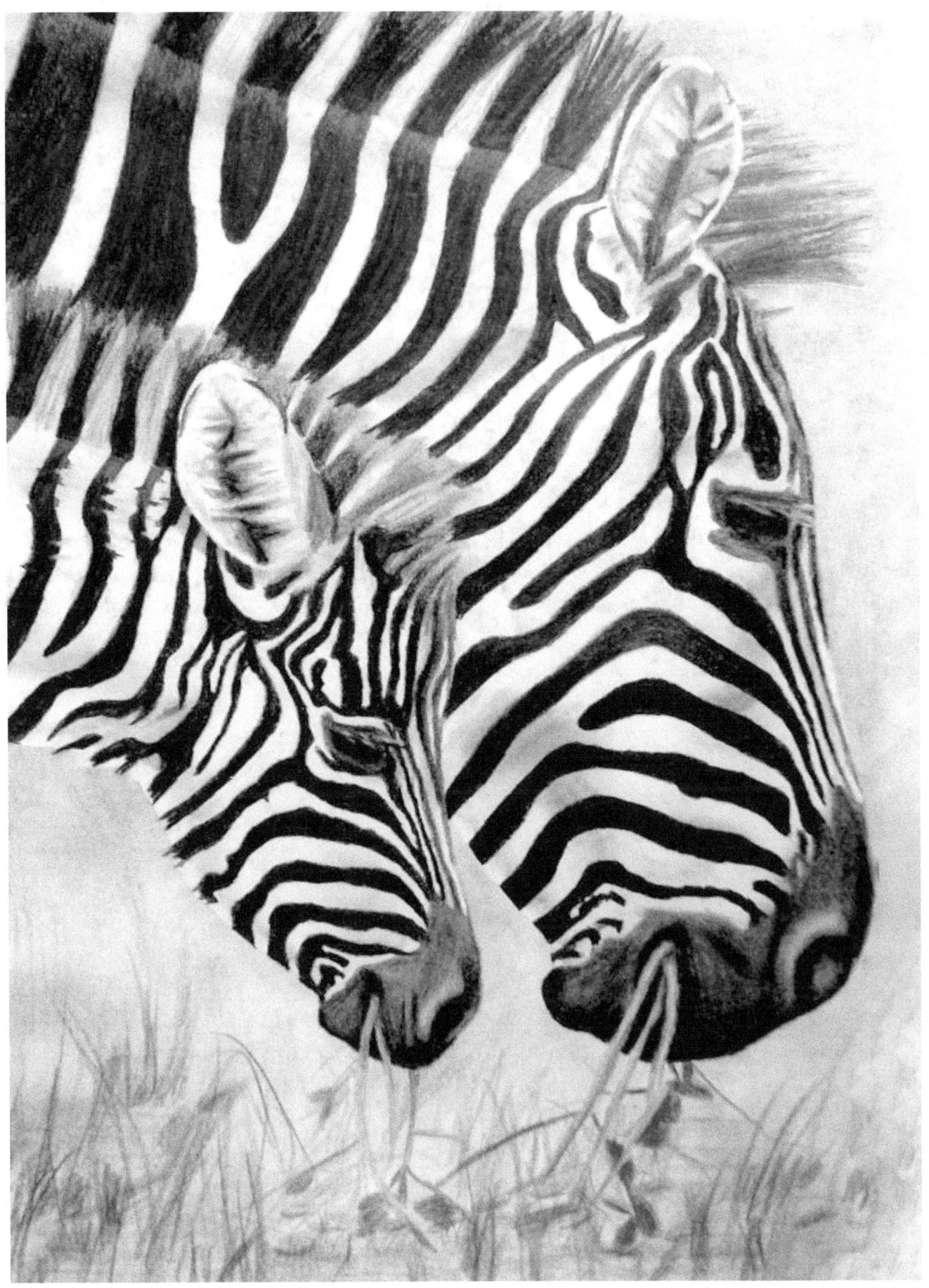

225

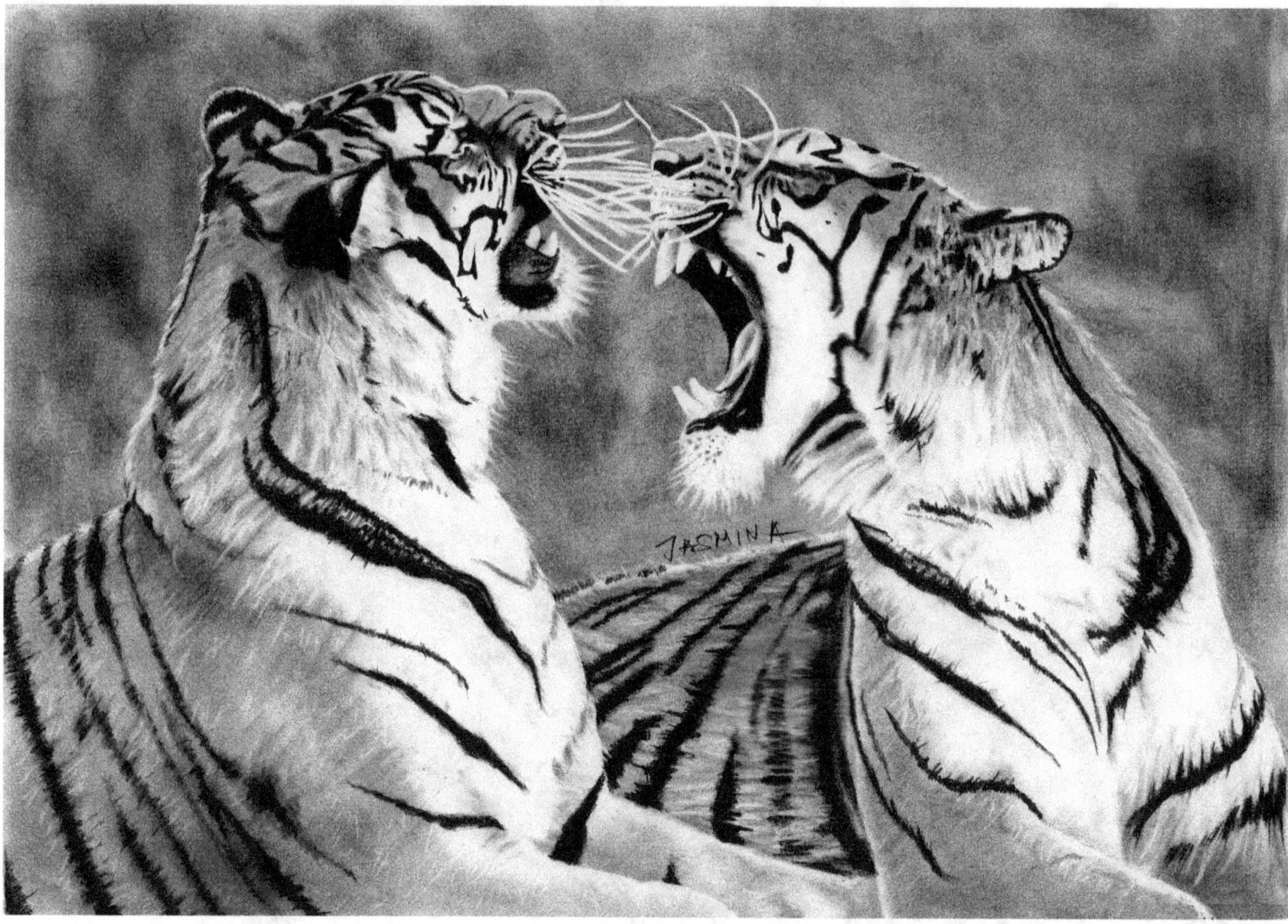

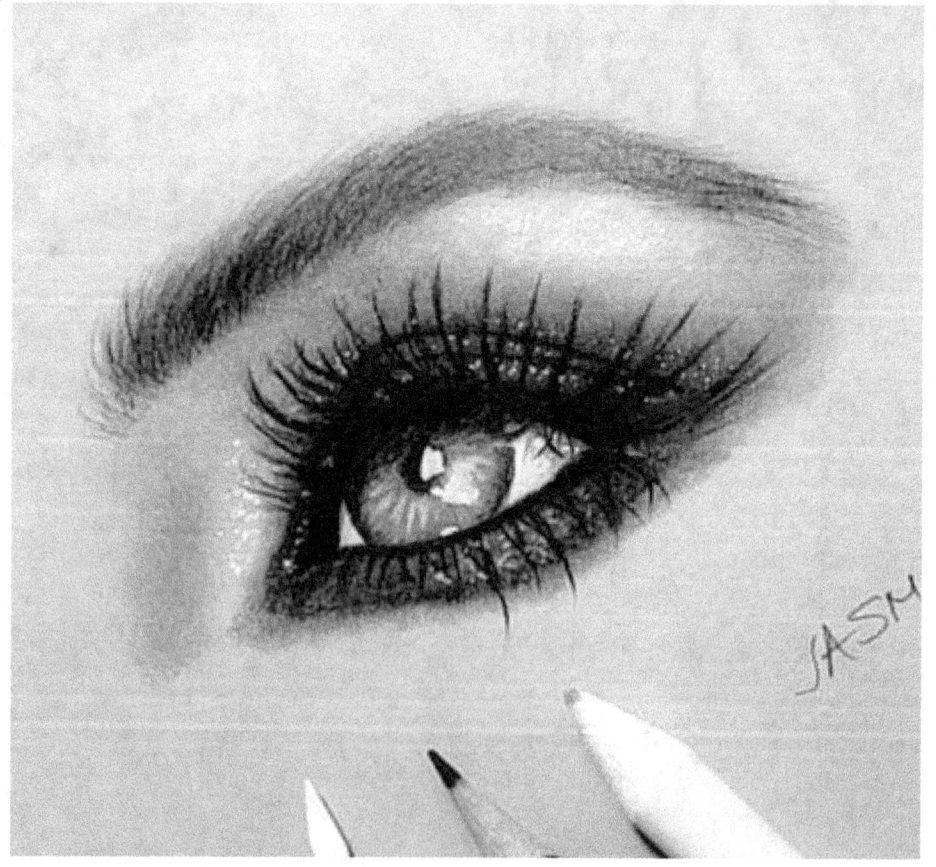

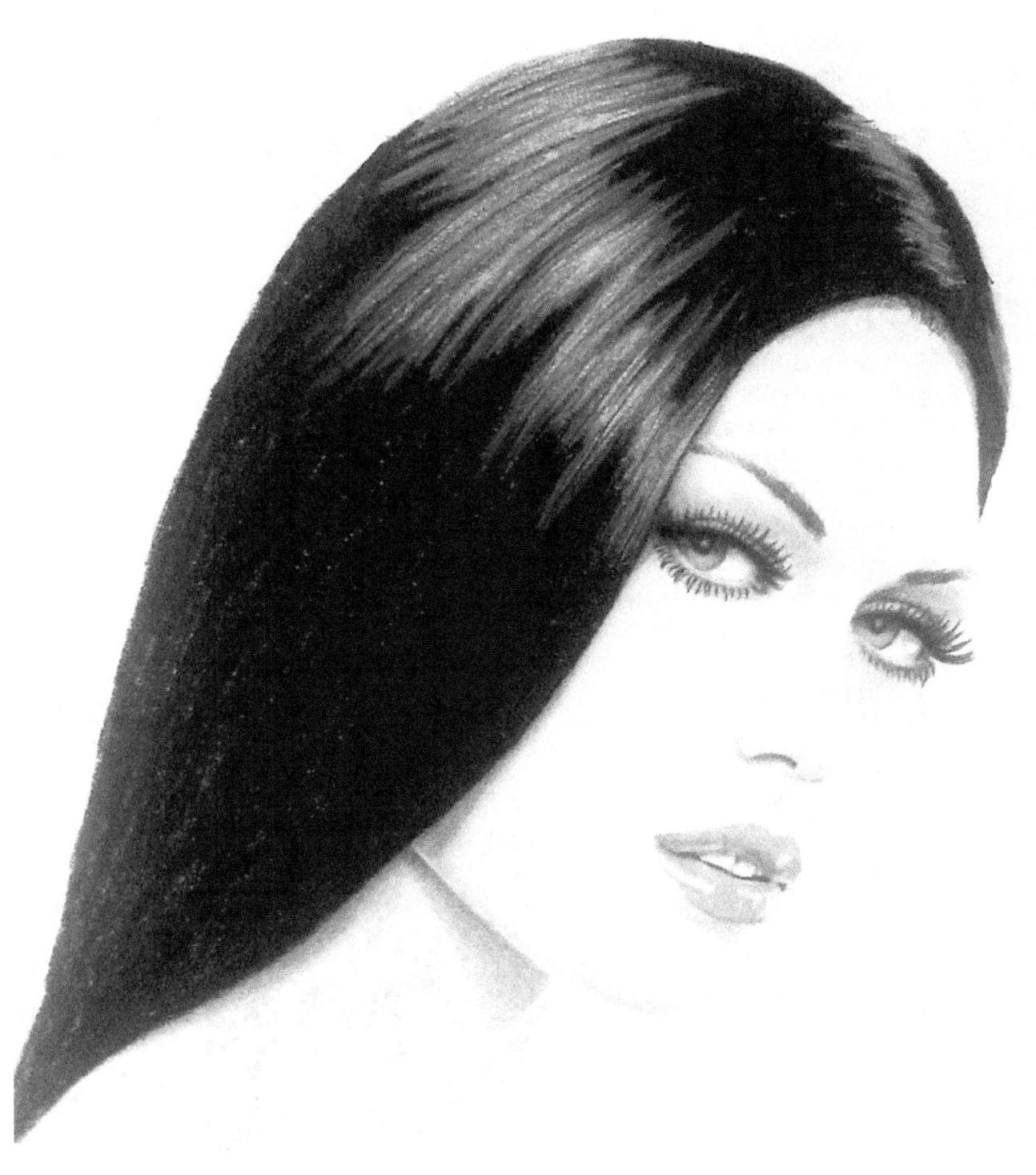

227

Sobre el Autor

Jasmina Susak es autodidacta, artista de lápices de grafito y de color, profesora de arte y autora de más de 17 libros acerca de cómo dibujar. Se especializa en crear dibujos fotorrealistas de animales, personas, superhéroes y objetos cotidianos.

Jasmina se graduó y trabajó como modista durante muchos años. Ahora, ella es una artista libre y autónoma. Es su trabajo a tiempo completo, y lo ha estado haciendo profesionalmente desde el año 2011.

Jasmina tiene cientos de miles de seguidores y suscriptores en las redes sociales, y sus videos de dibujo tienen decenas de millones de visitas en todo el mundo.

Jasmina ama los animales, la ciencia, la astronomía, la tecnología, el diseño web, la lectura y la música.

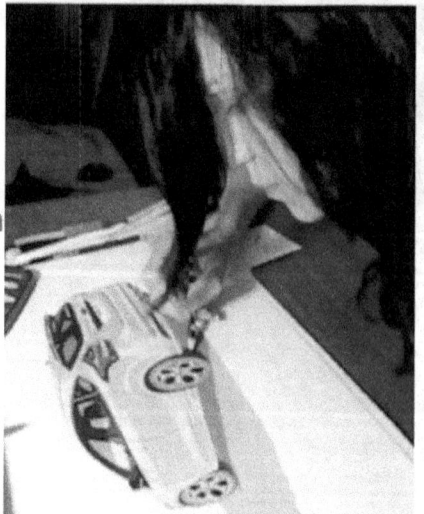

Visite su sitio web para obtener más tutoriales, para ver su galería de dibujo, impresiones artísticas y más.

www.jasminasusak.com

228

EL VISOR DE VALORES DE TONOS DE GRAFITO

En la siguiente imagen, puedes ver "el Visor de Valores de Tonos de Grafito" (The Graphite Tone Value Viewer), que he creado para ti si deseas dibujar a partir de fotos de referencia.

¿Cómo utilizar el visor de valor de tono de grafito?

Imprime tu foto de referencia en blanco y negro e imprime el Visor de valores de tono de grafito. Recorta los pequeños agujeros del Visor de valores de tono de grafito y colócalos sobre tu foto de referencia. Compara el tono de la foto de referencia (que puedes ver a través del pequeño orificio) con el color del Visor de Valores de Tonos de Grafito donde se encuentra el orificio, y usa el lápiz de grafito que se muestra allí.

Si tienes el libro en físico, he dejado la parte posterior de esta imagen en blanco, así que simplemente saca esta página y corta los agujeros.

9H	HB
8H	B
7H	2B
6H	3B
5H	4B
4H	5B
3H	6B
2H	7B
H	8B
F	9B

www.ingramcontent.com/pod-product-compliance
Lightning Source LLC
Chambersburg PA
CBHW080908170526
45158CB00008B/2035